Este trabajo divinamente inspirado nos recuerda a todos que la búsqueda permanente de conocer a Dios, solamente puede ser navegada con éxito por aquellos que lo buscan a Él con sinceridad y humildad. Usted va ser elevado como el Espíritu Santo lo libere de las cadenas de cautividad religiosa y animado como la palabra de Dios lo ilumina a la Unicidad de Su naturaleza monoteísta. Este camino por medio de las páginas de historia teológica, nos da una mirada profunda a nuestra herencia Apostólica y promueve la unidad de la fe que debe ser alcanzada dentro de nuestras organizaciones Apostólicas durante estas últimas horas. Si usted está buscando una perspectiva única para obtener un mayor entendimiento espiritual, este ex-seminarista Católico Romano lo ha provisto.

Rev. Jeremy B. Tyler

De Roma a Jerusalén

D. G. Hanscomb

Traducido por George A. Bush

Ideas en Libros® WESTVIEW
KINGSTON SPRINGS, TENNESSEE

De Roma a Jerusalén
Por D. G. Hanscomb

© Derechos Reservados 2009, 2010, 2011, 2012, 2014 D. G. Hanscomb

ISBN 978-1-62880-087-6

Edición en Español, Agosto 2015. Traducido por George A. Bush.

Todas las citas Bíblicas son de la Versión Reina Valera de las Sagradas Escrituras.

Fechas en paréntesis después de los papas representa su permanencia papal. Todas las demás fechas en paréntesis es la longevidad de ese individuo, a menos que se indique lo contrario.

Los términos *"Iglesia Universal"* e *"Iglesia Apostólica"* se refieren a los creyentes Unicitarios de la Iglesia Santa de Dios; aquellos que se han negado a comprometer la Deidad o su Doctrina Apostólica; aquellos que serán arrebatados en el Rapto para encontrarse con Él en el aire.

Todos los derechos reservados. Ninguna porción de esta publicación podrá ser reproducida, guardada en un sistema electrónico, o transmitida en cualquier forma o por cualquier medio, ya sea electrónico, mecánico, fotocopias, grabación, o en alguna otra manera, sin antes recibir permiso del autor. Pequeñas citas podrán ser usadas en reseñas literarias.

Cada esfuerzo se ha hecho para trazar los derechos de autor sobre los materiales incluidos en esta publicación. Si algún material con derechos de autor ha sido incluido sin permiso y debido reconocimiento, el crédito apropiado será insertado en futuras impresiones después de que la notificación sea recibida.

Impreso digitalmente en papel libre de ácido.

Ideas en Libros® WESTVIEW
P.O. Box 605
Kingston Springs, TN 37082
www.publishedbywestview.com

Contenido

Acerca del Autor vii
Dedicación ix
Prefacio xi
1. Hogar y Más Allá 1
2. Intervención Divina 9
3. De Pie en Medio de la Encrucijada 29
4. Religión Cristiana Vs Salvación Apostólica 47
5. Mis Llaves de Oro 63
6. Su Voluntad Soberana 75
7. Es Cuestión de Confianza 91
8. Revelaciones Poderosas 105
9. Sacrificio Supremo 123
10. Marcado por el Martirio 133
11. La Deidad: Habitación Solo para Uno 147
12. Compromiso Genera Corrupción 167
13. Los Violentos Lo Arrebatan 197
14. El Amanecer de la Reforma 217
15. Perseguir, Enjuiciar, Purificar 231
16. Gloria y Vergüenza 249
17. Fe Inquebrantable 273
18. Control de Daños 297
19. Dividir y Conquistar 347
20. Señales de los Tiempos 371
21. Regreso de Entre los Muertos 393
22. Parece Lluvia 403
Glosario de Terminología Católicos 429
Libros de Referencia 436
Armagedón Har-Megiddo 437

Acerca del Autor

D.G. Hanscomb nació en el hospital Hotel Dieu en Perth, Nueva Brunswick, Canadá; su búsqueda para conocer a Dios lo llevó a un seminario Católico Romano en una edad muy temprana.

A través de una intervención Divina, después de años de estudio para el sacerdocio, fue llevado a un altar Apostólico en Plaster Rock, Nueva Brunswick, Canadá. Fue en esa iglesia que se arrepintió, fue bautizado en el nombre de Jesucristo, y fue lleno con el Espíritu Santo.

Después de completar un trabajo en un centro de rehabilitación de drogas fuera de la ciudad de Ginebra, Suiza, emigró a los Estados Unidos de América. Fue allí donde conoció su esposa Mary Frances Buquo. La hermana Buquo asistió a la Iglesia Apostólica en Nashville, Tennessee, bajo el pastorado del Rev. C.M. Becton, un hombre muy estimado entre los Pentecostales en todas partes.

La unión del Rev. y Sra. Hanscomb parecía completa con el nacimiento de sus dos hijos, Kevin Douglas y Kimberly Michelle. Sus dos hijos están sirviendo al Señor en la belleza de la santidad.

"No tengo mayor gozo que este, el oír que mis hijos andan en la verdad."

III Juan 1:4

Dedicación

Después de mucha oración y consideración de todo, he optado por dedicar este trabajo a mi querida esposa Mary Frances (Buquo) Hanscomb. Ella ha sido mi fiel partidaria, la cual ha estado incondicionalmente a mi lado en nuestra casa, así como, en mi ayuda idónea dada por Dios en la casa del Señor. Y a la memoria de los líderes Apostólicos a través de las muchas edades de los tiempos, hombres y mujeres que desafiaron la oscuridad intimidante por mantener en alto la antorcha eterna e intransigente del monoteísmo.

Mi esperanza es que sus sufrimientos y sacrificios claman a nosotros que lo conocemos en el poder de Su resurrección. Oro para que la llama persistente de gran precio sea agarrada con fuerza en las manos de aquellas personas que han sido confiados con el conocimiento revelado Divino de quién es Jesucristo realmente.

D.G. Hanscomb

Prefacio

Mi oración, por la gracia de Dios, es que esta carta a la iglesia sea una guía de estudio para el fomento del verdadero monoteísmo Apostólico en su totalidad. Que sea una fuente de entendimiento para los que han encontrado refugio en la Iglesia Apostólica pura de Dios, y una lumbrera para guiar a todos los que triunfalmente caminan a través de sus puertas.

Me gustaría insertar aquí algunos comentarios acerca de la foto en la contraportada de este libro. La primera vez que vi la foto pensé que tal vez la imagen de fuego detrás de mi cabeza fue el resultado de la exposición de la película. Después de poner la imagen bajo mucho escrutinio, me pareció ser fuego real.

En 1972, yo estudiaba teología en el estado de California a los veintidós años de edad, cuando esta foto fue tomada. Los seminaristas Católicos Romanos en la foto conmigo, participaban asimismo en el estudio de Dios. En este momento mis oraciones y veneraciones a la madre de Dios eran inquebrantables. Algo sucedió. Mi corriente de elogios por alguna razón se desplazó a su hijo Jesús. En un rincón oscuro y tranquilo me encontré a solas con el Señor. Simplemente pedí por orientación Divina en mi vida.

En mi mente religiosa tenía la esperanza de que Jesucristo interviniera en mi favor al Padre. Al invocar los poderes de los cielos, yo no era consciente del hecho de que yo estaba hablando al Padre. El Padre respondió por fuego.

Aproximadamente tres meses después, desde el momento en que la foto fue tomada, Dios me lleno con el Espíritu Santo en un altar Apostólico tradicional. Hable en lenguas como los 120 santos de Dios en el aposento alto en el día de Pentecostés. Yo estaba en ese entonces y hoy absolutamente convencido de que fui llevado a esta maravillosa verdad Pentecostal por el Espíritu de Dios.

Mientras los propagandistas toman ventaja injusta, siempre debemos ser caballerescos para reconocer la verdad como la verdad se presenta a sí misma. Es a través de este libro que yo sinceramente deseo bendecir el trabajo en curso del Único, Verdadero, y Dios Viviente de Abraham, sin menospreciar a cualquier persona de otra fe temerosa de Dios. Necesitamos tener en cuenta también que a veces las verdades históricas se presentan a sí mismas como inconvenientes a diversas teologías, como se hacen eco a través de los siglos oscuros del tiempo. Historia documentada es desafiada pero raramente cambiada.

Que este libro sea para el erudito correcto y el laico comprensible, teniendo una posición firme sabiendo también que el Señor no hace acepción de personas, y que Su Palabra no es de interpretación privada.

D.G. Hanscomb

De Roma a Jerusalén

Capitulo Uno
Hogar y Más Allá

Siendo criado en los espacios abiertos de un gran cultivo de papas en la parte oriental de Canadá, hemos aprendido a apreciar la cercanía que nuestra numerosa familia proveyó. Yo, junto con mis seis hermanos y hermanas, aprovechando al máximo el aire limpio, fresco y belleza que nos rodeaba, optamos por desafiar la provincia salvaje de Nueva Brunswick.

La provincia es un lugar de colinas boscosas y arroyos rápidos burbujeantes. Este hábitat impresionante hace la provincia uno de los principales lugares de caza en el país. En el invierno, a veces se puede apreciar la calma desenfrenada del Río San Juan, que lleva el frío del hielo en fusión a través del desierto blanco a la bahía de Fundy y luego al Océano Atlántico.

En el verano, la provincia es también un lugar espectacular. El ganado pasta en tierras de cultivo en capas de tonos verde mientras que los pescadores y leñadores cada vez recorren los campos para aventuras.

La historia de mi familia, transmitida a lo largo de los años, representa el estilo de vida rústico de vida agrícola. Cuando era joven, mi papá sin excepción, vio un gran potencial agrícola en esta zona que atrajo a los que querían cultivarla.

La vida agrícola en Nueva Brunswick, aunque no siempre fue fácil, fue un tipo de vida muy saludable. Mi padre y madre, con disposiciones muy amigables, trabajaron largas horas para mantener a su numerosa familia, y así haciendo la vida más cómoda para todos.

Altos morales e integridad distintas son características de la pareja que dirigía nuestro hogar. Al hacer memoria de los días pasados, recuerdo muchas mañanas en la primavera del año preparándome para una larga caminata a la escuela. El desayuno en nuestra casa nunca fue una comida simple, sino una experiencia para no decir más. Parecía que nuestra madre siempre tenía lo mejor de todo preparado; mantequilla casera, jugos frescos, y una abundancia de su propia conservas caseras. Siempre estuvo ahí y siempre había suficiente para todos. Nadie dejó la mesa de nuestra madre insatisfecho.

Mi padre no era solamente un buen proveedor para su numerosa familia, pero también en un tiempo un soldado en el Ejército Canadiense Real. Él se encontró luchando junto a sus aliados contra la dictadura agresiva de Adolfo Hitler en Europa durante la Segunda Guerra Mundial. Cuando vivía insistió en que aprendiéramos a ser responsables mientras al mismo tiempo disfrutar viviendo día a día como la vida se le presentara. Él tenía un dicho que tuvo para mí mucho mérito más tarde en mi vida. Él dijo: "Cuando se es joven, ahorra tu dinero y cuando te hagas viejo serás capaz de pagar por los placeres que sólo los jóvenes pueden disfrutar."

El verano de hecho fue un tiempo maravilloso, pero sólo el buen Dios sabe lo que se requiere para despertarse en el invierno, sabiendo que era afuera sin duda estaba a veinticinco grados Fahrenheit bajo cero. Aunque copos blancos de nieve cubrían las majestuosas montañas Canadienses, las ventanas cubiertas con hielo obstruían la vista al hermoso paisaje.

La casa de la escuela elemental que se encontraba a una milla desde nuestra casa estaba lejos de contar con las comodidades modernas de nuestros días. No había baños en el edificio de una habitación, y el agua potable estaba contenida en la esquina izquierda de la habitación en una hielera portátil. Una vieja estufa de leña se situaba en el centro de la parte posterior de la habitación y servía como sistema de calefacción de la escuela, así como, una bandeja de calentamiento para descongelar nuestros sándwiches de mantequilla de maní congelados.

La maestra de esta comunidad rural tenía la tarea de supervisar a los seis grados en una habitación. Ella era una señora Protestante y leía la Biblia y oraba cada mañana antes de empezar clases. La mayoría de los estudiantes Católicos Romanos ya sea se tapaban sus oídos con los dedos o estaban de pie fuera de la puerta hasta que todo terminara, creyendo que el sacerdote era la única autoridad para ministrar la Palabra del Señor.

Mi amigo de al lado de la casa quería ser sacerdote. Como en los hogares de muchos, conjuntamente con la radio, el rosario se rezaba diariamente. Recuerdo jugar a la iglesia con los otros niños del vecindario. Nunca tocábamos panderetas ni alabábamos a Dios mientras que un predicador auto-elegido se puso en medio, pero una elección siempre se llevaba a cabo para nombrar un sacerdote para presidir sobre el humilde rebaño.

A mi amigo en mi opinión le faltaba autoridad. Este dictador crudo de diez años se apresuraba para aprovecharse de los más desfavorecidos mientras por lo general yo era silenciado después de haber caído victima de la democracia. A pesar de que no siguió sus sueños al sacerdocio, nos encontramos más tarde en la vida por un poco tiempo en el Gran Seminario de Teología de Nueva Brunswick.

Cuando tenía aproximadamente catorce años, mi madre me pregunta si yo quería tomar lecciones de arte por parte de las monjas en Perth. Parecía que yo siempre estaba listo para un desafió y tenía un deseo fuerte a esta corta edad de conocer a Dios. La Iglesia Católica Romana en el pueblo cercano de Aroostook, en ese tiempo era supervisado por el Padre Sam. Él era un ministro anciano y necesitaba limpiar su amplia biblioteca. Acepté la tarea y recuerdo que era pagado poco dinero por limpiar los estantes y aliviar los libros de tanto polvo que probablemente se acumulaba cada año desde el siglo dieciséis.

Un día, mientras jugaba baloncesto en el Instituto de Educación Secundaria Regional del Sur de Victoria, me lesioné la rodilla derecha y fui admitido en el Hospital Hotel Dieu en Perth. Este hospital no solamente era en ese tiempo un lugar de reparación de rodillas, sino también el lugar de la escena de mi nacimiento quince años atrás.

Fue durante mi estadía en el hospital que conocí a un estudiante de Haití en las Islas de las Antillas. Yo estaba muy interesado en su estudio. Se llamaba Gastón y él estaba en su segundo año de teología. Este seminarista fue hospitalizado a causa de neumonía. Durante esa semana yo estuve pendiente de las palabras que tenía que decir acerca de su servicio a la iglesia como futuro sacerdote. Oh como quería conocer a Dios. Para hacer algo por Él seria para mí el honor más grande que la vida podría ofrecer.

Cuando mi nuevo amigo Gaston fue dado de alta del hospital, me invitó al seminario e hizo arreglos con el director a mi encuentro en el campus. Al llegar me sentí encantado de estar en la compañía de seminaristas de todo el mundo.

El seminario era un esfuerzo internacional para entrenar y habilitar a hombres para servir en la iglesia madre alrededor del mundo. Pareciera que había estudiantes de todo el mundo estudiando en este seminario. Su ambición en la vida era tan familiar, el sacerdocio en la Iglesia Católica Romana; las mismas metas que corrían similares a las mías. Para un hombre joven perseguir sus ambiciones hacia el sacerdocio y ser un intercesor para su propio pueblo es probablemente el mayor elogio que podría pagar su familia.

Fui designado por el director a una habitación privada para mis visitas los fines de semana o si quería, durante los días de la semana también. Este director quien ahora es el director general de la institución, hizo disponible los centros de aprendizaje para mi uso personal. Me encontraba pasando horas buscando en los libros de la biblioteca excelentemente organizada en el sótano de la iglesia. Una búsqueda del conocimiento quemaba en el interior, exigiendo que no se apagara. Mientras estudiaba, disfrutaba de la idea de que Dios posiblemente podría estar llamando a un joven tosco de granja, para ser un siervo en Su reino.

No sabía hacia donde Dios me dirigía o incluso si era que me estaba guiando. Hubo, sin embargo, una cosa segura y era hacer algo por el Señor. Tenía unas ganas tremendas de hacer Su voluntad. Había algo que se quemaba en lo más profundo de mi alma.

El don del deseo aún arde hoy en el centro de mi ser. Este regalo único de Dios, nunca debemos permitir que se envejezca en nuestra vidas. Sin el deseo de comer, uno perecerá. Sin el deseo de cumplir la voluntad de Dios en nuestras vidas, también pereceremos espiritualmente, a pesar de nuestros años de servicio en Su reino.

Douglas G. Hanscomb y Gaston Piere Louis
Seminario de Teología

De una u otra manera puedo visualizar una pequeña porción de lo que Jeremías el profeta vio en la casa del alfarero en el capitulo dieciocho de su libro. Aunque no tenía idea en ese tiempo de lo que estaba buscando, ahora entiendo que el Señor de los Ejércitos tuvo sus santas manos en mi vida, y estaba dispuesto a hacer sobre Su propia rueda un vaso inmortal de honor, para Su gloria eterna.

Un día de verano en el seminario le hablaba a un amigo quien hoy en día es un sacerdote ordenado. Casualmente le mencione que un día quisiera ser un sacerdote en la iglesia. Parecía comprensivo conmigo, pero reacio a interceder en mi favor. Sabiendo que quería dedicar mi vida a las necesidades de las personas a mí alrededor, me informó que el director general del seminario estaría en el condado de Victoria este fin de semana y que yo debía concretar una cita con él. Cuando era adolescente, yo nunca me había reunido con un funcionario de alto rango en la iglesia y estaba francamente muy nervioso.

Mi cita con el padre fundador del instituto fue uno de esos encuentros fortuitos que enumeran en el mejor de los casos, una media docena a lo largo de una vida. Mientras estaba sentado en una gran oficina alfombrada sin saber exactamente qué esperar, sentí un aire de cautela mientras el sacerdote que llevaba una sotana largo y negra y un collar Romano blanco entró en la habitación. Me estrechó la mano y se presentó a sí mismo como el director. En tan sólo unos minutos de hablar con esta persona, lo encontré ser un hombre Francés amable con una carga para su iglesia.

El sacerdote quería saber lo que yo quería con él y rápidamente le informé de mi deseo de entrar en el sacerdocio. Le dije, sin embargo, que no podía darme el lujo de ir a la universidad y estudiar para tal fin. El sacerdote después de haber ponderado en mis declaraciones por unos momentos, miró por encima de sus gafas y dijo: "Te invito a estudiar en nuestro seminario en la provincia de Quebec."

Él explicó que debía terminar mi bachillerato y luego ir a los estudios que pertenecían al sacerdocio. Le dije al sacerdote que había entendido mal lo que yo estaba diciendo. No podía pagar esos estudios. Luego me informó de que era yo el que había entendido mal. El sacerdote me dijo que me estaba invitando a su seminario y que mis estudios serían pagados por la Iglesia Católica Romana. ¿Qué pude decir? le di las gracias y salí de la lujosa oficina. Siempre estaré agradecido por él por no vacilar en que me concediera esa gran oportunidad. Era realmente alentador desde el principio y más en su ayuda a aclarar los hilos enredados de un futuro incierto.

Mientras me paraba afuera de la oficina del director, note que había una luz roja de salida al final del largo pasillo. La luz era borrosa. Las lágrimas brotaron de mis ojos ya través de las lágrimas pude ver una puerta de oportunidad abierta ante mí. Con mi rosario en la mano, salí del edificio y me dirigí directamente hacia el santuario de la iglesia. Hay solo me arrodillé ante la imagen de la Bendita Virgen María. Con una gratitud inmensa recé para que ella me hiciera el mejor sacerdote mientras me guiara a través de mis estudios.

Capitulo Dos

Intervención Divina

Teología es básicamente el estudio de Dios, doctrinas religiosas, y por supuesto asuntos pertenecientes a la Divinidad. La palabra teología viene de dos palabras Griegas *"Theos"* (Dios) y *"Logos"* (Verbo). Tuve el gran privilegio de estudiar teología y filosofía mientras estaba en la Iglesia Católica Romana, ya que son obligatorias para aquellas personas que optan por seguir una carrera en el ministerio.

Sin embargo, debido a que uno se hace llamar un teólogo no lo califica a uno como un Cristiano que sepa la verdad. Sin Dios no hay esperanza y así mismo sin la doctrina de los Apóstoles no hay esperanza. Han habido teólogos que nunca han admitido a un Dios vivo.

En los 1960's había una teología Cristiana Ateísta que floreció por un tiempo. Esta teología sugirió que la realidad de un Dios trascendental en lo mejor de los casos no podía ser conocido y en lo peor de los casos no existió en absoluto. Hay una variación en la definición de la teología de la Muerte de Dios pero ha dicho que Dios está muerto en que Él ha dejado de existir como un ser sobrenatural trascendental. Esta teología rápida y dramáticamente paso de la escena del Cristianismo. Bíblica y realísticamente hablando la totalidad de esta teología debe considerarse absurda aunque ha sido clasificada como teología Cristiana.

Otra teología es la del Aniquilacionismo que toma el puesto de que algunos, si no todas las almas humanas dejarán de existir después de esta vida, creyendo de que todos los seres humanos son por naturaleza mortales. Dios imparte a los redimidos el don de la inmortalidad y permite el resto de la humanidad se hunda en el vació.

"Hypostasis" es una palabra Griega que significa substancia,

la naturaleza o esencia de algo. Esta palabra es usada por filósofos y también por teólogos. En el campo de la filosofía, significa la parte esencial de cualquier cosa. Como un término teológico, lo usamos para describir cualquiera de las tres sustancias distintas en la única sustancia indivisible de Dios.

El tiempo había llegado para visitar la ciudad de los Tres Ríos, Quebec, Canadá. Aquí, yo habría de continuar mis estudios y enfocarme en mi ambición hacia el sacerdocio. No me entusiasmaba dejar el Ingles de Nueva Brunswick, pero me emocionaba el desafió que tenia ante mí.

Una mañana de primavera, le pedí a mi familia una calurosa despedida y me fui a un lugar que nunca había estado antes. Yo era uno de dieciséis pasajeros de la furgoneta, además de nuestro equipaje. Tan pronto como nos acercamos a la rampa que nos llevaba a la autopista Trans-Canadá, sacamos nuestros rosarios y empezamos a rezar juntos a la Virgen María para un viaje seguro a la ciudad de Quebec. Fuimos advertidos de que el viaje sería largo. Tan desalentador como el viaje con todos los seminaristas prometía ser, me sentí muy seguro entre amigos.

En la autopista hacia los Tres Ríos, mientras disfrutábamos de una reconfortante sensación de seguridad, casi nos encontramos con nuestro Waterloo. El conductor decidió a cien kilómetros por hora pasar una camioneta, mientras que el hombre detrás de nosotros estaba entreteniendo los mismos pensamientos. Antes de tener la oportunidad de evaluar lo que realmente estaba sucediendo fuimos testigos de un camión en nuestro lado derecho y una furgoneta azul a lado izquierdo. La furgoneta nos apretó a la derecha tratando de evitar un accidente. Todos por consiguiente, terminamos en la zanja yendo a unos cien kilómetros por horas.

Fuimos esparcidos desde la puerta lateral hacia la maleza a lo largo del borde de la carretera. En mi estado desorientado alcancé mi rosario con esperanzas de que María de alguna manera calmara mi corazón que latía rápidamente. Tuve un chichón de buen tamaño en mi cabeza, pero afortunadamente nadie estuvo gravemente herido. Una furgoneta grande del seminario fue capaz de recogernos y continuamos nuestro viaje.

Para llegar al Seminario de Filosofía en Tres Ríos nosotros tuvimos que tomar un camino de grava por varios kilómetros. Este camino polvoriento lleno de baches parecía no terminar nunca, lo que hace que uno se sienta que uno era parte de un safari en alguna parte oscura de África.

Los primeros meses del seminario estuvieron llenos de optimismo y aventura. La emoción de los seminaristas de países extranjeros fue de hecho contagiosa. Luces encendidas en la biblioteca a las dos de la mañana eran comunes donde vivíamos.

Al entrar en las aulas de clase y salas de conferencias, nos sentimos bastante entusiastas y seguros de sí mismos por haber conquistado barreras lingüísticas y culturales. Creímos en nuestra misión y vimos pocas razones para esconder lo que íbamos a ser. El internacionalismo del instituto fue visto por el obispo como una extensa red misionera. Terminé mis estudios de secundaria antes de mi decimoséptimo cumpleaños y esperaba ansiosamente mi turno para la filosofía.

Una de las hermanas dedicadas de la iglesia era profesora de filosofía en el seminario. Ella nos informo en términos fuertes que nadie iba a hablar en su clase. Nadie...se hizo bastante clara que la ortografía de la palabra no era "monja". Nos reímos de su ingenio pero siempre respetábamos su coraje intelectual. Aunque teníamos clases en el aula, se esperaba básicamente de nosotros que confiáramos en nuestras propias fuentes de información.

Sin embargo, sí recuerdo el lado más oscuro de la vida en el seminario en la provincia de Quebec. Nunca había experimentado el drama de la vida fuera de casa, a pesar de que había llegado con un ardiente deseo de agradar. Mi crianza en el condado de Victoria de habla Inglesa, no me había preparado para las sensaciones sorprendentes entre los Franceses. Sin embargo, los seminaristas de todo el mundo quienes albergaban los mismos sentimientos y se habían desencantado antes de mi llegada, aparentemente sobrevivieron la experiencia.

Una noche en el seminario, experimenté un acontecimiento muy inusual. Estaba solo en la capilla, en su mayoría a oscuras recitando mi rosario, cuando de repente sentí la presencia de alguien. Sabiendo que estaba solo, fue una sorprendente experiencia para decir lo menos. Entonces pude oír la respiración de alguien a mi lado. Dando la vuelta no vi a nadie. Rápidamente encendí la luz en la capilla, pero para mi sorpresa la capilla estaba vacía. Siendo incapaz de mí mismo proporcionar una explicación sensata, me fui directamente a mi habitación privada excusando el hecho como un producto de mi imaginación.

Cuando llegue a mi habitación, estaba listo para una noche de descanso. Apague la luz mientras buscaba una posición confortable en mi pequeña cama. No habían pasado cinco minutos cuando escuche a alguien llamar mi nombre dentro del cuarto. No soy alguien que se asuste fácilmente, pero esa noche me palidecí cuando escuche la voz misteriosa mientras me acostaba, tratando de no respirar o hacer algún sonido. Pensé que de pronto otro seminarista había entrado a mi habitación para jugar una broma. Otra vez escuche mi nombre. En el fondo de mi ser sabía que no era producto de mi imaginación como había pensado en la capilla, sino que había entrado en contacto con lo sobrenatural. Alguien en algún lugar estaba interviniendo en mi nombre. Entumecido por el miedo, por fin tuve el valor suficiente para sostenerme en mi codo. Tragando con suavidad, me dirigí a encender el interruptor. Una vez más, no había nadie en la habitación. Con la esperanza para encontrar un bromista, busqué debajo de la cama y en el armario, pero me encontré solo en mi habitación. La voz era Divina.

Algunas teologías dan indicios de que el Espíritu Santo no habla a los pecadores. Aunque estaba muy familiarizado con religión, en las partes más secretas de mi alma inmortal, yo sabía que no estaba listo para encontrarme con el Señor. Había cosas, como esta que sucedieron mientras yo estaba estudiando, que no podía en ese entonces, ni hoy explicar, a menos que fuera el mismo Dios queriendo romper las cadenas de ritualismo en mi vida para poner en marcha la libertad. El Espíritu Santo estaba confirmando Su Palabra. Irónicamente nuestra institución de educación superior fue elevada a "Asociación de Perfección" en el Domingo de Pentecostés el 6 de Junio de 1965. La promoción fue alentada por el Obispo Romeo Gagnon de Edmundston.

Después de completar mis cursos de estudio, pude salir de

Canadá e inscribirme en una Orden Benedictina religiosa en el estado de California, EE.UU. No pasó mucho tiempo antes de que me encontrara en Riverside, una ciudad con una población de alrededor de 171.000 personas en ese tiempo. Ahí fue un cambio notable entre la región Canadiense dominada por Franceses, de la que me había acostumbrado, y el Inglés hablado en la ciudad de Riverside.

Aunque el espíritu de aceptación fue evidente, me encontraba trabajando debajo de una fuerte sensación de aislamiento, consternado por una manta de restricciones. Este estilo de vida no daba espacio para dilación. Con una carga para reflejar la vida de los soldados Cristianos que lucharon para preservar la iglesia a través de las tormentas de la historia, una vez más me encontré con un deseo abrumador de hacer lo que creía que era la voluntad de Dios para mi vida.

El tiempo que pase en Riverside llegaría a ser una verdadera prueba de tolerancia. Un día mientras nos reuníamos en la iglesia, y sacábamos nuestros rosarios para rezar a la Virgen María, el director entró al santuario. Cada seminarista tomaba turno para dar una petición de oración. Cuando mi tiempo llegó, era obvio para el director que era muy lento en hacer mi solicitud conocida y abruptamente me dijo que me diera prisa. Cometí el error en cambiar mi petición a "ser mas paciente el uno al otro", creyendo que el giro fue juego limpio, y considerando la audacia del director. Esta petición humilde golpeó una nota amarga que parecía despertar un espíritu indeseable en el director. Mi petición invariablemente significaba problemas. Este director en particular era un hombre de una rutina meticulosa teniendo en mi opinión poca imaginación.

La mañana siguiente, escuche mi nombre ser llamado de su folio de mala reputación. Parándome ante el líder de la iglesia, esperaba encontrar esa mañana una personalidad amigable, sin embargo, sus mejillas hundidas, pómulos prominentes, y su frente profundamente surcada sugerían una persona de mal humor. El aire era uno de intimidación. Después de ser advertido por mis compañeros seminaristas de posibles consecuencias, no estaba nada ansioso por averiguar el posible castigo que sería infligido. Ciertamente mi intención no era caer desfavorecido con este líder y era persuadido de que no había necesidad de corcovear el encargado de asuntos.

Las asignaciones adicionales parecían no terminar, añadiendo solamente a mi carga de trabajo ya pesada. Aunque el aire había sido electrocutado con tensión y una de mis infames tareas era plantar un cactus grande en el jardín, trate lo mejor en acomodarme. Yo estaba estrictamente pensando en mí mismo mientras sacaba las agujas de las manos del espinoso cactus, demasiado alboroto sobre una solicitud humilde de oración.

A pesar de mi franqueza, y el hecho de que yo había sido reprendido varias veces, traté desesperadamente de obtener mi vida emocional en orden. Sumisión fue enseñada entre los seminaristas como la esencia misma de hacer la voluntad de Dios. Uno de las mayores ambiciones en mi vida era tener un completo caminar autoritario con Dios. Trabajar en conjunto con la Iglesia y sus dignatarios fue mi mayor deseo. Después de mi encuentro con el director, un querido seminarista de modales suaves, que ahora es un sacerdote en Anaheim, California, admirando desenfrenada su juventud, trató de cultivar en mí potencial escondido, asiduamente pasando horas en discusiones filosóficas. No queriendo albergar el espíritu de rebelión, aunque queriendo preguntar cada movimiento, me encontré como un ciego buscando a tientas la luz en la profunda oscuridad.

Los edificios en el recinto de California eran hermosos, siendo hechos de piedra y vigas expuestas de madera sólida. El seminario florecía con donaciones de parte de élites de la ciudad. Si destinados a ser o si no teníamos intención de ser, fuimos abrumados por nuestras propias fiestas. Los cuellos Romanos, las sotanas formales, la historia y el conocimiento de los seminaristas no debían ser cuestionados. Nuestra existencia entera fue consumida por nuestra causa, preocupando nosotros mismos con el estudio y la meditación, anhelando el día de los votos perpetuos, pero sin culpa.

El vino era utilizado ceremoniosamente en la iglesia. El vino fermentado para la misa era guardado en un armario alto, muy bien construido en la esquina. Sin que el director supiera, fue allanado varias veces para animar las noches que parecían muy largas. Recuerdo una noche, dos galones del líquido inspirador fueron liberados de la estructura de madera.

Cuando miro hacia atrás, también recuerdo algunos tiempos oscuros en seminario. No es mi intención atacar a una nota amarga, sin embargo, darse cuenta de que uno puede ser crudamente despertado entre bastidores, cuando se exploran las posibilidades que ofrece el ritualismo.

Un día de verano fui invitado a participar en una ceremonia de bodas en la Iglesia Católica Romana de St. Catherine. Era una de las iglesias reconocidas en Riverside. Fui sacudido por lo que presencié. Durante la recepción, el sacerdote oficiante se volvió totalmente ebrio. Aunque este sacerdote en particular emitía por tiempos el amor por la iglesia madre, me sentí en el momento que él podría haber sido sociable sin hacer un espectáculo ebrio de sí mismo. Además, la sensación de que tal acto inoportuno era poco halagador del sacerdocio en última instancia, traería reproche a mi fe Católica. Su comportamiento errático, mientras que fue aceptada por algunos, sin duda trajo vergüenza a los demás.

Mientras la tarde progresaba, vi indicios de los niveles más bajos dentro de la existencia humana que tienen un modo de penetrar en algunas esferas sacerdotales. Nada menos que una profundidad del encanto de superioridad moral y espiritual, en el nombre de nuestro Dios. Personalmente hablando preferiría ver mis esfuerzos fracasar en el lado de los pecadores que en el lado de los fariseos. Porque de lo que soy yo, decido no escribir de cuestiones que rara vez han caído bajo las brillantes luces del escrutinio público, sin embargo, estas sombras por así decirlo, piden por tal iluminación. Almas eternas se están perdiendo en el crepúsculo de fábulas.

Para llegar a ser un sacerdote, un hermano o monja en la Iglesia Católica Romana, se debe tomar tres votos, a saber, de pobreza, castidad y obediencia. El voto de pobreza significaba que el seminarista no podría ser dueño de nada en este mundo presente. La castidad significaba que uno nunca podría casarse y obediencia significa sumisión total a la autoridad de la iglesia. Nos animaron para ir a confesión en forma regular mientras estábamos en el seminario de California.

Douglas G. Hanscomb
"Auctor trinitatis, Patris, Fili, Sanctique Spiritus"
(un promotor de la trinidad, Padre, Hijo y Espíritu Santo)

Permítanme decir esto de pasada. En el sacramento de la confesión el sacerdote está obligado por un voto de no repetir lo que otro ha confesado. Si un sacerdote elige después de que la absolución es dada, para revelar el pecado de una persona, ese sacerdote está sujeto a la excomunión de la iglesia.

Absolución, tomado del Latín "absolvo" la cual significa para soltar o liberar, es el término usado en la doctrina de la Iglesia Católica Romana para remisión del pecado, solamente disponible por medio de la iglesia y sus sacramentos.

Es mi opinión que nosotros los que conocemos a Dios en el poder del Espíritu Santo, tanto en el ministerio, así como laicos, tenemos una lección que aprender de esta enseñanza. Hemos de comprender en su totalidad, el significado de la palabra confidencial.

El verdadero espíritu de democracia posee un fuerte derecho a la privacidad junto con un respeto custodiado por ello. Sin embargo, en los últimos tiempos de manera rutinaria, hemos expuesto este tesoro a los elementos en el nombre de la apertura y la auto-expresión. Gente hoy en día están experimentando los máximos resultados con respecto a los secretos como si fueran todas cosas oscuras y profundas, insalubres para mantener, y corrosivas hasta que se exponen a la luz pública. Cualquier persona que ahora reclama privacidad se ve como un sospechoso con algo que ocultar. Con este espíritu, rodeado de remordimientos, confesores compulsivos, que sólo contribuyen a la luz obras continuas de oscuridad, necesitamos que se nos recuerde que uno tiene derecho en esta democracia para mantener la paz y cultivar una zona de privacidad, sin confirmar ni negar ni explicar.

Sin embargo, muchas veces cuando una persona confía en nosotros, en lugar de mostrar amor y compasión, nos sentimos inclinados a saltar con consejos, opiniones o simples charlas sólo para aliviar nuestra propia ansiedad en el rostro de los sufrimientos de otros. En lugar de asesoramiento, una de las mejores cosas para ofrecer es simplemente escuchar. Sin embargo, nosotros a menudo alimentamos nuestro ego con la posibilidad de ser un "psicólogo consejero llamado de Dios", mientras que al mismo tiempo compartimos nuestro conocimiento de la situación con otros. Al hacer esto, desatendemos el bienestar de los agobiados. Mi pregunta es simple. ¿Cuándo es el infligir de las víctimas de la santidad se convierten en irrelevantes, mientras en nuestras propias mentes, heroicamente enfrentamos al enemigo en el nombre del Señor?

Los Cristianos deben guardar la vida privada de otros así como la de nosotros mismos. Es imperativo que personas entrando en el ministerio Apostólico entiendan que la confianza puesta en ellos por otros no debe ser traicionada. Si nosotros los ministros de la fe Apostólica elegimos oscilar un hacha proverbial por toda la casa del Señor, mientras proclamamos el Nombre de Jesús, no debemos ser sorprendidos cuando la gente vengan a nosotros heridos y sangrando.

Una tarde mientras estaba de rodillas manoseando mi rosario mientras veneraba la Virgen María, tan extraño que parezca, sentí que alguien en algún lugar oraba por mí. Alguien, mientras que fervientemente se aferraba de los cuernos de un antiguo altar Apostólico, inevitablemente atravesaba hacia lo Divino en mi nombre. Sin embargo, estando totalmente atrapado en el ritualismo y el culto formal, no conociendo el poder del Espíritu Santo y creyendo que yo mismo estaba en la voluntad de Dios, no podía comprender por qué.

Después de recibir el bautismo del Espíritu Santo, descubrí que había una Iglesia Apostólica en Riverside interviniendo por las almas de su ciudad. Los santos de Dios imploraban la sangre del Calvario sobre gente que no lo conocían a Él en el poder de Su resurrección.

Mientras contemplaba este sentimiento de oración y meditaba en el prospecto de que un día tomaría mis votos perpetuos, de un momento a otro, escuché una voz suave pero insistente que decía "No tomes esos votos". Era sin duda la voz de Dios dirigiendo mi vida a través de una densa oscuridad hacia Su luz admirable. Sentí una sensación de cosquilleo en todo mi cuerpo mientras escuchaba la firme voz.

Estuve absolutamente sorprendido por la voz y sacudido por el mensaje. Rápidamente prendí la luz pero no vi a nadie, siendo recordado en la Escrituras del encuentro de Saulo con el Señor en el camino hacia Damasco; mi corazón estaba acelerado. Apagando la luz, volví a la oración y meditación. Otra vez escuche la voz fuerte e intransigente que decía: "No tomes esos votos". No me levante esta vez sabiendo que había un poder en algún lugar mayor que yo. En algún lugar entre temor y confusión, empecé a llorar mientras me doblaba bajo la mano del Todopoderoso. Después de haber sido sucumbido al Espíritu que sentía, por un momento el ritualismo fue ignorado u olvidado. La voz era Divina.

La siguiente mañana, entre a la oficina del director sintiéndome magullado tanto emocionalmente como profesionalmente del encuentro misterioso y consumidor. Le anuncie mi decisión de volver a Canadá en búsqueda de la voluntad de Dios para mi vida.

El director, viéndome como un seminarista cansado, me decía que ya estaba en la voluntad de Dios y me sugirió que me fuera a la casa de retiro en Banning, California por unos días para descansar. Yo a su vez le informe al director que no estaba cansado pero necesitaba respuestas en mi vida. De mala gana accedió a mi petición.

Las señales de Dios se estaban volviendo más contundentes y se negaban a ser ignoradas. Sentí en mi admitida confusión que María, Juan, José, San Benedicto, Dios o alguien estaba tratando desesperadamente de guiarme en otra dirección.

Tuve el gran privilegio de estudiar en mi opinión, con unos de los más grandes teólogos del mundo. Eran personas sinceras dedicando sus vidas enteras al propósito de la iglesia madre.

El Hno. David, quien es ahora un sacerdote ordenado, trabajando en California, era probablemente mi mejor amigo durante mi estadía en Riverside. Tenía una riqueza asombrosa de conocimiento que cubría cualquier clase de temas como la historia de la iglesia a los principios de exportaciones de Bangkok a la precipitación anual en las cuencas del Amazonas. Durante nuestras numerosas discusiones teológicas, él era práctico, culpando muchas veces mi insensibilidad hacia las cosas de la iglesia en mi falta de experiencia.

A David y yo se nos dieron boletos de vuelta desde Los Angeles hacia Montreal. Aunque éramos buenos amigos y a veces de broma nos insultábamos el uno al otro, sentí que le ordenaron que fomentara mi retorno a Riverside. Cuando llegamos al Aeropuerto Internacional Dorval de Montreal, él casi insistía que me regresara con él. Ya le había explicado que había ocurrido en mi habitación en California y le informe que iba al monasterio Oka al oeste de esa ciudad por un tiempo de descanso. Le asegure que todo estaba bien mientras nuestro avión rodaba hacia la terminal.

Después de disfrutar de un almuerzo modesto pero sabroso, el ministro joven y extravagante, para mi gran sorpresa, me dio cumplidos efusivos. Me deseó lo mejor de todo mientras estrechaba su cabeza y mi mano simultáneamente.

Mi percepción era de que Dios me guiaba hacia unas mayores profundidades mientras caminaba hacia el viento frio que azotaba a través de los espacios abiertos de ese gran aeropuerto. Temiendo de antemano sobre la ansiedad, suprimí en gran parte mis sentimientos interiores. Aunque el monasterio Oka fue mi destino inmediato, yo estaba en mi camino de manera independiente sin saber donde mi viaje terminaría.

Cuando llegue al monasterio Oka, encontré el santuario a ser tan tranquilo como su pasado histórico. La cordialidad de nuestra relación pasada en el monasterio fue honrada mientras entraba en el recinto.

El 8 de Octubre del 2008 el Papa Benedicto XVI aceptó la resignación del Obispo Clement Fecteau y nombró Yvon Joseph Moreau para remplazarlo. Habiendo alcanzado la edad de 75, las Leyes Canónicas obligaban al Obispo Fecteau retirarse. Su remplazo, el Reverendo Moreau era el abad en el monasterio Oka.

Como un hombre joven me encontraba cantando los Salmos con los monjes Trapenses. Mis pensamientos en esos tiempos eran que todas las teologías necesitan ser probadas lógica y racionalmente, a saber por la Palabra de Dios. Yo respeto la Palabra del Señor, y creo que se establecerá en el cielo mucho después de que este mundo este en llamas. Hasta el día de hoy me niego a poner otro libro encima de la Santa Biblia y aunque no hay consecuencias eternas, me molesta cuando alguien decide hacerlo.

El principio del monacato Cristiano tuvo lugar en Egipto aproximadamente en 271 d.C., cuando San Antonio de Tebes fue solo al desierto para llevar una vida apartada y santa. El monaquismo llego a ser influyente especialmente en Europa durante la Edad Media. En este momento en la historia, Europa tenía miles de monasterios.

Hay varios monasterios Trapenses por todo el mundo, pero solo siete tienen su propia fábrica de cervezas. Las cervezas Trapenses son muy famosas en muchas partes de Europa. Para que las cervezas Trapenses se produzcan, parte del criterio es que la cerveza sea elaborada dentro de las paredes del monasterio Trapense, debajo del control de monjes Trapenses. En un tiempo casas de cervecería monasterial existían por toda Europa. El día de hoy hay seis cervecerías en Bélgica y solo una en los Países Bajos. El contenido de alcohol varía de monasterio en monasterio.

El monacato Cristiano incluye un importante elemento llamado la regla, la cual es un grupo de directrices por la cual el grupo del monasterio vive. La regla de San Benedicto de Murcia, la cual fue escrita en los años 500 d.C., es el modelo de la mayoría de grupos separados Católicos Romanos.

Además de seguir la regla al pie de la letra, monjes y monjas Cristianos toman tres votos de pobreza, castidad y obediencia. La vida en una comunidad monástica implica trabajo, oración y meditación. El monasterio Oka estaba lleno de teólogos siendo ellos mismos clausurados del mundo. Estos hombres y mujeres dedicaban totalmente sus vidas para el estudio y las letras. Muchos de los transcritos originales Bíblicos fueron traducidos por monjes Benedictinos.

Un monasterio o convento puede estar en áreas rurales o en una ciudad pero está diseñado para aislar sus miembros de un mundo lleno de espíritus fuera de sus paredes.

Aunque no podemos aislarnos de la realidad, debemos estar conscientes que los espíritus de la oscuridad desde el principio han estado vibrantes en el mundo. La doctrina de sectas no es tan extrema como muchos lo ven, pero el plan de Satanás es engañar la Iglesia Universal para que crea sus mentiras. Si un grupo de personas le sirve a un espíritu dictatorial dentro de su iglesia, ellos deben ser advertidos de la posibilidad de hacerse amigos de la doctrina de sectas.

La Iglesia Católica Romana a través de la historia ha sido conocida por tener un espíritu dominante hacia sus súbditos, pero la Iglesia Católica Romana de la que fui gran parte no es la única iglesia que tiene espíritus no deseados. Con el debido respeto hacia el ministerio, no hay lugar en la Iglesia Universal de Dios para dictadores. La lógica de reconocer este tipo de dictadores en púlpitos Apostólicos como ministros del Evangelio se me escapa.

La Biblia nos advierte de falsos profetas y falsos Cristos en la Edad de la Iglesia. En el libro de Mateo leemos acerca de tales advertencias.

"Entonces, si alguno os dijere: Mirad, aquí está el Cristo, o mirad, allí está, no lo creáis. Porque se levantarán falsos Cristos, y falsos profetas, y harán grandes señales y prodigios, de tal manera que engañarán, si fuere posible, aun a los escogidos. Ya os lo he dicho antes. Así que, si os dijeren: Mirad, está en el desierto, no salgáis; o mirad, está en los aposentos, no lo creáis. Porque como el relámpago que sale del oriente y se muestra hasta el occidente, así será también la venida del Hijo del Hombre."

Mateo 24:23-27

Se podría llamar a este incidente coincidencia si se debe elegir, pero en mi opinión, es sin duda el cumplimiento de la Palabra de Dios con respecto a los falsos profetas y falsos Cristos.

"Veinticuatro niños se creen muerto. Sesenta y dos adultos se creen que yacen con ellos."

Estas fueron las palabras aterradoras en la primera página de un periódico Norteamericano el 20 de Abril de 1993. El entorno era Waco, Texas, donde el líder de la secta David Koresh y sus súbditos, prendieron fuego a su compuesto. Koresh se creía ser "el Hijo del Dios." Esto no es una exageración; también se llamaba a sí mismo el "Cordero de Dios".

Este auto-proclamado mesías llevo muchos de sus seguidores a sus muertes, hombres, mujeres y niños, llamando a Jehová. David Koresh murió en el incendio siendo de treinta y tres años de edad, la misma edad que Jesucristo tenía cuando fue llevado a la colina de Gólgota, llevando una cruz cruel para todos nosotros.

David Koresh es uno de muchos que han tomado la posición de señor en el reino de Dios. En Jonestown, Guyana en 1978, hubo un suicidio masivo de más de novecientos miembros de una secta, liderada por Jimmy Jones. Aunque salió en el nombre del Señor, el espíritu que guio este hombre vino desde las puertas del infierno. Dios no permite semejante control humano en su Iglesia Apostólica Universal.

La vida monástica es lo máximo en conservadurismo. Los monjes que no hablan (por elección) viven en un ambiente del siglo XIII negándose a modernizar, mientras que sus vidas son muchas veces robadas por personas ajenas a la credibilidad real. Con todo el respeto debido, gente Apostólica debe reconocer la sinceridad entre las personas de otras religiones tal como se presenta.

Los monjes en Oka empiezan su día aproximadamente a las tres en punto de la mañana. Ellos oran a la Virgen María y cantan Salmos por dos horas antes de comer su desayuno. Ellos no tienen absolutamente ningún contacto con el mundo de afuera. Sin televisores, radios, teléfonos, periódicos, o alguna comunicación verbal con el laicado. Si algún miembro de la familia muere el monje no le es permitido ir al funeral y solo puede escuchar los hechos a través de una pantalla oscura que los separa del portador de noticias. Si alguno de nosotros tiene problemas con diezmar el diez por ciento para mantener la pura verdad Apostólica, deben considerar vivir en un monasterio y dar cien por ciento de todo para mantener la religión Cristiana.

Durante mi estadía en el monasterio Oka, el Señor me permitió el honor de una experiencia fuera de mi cuerpo. Yo a la verdad le doy la bienvenida al escepticismo. Cuando me acerqué a la puerta de la Iglesia Apostólica por primera vez en mi vida y entré al servicio Pentecostal, yo también era muy escéptico.

Mientras ocurría, yo estaba en el altar del santuario recitando mi rosario. Mientras me arrodillaba al pie de la estatua de la Bendita Virgen María, escuche una vez más la voz de Dios. El Señor me dijo, "Sube más alto". La voz era Divina. Instantáneamente me encontré quinientos pies arriba del monasterio Trapense. Mientras estaba en la presencia de un ángel Santo, podía ver todo lo que sucedía debajo. El ángel dijo "Mira". Miré y vi un ataúd y adentro estaba mi cadáver. Había un gran encuentro de personas en el funeral. Yo sabía que mi madre no quería venir al ataúd. Finalmente dos mujeres la acompañaron hacia la habitación. Tenía un paño de cocina en su cara mientras la conducían a mi lado. Yo estaba tratando desesperadamente de comunicarse con ella pero al parecer no me podía ver, ni oír mi voz. Yo quería decirle que no estaba muerto, sino que Dios había separado mi alma de mi cuerpo y que yo estaba muy vivo.

El ángel después dijo "Mira" y contemple un campo interminable de quema de trigo, con llamas impulsadas por el viento, aun no consumida. El ángel dijo "Mira", mientras apuntaba hacia las puertas del infierno. Los Santos ángeles del Padre entraban y salían de ese lugar sin esfuerzo de gracia. No había absolutamente ninguna resistencia mientras los ángeles se movían con control total. Le pregunté al Señor, ¿cómo es posible que los ángeles Santos caminan en un lugar tan terrible? El ángel respondió que el infierno es el juicio de Dios sobre los desobedientes y no de Satanás. Él dijo que el que tiene las llaves de la casa es el señor de la casa. Mientras el cuerpo mortal del Padre colgaba suspendido entre la humanidad y Divinidad el Señor caminaba libremente en el infierno que Él había creado. El ángel después dijo que Satanás será el prisionero eterno del infierno y no el que lo controla. Él dijo que fue Dios el que creó el infierno para el diablo, y aquellos ángeles que decidieron seguirle, y por la maldad de la tierra fue Dios que engrandeció sus fronteras.

El ángel después dijo "Mira". Mientras contemplaba vi una

línea larga de gente esperando su turno para entrar al tormento eterno. Instantáneamente miraba a sus rostros para ser testigo del dolor el miedo indescriptible en sus ojos. Sus rodillas golpeaban la una con la otra así como las rodillas del Rey Belsasar de Babilonia mientras era testigo de la escritura de Dios en la pared. Inmediatamente estaba de regreso con el ángel. No puedo decir que sucedió en una fracción de segundos porque no hay segundos en la eternidad. Le pregunte al ángel quienes eran las personas que se paraban en línea afuera del infierno. Él me respondió de esta manera; ellos son los que entre mis pastores ungidos han decidido convertirse en señores sobre mi patrimonio y sobre mi sangre. Y grité con voz en cuello, "No"! Estaba tratando de proteger el sacerdocio mientras escuchaba mí "no" resonando por toda la eternidad. Le pregunte al ángel si ellos eran sacerdotes o monjes aunque parecían estar vestidos en traje de negocios. El ángel respondió no, no son ni sacerdotes ni monjes. No fue hasta después que Dios me lleno con el Espíritu Santo unos días después en el altar de una Iglesia Apostólica que Él me dio esta realización; los individuos que vi eran aquellos que una vez fueron enumerados entre Sus ministros Apostólicos, quienes se hicieron señores sobre Su patrimonio y sobre Su sangre.

El ángel me dijo entonces que subiera más alto. De inmediato me encontré a mil pies por encima del monasterio. La distancia no se midió sino simplemente era conocimiento. Todo no podría haber sido más claro. La única diferencia que pude ver entre los Santos ángeles y mi persona fue que ellos se movían de libre voluntad mientras yo era movido por el poder de Dios.

El ángel del Señor dijo: "Mira," y vi un hermoso ángel de pie en la orilla del mar. Le hice la pregunta, "¿Quién es él Señor?". Respondió el ángel que él era el ángel que un día pondría un pie en la tierra y un pie sobre el mar y que el tiempo mortal no sería más. Inmediatamente no diez miles pero decenas de miles de ángeles aparecieron. Los ángeles eran tan hermosos cada uno teniendo su identidad personal. Ellos estaban muy emocionados y ansiosos para el rapto de los redimidos y tan dispuestos a traer al Señor de los Ejércitos como novio de la iglesia. Entonces el ángel dijo, pero el tiempo no ha llegado todavía. Los ángeles entonces tan rápidamente como aparecieron se retiraron a sus posiciones.

Dios me estaba dando un vistazo al futuro del rapto de su iglesia. Detrás de la multitud de ángeles, podía oír un mar de lenguas. Sonaba como si estuvieran cantando y pregunté si eran sacerdotes o monjes. Él respondió que eran las almas que a través de las edades me habían precedido en la muerte. Pero le dije al Señor que no tienen rostros. El ángel respondió que en la resurrección tendrían caras glorificadas. Aunque no conocía el poder que había en el Nombre de Jesús, Dios me estaba introduciendo a una familia eterna que no había conocido. Aunque no tenía el Espíritu Santo estaba siendo rodeado de un espíritu familiar.

Entonces el ángel dijo: "Mira" y vi un reloj muy grande que no tenía manecillas. El ángel en la orilla del mar apareció una vez más delante de mí. Le dije Señor el reloj esta sin manecillas. El ángel dijo pronto el tiempo no será más, y el Padre reunirá las almas del cielo y de la tierra que han tomado Su nombre.

Tan pronto que el ángel anuncio la pronta venida del Señor, me encontré en la baranda del altar mirando el rosario a través de unas manos temblorosas. No había ninguna parte de mi cuerpo mortal que era no se consumíd6. Las lágrimas corrían por mis mejillas y goteaban desde mi barbilla como arroyos de agua dulce.

A veces en nuestra casa de alabanza entonamos una canción:

O Señor tu sabes que no tengo amigo como tú,

Si el cielo no es mi casa entonces Señor, ¿qué haré?

Los ángeles me hacen señas desde la puerta abierta del cielo.

Y no me puedo sentir en casa en este mundo nunca más.

Ahora soy un hombre casado. Dios me ha dado una esposa santa y dos hijos llenos del Espíritu Santo. No pude llenar a mis hijos con el Espíritu Santo el cual es el trabajo de Dios, pero atesorar las dulces memorias de bautizarlos a ambos en el Nombre de Jesús. Ahora disfruto de mi vida con este Espíritu

Santo maravilloso. Tengo todo para vivir. Si el Señor no regresa en mi día, me gustaría mucho pasar la marca centenaria usando mi último aliento para declarar la verdad acerca del hombre de Galilea. Al mismo tiempo sabiendo lo que sé y habiendo visto lo que he visto debo decir que estoy diez millones de veces más emocionado acerca de la muerte de lo que estoy por vivir aquí abajo. Cuando el alma de un persona llena del Espíritu Santo se separa de su cuerpo mortal y tangible esa alma fluye a un mar de lenguas como el agua dulce.

En el rincón sombreado del patio en Oka se encuentran las humildes piedras que marcan las tumbas de los monjes fallecidos. Caminé entre los muertos al recitar el rosario, mientras el sol se reflejaba con dureza en los ojos de los adoquines cubiertos con escarcha. Me encontré replanteando las prioridades y deseando hacer una obra para Dios, algo más que el ritualismo tenía que ofrecer, algo espontáneo.

El monasterio Oka fue mi casa durante una temporada y después pasar algún tiempo allí, me di cuenta de que estaba menos en sintonía con la actividades de los monjes que la de los seminaristas. Aunque nunca olvidaré lo que el Señor hizo por mí en el monasterio Oka, me sentía un poco claustrofóbico. Yo sabía que el lugar había cumplido su propósito y ahora era el momento de seguir adelante. Antes de salir, hablé con un monje trapense y le informe que había algo que ardía dentro de la parte más interna de mí ser. Quería conocer a Dios personalmente y como David, danzar un día delante de Él. No lo comenté en Tres Ríos o en el Seminario Mayor de Teología pero le dije a este monje de mi experiencia afuera del cuerpo. Su respuesta fue que Dios me estaba guiando. Él y yo estábamos pensando en el sacerdocio en la Iglesia Católica Romana. Sin embargo, en menos de una semana desde mi experiencia afuera del cuerpo, Dios me lleno con el Espíritu Santo en un altar de una Iglesia Apostólica.

Ni él ni yo sabíamos lo que Dios tenía guardado, pero el monje teniendo un tipo de personalidad jovial, sonrió y asintió afirmativamente cuando regresaba a su puesto de trabajo. Yo salía del monasterio al amanecer. Después de juntar mi equipaje, me fui a Nueva Brunswick.

Capitulo Tres

De Pie en Medio de la Encrucijada

Yendo hacia Nueva Brunswick, paré una vez más en Tres Ríos, Quebec. Visite el Seminario de Filosofía y pasamos un par de días en el "Cap-de-la-Madeleine." La basílica multimillonaria que se encuentra en el centro del "Cap-de-la-Madeline" se llama "Nuestra Señora del Cabo." Se cree que María, la madre de Jesús, en la época de invierno, guió al pueblo cruzando el río con un pequeño edificio de la iglesia como el hielo se rompía alrededor de ellos. Por lo tanto, la basílica fue construida en su honor.

Uno puede ser totalmente fascinado por la belleza que rodea a la enorme estatua cubierta de perlas de la Virgen en el edificio pequeño de la iglesia que permanece hoy en día en la misma propiedad de la basílica. A lo largo del año, grandes novenas se celebran en honor de "Nuestra Señora del Cabo." He visto a la gente caminar de rodillas a través del estacionamiento de la basílica y subir escaleras de concreto recitando sus rosarios, hasta llegar a la imagen más venerada de María la madre de Jesús.

Mientras que darse cuenta de que vamos a estar en juicio con esta gente sincera, me pregunto cuántas personas están allá fuera hoy en día venerando imágenes. Estas imágenes ni escuchan ni responden oración. Las personas vagan sin rumbo en la oscuridad ritualista con la esperanza de complacer a lo Divino.

Después de un par de días de visita en el área de Tres Ríos, continué mi camino a casa. A mi regreso, un día con ambiente de paseo de campo prevaleció durante una temporada. Fue bueno visitar a mi familia y amigos, una vez más, pero había un hambre que no podría ser saciada por los miembros de la familia. En mi confusión confesada sentí que de alguna manera, en algún lugar, había una respuesta a mi mayor deseo en la vida, conocer a Dios.

Después de visitar a mi familia, retorne al Seminario de Teología. Me sentí alentado por mi visita. Un sacerdote y querido amigo se sorprendió al verme en la provincia. Con la mano extendida, preguntó: "¿Qué haces aquí?"

Al declarar mi caso, le dije al sacerdote en detalle de mi encuentro espiritual con respecto a la voz que yo había oído en Tres Ríos, Quebec y en Riverside, California. Cuando me senté ante el líder que estaba prematuramente calvo, me di cuenta de que su sonrisa podría cambiar rápidamente y mostrar desprecio. En mi confusión, me insistió en que yo estaba en la voluntad de Dios, aunque mi mente vagaba de nuevo a California con frecuencia durante nuestra larga conversación. El ministerio había sido mi vida. Yo estaba buscando pero ¿qué era lo que buscaba? Yo estaba alcanzando, pero ¿Qué era lo que estaba alcanzando?

Este hombre se caracteriza por una gran originalidad y genio siendo dotado de la capacidad de apropiarse y hacer buen uso de todos los métodos de observación y especulación que cayó sobre él. En su Inglés roto, pero identificable, insistió en que yo estaba buscando algo que no existe, mientras fumaba con satisfacción cigarrillos de marca Export-A-cigarettes.

Yo escuchaba educadamente, mi voz moribunda en mi garganta, mientras mi búsqueda se desintegraba ante mis propios ojos. Sabiendo la capacidad del hombre para evaluar los hechos, mi lucha interior estaba resultando difícil. Mientras que experimentaba dudas en cuanto a mi regreso a Riverside, finalmente sacudí la cabeza con resignación mientras mi amigo me preguntaba persistentemente por mi bienestar espiritual. Encontrando el entusiasmo duro de contener, vi como corría la seriedad a lo largo de la cara del sacerdote. Mi vista se oscureció de repente delante de mí. Sintiéndome muy avergonzado, hice planes para regresar a Riverside, California. Mi afirmación espiritual parecía ser de ninguna importancia para el sacerdote. Después de varias horas de interrogatorio, me di cuenta de que mis puntos de vista fueron totalmente rechazados. Mientras me preparaba para vivir con mi suerte, recibí un toque de un poder superior. En lo más profundo dentro de mí, sabía que había rechazado el consejo del hombre.

Aunque los teólogos no habían regresado para el semestre de otoño, el sacerdote no podía llevarme a la ciudad cercana de Perth, debido a sus responsabilidades en el seminario. Le dije que iba hasta la carretera para conseguir un taxi hacia Perth, la cual estaba solo a una corta distancia. Hay conseguiría un autobús con destino a Montreal y después por aire viajaría hasta Los Angeles, California. Entonces quedaría en ser recogido por los seminaristas de Riverside.

Cuando llegue al camino rural con mi equipaje, la noche ya se había apoderado del día. Había pocos carros en el camino esa tarde en particular. Mientras esperaba en vano por un taxi para Perth, recordé a alguien hablar de un lugar llamado Plaster Rock, unas pocas millas en el camino hacia la dirección opuesta. Nunca había estado antes en Plaster Rock pero sabía que era una ciudad de pulpa y papel que empleaban a varias personas. Me aterraba el viaje largo y tedioso en autobús hacia Montreal y decidí ir primero a Plaster Rock. Aunque tenía muchas intenciones de volver a California, planeaba en asegurar un trabajo en el pueblo de pulpa y comprar un boleto de avión desde Presque Isle, Maine hasta Montreal, y después hasta Los Angeles.

Mientras caminaba hacia el otro lado de la carretera, mi búsqueda por la voluntad de Dios se reavivó instantáneamente dentro de mí. Mientras yo veía la ciudad como un lugar para trabajar, el Señor la vio como un lugar de refugio. Jesús tendría allí un lugar preparado para mí, una estación para salvación de almas. Yo no lo sabía, pero un faro hacía señas a mi alma cansada que había sido sacudida en la vida religiosa y mar imperdonable.

Casi instantáneamente los faros de un automóvil penetraron la oscuridad en calma. Al auto se detuvo a mi lado. Abrí la puerta y el conductor me pregunto por mi destino. Rápidamente le dije Plaster Rock. Él dijo "entra", como si supiera exactamente para donde iba. Mientras me sentaba en silencio durante el viaje, continuamente pensaba: Conozco a este hombre, conozco su rostro. Pensaba y después me decía a mí mismo, lo he visto antes en algún lugar. Esto sucedió un Sábado en la noche.

No fue hasta después de que Dios me lleno con el Espíritu Santo el día después que maravillosamente fui consciente de este hecho. El hombre conduciendo el vehículo no era un hombre en absoluto, sino mas bien, el ángel con el cual había conversado encima del monasterio Oka en Quebec en mi experiencia afuera del cuerpo. Los ángeles son muy reales. Como Dios tuvo el poder para encarnarse, así los ángeles Santos del Señor pueden transformarse instantáneamente en lo que parece ser un estado mortal, y después rápidamente ser transformados de nuevo en inmortalidad.

Cuando llegamos a Plaster Rock, la cual estaba solo a unas millas, el conductor del automóvil me dejó en el centro de la pequeña ciudad. Aunque no hubo diálogo entre el conductor y yo desde el seminario hasta Plaster Rock, sentí una paz distinta que emanaba de este caballero. También sentí que él sabia quien era yo, mientras su sonrisa insistía que todo iba a estar bien.

Un grupo de jóvenes estaban reunidos donde paramos. Les pregunte acerca de un motel barato donde podría pasar la noche. Finalmente uno de los jóvenes hablo informándome acerca de una convención de pulpa en la ciudad que había reclamado todas las habitaciones de los dos moteles. Continuó diciendo que su padre era dueño de una cabaña antigua de madera aproximadamente un cuarto de milla en el bosque. Él insistió que me podía quedar allí todo el tiempo que deseaba. La invitación me sonaba muy bien. Necesitaba un lugar tranquilo y relajado para mantener mis prioridades intactas. Mientras alguno de los jóvenes no tomando a su amigo en serio, expresaron dudas acerca de la autenticidad del lugar; yo decidí seguirlo.

Fui guiado por medio del bosque en un camino angosto que eventualmente terminaba en la cabaña antigua de madera. El joven se despidió dando las nuevas noches y caminó despreocupadamente hacia la dirección opuesta. Parándome solo al frente de mi humilde domicilio, observaba mientras él se desaparecía en la noche.

Por un momento entrando en la cabaña de madera vieja, mire fijamente las paredes. Mi alojamiento estaba totalmente sin las comodidades de la vida. Para dar crédito a la cabaña, los alrededores eran primitivos. No había evidencia de tecnología moderna. Parecía que yo estaba reuniendo impulso en mi mente como un tren fuera de control en una pista de montaña destinado a autodestruirse mientras yo cuestionaba mi presencia en esta situación inadecuada y sin esperanza.

La cabaña estaba adornada con latas vacías de cerveza representando los restos de fiestas de moto de nieve pasadas. No había electricidad, ni comida, ni calefacción. Había una cama que llevaba sólo los resortes a través del cual el suelo era claramente visible.

Mi entorno, sin embargo, era de poca importancia. Yo no estaba cansado. No tenía hambre ni frío. Yo necesitaba algunas respuestas en mi vida sobre mi ministerio. Mientras inclinaba mi cabeza y empezaba a orar, los sonidos de vientos silbadores tintineaban contra los cristales de las ventanas, haciendo alusión del duro invierno por delante.

Como a los dos de la mañana después de orar por oras a la Virgen María, y leer mi breviario a la luz de una vela, yo estaba obligado a quedarme quieto, mientras sentía la esencia misma de la vida colapsarse a mi alrededor.

Cuando gente Apostólica oran debemos entender que oraciones repetitivas no son honradas por Dios. El Señor pide que nuestras oraciones sean espontáneas y de todo corazón, queriendo que nuestras ceremonias externas y ritualismo se conviertan en experiencias internas.

"Y orando, no uséis vanas repeticiones, como los gentiles, que piensan que por su palabrería serán oídos."

Mateo 6:7

Sabiendo que pocos creyentes son ganados por medio de discusiones teológicas y doctrinales, debemos ser ultra-sensitivos para la guía del Espíritu Santo. Cuando el Espíritu Santo empieza a liderar, corazones sinceros automáticamente responderán; y esas personas, en última instancia, buscaran un caminar mas intimo con el creador y sustentador de nuestras vidas. El poder del Espíritu de Dios no tiene comparación.

El Sueño

"No con ejercito, ni con fuerza, sino con mi Espíritu, ha dicho Jehová de los ejércitos."

Zacarías 4:6

Puse mi breviario en la humilde mesa de noche al lado de mi rosario. Sin pena ni lamento, me arrodillé al lado de la vieja cama y me encontré llorando como un bebe. Esta era mi desesperada oración: "si hay un Dios en el cielo, necesito respuestas en mi vida". Me sentía tan desgastado como la cabaña en ruinas en si parecía estar. Mis ojos me ardían por el agotamiento.

Unos minutos después con una pequeña maleta como mi almohada, me dormí sobre los resortes oxidados. La feroz lucha interior se enfurecía mientras el hambre espiritual lo preparaba al parecer, para pelear hasta la muerte. El Espíritu Santo estaba intimidando el dominio de Satanás sobre mi alma encarcelada.

Después de quedar dormido tuve un sueño. Estaba en un lago en medio de una gran tormenta. Las montañas alrededor del lago eran altas y las nubes que cubrían los cielos eran ferozmente oscuras. Traté de nadar hasta la orilla, pero mientras me acercaba fui empujado una vez más hacia el lago por gente que se paraban cerca de la orilla del agua. Mientras la fuerte tormenta se enfurecía y las olas me hundían, me encontraba descendiendo por una última vez. De un momento a otro, vi una mano extremadamente inmensa venir desde arriba de las montañas. Era la mano de un hombre, extendida con poder y fuerza. Inmediatamente pensé que la mano enorme descendería sobre mí para ahogarme. En cambio, mientras la enorme mano bajaba, se reducía de tamaño hasta llegar a ser una mano normal. La mano fuerte pero tierna me alcanzo y me liberó de la terrible tormenta. Dios me mostró mi debilidad para mostrar Su fuerza. Jesucristo personalmente me mostró en ese sueño que Él no era nada menos que la mano de Dios, hecho carne, para liberar el hombre mortal del mar de la vida que no permite misericordia.

La mañana siguiente el Señor personalmente me mostraría Su encarnación al poner mis pecados debajo de Su sangre. El sueño fue Divino. Después de una vida de búsqueda, en menos de ocho horas desde el tiempo de mi sueño, me encontraría arrodillado en el altar de una Iglesia Apostólica. En este altar iba a ser testigo del trabajo de la sangre de Cristo y la revelación de su encarnación.

"[Jesús] En el mundo estaba, y el mundo por él fue hecho; pero el mundo no le conoció." [como el Padre]

Juan 1:10

"los veinticuatro ancianos se postran delante del que está sentado en el trono [singular], y adoran al que vive por los siglos de los siglos, y echan sus coronas delante del trono, diciendo: Señor, digno eres de recibir la gloria y la honra; *porque tú* [Jesús] *creaste todas las cosas*, y por tu voluntad existen y fueron creadas."

Apocalipsis 4:10-11

Relativamente temprano la siguiente mañana, puse mi rosario en mi bolsillo. Con mi confianza sin arrugas y refugiando mis lealtades, permanecí un Católico Romano devoto. Algo me estaba pasando pero estaba determinado a no ser disuadido de mi fe. Deje la cabaña y camine fuera del bosque con mi breviario en mis manos. Estaba en mi camino hacia la misa. Era un Domingo en la mañana muy hermosa mientras los rayos del sol destellaban sobre las ramas cubiertas con nieve. Antes de ir a la iglesia, camine bajando hacia el puente que cruzaba el Rio Tobique. Mirando sin rumbo hacia la corriente fuerte del agua, traté desesperadamente ceñir los lomos de mi mente pensante. Lo que no sabía era que yo estaba a punto de caminar directamente hacia el abrazo asombroso del Maestro. Por el camino estaba a punto de encontrarme con la Rosa de Sarón. Esa mañana iba a conocer personalmente al Lirio de los Valles.

Al momento que alcancé el pie de la colina que conducía a la Iglesia de San Tomas Aquinas, noté que la misa ya había empezado. Una gran cantidad de automóviles ya estaban parqueados al rededor de la iglesia. Me detuve mientras lagrimas venían a mis ojos. Le dije al Señor que estaba cansado de ritualismo y formalidades. Estaba cansado de ir a un confesionario,

Iglesia Católica San Tomas Aquinas
Plaster Rock

teniendo al sacerdote perdonar mis pecados y salir de nuevo y hacer las mismas cosas otra vez. Sin embargo, estaba listo para ir a confesión esa mañana y recibir una vez más una penitencia por mis transgresiones.

Penitencia viene del Latín *"poena"* que significa pena. Penitencia es una medida disciplinaria adoptada por la Iglesia Católica Romana en contra de infractores. Inicialmente el término aplicaba solamente a aquellos culpables de tales delitos flagrantes como el homicidio o adulterio.

Creyendo que un sacerdote tenia la autoridad de perdonar pecados y dar una penitencia, creaba una "relajación de conciencia" inmediata. Sin embargo, esa mañana aprendería que Jesucristo no vino a este mundo para relajar la conciencia sino por el contrario, Él vino a este mundo para salvar nuestras almas inmortales del pecado.

Para entonces había un brazo inmortal envolviendo mi alma empobrecida que se negaba a soltar. Una fuerte batalla se estaba librando para mi liberación milagrosa de las profundidades del encarcelamiento espiritual. Estando de pie en medio de la encrucijada en ese pequeño pueblo, un hambre inmensa de conocer a Dios envolvió mi alma. Yo necesitaba un poder vencedor en mi vida. Yo estaba buscando algo que pudiera aferrarme, algo que era real.

Fue entonces que escuché la voz idéntica que había escuchado en el seminario de California. Esta vez la voz dijo: "Por el camino hay una iglesia Pentecostal". Me di la vuelta para ver quien estaba por detrás pero no vi a nadie. Parecía que estaba en otro campo mientras escuchaba a la voz. La voz era Divina. Empecé a llorar delante del Señor y admití que no conocía nada de Pentecostés. Estaba sorprendido sin comprender, pero sin duda sentí que sería una búsqueda de mérito. Sin querer perjudicar a la iglesia madre, aunque sintiendo que había algo más, empecé a avanzar por el camino.

El Señor les habla a los pecadores y a veces Él les habla en una voz audible. El Espíritu del Señor llama a personas que tienen hambre y sed de las cosas que son justas. No hay nada que podamos hacer para salvarnos a nosotros mismos, sino buscar

Rev. W. J. Rolston y Sra.

su santidad. Nadie me invitó a una iglesia Pentecostal. Mi invitación a la casa de Dios vino del Señor mismo y era tan personal como lo podría haber hecho.

Después de pasar varias iglesias en el pueblo, me hice un poco desalentado porque no pude encontrar el letrero que decía Pentecostés. Estaba a punto de volver a la misa cuando vi una iglesia en un escenario semejante a un valle. Miré el signo. Decía Iglesia Apostólica Pentecostal de Santidad. Era la Iglesia Apostólica de Plaster Rock, fundada por el Hno. W.J. Rolston y Señora. Esa era! El servicio ya había empezado. No sabía si debía entrar o ir en la dirección opuesta.

Estaba ansioso porque sabía lo que ya había experimentado era real y que Dios era responsable por yo estar ahí. Aunque estaba ansioso, también estaba muy cuidadoso. La teología de la Iglesia Católica Moderna enseña que el *"Magisterium"* [enseñanza autoritaria] de la Iglesia Católica, es del Pontífice y sus Obispos, la cual tienen la única autoridad para interpretar auténticamente la "Palabra de Dios". Mi mente me hacia esta pregunta: ¿Quien está interpretando la Palabra de Dios allá dentro?

La gente hace muchas elecciones en sus vidas. José decidió perdonar; Moisés decidió no llamarse el hijo de la hija de Faraón; Abraham decidió obedecer al Señor. Ese Domingo en la mañana yo decidí entrar. Esperanza y grandes expectaciones se aceleraban dentro de mí mientras me acercaba a la puerta de la iglesia. Nunca estando dentro de una Iglesia Pentecostal, me acurruqué en la última banca haciéndome tan pequeño como fuera posible. No necesitaba un programa o ser entretenido con un espectáculo. Necesitaba un toque real de Dios mismo.

Que Dios no permita que un espectáculo o programa tome el lugar de Su poder en nuestros servicios. Temo que nos estamos volviendo muy sociales y muy entretenedores. Muchas veces en nuestros esfuerzos de entrar en la presencia de Dios, buscamos aquellas cosas que son atractivas a la carne y abandonamos aquellas que satisfacen al Espíritu.

No había entrado del todo cuando noté que no había estatuas en el santuario. Las Iglesias Católicas más modernas tienen por lo menos una estatua de una Virgen. La segunda cosa que noté era que no había un altar en la plataforma en la cual se ofrecían los Sacramentos de la Eucaristía. Pensaba que el sacrificio de cuerpo, sangre, alma y Divinidad de Cristo estaban en cada hostia.

Siendo consciente de las inseguridades e inestabilidades que la religión tenia por ofrecer, y tratando de no ser melodramático, de todo corazón miré por medio de esta única ventana de oportunidad.

Hubo un silencio momentáneo mientras un hombre se paró triunfalmente detrás del pequeño podio. Llevaba un traje en lugar de las vestimentas tradicionales usadas en la misa por los sacerdotes Católicos Romanos. Escuchaba con anticipación sin aliento por lo que este hombre iba a decir. Para mi sorpresa, en vez de hablar, abrió su boca y empezó a cantar cánticos de Sion. La gente se paraba mientras yo permanecía sentado. Ellos empezaron a cantar como yo nunca había visto un grupo de personas cantar, ni siquiera los monjes de Oka. V como comenzaban a aplaudir sus manos en armonía sin esfuerzo de gracia. Vi como las lágrimas comenzaban a fluir por las caras de los redimidos. Lo que me sorprendió más, fue la unidad del pueblo en la adoración. Su vínculo de alabanza fue mayor de lo que podía haber imaginado.

La primera canción que los santos de Dios cantaban ese Domingo en la mañana era "Jesús Viene por el Camino". Aunque no podía comprender todo lo que ocurría al rededor de mí, las palabras de esa canción ungida me mandaban un mensaje muy claro:

> Él salvará y Él sanará,
> Solo créele a Él y Él lo hará,
> Jesús viene por el camino.

Inmediatamente Jesús, por medio del mensaje de esa canción, tocó mi corazón. Comprendí que el Señor no solamente me había dado dirección perfecta para donde quería Él que yo fuera mientras me paraba afuera de la Iglesia Santo Tomas de Aquinas, sino que Él personalmente me había guiado en el camino. Nunca olvidaré la canción que los redimidos del Señor cantaban en el santuario del Altísimo en ese maravilloso día de mi vida. Cuando no sabía hacia donde iba o realmente lo que buscaba, Dios personalmente me guió a la puerta de Su casa.

Mientras lentamente observaba a mí alrededor, noté que los hombres estaban afeitados y tenían un corte de cabello corto. Mi mente religiosa instantáneamente me llevo atrás en la historia al segundo siglo d.C. Después de que los sacerdotes empezaron a llevar el cabello largo, el Papa Anicetus (155-166 d.C.) prohibió a cualquier ministro en la iglesia llevar el cabello largo por el precepto del Apóstol Pablo.

"La naturaleza misma ¿no os enseña que el varón le es deshonroso dejarse crecer el cabello?

1 Corintios 11:14

La emoción de saber de qué Dios literalmente envolvía mi alma mientras me paraba deprisa tratando de interpretar con sensibilidad y exactitud el Espíritu atractivo que sentía. Por primera vez en mi vida, estaba privilegiado por sentir con la gente de Dios la gloria Shekinah del Señor. Mientras estaba en la presencia de Dios, estaba maravillado de Su Espíritu. Supe entonces que había sido vigilado por la fuente de toda la vida. Dios no hace nada contrario a Su naturaleza y es apto para gobernar todo lo que Él creó y sostiene. El Señor conoce todas las cosas. Él conoce nuestros pensamientos internos y nuestras acciones externas. Él sabe cuando tenemos hambre y cuando no.

Muchas veces pienso en la canción escrita por el ministro Unicitario G.T. Haywood (1880-1931 d.C.):

> Veo un río carmesí de sangre,
> Fluye desde el Calvario,
> Sus olas que llegan hasta el trono de Dios,
> Están barriendo por encima de mí.

Sentí los ojos se me desenfocaban mientras se llenaban de lágrimas. Fui sorprendido por mi sensibilidad en las primeras horas de mi conversión. Nunca había sido una persona que llorara o mostrara emoción en público, pero este día las lágrimas fluían libremente mientras yo estaba delante de Él. Esta debió ser la experiencia más grande de mi vida mientras yo veía la luz iluminar las insondables profundidades de la oscuridad.

Douglas G Hanscomb
"Auctor unius, Dei, veri bibique, Jesús Christus"
(Un promotor del Único, Verdadero y Dios viviente, Jesucristo)

Tuve hambre y estando contento de estar allí, sabía que mi ministerio estaba a punto de experimentar una media vuelta. Yo estaba muy emocionado cuando finalmente comprendí la naturaleza del hombre de Galilea. Vi como la gente espontáneamente se daba la vuelta en sus bancas y oraban de rodillas. Hoy estoy emocionado y tengo planes de estar emocionado al final de esta peregrinación terrenal. Si usted decide no ser Cristiano después de recibir la revelación de quien Jesús es realmente; no insulte su propia inteligencia al inclinarse a ser un rey en algún castillo de piedra carnal.

Pareció que me había quedado de pie solo y una vez más no sabía qué hacer. El hombre de traje salió del púlpito y se dirigió en mi dirección. Cuando puso su mano sobre mi hombro, lágrimas literalmente brotaron de mis ojos.

El hombre sin conocerme o saber de dónde venía preguntó: "Hijo, ¿quieres ir al altar?" Yo le respondí, "Señor, no sé dónde está el altar, pero sí, quiero ir."

Con una confianza tranquila, con calma y sin vergüenza camine junto al hombre al frente del santuario. Se me pidió que me arrodillara en el suelo. A medida que mis rodillas tocaban el suelo, Dios levantó una gravosa carga de sufrimiento de mis hombros cansados. Mi familiaridad con el sacerdocio me había llevado a comprender que no estaba en el confesionario arrodillado delante de un sacerdote mortal, sino frente al Sumo Sacerdote, Rey de Reyes, y el Señor de todos los Señores.

Cuando el pontífice de Roma habla en "ex-cátedra" (desde el trono) se cree que él habla con una lengua infalible. Yo aprendí rápidamente en ese altar Pentecostal y ahora soy persuadido que solo hay uno que es infalible. No es el papa en su trono en Roma, ni una monarquía en el trono en Londres. El infalible es el gran Jehová Dios que desafió ser el sacrificio supremo. Es el Mesías que se sienta en Su trono en el cielo. Él con valentía descubre sus heridas que sufrió en el Calvario a los ángeles que sólo Él creó. Yo le he conocido hoy como el Cordero de Dios que fue inmolado desde la fundación del mundo.

Nunca en mi remota imaginación pensé que ese día Sabático, me encontraría en un altar antiguo de arrepentimiento. Había planeado ir al confesionario ese Domingo en la mañana en San Aquinas pero por el contrario, fui presentado al Sumo Sacerdote.

Fui bautizado en el Nombre de Jesús para la remisión de mis pecados y recibí el bautismo del Espíritu Santo con la evidencia de hablar en otras lenguas como el Espíritu de Dios me daba que hablase. Esta fue la misma experiencia recibida por las ciento veinte personas en Jerusalén descrita en el segundo capítulo del libro de los Hechos. Simbólicamente, yo finalmente también hice mi viaje personal de Roma a Jerusalén.

Como el sueño de parte del Señor la noche anterior se hizo realidad, yo rápidamente me hacia una criatura nueva en Cristo Jesús. Yo inmediatamente supe de la encarnación de Dios. El titulo unido con Su nombre salvador es "Padre Eterno" (Isaías 9:6). Jesús era el Padre encarnado.

"Porque en él (Jesús) habita corporalmente toda la plenitud de la Deidad"

Colosenses 2:9

En mi largo camino de búsqueda, recibí lo que el mundo y la religión hecha por el hombre no podían dar y hoy saber que no me la pueden quitar. ¿Qué podría compensar los años vividos sin conocer al Señor en el poder del Espíritu Santo? Nada, no hay nada en absoluto. Años vividos fuera de su voluntad simplemente son años desperdiciados. Una hora en la perfecta voluntad de Dios es mucho mayor en comparación con la longevidad sin sentido de cualquier ser mortal viviendo fuera de su voluntad.

"Miré todas las obras que se hacen debajo del sol; y he aquí, todo ello es vanidad y aflicción de espíritu."

Eclesiastés 1:14

Capitulo Cuatro

Religión Cristiana vs. Salvación Apostólica

Los que estamos en la fe Apostólica, así como aquellos en el día de Pentecostés, no alabamos en la forma que lo hacemos porque estamos atados a tradiciones de la iglesia. Alábamos la forma que lo hacemos porque hemos sido Divinamente liberados de la esclavitud del pecado.

Nunca había sido un individuo descontento en la Iglesia Católica Romana. Simplemente llamé a la puerta de entendimiento espiritual y creí que por las oraciones de intercesión de los santos de Dios, Él abrió esa puerta para mí. No sentí el aguijón de la excomunión de la Iglesia Católica Romana como algunos lo han sentido en el pasado. Yo salí por mi voluntad propia. Una persona no puede recaer del Cristianismo hasta que se vuelva Cristiano y nadie puede hacerse Cristiano hasta que obedezca la doctrina de los Apóstoles. Recuerde, obediencia es mejor que sacrificio.

En materias de obediencia hacia la santidad Bíblica, los pastores aparentemente pueden gastar una inmensa cantidad de tiempo y energía. Si la mente de un pastor se encuentra atascada por las murmuraciones de personas desobedientes y sin orden, su trabajo de alimentar las ovejas y alcanzar a los perdidos se obstaculiza grandemente. No es la voluntad de Dios que pastores gasten años de sus vidas tratando de vestir cabras. La santidad debe venir del conocimiento de Dios y queriendo complacer a Dios, y no de conocer al hombre y tratando de complacer al hombre. Debe haber un cambio en nuestra naturaleza. Este cambio solo sucederá por medio del camino personal con Jesús y la aceptación de la voluntad de Jesucristo para sus vidas.

En el libro de los Hechos de los Apóstoles leemos en el segundo capítulo que ellos "perseveraban" en la doctrina de los

Apóstoles y en comunión. Esto significa que ellos continuaron como los Apóstoles enseñaron.

Un día un predicador en Belfast, Irlanda, fue al mercado, pisó sobre una gran roca y le dijo a la multitud, "Gente arrepiéntanse, hay una mejor manera de vivir".

La gente en el mercado estaba atónita. Escucharon en silencio. Al rato, alguien se rió. Lentamente la gente volvía a sus compras.

Cada semana el predicador volvía a su estación para llamar a la gente al arrepentimiento. Pronto lo ignoraron completamente.

Años después un niño se le acerco al predicador, tirando de su saco y dijo, "¿Por qué vienes aquí cada semana y hablas cuando nadie te escucha?" El hombre respondió, "Primero vine porque quería que la gente cambiara, pero ahora vengo para que la gente no me cambie".

Es necesario que la Iglesia Apostólica continúe firme día tras día, en la doctrina de los Apóstoles si queremos mantener nuestro entendimiento de los caminos de Dios en cuanto a santidad. Dios se hace conocer a sí mismo al hombre por medio de revelación Divina. No entendemos las cosas de Dios con nuestra mente sola. De hecho, estábamos apartados de Dios y enemigos en nuestra mente (Romanos 8:7-8). Necesitamos una mente renovada si queremos comprender los estatutos más básicos de Dios y cumplir Su voluntad perfecta para nuestras vidas. Esto solamente puede ser logrado si escogemos diariamente no conformarnos a los caminos de este mundo presente.

En el libro de Romanos, el Apóstol Pablo nos advierte del peligro de conformarnos a este mundo. Si queremos aun empezar a entender los caminos de Dios, debe haber un cambio en nuestra manera de pensar.

"Así que, hermanos, os ruego por las misericordias de Dios, que presentéis vuestros cuerpos en sacrificio vivo, santo, agradable a Dios, que es vuestro culto racional. No os conforméis a este siglo, sino transformaos por medio de la renovación de vuestro entendimiento, para que comprobéis cuál sea la buena voluntad de Dios, agradable y perfecta."

Romanos 12:1-2

La salvación de alguien no empieza con nosotros o lo que somos capaces de hacer. Solo Dios salva a los perdidos y la gloria de la salvación debe ser dada de todo corazón y sin condiciones a Él. ¿Robará el hombre a Dios?

Nunca debe ser acerca de lo que he hecho. Siempre debe ser acerca de lo que el Señor ha hecho! Salvación no empieza con un predicador Apostólico, un santo de Dios, una invitación a la iglesia, o un estudio de las Sagradas Biblia. La salvación empieza con un corazón hambriento y la respuesta de Dios hacia el hambre de esa persona. El nuevo nacimiento no es acerca de lo que hacemos, es acerca de lo que Dios hace por medio de la sangre mortal del Cordero.

Un hambre continua entre los redimidos del Señor es de vital importancia. No creemos en la doctrina de John Calvin –una vez salvos, siempre salvos— entonces, lo más cercano alguien llega al mundo, mas esa hambre interior disminuye en nuestras vidas y más escépticos nos volvemos hacia las actividades de Dios en nuestros servicios. No es justo esperar por las bendiciones de Dios de tiempo completo mientras personalmente escogemos jugar al Cristianismo en tiempo parcial.

Jesucristo es el "Padre" fundador de la iglesia que lleva Su nombre soberano. Mientras la caída de religiones Cristianas hechas por los hombres está muy cercana, Su iglesia ungida vendrá adelante y será restaurada a su lugar legitimo mientras las nubes de la Lluvia Venidera se forman alrededor de ella.

Iglesias Cristianas Fabricadas llevan los atributos de hombres mortales que están defectuosos en cada aspecto de la naturaleza falible del hombre. La "Iglesia Pura Apostólica" que fue establecida y puesta en marcha por el "Padre" en 33 d.C. tiene los atributos del Padre. Es Dios quien escoge a quien Él va a redimir y colocar Su ADN dentro de ellos. Esta iglesia ungida y sincera que ha abarcado dos milenios de tiempo todavía es una, todavía universal, todavía santa, y todavía muy poderosa!!

Como Dios, Su "Iglesia Pura Apostólica" que ha ido por

medio del fuego tiene toda la verdad y autoridad. Gente llena del Espíritu Santo que ha tomado Su Nombre en bautismo no deben dar paso o ser intimidados por los espíritus incesantes y desalentadores del Cristianismo fabricado por el hombre. La Iglesia Apostólica no puede funcionar debidamente bajo tal esclavitud.

Esta iglesia antigua y monoteísta de Jesucristo ha cruzado ahora el último umbral de la existencia humana. Ahora en una tierra virgen que conoce solo los sonidos reverberantes de los últimos días del tiempo mortal. El fin se relincha!

Hay literalmente millones de individuos sinceros en las tradiciones Romanas y Ortodoxas que son claramente desinteresados en su gran búsqueda para conocer al Señor en el poder del Espíritu Santo.

Sé de donde el Señor me saco y tengo ningún deseo en absoluto para rituales o alabanza formal. No es por medio de vísperas si no por medio de adoración y alabanzas espontáneas en el "Espíritu" y en "Verdad" que complacen al Señor.

Oh! La voz de un clamor único a la iglesia santificada y lavada con sangre puede ser escuchada diariamente haciendo eco por medio de las montañas de la antigua Judea. El clamor suplicante de nuestro primer amor.

He encontrado que el entendimiento de cosas espirituales no viene de estudiar, leer, o pensar acerca de Dios. Tampoco viene de ejercer nuestra voluntad y demandar conocer acerca de Él, ni abriendo nuestras emociones para conocerlo. Usted no puede conocer a Dios siguiendo una formula o forma, yendo a una iglesia, o a un "hombre santo". No hay intermediarios! Usted entiende a Dios cuando Él se le revela a usted! El hombre está hecho de un cuerpo, alma y espíritu. Solo el espíritu humano puede comprender a Dios.

La voluntad de Dios es que la gente del Nombre de Jesús busque dentro de sus propios espíritus, explorando y ejecutando potencial innato, mientras se identifican con el "yo" a sí mismo con lo Divino.

"El espíritu es el que da vida; la carne para nada aprovecha;

las palabras que yo os he hablado son espíritu y son vida."

Juan 6:63

"Dios es Espíritu; y los que le adoran, en espíritu y en verdad es necesario que le adoren."

Juan 4:24

Déjeme parafrasear, "la esencia de Dios es Espíritu, y aquellos que quieren tener comunión con Él, deben hacerlo con su espíritu humano". Esta es la esencia de la vida Cristiana. No es acerca de doctrinas, enseñanzas, actuando de cierta manera, o yendo a la iglesia o escuela Dominical. Es teniendo una relación con Dios! No es acerca de aprender, estudiar, pensar o meditar. Es tocar a Dios con nuestro espíritu humano.

Si un guante está hecho a la imagen de una mano, no cumple su propósito hasta que sea ocupado por una mano. En la misma manera, el hombre está hecho a la imagen de Dios (Génesis 1:26) pero el hombre no tiene propósito hasta que ese vacío formado por Dios—el espíritu humano—sea avivado y habitado por Él! Por el pecado y la caída del hombre, la tercera parte de nuestro ser, el espíritu humano murió.

Entonces, ¿qué sucede cuando somos salvos? Nuestro espíritu humano es traído a la vida y el espíritu humano es literalmente "nacido de nuevo" como el Espíritu de Dios trae el espíritu humano a la vida y toma residencia. Una vez que eso sucede, tenemos revelación Divina dentro de nosotros. De repente nuestra condición humana y lo que Dios hizo en el Dios-hombre, Jesucristo tiene sentido. Nos encontramos atraídos a Él, agradecidos a Él, y enamorados con Él. Hay un cambio, una chispa de vida que todo Cristiano joven experimenta. No es una experiencia intelectual, ni una experiencia emocional, pero una experiencia espiritual que no puede ser explicada racionalmente.

Con revelación del Espíritu en nosotros, cuanto más leemos la Biblia, más tiene sentido. Cuando lo leíamos antes, nada tenía sentido. Ahora sí. Entendemos el plan eterno y propósito de Dios, como desde el mismo comienzo del Antiguo Testamento, Él tuvo un plan para traer al hombre una vez más a comunión con Él mismo.

Considere el ejemplo del guante. Para que esta hecho, ¿para llenarlo con sal? No, obviamente el guante encuentra su propósito y significado cuando una mano humana lo llena. Ningún otro animal fue hecho a Su imagen – solo el hombre! Pero el hombre altivo y arrogante trata de llenar ese "vacío dado por Dios" con todo menos Dios –conocimiento, posesiones, placeres, etc. Al contrario, tratamos de crear a Dios en la imagen del hombre. Percibimos que habría un "Ser Supremo" allá arriba, entonces hacemos que Dios sea lo que pensamos que Él debería ser, o lo que quisiéramos que Él fuera. El hombre alaba al sol, la luna, los elementos, enseñanzas, y doctrinas. He encontrado que a menos que aceptemos el plan de Dios y tengamos nuestro espíritu humano vivo, solo tenemos nuestra vana imaginación y de pronto religión, pero no revelación verdadera.

La Biblia dice que "me hallan los que temprano me buscan" (Proverbios 8:17). Si usted lo busca a Él, usted seguramente lo encontrará. Nadie lo puede hacer por usted. No es cuestión de afiliarse a una iglesia, o creer un conjunto de enseñanzas, o de cambiar nuestro comportamiento. Es cuestión de abrir su corazón y pedirle a Él que se revele Él mismo a ti y de todo corazón aceptarlo a Él y Su plan para tu vida y darte completamente a Él. Si quieres saber qué significado tiene la Biblia y conocer al autor de la misma, usted necesita tener su espíritu humano vivo al "nacer de nuevo". Entonces usted tendrá la revelación interna y una relación con Dios mismo. El Cristianismo es acerca de "relación" y no "religión". Religión es simplemente hacer cosas, tratar de ser bueno, y vivir a un nivel. Cristianismo es acerca de tener una relación con Dios y dejarlo a Él cambiarnos día a día. Religión lo hará confortable. Salvación por medio de la sangre de Jesús liberará al cautivo.

Ahora esto no es para decir que el hombre no ha reducido el Cristianismo a una religión muerta. Francamente, el sistema del clero/laicado, los majestuosos edificios de la iglesia con sus cruces y vidrieras, grandes coros y grupos de alabanza, el "orden de la alabanza" tienen poco o nada que ver con la iglesia verdadera. ¿Puede imaginarse a la iglesia primitiva con un boletín impreso diciéndoles que es lo que iban hacer y cuando? ¿Dónde está el Espíritu Santo liderando en eso? ¿Podemos anticipar Su mover la semana anterior cuando el boletín es impreso y las canciones y oraciones son seleccionadas? No, eso es pura religión, y nada de Cristianismo verdadero.

Religión Cristiana **hecha por el hombre** trabaja muy bien para gente que quieren hacer mejor pero no quieren cambiar. Salvación trabaja muy bien para gente que quieren hacer mejor y están dispuestas para ser cambiadas interna y externamente.

He encontrado que en el Cristianismo no es siempre lo que alguien está de acuerdo o en desacuerdo, pero lo que alguien está dispuesto a hacer o no. Para sobresalir en las cosas de Dios, la cual todos queremos hacer, una persona debe auto reconocer humilde, honesta y sinceramente su propia identidad espiritual. Es como "¿Podría el verdadero yo ponerse de pie?" En realidad un disfraz se pone para pretender ser un individuo particular. Cuando una persona se pone un uniforme real, automáticamente llega a ser su identidad.

Para salvación, renunciar a las formas del mundo no es opcional. Siento personalmente que la pregunta verdadera es muy simple: ¿Queremos el hombre antiguo o queremos el nuevo nacimiento?

La iglesia primitiva estaba hecha de hombres y mujeres comunes que estaban emocionados por la nueva vida interior que habían descubierto, tan dispuestos para abandonar todo, incluyendo sus vidas por el amor de su Salvador. El problema de la religión Cristiana de hoy es que solo cumple con las formalidades. Cantos congregacionales y oraciones pastorales son muy pocas veces espontáneas y representativas del trabajo del Espíritu Santo en Su cuerpo. El sacerdote o pastor se levanta para predicar o enseñar, y la persona promedio solamente se sienta cumplidamente y escucha las mismas cosas semana tras semana, mes tras mes y año tras año sin moverse y sin cambiar. Si todos los ministros estuvieran llenos del Espíritu Santo como estuvieron al principio, ellos impartirían verdad Apostólica al laicado. Ningún ministro puede ser un juez apropiado de la Palabra de Dios hasta que sean dotados con el mismo Espíritu Santo como los hombres antiguos que escribieron la Palabra de Dios.

Una vez que alguien conoce a Dios entonces todo se vuelve automático. Cuando escuchamos un mensaje de la Biblia automáticamente lo obedecemos porque estamos enamorados con el Señor. Seremos obedientes a la Palabra de Dios y a aquellos que Dios ha puesto sobre nosotros, porque un día queremos hacer el cielo nuestro hogar. Desde que el Señor me llenó con el Espíritu Santo mi vida no ha sido la misma. Cuando doy la vuelta a la derecha siento las bendiciones del Señor y cuando doy la vuelta a la izquierda Él esta tan cerca como la mención de Su nombre. Cuando ahora me paro en el santuario puedo sentir lo que los redimidos sienten. Me puedo identificar con el poder que hay en Su nombre y tener el conocimiento de quien es Él realmente. Yo busqué toda mi vida por lo que tengo y lo mantengo como una perla de gran precio. No hay necesidad en mi vida de seguir buscando. No estoy mirando hacia el denominacionalismo que nunca estuvo en la mente de Dios. Tampoco estoy buscando a las diversas religiones del mundo que adoran a dioses que no pueden oír ni responder a la oración.

En ese altar antiguo Apostólico recibí todo lo que necesitaba para hacerme feliz. Estoy convencido que si no puedo ser feliz con el Único, Verdadero y Dios Vivo que formó el universo con el pasar de Su mano, entonces para mí la felicidad no es alcanzable. El poder de Dios que burbujea como el oasis por dentro es suficiente para mantenerme en esta vida y para llevarme a casa cuando todo se acabe. Mientas lamento que solo tengo una sola vida para ofrecer al Señor, a veces me pregunto ¿dónde estaría hoy si no hubiera conocido a la Rosa de Sarón en esa mañana Dominical muy especial?

Mi nuevo pastor, Rev. James D. McKillop, era un príncipe de hombre, el cual tuvo grandes dolores al explicarme los detalles de la fe Pentecostal. Mientras vivía con mi pastor y su bondadosa esposa Joyce, fui enseñada la importancia de amar la "Casa del Señor".

Pastor James D. McKillop

En efecto he aprendido a amar la casa de Dios. Es ahí donde escucho instrucciones concernientes a mi camino con Dios. Me ha permitido sentir Su presencia en gran intensidad y en la casa de Dios puedo frotar los hombros con gente preciosa de la misma fe. No permitiré que yo o mi familia permanezcamos en la zona de confort de nuestra casa cuando necesitamos estar en Su casa. Gente verdaderamente Apostólica no buscan por escusas para quedarse en la casa como los pecadores y Cristianos casuales; ellos aceptan su deber de ser puntuales como soldados puros de la cruz.

"Porque a las cámaras del tesoro han de llevar los hijos de Israel, y los hijos de Leví la ofrenda del grano, del vino y del aceite; y allí estarán los utensilios del santuario, y los sacerdotes que ministran, los porteros y los cantores; y no abandonaremos la casa de nuestro Dios."

Nehemías 10:39

"Y considerémonos unos a otros para estimularnos al amor y a las buenas obras; no dejando de congregarnos, como algunos tienen por costumbre, sino exhortándonos; y tanto más, cuando veis que aquel día se acerca."

Hebreos 10:24-25

"Entonces reprendí a los oficiales, y dije: ¿Por qué esta la casa de Dios abandonada?"

Nehemías 13:11

Con envidia Esaú entendió que al comer de la comida de Jacob que cuando se alimenta la carne, se pierde su derecho de nacimiento. Mi pastor enfatizó que la santidad interna y externa no era opcional en la fe Apostólica.

"Seguid la paz con todos, y la santidad, sin la cual nadie vera al Señor."

Hebreos 12:14

Dios mismo es llamado Santo porque Él es completamente separado, único, y sin igual en toda Su creación. Nada puede ser comparado con Él porque Él no tiene comparación; Él es el creador del universo y de toda existencia. Entonces Él es diferente de todo lo que existe. Es en esta luz que los redimidos de la tierra son separados en su camino entre hombres y en su alabanza a Dios.

"Ahora, pues, dad gloria a Jehová Dios de vuestros padres, y haced su voluntad, y apartaos de los pueblos de las tierras."

Esdras 10:11

En 1961 el Presidente John F. Kennedy de los E. U., siendo él mismo un hombre Católico Romano, le preguntó al cardenal de Nueva York su opinión del presidente de Cuba. ¿Era realmente comunismo?

El cardinal respondió a la pregunta del presidente en esta manera, "Cuando veo un pájaro que se ve como un pato, camina como un pato, habla como un pato; estoy seguro de que es un pato".

"Porque la gracia de Dios se ha manifestado para salvación a todos los hombres, enseñándonos que, renunciando a la impiedad y a los deseos mundanos, vivamos en este siglo sobria, justa y piadosamente, aguardando la esperanza bienaventurada y la manifestación gloriosa de nuestro gran Dios y Salvador Jesucristo, quien se dio a sí mimo por nosotros para redimirnos de toda iniquidad y purificar para sí un pueblo propio, celoso de buenas obras."

Tito 2:11-14

Modas pasajeras vienen y se van en el mundo en el cual vivimos hoy, pero con Dios, Santidad todavía está de moda. El Pastor McKillop insistió que un espíritu humilde debe acompañar los estándares de santidad en esta vida. Es muy posible estar vestido con modestia de la cabeza a los pies y sufrir de un espíritu corrupto de superioridad moral interior.

Mi pastor también enseñaba que no hay "grandes hombres de Dios", solo siervos humildes que hacen grandes cosas por su Dios. Mientras dando honor a quien honor merece, que Dios no permita que pase mis últimos días aquí en la tierra, si el Señor lo permite, vanagloriándome de mis logros en Su reino. Soy absolutamente Apostólico por la gracia de Dios. En el día del juicio, el legado de una persona solo tendrá merito como se ve a través de los ojos de Dios.

"Para santificarla, habiéndola purificado en el lavamiento del agua por la palabra, a fin de presentársela a sí mismo, una iglesia gloriosa, que no tuviese mancha ni arruga ni cosa semejante, sino que fuese santa y sin mancha."

Efesios 5:26-27

En este punto, mi vida era todo es sobre el estudio y el estudio de la Palabra de Dios estaba lejos de terminarse. Quisiera compartir algunas de las enseñanzas de mi pastor.

Nosotros Pentecostales Apostólicos creemos que la experiencia del Espíritu Santo fue la fuerza impulsora detrás de los Apóstoles en los días de la iglesia primitiva. Era el combustible por el cual el poderoso celo Apostólico operaba.

En las esferas Cristianas, el Pentecostalismo se conoce como la tercera fuerza del Cristianismo. Alguien no puede unirse a la fe Pentecostal como es prescrito por la Iglesia Protestante, Católica Romana u Ortodoxa. Una persona no se une a una iglesia pero es nacida en la iglesia, a saber del agua y del Espíritu.

Si alguien escoge identificarse ellos mismos con la iglesia del primer siglo que fue establecida por el Señor mismo, ellos deben estar listos para identificarse con las mismas enseñanzas de la iglesia del primer siglo. De acuerdo a Hechos 2:38, fue y seguirá siendo arrepentimiento, bautismo en el nombre de Jesucristo para el perdón de los pecados, y la llenura del Espíritu Santo con la evidencia de hablar en otras lenguas.

Si una persona vive conforme a las enseñanzas de los Apóstoles, esa persona automáticamente será un discípulo en la iglesia de Dios, sabiendo que los caminos de Dios permanecerán cuando los caminos del hombre continúen desfalleciendo.

Dentro del marco de la Iglesia Apostólica, Dios tiene muchos esfuerzos organizados. Ninguno de ellos se le ha dado permiso o autoridad para reclamar un monopolio en la verdad de Su

Palabra. Ni siquiera aquellos reclamando independencia de varias organizaciones, quienes ellos mismos están organizados en su propia asociación.

Es imperativo que creyentes nacidos de nuevo entiendan que el Señor tiene solo una iglesia que fervientemente está alcanzando la creciente oscuridad del mundo para tocar almas eternas, evitándoles tormentos de un infierno vivo y real.

"Y yo también te digo, que tú eres Pedro, y sobre esta roca edificaré mi iglesia; y las puertas del Hades no prevalecerán contra ella."

Mateo 16:18

Asimismo, es imperativo que los que le conocemos a Él en el poder de Su resurrección entendamos que organizaciones dentro del movimiento Apostólico son los vagones de los medios y no el fruto que llevan. Mientras respetamos altamente el papel del vagón, nosotros no lo comemos. Cuando un alma manchada de pecado se extiende a la pureza y justicia, ella come el fruto que ese vagón lleva.

División es comprensible en el mundo del denominacionalismo con sus varias doctrinas hechas por los hombres, pero es un pecado descarado en frente de Dios al dividir Su pueblo de la fe preciosa. De alguna manera escucho el llanto del hombre de Galilea mientas Su voz resuena a través de las colinas de la antigua Judea.

"Y por ellos me santifico a mí mismo, para que también ellos sean santificados en la verdad. Mas no ruego solamente por éstos, sino también por los que han de creer en mí por la palabra de ellos, para que todos sean uno; como tú oh Padre, en mi, y yo en ti, que también ellos sean uno en nosotros; para que el mundo crea que tú me enviaste."

Juan 17:19-21

"Si un reino está dividido contra sí mismo, tal reino no puede permanecer. Y si una casa está dividida contra sí misma, tal casa no puede permanecer."

Marcos 3:24-25

¿Puede Dios unir a los redimidos desde la tierra debajo de un mismo techo, como en el día de Pentecostés, para alabarlo a Él unánimes juntos en una mente? La respuesta está en el libro de 2da de Crónicas.

"Si se humillare mi pueblo, sobre el cual mi nombre es invocado, y oraren, y buscaren mi rostro, y se convirtieren de sus malos caminos; entonces yo oiré desde los cielos, y perdonaré sus pecados, y sanaré su tierra."

2da Crónicas 7:14

Asimismo al ser agradecido en nuestro mundo moderno por organizaciones presentes y pasadas, quienes han mantenido el fuego del monoteísmo vivo desde el nacimiento de la Iglesia Apostólica; debemos compartir honestamente el conocimiento común, que organizaciones, sin importar que tan grande o pequeña están llevando la verdad de quien realmente es Jesús a una generación perdida y moribunda. Ministros compañeros estamos tratando de hacerlo tan fuerte para Su gloria. Necesitamos parar y orar, dejando que Él lo haga para Su gloria. Mientras que la mortalidad siente un deseo de control, Dios en Su estado inmortal siente Su necesidad de liberar. El antiguo barco de Sion no nos pertenece a nosotros, porque está escrito en su proa el Nombre que es sobre todo nombre, mientras que su timón ha sido guiada por el mismo fuego del Espíritu Santo por más de dos mil años.

Dentro de algunos campos ministeriales la necesidad de controlar un individuo lleno del Espíritu es de hecho una enfermedad espiritual que atrae las esquinas oscuras, pasos tangibles para erradicar lo obvio. Puntos de vista espirituales siendo eclipsados por escándalos, sin tener en cuenta los efectos duraderos y de gran alcance de la propia palabra hablada, mientras descuenta la posibilidad de responsabilidades eternas, llegaran a ser distorsionadas cuando el Señor mismo es eliminado de la ecuación. Oh, consideremos las almas eternas de personas sinceras, quienes nos miran a nosotros con toda confianza buscando dirección eterna.

Me siento obligado a hacerle una pregunta: ¿Será que barreras organizacionales en la iglesia sincera de Dios, han tenido éxito en promover la unidad Apostólica o Satanás ha tenido ventaja de la situación para separar personas de la misma fe preciosa? Me parece que si hay un reino que necesita ser dividido es el reino de Satanás y no el de Dios.

Hay aquellos redimidos del Señor que caen victima de esclavitud espiritual por pastores que albergan y adoptan motivos que son contrarios a la Palabra de Dios y propósito. Si el movimiento Apostólico había sido tan cuidadosamente alimentado a través de los siglos de tiempo, así como nació dolorosamente, la unidad nunca habría sido un problema entre los redimidos del Señor.

Sabiendo de donde el Señor me saco y sabiendo como mi vida ha sido enriquecida por la presencia del Espíritu Santo, esta cuestión de división me trae a lágrimas. Es el negocio de Dios de unificar. Es el negocio de Satanás de dividir.

La gente del Nombre de Jesús tiene el potencial de elevarse por encima de su experiencia física transitoria. La voluntad de Dios nunca nos llevara donde la Gracia de Dios no nos puede guardar.

Dios quiere que la visión de Su iglesia monoteísta se una. El compañerismo Apostólico es puro y debe permanecer así. Si de hecho abrazamos la unicidad de corazón y unicidad de visión al promover la fe pura de los Apóstoles de Cristo; el espíritu de competencia absolutamente no tendrá lugar entre nosotros. No estaremos ansiosos para predicar, sino ansiosos para humillarnos ante Él.

El panorama general es simple y bastante transparente. Dios tiene un rechazo apasionado por la hipocresía. Por el bien de la honestidad en sí, ¿debería estar llamándome su hermano en el Señor si usted realísticamente no me ve como su hermano en el Señor? Si de hecho usted me ve como su hermano Apostólico en el Señor entonces ¿no deberíamos estar entusiastas compartiendo el mismo púlpito Unicitario? Segregación entre verdaderos ministros Apostólicos nunca ha estado ni nunca estará en la mente de Dios para Su iglesia victoriosa. No debe ser acerca de mi y lo que quiero; debe ser acerca de Él y lo que Él quiere. Yo sé muy bien de donde el Señor me saco. Somos gente Apostólicos Unicitarios que fuimos injertados dentro de la iglesia por intervención Divina.

Yo ya no creo en la infalibilidad del papa en Roma, ni en lo que va, en la infalibilidad de ningún otro ser humano en la tierra. ¿No debería por tanto estar mirando hacia la perfección de Dios que ofrece la verdadera santidad en vez de mirar hacia siervos mortales que, al igual que todos nosotros, luchan con imperfecciones?

"Si bien todos nosotros somos como suciedad, y todas nuestras justicias como trapo de inmundicia; y caímos todos nosotros como la hoja, y nuestras maldades nos llevaron como viento."

Isaías 64:6

Ay de mí en el juicio como un ministro del evangelio si yo del libre albedrío escogiera en esta vida temporal y tangible a rehuir egoístamente un hijo de Dios que ha sido redimido por la sangre del Cordero.

Al mismo tiempo entendemos que la Palabra de Dios nunca se contradice a sí misma. Por lo tanto, compañerismo Apostólico nunca debe ser a expensas del Evangelio. "Así dice la palabra del Señor", todavía es la base de nuestra fe que es enseñada, creída, y aplicada dentro de la iglesia sincera del Señor. Nosotros somos pastores y de ninguna manera podemos legislar un cambio de corazón. Sin embargo, en amor y paciencia por medio de oración intercesora podemos promover un camino Bíblico con Dios que fomenta santidad verdadera. Con la supervisión del pastor de la iglesia, el Espíritu de Dios liderará con entendimiento Divino de Su Palabra y convencerá corazones hambrientos con verdad mientras buscan por la perfección en Él.

Si mis hermanos viven de acuerdo con las normas básicas de santidad que se encuentran en la Palabra de Dios, no debo separarme de ellos, simplemente porque yo o mi asamblea de la iglesia local han elegido un estándar más alto de santidad exterior para vivir. Nosotros no debemos ser engañados en la creencia de una mentira. Puedo ver una delgada línea entre la verdadera santidad y justicia propia. Sin albergar una actitud de ser mejor que tú, como hombres y mujeres de Dios, vamos a mantenernos firmes en nuestras convicciones espirituales. Mientras luchamos para la perfección seamos un ejemplo temeroso de Dios a los demás que también aman este camino apostólico.

CAPITULO CINCO

Mis Llaves de Oro

Las llaves que Jesús le dio a Pedro no eran llaves físicas pero al contrario, representaban el plan de Salvación para todo aquel que creyese. El libro de Mateo registra la transacción entre Jesús y Su ungido el Apóstol Pedro.

"Y yo también te digo, que tú eres Pedro, y sobre esta roca [revelación de la Deidad] edificaré mi iglesia [singular]; y las puertas del Hades no prevalecerán contra ella. Y a ti te daré las llaves del reino de los cielos; y todo lo que atares en la tierra será atado en los cielos; y todo lo que desatares en la tierra será desatado en los cielos."

Mateo 16:18-19

Cuando Pedro predicó a las multitudes en Jerusalén que se habían reunido para ser testigos del mover del Espíritu de Dios, fueron compungidos de corazón. Se dieron cuenta que habían tomado el Hijo de Dios por manos de inicuos, crucificándolo abiertamente. Entonces preguntaron a Pedro que tenían que hacer para ser salvos de su transgresión. Estaban realmente pidiendo las llaves del reino de Dios que Jesús había dado antes a él. La entrada en el reino de Dios significa la liberación del poder de la oscuridad. El Señor no vino a salvarnos en nuestro pecado sino al contrario, Él vino para salvarnos de nuestros pecados.

Por los siguientes momentos veamos a las llaves que Pedro revelo que fueron transmitidas a mí. Mi pastor me enseño el significado del entendimiento de Hechos 2:38-39.

Llave #1 – Arrepentimiento

En el Libro de Hechos esta registrado que el arrepentimiento no es una alternativa pero un mandamiento. Para recibir perdón de nuestros pecados del pasado, uno debe arrepentirse de todo corazón hoy.

"Pero Dios, habiendo pasado por alto los tiempos de esta ignorancia, ahora manda a todos los hombres en todo lugar, que se arrepientan."

Hechos 17:30

Cuando alguien genuinamente se arrepiente, va haber un cambio obvio en el estilo de vida de esa persona. Esos individuos ya no van hablar la forma en que solían hablar. Tampoco van a ir a los lugares que solían ir cuando eran parte del mundo. El nacido de nuevo llega a ser una nueva criatura en Cristo Jesús.

Cuando nos arrepentimos de nuestras transgresiones, debemos arrepentirnos y en serio! La libertad del pecado no es simple la ausencia de tiranía y opresión. Tampoco es la libertad una licencia para hacer cualquier cosa que deseemos. La libertad tiene una lógica interna la cual lo distingue y lo habilita. Esta ordenado por la verdad, y es cumplido en la búsqueda de una persona para saber la verdad y amar la verdad.

"De modo que si alguno está en Cristo, nueva criatura es; las cosas viejas pasaron; he aquí todas son hechas nuevas."

2 Corintios 5:17

Llave #2 – Bautismo

Jesús, el Mesías, siendo nuestro principal ejemplo, fue bautizado en el río Jordán por su primo Juan el Bautista. Él no fue rociado o derramado como fue sugerido por el artista Leonardo da Vinci en su pintura, "El bautismo de Cristo." Este artista de los años 1400 conocido por su obra "La Mona Lisa", obviamente, se vio envuelto en las vanas tradiciones de los hombres en lugar de en la Santa Palabra de Dios. Mateo 3:16 registra el caso de El bautismo de Cristo, por inmersión en el río Jordán.

"Y Jesús, después que fue bautizado, subió luego del agua..."

Mi pastor me dijo que el bautismo era esencial para la salvación de mi alma. Si escogemos creer la Biblia, sabremos que el bautismo de hecho es esencial para nuestra salvación. El bautismo como está registrado en el libro de Marcos es estrictamente obediencia al mandamiento incondicional de Dios.

"El que creyere y fuere bautizado, será salvo; mas el que no creyere será condenado."

Marcos 16:16

El bautismo en la iglesia en el primer siglo era tan importante y el modo era tan particular que muchos fueron rebautizados en el Nombre del Señor Jesucristo.

"Aconteció que entre tanto que Apolos estaba en Corinto, Pablo, después de recorrer las regiones superiores, vino a Éfeso, y hallando a ciertos discípulos, les dijo: ¿Recibisteis el Espíritu Santo cuando creísteis? Y ellos le dijeron: Ni siquiera hemos oído si hay Espíritu Santo. Entonces dijo: ¿En qué, pues, fuisteis bautizados? Ellos dijeron: En el bautismo de Juan. Dijo Pablo: Juan bautizó con bautismo de arrepentimiento, diciendo al pueblo que creyesen en aquel que vendría después de él, esto es, en Jesús el Cristo. Cuando oyeron esto, fueron bautizados en el nombre del Señor Jesús. Y habiéndoles impuesto Pablo las manos, vino sobre ellos el Espíritu Santo; y hablaban en lenguas, y profetizaban."

Hechos 19:1-6

Tan seguro como el bautismo es esencial para la salvación del creyente, de igual manera es el modo de bautismo esencial para aquellos que están siendo bautizados. Absolutamente nadie en el Nuevo Testamento experimentó bautismo en los títulos, Padre, Hijo y Espíritu Santo. Siempre eran bautizados en el nombre de Jesucristo para perdón de los pecados.

Jesús era el nombre del Padre. El hijo heredó el nombre del

Padre. Esto es porque Jesús dijo, Vengo en el nombre de mi padre. Hebreos 1:4 dice, "hecho tanto superior a los ángeles, cuanto heredó más excelente nombre que ellos."

Las instrucciones del Mesías fueron muy claras a sus Apóstoles en Mateo 28:19. Los ministros de la iglesia del primer siglo sabían cuál era el nombre del Padre, del Hijo, y del Espíritu Santo. Siempre bautizaban en el nombre de Jesucristo.

Títulos no son nombres. Si yo fuera a un banco para retirar dinero de mi cuenta, la transacción tendría que ser hecha correctamente. Yo no podría firmar el cheque hijo, padre, o esposo aunque fuera los tres. Esos son títulos. Lo que el banco insistiría fuera en mi nombre. Los Apóstoles nunca bautizaron en los títulos. Ellos siempre bautizaron en el nombre de Jesucristo para el perdón de pecados. Para Moisés, Dios fue el gran Yo Soy y para San Juan el Divino, Él fue conocido como el Alfa y Omega. Dios tiene muchos títulos, pero solo un nombre que salva.

"Y en ningún otro hay salvación; porque no hay otro nombre bajo el cielo, dado a los hombres, en que podamos ser salvos."

Hechos 4:12

Alguno de los títulos que a Dios le fue dado en la historia Hebrea fueron los siguientes:

1. Jehova-Jireh, el Señor nuestro proveedor.
2. Jehova-Ropheka, el Señor nuestro sanador.
3. Jehova-Nissi, el Señor nuestro estandarte.
4. Jehova-Mekaddishkem, el Señor que santifica.
5. Jehova-Shalom, el Señor de paz.
6. Jehova-Zebaoth, el Señor de los ejércitos.
7. Jehova-Zidkena, el Señor nuestra justicia.
8. Jehova-Shammah, el Señor está ahí.
9. Jehova-'Eylon, el Señor el altísimo.
10. Jehova-Roi, el Señor mi pastor.

Hay tres manifestaciones de Dios mencionadas específicamente en la Biblia, en tres diferentes dispensaciones del tiempo, pero solo un Dios, solo una persona, y solo un nombre que salva.

Una noche mi esposa y yo recibimos una llamada de la cárcel

de mujeres de Nashville, Tennessee. Había cinco reclusas que querían ser bautizadas en el Nombre de Jesucristo para el perdón de sus pecados. Todas cinco fueron bautizadas, cuatro saliendo del agua hablando en otras lenguas como el Espíritu de daba que hablasen. Ser bautizado en el nombre de Jesús no es solo una posición Unicitaria. Es la posición de la Santa Biblia.

Llave #3 – Espíritu Santo

En la tradición del rito latino de la Iglesia Católica Romana, ornamentos rojos se usan en el domingo de Pentecostés para simbolizar las lenguas de fuego que representa el derramamiento del Espíritu Santo. La Oración Novena toma su nombre de los nueve días "novem" que los Apóstoles y discípulos del Señor habían continuado unánimes en oración.

El Señor sabía si los redimidos iban a vivir una vida victoriosa para Él, necesitaban un poder mayor que el poder de este mundo presente. El profeta Joel, hijo de Petuel, profetizó del derramamiento.

"Y después de esto derramaré mi Espíritu sobre toda carne, y profetizarán vuestros hijos y vuestras hijas; vuestros ancianos soñarán sueños, y vuestros jóvenes verán visiones." [Mujeres no pueden profetizar si no le es permitido hablar en la iglesia.]

Joel 2:28

Otra vez en el libro de Zacarías se nos dice del gran derramamiento del poder de Dios.

"Y derramaré sobre la casa de David, y sobre los moradores de Jerusalén, espíritu de gracia y de oración; y mirarán a mí, a quien traspasaron, y llorarán como se llora por hijo unigénito, afligiéndose por él como quien se aflige por el primogénito."

Zacarías 12:10

¿Es el Espíritu Santo esencial para nuestra salvación? Si, el Espíritu Santo de hecho es esencial para la salvación de una persona. Este mandamiento incondicional le fue dado a un hombre llamado Nicodemo directo del Señor mismo.

"Había un hombre de los fariseos que se llamaba Nicodemo, un principal entre los judíos. Este vino a Jesús de noche, y le dijo: Rabí, sabemos que has venido de Dios como maestro; porque nadie puede hacer estas señales que tú haces, si no está Dios con él. Respondió Jesús y le dijo: De cierto, de cierto te digo, que el que no naciere de nuevo, no puede ver el reino de Dios. Nicodemo le dijo: ¿Cómo puede un hombre nacer siendo viejo? ¿Puede acaso entrar por segunda vez en el vientre de su madre, y nacer? Respondió Jesús: De cierto, de cierto te digo, que el que no naciere de agua y del Espíritu, [el cual es el Espíritu Santo] no puede entrar en el reino de Dios."

Juan 3:1-5

Nadie quiere vivir en una casa donde no hay comunicación. Si no hay amor, acompañado con falta de respeto, alguien se sentiría rechazado y no deseado. Así también es con el Señor. Él pasó muchos templos para vivir en el suyo. Eso significa que si tienes el Espíritu Santo es porque en algún momento de tu vida tuviste favor con Dios. Somos honrados al tenerlo vivo en nuestras casas de barro. Guardemos nuestro honor y herencia como joyas de gran precio. Si Él eligió vivir con usted, escogió también para comunicarse y tener una relación personal con usted, como lo hizo con Adán y Eva en el Jardín del Edén. El Espíritu Santo no pudo haberse hecho más personal para usted. Es imperativo en nuestro caminar con el Señor aceptar nuestra responsabilidad en hacer esta relación personal con él también.

Cuando camino en el carril del recuerdo por las bibliotecas y seminarios de los días pasados, he sido informado de que hay realmente sólo un pastor en el movimiento apostólico. Este Pastor ha liderado y guiado a su pueblo a través de diversos lugares desde hace más de dos mil años. Mientras damos honor y respeto a los pastores locales, es vital que reconozcamos el poder divino que los motiva.

Pastores Apostólicos no se ven a sí mismos como seres súper espirituales y no tienen problema en decir que no son individuos perfectos. Sin embargo, pastores Apostólicos ven a Jesucristo como un Dios súper poderoso que puede hacer cualquier cosa.

Su poder trasciende nuestros límites mortales.

Poco después que Dios me llenó con el Espíritu Santo, el Hno. McKillop me advirtió en contra de dos cosas en particular. Primero que todo dijo que nunca dejara que mis obvias lágrimas se secaran. Hasta este día mis lagrimas siguen fluyendo libremente en le presencia del Señor. Segundo, él dijo que no dejara que otro hombre tomase mi corona. He deseado mil veces que mi pastor fuera más específico. Como un nuevo convertido en la Iglesia Pentecostal yo pensaba en la posible persecución del mundo o de pronto de parte de Iglesias Protestantes abrazando denominacionalismo pero nunca en la más remota imaginación concebí en mi mente que posiblemente podría venir de personas de fe preciosa. Pareciera que estaba destinado a aprender una dura realidad.

Las luchas de poder en el mundo religioso, así como, en el mundo secular con la libertad de prensa y la libre empresa es comprensible pero las luchas de poder dentro de la Iglesia Apostólica son totalmente inaceptables con Dios. Nosotros los Pentecostales necesitábamos ser guiados por el Espíritu Santo para saber quiénes eran nuestros enemigos durante los siglos pasados y debemos de seguir siendo guiados para saber quiénes son nuestros enemigos hoy. Quisiera Dios que nos una como los santos eran uno en el día de Pentecostés.

Creyendo que la gente Apostólica era uno en las primeras horas de la iglesia, me trajo a muchas lágrimas. Mi mente corría al percibir el pensamiento, de como nosotros como un cuerpo de la iglesia pudiéramos posiblemente pelear al enemigo afuera de la iglesia mientras entreteniéndolo adentro. No escribo esto para satisfacer un espíritu vengativo. Este no es el caso. Sin embargo, me atrevería para consolar a las víctimas de tales atrocidades apostólicas de que el juicio de Dios está a la mano. No podrán escapar del juicio de toda justicia. La memoria de la actividad no arrepentida tiene el poder de herida. En los ojos de Dios, el mal es el mal y el que teme al Señor pueden necesitar que se les recuerde que Él no hace acepción de personas. Dios es Santo. Él no nos salva del pecado para participar de pecado. Tales formas injustas premian sólo encanto espiritual.

"¿Y por qué desanimáis a los hijos de Israel, para que no pasen a la tierra que les ha dado Jehová?"

Números 32:7

"No verán los varones que subieron de Egipto de veinte años arriba, la tierra que prometí con juramento a Abraham, Isaac y Jacob, por cuanto no fueron perfectos en pos de mí."

Números 32:11

Dios no les estaba hablando a personas que no le conocían. Él les hablaba a personas las cuales se desalentaban el uno al otro para no hacer Su voluntad. Aquellos entre nosotros, los cuales escogen jugar a Dios, sin ninguna duda un día lo encontraran.

Para que la gente del Nombre de Jesús desatendiera la disposición del llamado de Dios seria la irresponsabilidad más grande en la vida.

Cuando estaba en la Iglesia Católica Romana, soporte moral no era un problema. Pudimos estar mal promoviendo doctrinas de hombres, pero éramos comprensivos del uno al otro. Unidad puede trabajar para el bien y también puede trabajar en contra de las cosas que son buenas.

He estado en la Iglesia Apostólica por más de 40 años. He sido personalmente herido dos veces en ese periodo de tiempo. Parece a veces que la gente que amas y confiáis mas, son las mismas que tienen la habilidad de herirte más.

Una vez fui herido por un ministro de la iglesia Apostólica y otra vez por una santo de Dios. Me humillo por el hecho que hay muchos otros que han sido heridos de mucho más a menudo y peor. Después del encuentro con el santo, una madre de Sion oró una cobertura de protección alrededor de mi familia.

Ahora tengo una pregunta para ti. ¿Cómo una persona de la misma fe preciosa puede orar una cobertura de protección alrededor de una familia de la misma fe preciosa para protegerlos de personas de la misma fe preciosa? Yo sinceramente veo esta imagen. ¿Estoy perdiendo algo aquí? Tenemos que desistir de herirnos el uno al otro!!

La hermandad que es tan común en el mundo Cristiano a

veces suena superficial a mis oídos. En lo natural cuando hermanos intencionalmente traen daño el uno al otro. Cuando el Espíritu del Señor me acercó a la Iglesia Pura Apostólica, yo estaba acostumbrado a escuchar a hermanos y hermanas. Esa mañana, necesitaba un amigo confiable!

Cuando el ministerio quíntuple de Dios se reúne, es imperativo que se reúnan como amigos. Si se evitan y están en competencia el uno al otro, ¿para qué están compitiendo si no es para vanagloria?

Asimismo, cuando los santos se reúnen para alabar en el nombre de Jesús, todos deben de venir a la casa de Dios y por medio de la puerta de Dios como amigos. Debemos ser amigos el uno al otro! Si alguien esta liviano o pesado, si alguien es de baja estatura o alto, rico o pobre, joven o viejo, o salvo o perdido como siervos del Señor, debemos ser amigos y mostrarnos amigables a todo el mundo. Jesús lo hizo. Si el Señor fuera partidario de la segregación de alguna manera, de pronto no estuviera aquí sentado escribiendo acerca del Dios monoteísta de Abraham.

"El hombre que tiene amigos ha de mostrarse amigo; Y amigo hay más unido que un hermano."

Proverbios 18:24

Ha sido experimentado en lo natural y también en el mundo Cristiano, que hermanos y hermanas a veces nos decepcionan, pero un verdadero amigo nunca te decepciona.

"El que tiene la esposa, es el esposo; mas el amigo del esposo, que está a su lado y le oye, se goza grandemente de la voz del esposo; así pues, este mi gozo está cumplido."

Juan 3:29

A veces el Señor usaba amor duro hacia los Judíos, los Romanos, y también con Pedro y Judas, pero Él era su amigo hasta el fin. El maestro del universo sufrió un gran castigo por parte de Su propia creación, pero escogió llevar Su amistad a la tumba. Jesús no se burlaba de Judas en el jardín cuando lo llamo amigo.

"Y Jesús le dijo: Amigo, ¿a qué vienes? Entonces se acercaron y echaron mano a Jesús, y le prendieron."

Mateo 26:50

Pienso en las palabras del teólogo Francés Sebastián Castellio (1515-1563 d.C.): "Podemos vivir pacíficamente juntos solamente cuando controlamos nuestra intolerancia. Aunque hayan diferencias de opinión en tiempo en tiempo, podemos en cualquier proporción llegar a entendimientos generales, podemos amarnos el uno al otro, y podemos entrar al vinculo de paz, en espera del día cuando alcancemos la unidad de la fe".

Les tocaría a personas verdaderamente Apostólicas en toda parte ser sensitivos al Espíritu Santo del Señor y ser adherentes a su Santa Palabra. Debe haber un continuo esfuerzo para escucharnos el uno al otro, para aprender del uno al otro, para respetarnos el uno al otro, y últimamente buscar y comunicar puro terreno común Apostólico.

"La muerte y la vida están en el poder de la lengua."

Proverbios 18:21

O, para que las iglesias monoteístas de Cristo sean lugares privilegiados de desarrollo humano y espiritual. Que sean lugares abiertos y receptivos donde la oración sincera, respeto mutuo y la solidaridad sean lo normal, y fuerzas de atracción de actividad pastoral.

Un día clamé a Dios en el monasterio Oka mientras me arrodillaba ante la Eucaristía y Él escucho mi llanto. Mientras Él escucho mi llanto ese día de afuera, creo ahora que soy miembro de la Iglesia Apostólica, Él escuchara mi llanto desde adentro.

Si escogemos en esta vida vivir en el camino de santidad perfecta, es imperativo que vivamos vidas santas. No seamos santos de Dios engañados; todavía es la doctrina de los Apóstoles y todavía es santidad o el infierno. Uno no tiene que resolver con el humo del compromiso si esa persona nació con el fuego del Espíritu Santo. Dios trajo a la iglesia hacia el mundo y Satanás ha tratado de traer el mundo hacia la iglesia.

La gente de Dios alrededor del mundo se apresuran a los altares sacudiendo las puertas del infierno, al implorar la sangre del Calvario sobre sus seres queridos que están perdidos, en un intento de última hora para llevarlos a Cristo mientras ellos mismos se preparan para su camino a través del viejo Rio Jordán.

La misericordia del amor de Dios ha extendido Sus alas de longanimidad, sobre el puerto del tiempo. Mientras el barco de fiestas de la humanidad está bajando con toda su devastación, el viejo barco de Sion, mientras navega lo santificado por medio del mar de carde de esta generación clasificada x, rebelde y alucinante, está preparándose para ser lanzada hacia el gran mar de la eternidad.

La Santa Biblia ha llegado a ser para mí la "Palabra Viva de Dios". La Escritura Divina no es solo cualquier otro libro en tu librería. El Espíritu Santo me ha llevado a ver la teología Católica Romana por los estándares de la Santa Biblia. Previamente siempre veía la Biblia por la doctrina y teología Católica Romana. Tradición es lo que se es enseñado. Salvación es lo que alguien experimenta. La religión hará que tus seres queridos se sientan confortables. El Espíritu Santo libertara a tus seres queridos.

CAPITULO SEIS

Su Voluntad Soberana

Con notas del pasado y ahora con el conocimiento de quien realmente es Jesucristo, he creado un gráfico que lapsa el tiempo mortal, para que podamos entender mejor los muchos movimientos del Espíritu de Dios en la historia de este mundo, y como el hombre mortal los ha interrumpido repetidamente. El gráfico a primera vista puede parecer un tanto complicado pero en realidad es muy simple. Los dos lados son a.C. y d.C., reflejando el tiempo mortal. Los círculos internos son auto-explicativos, mientras que la información por fuera representa acontecimientos históricos, que apuntan a la pronta venida del Señor. Este gráfico refleja las muchas cosas que he aprendido en mi viaje de Roma a Jerusalén, y se encuentra en la parte trasera de este libro. Mientras agranda su carta por favor siéntase libre de hacer y distribuir copias. La laminación es recomendada.

Siento la necesidad en mi espíritu por conocer mi herencia Apostólica, que me ha sido transmitida a través de las muchas edades de los tiempos. Esta antorcha, fraternal y eterna, lentamente fue movida a través de los siglos en amor por las manos intransigentes de los verdaderos santos de Dios. Cuando comprendemos el Cristianismo de ayer, las actividades religiosas del presente día a menudo llegan a ser transparentes.

"Mi pueblo fue destruido, porque le faltó conocimiento."

Oseas 4:6

"Procura con diligencia presentarte a Dios aprobado, como obrero que no tiene de qué avergonzarse, que usa bien la palabra de verdad."

2 Timoteo 2:15

Escrituras Proféticas han advertido que el Cristianismo religioso **hecho por el hombre** ha sido condenado a cesar en el tiempo del fin. Después de siglos de transigencia Apostólica, muchos dentro de círculos Cristianos permanecen desconectados de su pasado Apostólico.

Mientras los anales de historia son abiertos, veamos nuestra **"Herencia Pura Apostólica"** desde una perspectiva académica seria.

Este gráfico no es profético en naturaleza pero histórico, apuntando hacia el pronto regreso de nuestro creador y al verdadero sustentador de toda vida, Jesucristo. El diseño gráfico fue creado para ser usado como guía mientras se lee "De Roma a Jerusalén".

Algunas fechas pueden variar algunos años entre historiadores y eruditos Bíblicos, especialmente durante los siglos antes del nacimiento del Mesías. Si estás listo(a), oremos, siendo guiados e inspirados por el Espíritu Santo, al empezar este largo camino por medio del tiempo con Dios mismo.

La alabanza a Jehová es la fe más antigua en la tierra y es monoteísta en su totalidad. Dios, el creador de todas las cosas es uno. Gente llena con el Espíritu Santo deben entender que Él, el Señor, creó y sostiene el universo por Él mismo, como es enseñado en la fe del Judaísmo. Jesús era y es Jehová. Estaba en el mundo y el mundo por Él fue hecho.

Jehová siendo uno, no significa uno como uno de un par, ni uno como una especie (la cual abarca a muchos individuos), ni uno como en un objeto único que está hecho de muchos elementos, ni como un objeto único que está dividido infinitamente. Más bien, Dios es solo y único. Esto está referido en el Tora: Oye Israel: Jehová nuestro Dios, Jehová uno es.

El libro de Génesis empieza diciendo que solamente hay un solo Dios. Este entendimiento es mantenido por medio de los dos Testamentos Bíblicos, con la realidad de Dios, no como una premisa especulativa, pero como universalmente manifestado en naturaleza, la razón y conciencia del hombre, y revelación Divina.

Por siglos, eruditos han tratado de penetrar los relatos Bíblicos concernientes al monoteísmo de Israel. De acuerdo a interpretaciones tradicionales de la Biblia, monoteísmo era parte del pacto original de Israel con Yahweh en el Monte Sinaí. La idolatría posteriormente criticada por los profetas fue debido a la reincidencia de Israel de su propia herencia e historia con Dios.

"Y oró Ezequías delante de Jehová, diciendo: Jehová Dios de Israel, que moras entre los querubines, solo tú eres Dios de todos los reinos de la tierra; tú hiciste el cielo y la tierra."

2 Reyes 19:15

"Acordaos de las cosas pasadas desde los tiempos antiguos; porque yo soy Dios, y no hay otro Dios, y nada hay semejante a mí."

Isaías 46:9

Como Dios es solo, así mismo es Su Palabra apoyando su naturaleza monoteísta. Desde el principio en los escritos de Moisés, Génesis 1:1, "En el principio creó Dios" a los escritos de San Juan, Apocalipsis 22:13 "Yo soy el Alfa y la Omega, el principio y el fin, el primero y el último". Hay un solo Dios, hay una sola iglesia, y solo hay un linaje. El universo y todo lo que en el habita fue creado por medio de orientación Divina de Jehová.

Justo antes de salir de California, completé un estudio con los seminaristas del Corazón Inmaculado de María en la evolución. La pregunta que se nos planteó en ese momento fue: ¿hay realmente un Dios que todo lo ama y todo perdona? O ¿estamos siguiendo un espejismo que solo lleva a la decepción? ¿Crea Dios y sostiene o es nuestra realidad un proceso de la naturaleza misma?

Si alguien exploraría la tierra y su historia, automáticamente iría a los campos de ciencias. Hay diferentes estudios científicos conocidos por nosotros. Esta el estudio de matemáticas y lógica, las ciencias físicas, las ciencias biológicas, y ciencias sociales.

Los antropólogos estudian la evolución de la cultura humana desde tribus primitivas hasta sociedades complejas e industrializadas. En el campo de Antropología, hay dos clases de científicos – los creacionistas y los evolucionistas. Los creacionistas, siendo la minoría de los dos grupos, creen que el planeta tierra no tiene millones de años de edad, pero al contrario, solo miles de años de edad. Por ejemplo, el año 1993 es el año 5,760 en el calendario Judío, mientras el año 1993 es el año 4,630 en el calendario Chino. Estas fechas estarían más cerca si no fuera por las discrepancias en las edades registradas por algunos profetas Hebreos.

En 1795, un médico y naturalista, Erasmus Darwin, mentalmente formó la teoría de la evolución. La teoría no era, Sin embargo, desarrollada por Erasmus Darwin, sino por su nieto, Dr. Charles Darwin.

Charles Darwin estudió medicina en la Universidad de Edimburgo y teología en Cambridge. Aunque Charles Darwin estudió teología, un estudio referente a la Divinidad, el pronto rechazó la historia de la creación, y en 1858 presentó su teoría de la evolución a un grupo de científicos de renombre mundial.

Darwin rechazó el hecho de que se ha creado cada especie por un acto divino separado. La teoría de la evolución cree en un proceso por el cual las especies evolucionan gradualmente. Similar a la forma muchos astrónomos creen que las estrellas y los planetas evolucionaron a partir de nubes de gas caliente.

En los Estados Unidos de América, gran parte de la controversia sobre la evolución era sobre la cuestión de que si la teoría debiera ser, o no enseñada en el sistema escolar público. Algunos estados en la unión resistieron la teoría de la evolución, aprobando leyes que prohibieron su enseñanza en las escuelas públicas.

En 1925, en un famoso juicio en Tennessee, un profesor de secundaria llamado John T. Scopes fue declarado culpable por enseñar la teoría de Darwin. La Corte Suprema de los Estados Unidos de América reglamentaron en 1968 que tales leyes contra la teoría de Darwin eran inconstitucionales.

La corte federal defendió la teoría de Darwin porque es considerado una ciencia. La historia de la creación, por otra parte, es prohibida en el sistema escolar público porque es considerado ser parte de religión.

Homosexuales pueden marchar libremente en nuestra capital

y pro-aborcionistas pueden bloquear las puertas de las iglesias. (La iglesia no sólo se opone a la homosexualidad, por la moralidad de la mayoría, sino simplemente debido a que ese estilo de vida desafía la propia naturaleza humana.) Mientras que éstas atrocidades obviamente se vienen practicando, los cristianos que sinceramente creen en el Único y Verdadero, Dios vivo no pueden orar en un evento de la escuela pública, ya que se considera que es contra de la Constitución de Estados Unidos la cual fue formada por hombres y las mujeres que oraban. Inmediatamente después del 9/11 el presidente George W. Bush pidió a todos los estadounidenses buscar seriamente el rostro de Dios. La cadena de intercesión apostólica permanece intacta. Nuestro Dios siempre está ahí y nunca cambia. Los pentecostales oran en tiempos de guerra y oramos en tiempos de paz.

La teoría de la evolución es simplemente una creencia (religión) concerniente al pasado basado en palabras de hombres, que no saben todo, que no estaban ahí, quienes tratan de explicar como la evidencia la cual solo existe en el presente llegó ahí; un esfuerzo simple de explicar todo sin Dios. Evolucionistas pueden tratar de remover a Dios como su creador, pero deben de ser aconsejados, de que ellos nunca lo removerán como su juez.

La historia del simio del sur fue popular en los 1800's. Las primeras criaturas semejantes a los humanos conocidas por los científicos que creían en la teoría de Darwin de la evolución, son conocidos como *"australopithecines"* o los simios sureños. Se ha dicho que estas criaturas vivieron millones de años atrás y se desarrollaron a seres humanos. Nadie sin embargo puede explicar el proceso.

Unas cosas nunca cambian. En la primera parte de los 1600's a.C., el rey Nabucodonosor de Babilonia tuvo un sueño. La experiencia le preocupaba de tal medida de que no podía dormir. Este rey llamó a los astrónomos y todos los sabios de Babilonia para revelarle el sueño y dar su interpretación. Todos los astrónomos solamente pudieron decir: "creemos eso." Ellos no sabían el significado del sueño y sólo podían adivinar el significado de la misma.

Daniel, uno de los cautivos de Judá y un profeta de Jehová se rió de su falta de conocimiento, y le informó al rey que había un Dios en Israel que podía revelar el sueño y tenia poder para dar la interpretación del mismo.

Si alguien opta por buscar la edad de la tierra, no necesita ir a un científico agnóstico para dirección, pero al Dios que estaba ahí desde el mismo comienzo.

"En el principio creo Dios los cielos y la tierra"

Génesis 1:1

Todo lo que Charles Darwin podía hacer es decir, como los astrónomos y hombres sabios del rey Nabucodonosor, yo pienso que el mundo tiene 5 millones de años o pienso que el hombre evolucionó de un solo organismo. Si Dios escoge, Él podría crear un universo en un solo instante que pareciera tener billones de años de edad.

Mucha gente enojada rechazaron la teoría de la evolución en los 1800's, siendo ofendidos ante la idea de que habían evolucionado de monos. También creían que la teoría de la evolución de Darwin disminuyó el papel de la orientación divina en el universo.

El Dr. Charles Darwin, el evolucionista, ganó reconocimiento mundial con sus controversiales puntos de vista. De hecho, una gran ciudad en Australia hoy lleva su nombre. Charles Darwin murió en 1882 y fue honrado en Inglaterra al ser enterrado en el Westminster Abbey en Londres. El 12 de Febrero del 2009, muchos cónclaves académicos alrededor del mundo, abrazando la teoría de la evolución, celebraron el 200ª cumpleaños del nacimiento del Dr. Charles Darwin.

Los seres humanos fueron creados a la imagen de Dios, y no a la imagen de monos, y así fueron elevados encima de cualquier otra forma de vida. Científicos creacionistas rechazan las teorías de evolución química y orgánica. De acuerdo al creacionismo científico, la tierra y toda forma de vida, incluyendo los seres humanos fueron creados esencialmente como son hoy.

El pecado entró en las esferas humanas a través de los primeros seres que Dios creó y a quienes personalmente puso en el hermoso Jardín del Edén.

Siendo cauteloso y no queriendo sacudir jaulas teológicas, me gustaría decir que en realidad sólo hay un pecado que los seres humanos pueden cometer y es el pecado de la desobediencia.

Si los hijos de Israel habían sido obedientes y estado en sintonía con su creador, su conciencia nunca les habría permitido que transgredieran. Por lo tanto, los Diez Mandamientos nunca habrían sido necesarios para gobernar Israel. Dios podría haber ahorrado a Moisés un viaje a la montaña.

¿Dónde estaba el pecado en el jardín? ¿Fue en comer el fruto prohibido o era en desobedecer al Señor? Si Adán y Eva habrían tomado la voz del Todopoderoso en su corazón, nunca hubieran hecho lo que hicieron. El verdadero pecado que separa la Divinidad de la humanidad es la desobediencia.

"Y Samuel dijo: ¿Se complace Jehová tanto en los holocaustos y víctimas, como en que se obedezca a las palabras de Jehová? Ciertamente el obedecer es mejor que los sacrificios, y el prestar atención que la grosura de los carneros. Porque como pecado de adivinación es la rebelión, y como ídolos e idolatría la obstinación."

1 Sam. 15:22-23

Consideremos la destrucción por parte de Dios de las ciudades Sodoma y Gomorra. La desobediencia entre los residentes de esas ciudades los cegó al juicio inminente de Dios. Habrían comprometido la Palabra de Dios y no conocían espiritualmente el peligro que se acercaba rápidamente. Es por esto que la posición de gente Apostólica concerniente al pecado de Sodoma y Gomorra no ha cambiado de aquella posición tomada por Apostólicos de los tiempos de Pablo, el cual claramente escribió acerca del tema en su libro de Romanos.

"Por lo cual también Dios los entregó a la inmundicia, en las concupiscencias de sus corazones, de modo que deshonraron entre sí sus propios cuerpos, ya que cambiaron la verdad de Dios por la mentira, honrando y dando culto a las criaturas antes que al Creador, el cual es bendito por los siglos. Amén. Por esto Dios los entregó a pasiones vergonzosas; pues aun sus mujeres cambiaron el uso natural por el que es contra naturaleza, y de igual modo también los hombres, dejando el uso natural de la mujer, se encendieron en su lascivia unos con otros, cometiendo hechos vergonzosos hombres con hombres, y recibiendo en sí mismos la retribución debida a su extravío. Y como ellos no aprobaron tener en cuenta a Dios, Dios los entregó a una mente reprobada, para hacer cosas que no convienen;" [Reprobado: excluido por Dios de la salvación. *Nuevo Diccionario Webster*]

Rom. 1:24-28

Cabe señalar en el libro de Génesis que la esposa de Lot y Abraham miraron atrás hacia Sodoma y Gomorra, mientras se consumían en la ira de Dios.

"El sol salía sobre la tierra, cuando Lot llegó a Zar. Entonces Jehová hizo llover sobre Sodoma y sobre Gomorra azufre y fuego de parte de Jehová desde los cielos; y destruyó las ciudades, y toda aquella llanura, con todos los moradores de aquellas ciudades, y el fruto de la tierra. Entonces la mujer de Lot miró atrás, a espaldas de él, y se volvió estatua de sal. Y subió Abraham por la mañana al lugar donde había estado delante de Jehová. Y miró hacia Sodoma y Gomorra, y hacia toda la tierra de aquella llanura miró; y he aquí que el humo subía de la tierra como el humo de un horno."

Génesis 19:23-28

Me pregunto ¿por qué Abraham no se convirtió en una estatua de sal así como la esposa de Lot, teniendo en cuenta que ambos miraron hacia atrás? Abraham miró hacia atrás con agradecimiento hacia Dios en su corazón, mientras la esposa de Lot miro hacia atrás con lascivia en su corazón hacia esas ciudades.

Dios no solo destruyó las ciudades porque le desobedecieron. Dios destruyó las ciudades porque la gente se rehusó a arrepentirse de su desobediencia hacia Él. Así como Abraham, agradeciendo a Dios por nuestra salvación, pongamos nuestras manos a la obra y no miremos hacia nuestros días pasados de desobediencia.

"Y Jesús le dijo: Ninguno que poniendo su mano en el arado

mira hacia atrás, es apto para el reino de Dios."

Lucas 9:62

El hombre ha clasificado su desobediencia en esfuerzo de aliviar la conciencia de su alma atribulada. Ha logrado esto al racionalizar los grados de su pecado. La enseñanza en esferas cristianas sobre el pecado imperdonable se deriva de los dichos de Jesús en los tres evangelios sinópticos (Mateo 12:31-32, Marcos 3:28-29 y Lucas 12:10). El pecado imperdonable no es un acto particular que una persona puede lamentarse posteriormente, sino una descarada hostilidad hacia Dios y el rechazo grave de Jesucristo como Ser Divino, después de que uno ha estado expuesto al conocimiento de la eterna verdad Apostólica a través de la revelación del Espíritu Santo.

En la Iglesia Católica Romana, me enseñaron y enseñé que había dos tipos de pecados – veniales y mortales, veniales siendo de menos consecuencia en las dos categorías.

Venial significa perdonable o excusable. Si alguien muere teniendo un pecado venial sin haber sido perdonado, no puede ir al cielo y Dios siendo el Dios misericordioso que es, no enviaría su alma a un infierno eterno. ¿Será que Dios en su justicia condenaría a un alma inmortal por robar un bocado de pan? Gente Católica Romana cree que la gracia de Dios cubriría tal transgresión.

Ahora este entendimiento de pecado crea un problema. Si un alma no puede ir al cielo por impureza y no está demasiado manchado para ir al infierno, ¿qué le sucedería? El entendimiento de la Iglesia Católica Romana es que hay algún lugar de purificación entre las dos moradas eternas. Este lugar es la que la Iglesia Católica Romana o la "iglesia madre" llama el purgatorio. La Escritura usada para justificar este lugar se encuentra en Mateo.

"De cierto te digo que no saldrás de allí, hasta que pagues el último cuadrante."

Mateo 5:26

La Iglesia Católica Romana cree que pecados mortales no pueden ser cubiertos por la gracia de Dios después de muertos.

Si alguien muere no teniendo un pecado mortal confesado, esa alma va estar en peligro de un infierno eterno. Un ejemplo de pecado mortal seria si alguien matara a otra persona.

Un día una señora Católica muy devota me hizo una pregunta en el Seminario de Filosofía en Quebec. Esta pregunta tenía que ver con la oración por almas en el purgatorio. La pregunta era, si alguien le paga con dinero al sacerdote para que ofrezca una misa para un miembro de la familia en el purgatorio y esa persona ya ha sido purificada y ha ido al cielo, ¿qué pasa con el sacrificio? Mi respuesta era que el sacrificio iría al beneficio de las almas que todavía estaban en el purgatorio. La Reforma Protestante empezó con Martín Lutero y otros, era primordialmente por el dinero recibido por la Iglesia Católica, pagada por miembros sinceros para sacar con oraciones a sus seres queridos del purgatorio por parte de los sacerdotes.

La verdad es que con Dios no hay pecados grandes ni pecados pequeños. El Señor no categoriza las transgresiones. En frente de Dios el pecado es pecado. No es tanto la cuestión de pecado con el Señor, como lo es estando o no en Su voluntad. El libro de Apocalipsis, habla de homicidas y mentirosos. ¿Será que un alma sufrirá el terrible dolor del infierno por decir una pequeña mentira? Si la Biblia es verdadera, lo hará.

"Pero los cobardes e incrédulos, los abominables y homicidas, los fornicarios y hechiceros, los idólatras y todos los mentirosos tendrán su parte en el lago que arde con fuego y azufre, que es la muerte segunda."

Apocalipsis 21:8

Desde el trono de Dios alguien puede ser sentenciado a un infierno eterno por mentir, así como otro puede hacerlo por tomar la vida de otro.

¿Qué es el pecado entonces? El pecado no es nada más o menos que desobediencia a Dios mismo. En el Jardín del Edén, el Señor mandó a Adán y Eva no tomar parte del fruto prohibido. Este mandamiento a Adán era tan importante para Dios como los Diez Mandamientos que fueron pasados hacia los hijos de Israel por medio del profeta Moisés encima del Monte Sinaí.

En Romanos 5:19 Pablo explica los efectos de la desobediencia del hombre.

"Porque así como por la desobediencia de un hombre los muchos fueron constituidos pecadores" (no dijo por que el hombre probó del fruto prohibido).

Viendo que habíamos transmitido a nosotros, las leyes de Dios, solamente hay un solo pecado que alguien puede cometer y es el pecado de la desobediencia. Si una persona obedece las leyes de Dios, esa persona no mentiría, no mataría, no robaría, no cometería adulterio, etc., etc. Entonces lo que llamamos pecado no es pecado pero el fruto del verdadero pecado que es desobediencia. Una persona no es tentada a cometer adulterio; una persona es tentada a desobedecer al Señor. Si esa persona la cual es tentada a desobedecer al Señor, vuelve a Dios con un corazón obediente, el adulterio no será cometido. Dios no es impresionado con el fruto del pecado o el mismo pecado de desobediencia, Él es impresionado cuando las personas tienen una voluntad para vivir para Él.

Las Escrituras se nos hablan de una ruta de escape. Alguien no tiene que desobedecer al Señor.

"No os ha sobrevenido ninguna tentación que no sea humana; pero fiel es Dios, que no os dejará ser tentados más de lo que podéis resistir, sino que dará también juntamente con la tentación la salida, para que podáis soportar."

1 Corintios 10:13

No se puede categorizar el pecado más de lo que uno puede clasificar Cristianos. Un día, hace poco oí a una hermana decir: "Ese hombre es un buen cristiano". Entendemos que estaba usando una simple figura de discurso. No podemos, sin embargo, categorizar a las personas en esferas Cristianas viendo que nosotros a menudo somos jueces pobres. No hay buenos cristianos y no hay malos cristianos y hay muy buenos cristianos. Uno es un Cristiano luchando por la perfección o no se es Cristiano.

Todos hemos escuchado en algunas esferas denominacionales, que una persona tiene que pecar un poco cada día. Antes de llenar la lascivia del corazón, sin embargo, una persona primero debe cerrar la puerta de escape al decir, "No Dios, no quiero tu ayuda para escapar." Una vez más, no es una cuestión de pecado. Es una cuestión de estar en la voluntad de Dios. Es una cuestión de obediencia.

Uno nunca, independientemente de su afiliación religiosa, podrá agradar al Señor fuera de su voluntad. Desafortunadamente, hay personas en diversas denominaciones que adoran a Dios, pero adorándole en vano. Ellos quieren la voluntad de Dios en sus vidas, pero al mismo tiempo quieren moldear el Señor de acuerdo con las doctrinas y teologías de los hombres mortales. La Palabra de Dios da cuenta de esas personas.

"Este pueblo de labios me honra; Mas su corazón está lejos de mí. Pues en vano me honran, Enseñando como doctrinas, mandamientos de hombres."

Mateo 15:8-9

Ahora la doctrina de pecados veniales y mortales, si nos gusta la doctrina o no, ha tenido un tremendo impacto sobre la sociedad y sobre la familia de la iglesia Apostólica. Mientras siendo agradecido por este concepto en esferas mortales, viendo que necesitamos leyes para protegernos de malas acciones, no trabaja en esferas inmortales.

Nosotros, por esta doctrina, categorizamos transgresiones. Si un hombre mata a otro decimos que él es malo. Si un hombre mata a diez personas decimos que él realmente es malo. En el principio cuando Dios creó los cielos y la tierra de nada, Él creó al hombre y dijo que era bueno. El pecado no hace una persona mala, lo separa de Dios.

Si vamos a alcanzar a nuestros familiares perdidos y verlos llenos con el Espíritu Santo, tenemos que tener el entendimiento de que ellos no son malos, pero de que están siendo arrojados por el mar robusto de la vida, separados de la voluntad de Dios. Debemos de tener en cuenta donde están!

Cuando Adán y Eva comieron del fruto prohibido, ¿los hizo malos o los separó de Dios? Los separó de la voluntad de Dios y consecuentemente puso sus almas en peligro de pasar una eternidad fuera de Su presencia. El pecado de desobediencia va a llevar al alguien más allá de lo que quieren ir y lo va a mantener más tiempo de lo que quiso estar.

En el año 1475 había un niño nacido con el nombre de Michelangelo Buonarroti. Michelangelo en su tiempo creó la hermosa Piedad de Michelangelo, probablemente el trabajo más importante de su juventud. La estatua de mármol muestra la Virgen María acunando el cuerpo muerto de Jesús después de su crucifixión y hoy esta de muestra en el país de Italia.

Michelangelo también pintó el techo de la Capilla Sixtina en el Vaticano en Roma. Como un adolescente, no solamente ganó reconocimiento como pintor y escultor por la Iglesia Católica Romana sino también por el Emperador del Imperio Romano. Hoy las obras de arte de este hombre absolutamente no tienen precio. Con respecto a aquellos en nuestras familias que no están caminando con Dios, ¿los vemos como malos, viendo que la sociedad nos ha enseñado a categorizar el pecado?

Si usted pudiera encontrar una pintura original del Michelangelo Buonarroti en el ático de su casa, ¿haría la pintura de menos valor si hubiera sido puesto en una pared en alguna galería de arte famosa? No, por supuesto que no; este es un original con valor de millones de dólares. Sin embargo, cuando Michelangelo pintó la imagen él no se refirió a que estuviera en el ático de alguna persona. El artista quisiera que estuviera colgada en alguna pared de una galería de arte famosa, con luces iluminando sobre ella. Esto últimamente reflejaría su tremendo talento.

Entonces ¿usted que hace con la pintura valiosa que está en su ático? Después de todo, la pintura es una "obra maestra en la oscuridad". Usted saca el óleo fuera de la oscuridad, lo limpia, y lo pone en una pared en una galería de arte, donde el artista originalmente deseaba tenerlo. Después, cuando la gente lo aprecia le darán el reconocimiento debido y gloria al artista.

Solo porque la pintura estaba en la oscuridad de un ático, no lo hizo de mala calidad y menos precio. Simplemente estaba afuera de la voluntad del artista.

Cuando Dios creó al hombre y a la mujer, Él nunca deseó tenerlos en la oscuridad de este viejo mundo. ¿Por qué esta gente está en el mundo, lo hacen malos? ¿O crea para ellos una separación de Dios? Recuerde, cuando Dios creó al hombre estaba bueno. Otra vez puedo decir que la desobediencia hacia Dios no hace a alguien malo; lo separa de Dios.

Jesucristo no vino a este mundo para hacer buena la gente mala, sino para revivir personas espiritualmente muertas. Los Apostólicos no deben ver a pecadores como fuerzas malignas que han de ser soportados, sino más bien, como recursos únicos que pueden ser desarrollados. Mientras alcanzamos los perdidos entre nuestros familiares y a aquellos que viven alrededor de nosotros en esta vida, debemos caer en cuenta que no son tan malas como algunas personas los categorizan, pero ellos, por su desobediencia, han sido separados de Dios.

Entonces ¿Qué hacemos acerca de nuestros amigos en la oscuridad como lo estaba la pintura de Michelangelo? Los guiamos afuera de la oscuridad hacia la luz maravillosa de Dios, entendiendo que no son malos pero separados del artista que los creó. Le damos a Dios una oportunidad para limpiarlos. No podemos, pero si sus corazones son sinceros, Dios los limpiará! Aunque las tendencias y modas de este viejo mundo cambian de generación a generación, nos haría bien saber que con Dios "La Santidad todavía está de moda". Entonces se encontrarían en la Iglesia levantando manos santas en adoración a Dios. Después de que la persona se une con Dios, personas automáticamente le darán a Dios la debida alabanza por la obra maestra que Él creó.

Viendo un alcohólico acostándose en un canal podemos ser tentados a decir, "Yo nunca caería tan bajo". Después de visitar la prisión local podríamos decir, "Yo nunca traería tal pena a mi familia". La verdad del asunto es que si no fuera por el Calvario y la Sangre del Cordero, usted y yo no sabríamos donde estaríamos hoy en día.

El amor de Dios hacia los perdidos es puro, rechazando cada forma de disimulación. El Señor no nos ve como nos vemos a nosotros mismos. En los ojos de Jehová no somos vistos como bultos de barro en la rueda del alfarero. Somos vistos por Él cómo vasos de honor en Su casa. Jesé vio a David como un pastor. Dios lo visualizó como un rey.

¿Hemos sorprendido a Dios con obras de iniquidad? ¿Qué puedes hacer por medio de la transgresión que no ha sido hecha antes de tu tiempo? ¿Cometer adulterio? Ya ha sido cometido. ¿Matar a alguien? Ya ha sido cometido. ¿Ser una prostituta? Ya ha sido cometido. ¿caminar desnudo? Ya ha sido cometido. ¿robar algo? Ya ha sido cometido. Las transgresiones de los hombres no son únicas.

Nada ha sido ensombrecido de los ojos del Señor. Dios no está interesado en nuestras transgresiones. Él está interesado en nosotros vivir para Él. Jehová nos ve potencialmente como vasos de honor, avanzando Su reino aquí en la tierra.

Veamos a los perdidos como ellos realmente son, no malos, pero separados. Tengamos en cuenta que una mano alcanzando la botella de whisky puede ser cambiada instantáneamente a una mano alcanzando a Dios, el cual puede cambiar a cualquiera. Veamos que el pecador es "una obra maestra en la oscuridad", y el único pecado de desobediencia lo impide ser el que Dios realmente deseaba que fuese desde el principio.

Ahora esto no es para decir que el individuo viviendo fuera de la voluntad de Dios no debe rendir cuentas. El Libro de los Hechos de los Apóstoles escrito por Lucas el médico, revela que el Señor en un tiempo guiñó a la ignorancia pero ahora ordena a todo hombre al arrepentimiento. Jesús personalmente habló de personas siendo dejadas atrás.

"Entonces estarán dos en el campo; el uno será tomado, y el otro será dejado."

Mateo 24:40

Un Domingo en la mañana, una señora me pidió hablarme acerca de su familia perdida. La Hermana Pat dijo que ella sabía si el Señor viniera ese día ellos seguramente serian dejados atrás. Esta mujer llena del Espíritu Santo tenía un caminar real con el Señor. Me acuerdo un servicio en medio de la semana cuando cogió a mi esposa del brazo y las dos danzaron ante el Señor. Cuando salió ese Domingo en la mañana, le prometí que oraría.

Ese mismo Domingo en el servicio vespertino, ella entró al santuario con su esposo. La iglesia estaba llena y el poder de Dios era contundente mientras los santos empezaban a orar. La sonrisa de la Hermana Pat revelaba su apreciación por las oraciones de la iglesia.

En ese Domingo en la noche, sentí ministrar en el tema del derramamiento inminente de la Lluvia Tardía. De un momento a otro, paré de predicar y no entendía por qué. Inmediatamente, salieron una ráfaga de lenguas. Buscaba la voluntad de Dios mientras silencio llenaba el recinto. Esa noche, sucedió que yo fui el que iba a interpretar. El Señor dijo, "esta noche demandare un alma de entre ustedes." El mensaje fue tan intenso y tan desafiante para mi ministerio. ¿Qué iba a suceder?

Mientras las lágrimas brotaban, el altar fue inmediatamente lleno con gente levantando sus manos sin esfuerzo con gracia. Miré como la Hermana Pat le pidió a su esposo que fuera al altar. Él se negó. Pareciera que su alma estaba siendo pesada en las balanzas. Con lágrimas en mis propios ojos, le pedí al Señor no sacarlo hasta que recibiese el Espíritu Santo y fuese bautizado en el Nombre de Jesús.

Después de orar con una señora de habla hispana que buscaba el Espíritu Santo, la Hermana Pat llegó al frente del santuario. Cuando llegó al altar, se sonrió con la Hermana Hanscomb y después con migo como si dijera, "todo está bien". Ella después se acostó en el piso y nunca más volvió a respirar.

Su cabeza estaba a seis pulgadas de mi pie derecho mientras yo oraba por los otros. La Hermana Pat tenía 42 años de edad y siempre parecía ser le imagen de la perfecta salud.

Unos días después en una tarde fría de invierno, conduje el cuerpo de la Hermana Pat a su lugar de descanso. Una corriente de lágrimas corrían por mi rostro como si fuera agua dulce.

Ese Domingo en particular por la noche, en la Iglesia Apostólica de Ashland City, el Señor tomó a uno y otro fue dejado atrás. Unos años después, su esposo joven murió. Su alma eterna cayó en las manos de un Dios justo.

CAPITULO SIETE

Es Cuestión de Confianza

En nuestra gráfica, el nacimiento de Moisés durante el Periodo Teocrático es un tiempo de victoria y tristeza. La vida de Moisés fue agridulce. Dios llamó a este hombre de la áspera para hacer un tremendo trabajo para Él. De la experiencia de la zarza ardiente hasta los años preguntándose en un desierto, Moisés luchó contra los dioses de Egipto. Estos dioses que lucharon no sólo estaban en el corazón de la Egipcios, sino también en los corazones de los hijos de Israel.

Este hombre de Dios entregó los Diez Mandamientos a Israel que el Señor le había dado en el Monte Sinaí. En la historia moderna las cortes de nuestro país pueden remover estos sagrados mandamientos de su sala de justicia, pero nunca lo removerán de los corazones de la gente Apostólica.

El éxodo de los hijos de Israel de las garras de las manos de Faraón en Egipto le mostró a Moisés que el Dios que él servía podía hacer cualquier cosa. Sin embargo, a causa de su desobediencia hacia Dios, murió en el monte Nebo. A pesar de que se le permitió verlo con sus propios ojos, a Moisés nunca se le fue permitido poner un pie en la tierra prometida. Hemos hablado del pecado de desobediencia. ¿Se trataba de la roca o era de la obediencia de Moisés? Este siervo del Altísimo confió a Dios para proveer, pero no confiaba en él lo suficiente como para cumplir con los términos de la provisión de Dios.

"Y habló Jehová a Moisés, diciendo: Toma la vara, y reúne la congregación, tú y Aarón tu hermano, y hablad a la peña a vista de ellos; y ella dará su agua, y les sacarás aguas de la peña, y darás de beber a la congregación y a sus bestias. Entonces Moisés tomó la vara de delante de Jehová, como él le mandó. Y reunieron Moisés y Aarón a la congregación delante de la peña, y les dijo! Oíd ahora, rebeldes! ¿Os hemos de hacer salir aguas de esta peña? Entonces alzó Moisés su mano y golpeó la peña con su vara dos veces; y salieron muchas aguas, y bebió la congregación, y sus bestias. Y Jehová dijo a Moisés y a Aarón: Por cuanto no creísteis en mí, para santificarme delante de los hijos de Israel, por tanto, no meteréis esta congregación en la tierra que les he dado."

Números 20:7-12

"Subió Moisés de los campos de Moab al monte Nebo, a la cumbre del Pisga, que está enfrente de Jericó; y le mostró Jehová toda la tierra de Galaad hasta Dan. Y le dijo Jehová: Esta es la tierra de que juré a Abraham, a Isaac y a Jacob, diciendo: A tu descendencia la daré. Te he permitido verla con tus ojos, mas no pasarás allá."

Deuteronomio 34:1,4

Gente entrando en el ministerio Apostólico necesitan entender que ellos no están por encima de la desobediencia sin el poder del Espíritu Santo. Tampoco el ministerio está por encima de la justicia de Dios. El púlpito no es la morada de un rey pero debería ser considerada como la silla de siervo de confianza.

Recuerdo un profeta que cayó en desaprobación con el Señor.

"Y clamó al varón de Dios que había venido de Judá, diciendo: Así dijo Jehová: Por cuanto has sido rebelde al mandato de Jehová, y no guardaste el mandamiento que Jehová tu Dios te había prescrito, sino que volviste, y comiste pan y bebiste agua en el lugar donde Jehová te había dicho que no comieses pan ni bebieses agua, no entrará tu cuerpo en el sepulcro de tus padres. Cuando había comido pan y bebido, el que le había hecho volver le ensilló el asno. Y yéndose, le topó un león en el camino, y le mató; y su cuerpo estaba echado en el camino, y el asno junto a él, y el león también junto al cuerpo. Y he aquí unos que pasaban, y vieron el cuerpo que estaba echado en el camino, y el león que estaba junto al cuerpo; y vinieron y lo dijeron en la ciudad donde el viejo profeta habitaba. Oyéndolo el profeta que le había hecho volver del camino, dijo: El varón de Dios es, que fue rebelde al mandato de Jehová; por tanto,

Jehová le ha entregado al león, que le ha quebrantado y matado, conforme a la palabra de Jehová que él le dijo."

1 Reyes 13:21-26

Cuando Dios habla al ungido del Señor como lo hizo con Moisés y este profeta joven, necesitan oírlo a Él. El hombre que decía ser un profeta en la historia de 1 Reyes le mintió al profeta joven. Dios no le mentiría a su ungido y no pondría a su ungido mentir a otros. Los profetas de Baal no tenían nada que ver con la muerte de este joven profeta. Podemos sufrir heridas por el bien de Su Nombre mientras caminamos con el Señor, pero Dios nunca tuvo la intención de que fueran auto infligida.

"Entonces le dijo: Ven conmigo a casa, y come pan. Mas él respondió: No podré volver contigo, ni iré contigo, ni tampoco comeré pan ni beberé agua contigo en este lugar. Porque por palabra de Dios me ha sido dicho: No comas pan ni bebas agua allí, ni regreses por el camino por donde fueres. Y el otro le dijo, mintiéndole: Yo también soy profeta como tú, y un ángel me ha hablado por palabra de Jehová, diciendo: Tráele contigo a tu casa, para que coma pan y beba agua."

1 Reyes 13:15-18

Solo porque alguien se llame así mismo un predicador o un profeta, no lo califica para que fuese uno. Es imperativo que nosotros que lo conocemos en el Espíritu Santo, nos mantengamos en sintonía con la dirección de su Espíritu, confiando que Él nunca nos dejara solos.

"Entonces respondió y me habló diciendo: Esta es palabra de Jehová a Zorobabel, que dice: No con ejército, ni con fuerza, sino con mi Espíritu, ha dicho Jehová de los ejércitos."

Zacarías 4:6

Bajando por la gráfica, el hombre que tomó el lugar de Moisés era Josué.

"Y Josué hijo de Nun fue lleno del espíritu de sabiduría, porque Moisés había puesto sus manos sobre él; y los hijos de Israel le obedecieron, e hicieron como Jehová mandó a Moisés."

Deuteronomio 34:9

Hoy en día vivimos en una sociedad sensual que hace mucho tiempo borró al Señor de sus memorias. Hemos predicado del mal y los espíritus sutiles que se tragan hogares enteros por medio de la televisión, pero hay uno en nuestros hogares hoy que amenaza nuestra nación como nunca antes. Es la computadora que alcanza al fondo del corazón de nuestra sociedad. Tan triste como suena, han habido personas Apostólicas, inclusive ministros, atrapados en pornografía por computador.

El Espíritu Santo no nos da una llave para explorar las profundidades de inmoralidad pero nos da poder para vencer las cosas que son inmorales. Si escogemos jugar con Dios nos encontraremos un día tirando las cosas que amamos al viento por un momento fugaz placentero.

Josué tuvo su mente hecha cuando los hijos de Israel escogieron caer de nuevo en los males de la idolatría. Él confiaba en el Dios que servía y sabia con toda certeza que Dios podía hacer todo menos fallar.

"Ahora, pues, temed a Jehová, y servidle con integridad y en verdad; y quitad de entre vosotros los dioses a los cuales sirvieron vuestros padres al otro lado del río, y en Egipto; y servid a Jehová. Y si mal os parece servir a Jehová, escogeos hoy a quién sirváis; si a los dioses a quienes sirvieron vuestros padres, cuando estuvieron al otro lado del río, o a los dioses de los amorreos en cuya tierra habitáis; pero yo y mi casa serviremos a Jehová."

Josué 24:14-15

Como el Señor lo había prometido, Él hizo para Josué lo que hizo para Moisés. El Mar Rojo no era un problema para Moisés, ni tampoco el Rio Jordán era un problema en los días de Josué.

Josué vino en contra de muchos obstáculos mientras enfrentaba el enemigo. Él entendía el poder del Dios que servía. Él entendía que era el Señor que detuvo el descender del sol por sus oraciones, pero había algo que no podía entender. ¿Cómo sus hermanos se inclinaban para desanimarse el uno al otro? Tenían el poder de Dios en su lado, y lo vieron hacer lo que otro dios no podía hacer. ¿Cómo es posible que haya división entre la gente de Dios?

"Y tomaron en sus manos del fruto del país, y nos lo trajeron, y nos dieron cuenta, y dijeron: Es buena la tierra que Jehová nuestro Dios nos da. Sin embargo, no quisisteis subir, antes fuisteis rebeldes al mandato de Jehová vuestro Dios; y murmurasteis en vuestras tiendas, diciendo: Porque Jehová nos aborrece, nos ha sacado de tierra de Egipto, para entregarnos en manos del amorreo para destruirnos. ¿A dónde subiremos? Nuestros hermanos han atemorizado nuestro corazón, diciendo: Este pueblo es mayor y más alto que nosotros, las ciudades grandes y amuralladas hasta el cielo; y también vimos allí a los hijos de Anac."

Deuteronomio 1:25-28

Dios quiere que su gente en este último tramo del camino de la iglesia que sea de una mente y unánimes. Como el Espíritu Santo unge a todos los ministros del Nombre de Jesús, Apostólicos, que hablan en lenguas y llenos del Espíritu Santo, necesitamos entender que no es la voluntad de Dios que nos desalentemos los unos a los otros, pero al contrario debemos apoyarnos el uno al otro hasta que Él venga.

Sansón fue un héroe entre el pueblo hebreo. Él no tenía el Espíritu de Dios en él como lo tenemos nosotros hoy, pero experimentó el incomparable poder de Dios en su vida. Sus padres amaron y sirvieron a Dios. Ellos no podían entender porque él quería cortejar a alguien que no servía a su Dios. Después de tres mil años después, Dios todavía nos enseña que no debemos unirnos en yugo desigual con los no creyentes.

"No os unáis en yugo desigual con los incrédulos; porque ¿qué compañerismo tiene la justicia con la injusticia? ¿Y qué comunión la luz con las tinieblas?"

2 Corintios 6:14

En la vida de Sansón el pecado no se hizo mejor. El Señor tiene la habilidad de dotarnos con Su poder y tiene la habilidad de apartarlo de nosotros.

"Y le dijo: !!Sansón, los filisteos sobre ti! Y luego que despertó él de su sueño, se dijo: Esta vez saldré como las otras y me escaparé. Pero él no sabía que Jehová ya se había apartado de él."

Jueces 16:20

Bajando de la época Patriarcal al periodo Monárquico de la historia Hebrea encontramos que Saúl se convierte en el primer rey de Israel. Él fue ungido por el profeta Samuel.

"Después Samuel dijo a Saúl: Jehová me envió a que te ungiese por rey sobre su pueblo Israel; ahora, pues, está atento a las palabras de Jehová."

1 Samuel 15:1

Por la desobediencia del Rey Saúl hacia el Señor, su trono calló a David el hijo de Isaí.

"Dijo Jehová a Samuel: ¿Hasta cuándo llorarás a Saúl, habiéndolo yo desechado para que no reine sobre Israel? Llena tu cuerno de aceite, y ven, te enviaré a Isaí de Belén, porque de sus hijos me he provisto de rey."

1 Samuel 16:1

"E hizo pasar Isaí siete hijos suyos delante de Samuel; pero Samuel dijo a Isaí: Jehová no ha elegido a éstos. Entonces dijo Samuel a Isaí: ¿Son éstos todos tus hijos? Y él respondió: Queda aún el menor, que apacienta las ovejas. Y dijo Samuel a Isaí: Envía por él, porque no nos sentaremos a la mesa hasta que él venga aquí. Envió, pues, por él, y le hizo entrar; y era rubio, hermoso de ojos, y de buen parecer. Entonces Jehová dijo: Levántate y úngelo, porque éste es. Y Samuel tomó el cuerno del aceite, y lo ungió en medio de sus hermanos; y desde aquel día en adelante el Espíritu de Jehová vino sobre David. Se levantó luego Samuel, y se volvió a Ramá. El Espíritu de Jehová se apartó de Saúl, y le atormentaba un espíritu malo de parte de Jehová."

1 Samuel 16:10-14

El Espíritu del Señor vino sobre David cuando enfrentó al gigante Filisteo Goliat de Gat. Él era un líder joven mientras caminaba hacia el valle para enfrentar al enemigo, pero el Señor estaba con él. Saúl y Jonathan no sabían que Samuel ya había ungido a David por rey sobre Israel.

¿Puede un joven destruir un león y un oso con sus propias manos? El mismo Espíritu que Dios puso en Sansón ya se había puesto sobre el hijo de Isaí. Me doy cuenta de que nos enfrentamos a los valles de la vida, pero hace toda la diferencia en el mundo cuando el Espíritu del Señor está con nosotros y nosotros confiamos firmemente que el Espíritu que nos guíe.

David escogió cinco piedras lisas y las puso en su bolsa de pastor. Él sabía que el Señor estaba con él. David no tenía miedo. Esta es probablemente la razón por la que pudo escribir el vigésimo tercer Salmo más tarde en su vida.

"Aunque ande en valle de sombra de muerte, No temeré mal alguno, porque tú estarás conmigo; Tu vara y tu cayado me infundirán aliento."

Salmo 23:4

"Dijo luego el filisteo a David: Ven a mí, y daré tu carne a las aves del cielo y a las bestias del campo. Entonces dijo David al filisteo: Tú vienes a mí con espada y lanza y jabalina; mas yo vengo a ti en el nombre de Jehová de los ejércitos, el Dios de los escuadrones de Israel, a quien tú has provocado."

1 Samuel 17:44-45

"Y volvieron los hijos de Israel de seguir tras los filisteos, y saquearon su campamento. Y David tomó la cabeza del filisteo y la trajo a Jerusalén, pero las armas de él las puso en su tienda."

1 Samuel 17:53-54

En el capítulo treinta y uno de 1ra de Samuel el barbarismo de los Filisteos se muestra. Después de la muerte del Rey Saúl, las Escrituras muestran gráficamente el duro trato de su cuerpo y los cuerpos de sus hijos. Para enfatizar su brutalidad, después de cortar la cabeza de Saúl, expusieron los cuerpos de Saúl y sus hijos en las paredes de los Filisteos. En el templo de sus dioses, también expusieron la armadura de Saúl que Jehová había ungido por medio del profeta Samuel.

En cuanto al Rey David aunque pecaba con frecuencia en la presencia del Señor durante su reinado, él es conocido en la historia Hebrea como el rey conforme al corazón de Dios. Él quiso construir un templo para el Señor pero fue instruido por Dios que su hijo Salomón seria el rey en Israel para construir el templo.

"Y cuando tus días sean cumplidos, y duermas con tus padres, yo levantaré después de ti a uno de tu linaje, el cual procederá de tus entrañas, y afirmaré su reino. Él edificará casa a mi nombre, y yo afirmaré para siempre el trono de su reino."

2 Samuel 7:12-13

Antes que el Rey David muriera llamó a la madre de Salomón, Betsabé, a su lado y le juró que antes de su muerte él haría su hijo Salomón rey sobre Israel y Judá.

"Entonces el rey David respondió y dijo: Llamadme a Betsabé. Y ella entró a la presencia del rey, y se puso delante del rey. Y el rey juró diciendo: Vive Jehová, que ha redimido mi alma de toda angustia, que como yo te he jurado por Jehová Dios de Israel, diciendo: Tu hijo Salomón reinará después de mí, y él se sentará en mi trono en lugar mío; que así lo haré hoy."

1 Reyes 1:28-30

Después de la muerte del Rey David, Salomón se convirtió en rey sobre Israel como fue prometido. Él gobernó la nación con fuerza y gran sabiduría. Ahora que tengo el Espíritu Santo, mi Escritura favorita en toda la Palabra del Señor fue escrita por este rey. Salomón escribió estas palabras en su libro de Proverbios.

"Fíate de Jehová de todo tu corazón, y no te apoyes en tu propia prudencia."

Proverbios 3:5-6

Salomón construyó el templo para el Señor también como fue prometido, solamente para más tarde ser destruido por el Rey Nabucodonosor de Babilonia.

En 586 a.C., en el noveno día de Av (en un ajuste de cuentas Judío) el templo de Salomón fue quemado por el rey de Babilonia. En 70 d.C. En el noveno día de Av, el templo de Herodes fue destruido por el emperador Tito. Irónicamente, los incendios fueron en el mismo mes (Agosto) y en el mismo día, 656 años aparte.

Sigamos en nuestra gráfica al Rey Acab y su perversa esposa la Princesa Jezabel. Estas personas vivieron y gobernaron en el reino en aproximadamente 860 a.C.

Como Sansón jugaba con los Filisteos incircuncisos, así mismo Acab con sus enemigos. Él caminaba con una mujer llamada Jezabel quien rechazaba el Dios de Abraham y alababa al dios Baal.

Jezabel era una princesa Fenicia, la hija del Rey Ithobaal 1 de Sidón. Esta princesa usaba su control sobre su esposo el Rey Acab para liderar a los Hebreos al pecado y sujetarlos a tiranía. El Rey Acab no confiaba en el Señor y no era el sacerdote de su casa que Jehová lo había llamado a ser, así, el reino cayó en manos de otros dioses. Estos otros dioses, que pronto aprenderemos, no podían escuchar ni mucho menos contestar oraciones, cuando sus profetas los llamaban.

"Cuando Acab vio a Elías, le dijo: ¿Eres tu el que turbas a Israel? Y él respondió: Yo no he turbado a Israel, sino tu y la casa de tu padre, dejando los mandamientos de Jehová, y siguiendo a los baales".

1 Reyes 18:17-18

Por medio de la historia Dios insistió que el hombre fuera el sacerdote de su hogar. Le satisface al Señor cuando los hijos buscaran guía espiritual de sus padres. Si el esposo rehusaba de hacer su papel en la casa, creaba confusión en Israel. Entonces la responsabilidad caía sobre la madre, la cual no estaba llamada a hacer el papel de líder espiritual.

Dios no ha cambiado su posición en la historia moderna. Hombres Apostólicos son desafiados por la iglesia para hacer su trabajo en sus casas, confiando en la guía del Espíritu Santo. Si no aceptamos este llamado de Dios con responsabilidad en temor y reverencia del Señor, confusión y división caerán sobre las casas, y el trabajo irá a otra persona.

"Las casadas estén sujetas a sus propios maridos, como al Señor. Porque el marido es cabeza de la mujer, así como Cristo es la cabeza de la iglesia, la cual es su cuerpo, y él es su Salvador. Así que, como la iglesia está sujeta a Cristo, así también las casadas lo estén a sus maridos en todo. Maridos, amad a vuestras mujeres, así como Cristo amo a la iglesia, y se entrego así mismo por ella."

Efesios 5:22-25

Fue profetizado en el libro de 1 Reyes que Dios honró el espíritu humilde y arrepentido de Acab. Él sin embargo prometió hacer la casa de sus hijos, los cuales no se arrepentían, un muladar.

"(A la verdad ninguno fue como Acab, que se vendió para hacer lo malo ante los ojos de Jehová; porque Jezabel su mujer lo incitaba. Él fue en gran manera abominable, caminando en pos de los ídolos, conforme a todo lo que hicieron los amorreos, a los cuales lanzo Jehová de delante los hijos de Israel.) Y sucedió que cuando Acab oyó estas palabras, rasgó sus vestidos y puso cilicio sobre su carne, ayunó, y durmió en cilicio, y anduvo humillado. Entonces vino palabra de Jehová a Elías tísbita, diciendo: ¿No has visto como Acab se ha humillado delante de mí? Pues por cuanto se ha humillado delante de mí, no traeré el mal en sus días; en los días de su hijo traeré el mal sobre su casa."

1 Reyes 21:25-29

Después del asesinato del Rey Acab, los perros lamieron su sangre, así mismo como los perros algún día lamerán la sangre de su esposa Jezabel la cual lo lideró a la idolatría.

"Y lavaron el carro en el estanque de Samaria; y los perros lamieron su sangre (y también las rameras se lavaban allí), conforme a la palabra que Jehová había hablado."

1 Reyes 22:38

A la muerte del rey Acab, la profecía de Elías se ejecutó y la justicia de Dios cayó sobre la casa de Acab. Jezabel continúo liderando a Israel por medio de su hijo Ocozías. Cuando Moab se rebeló contra Israel, Ocozías calló y mandó un mensajero a inquirir a Baal-zebub el dios de Ecrón, en vez de confiar en Jehová, el Único, Verdadero y Dios vivo.

He escuchado decir toda mi vida: "Si tú haces una cama te acostarás en ella". La verdad del asunto es, si alguien hace una cama toda su familia se acostara en ella. La falta de criterio de una persona puede causar dolores innecesarios a los miembros familiares a las siguientes generaciones. Si Acab hubiera rechazado el dios de Jezabel su esposa, confiado en el Señor, y llegar a ser el sacerdote de su casa que Dios quería para él, ¿será que su hijo Ocozías hubiera inquirido a Baal-zebub en vez al Dios de los

Ejércitos? Por la decisión del padre a servir al dios Baal, el dios de su esposa Jezabel, Ocozías y su hermano Joram estaba destinado a retorcerse en la cama contaminada de su padre el Rey Acab.

"Instruye al niño en su camino, y aun cuando fuere viejo no se apartará de él".

Proverbios 22:6

Después de que el Rey Ocozías, el hijo de Acab cayera, e inquiriera de Baal-zebub, Dios mandó a Elías el profeta con un mensaje, para dárselo al rey con respecto a su condición física y espiritual.

"Y le dijo: Así ha dicho Jehová: Por cuanto enviaste mensajeros a consultar a Baal-zebub dios de Ecrón, ¿no hay Dios en Israel para consultar en su palabra? No te levantaras, por tanto del lecho en que estás, sino que de cierto morirás."

2 Reyes 1:16

A la muerte de su hijo el Rey Ocozías, Jezabel ejercitó su control por medio de su otro hijo Joram, el cual se hizo rey. Joram sin saberlo, Dios le habló a Eliseo y le informó que Él tendría a Jehú ungido como rey sobre Israel.

"Cuando él entró he aquí los príncipes del ejercito que estaban sentados. Y él dijo Príncipe, una palabra tengo que decirte. Jehú dijo: ¿A cuál de todos nosotros? Y él dijo: A ti príncipe. Y él se levantó, y entró en casa; y el otro derramó el aceite sobre su cabeza, y le dijo: Así dijo Jehová Dios de Israel: Yo te he ungido por rey sobre Israel, pueblo de Jehová. Herirás la casa de Acab tu señor, para que yo vengue la sangre de mis siervos los profetas, y la sangre de todos los siervos de Jehová, de la mano de Jezabel."

2 Reyes 9:5-7

Después de que Jehú fuera ungido como rey de parte del profeta, Joram el hijo de Jezabel fue muerto. Entonces el Rey Jehú confronto a la perversa Jezabel como lo fue profetizado.

"De Jezabel también ha hablado Jehová, diciendo: Los perros comerán a Jezabel en el muro de Jezreel."

1 Reyes 21:23

En tiempos modernos el nombre de Jezabel es usado como un sinónimo de mujeres promiscuas y controladoras. Esta imagen es personificada por la frase "Jezabel pintada". Justo antes de que la princesa fuera matada ella se puso su maquillaje.

"Vino después Jehú a Jezreel; y cuando Jezabel lo oyó, se pintó los ojos con antimonio, y atavió su cabeza, y se asomó a una ventana. Y cuando entraba Jehú por la puerta, ella dijo: ¿Sucedió bien a Zimri, que mató a su señor? Alzando él entonces su rostro hacia la ventana, dijo: ¿Quién está conmigo? ¿Quién? Y se inclinaron hacia él dos o tres eunucos. Y él les dijo: Echadla abajo. Y ellos la echaron; y parte de su sangre salpicó en la pared, y en los caballos; y él la atropelló. Entró luego, y después que comió y bebió, dijo: Id ahora a ver a aquella maldita, y sepultadla, pues es hija de rey."

2 Reyes 9:30-34

Yo recuerdo una de las primeras cosas que me llamó la atención cuando el Señor me introdujo al Pentecostés era que las mujeres de las iglesias, así mismo de sus hijas, no usaban maquillaje. Yo presumí que ella no quería el espíritu o destino de Jezabel en sus casas o en sus servicios.

Las siguientes son las palabras de Martín Lutero en su tercera tesis que fue escrita por él en el año 1517.

"No hay arrepentimiento interior que no se manifiesta así mismo exteriormente por medio de mortificaciones (abnegación) de la carne."

"Quiero, pues, que los hombres oren en todo lugar, levantando manos santas, sin ira ni contienda. Asimismo que las mujeres se atavíen de ropa decorosa, con pudor y modestia; no con peinado ostentoso, ni oro, ni perlas, ni vestidos costosos."

1 Timoteo 2:8-9

Mientras las personas levantaban sus manos en la presencia del Señor, también note que las mujeres tenían su cabello sin cortar. No había trajes de pantalón usadas por las mujeres. Todas usaban trajes muy modestos.

"La naturaleza misma ¿no os enseña que al varón le es

deshonroso dejarse crecer el cabello? Por el contrario, a la mujer dejarse crecer el cabello le es honroso; porque en lugar de velo le es dado el cabello."

1 Corintios 11:14-15

"No vestirá la mujer traje de hombre, ni el hombre vestirá ropa de mujer; porque abominación es a Jehová tu Dios cualquiera que esto hace."

Deuteronomio 22:5

El traje de pantalón de una mujer es una prenda que ha sido adaptada de la vestimenta del hombre. Hombres y mujeres apostólicos no se visten modestamente de acuerdo a la Palabra del Señor porque quieren ser salvos. Hombres y mujeres apostólicos se visten modestamente de acuerdo a la Palabra del Señor porque son salvos.

El problema real que enfrentó Jezabel no era la forma en que se veía afuera. El problema real era que ella alababa y servía a la deidad equivocada.

Ya sea peleando a propósito en contra de Dios o simplemente escogiendo ser rebelde a la palabra del Señor, si alguien no se adhiere a las instrucciones de Dios, esa persona inevitablemente encuentra problemas. Miremos brevemente a un hombre de Dios que causó el mismo tanto problema por revelarse en contra de la voluntad del Señor, un hombre conocido como Jonás.

Cada paso que Jonás tomó después de haberse revelado en contra de la palabra de Dios era hacia abajo. Su falta de voluntad para confiar y obedecer lo estaba llevando a una existencia solitaria lejos de Dios. Jonás bajó a Jope para tomar un barco hacia Tarsis. Jonás bajó hacia el barco y pago su pasaje. Él bajó hacia las aguas. Él bajó hacia el estómago del gran pez.

Cada persona que ha alguna vez experimentado la presencia genuina del Señor necesita saber, que cuando escogemos revelarnos, vamos hacia abajo. El pecado tomó a Jonás mas allá de lo que él quería haber ido, y lo mantuvo más tiempo de lo que se quería quedar. Otra vez, ¿dónde estaba el pecado de Jonás? ¿Sera ir a Tarsis o en no confiar en la voz del Señor? Era en no confiar en la voz del Señor. Si Jonás hubiera confiado en Dios, se hubiera evitado los sufrimientos de su desobediencia.

Yo sufrí bastantes dolores en mi vida antes de conocer al Señor. Ahora medito a menudo en la canción, "Que Amigo."

Que amigo tenemos en Jesús, todos nuestros pecados y penas a tener!

Que privilegio llevar todo a Dios en oración,

O que paz que a veces perdemos, O que dolor innecesario llevamos,

Todo porque no llevamos todo a Dios en oración.

Si nosotros como hijos del Señor aprenderíamos a simplemente confiar en Él con todo nuestro corazón, nos daríamos cuenta rápidamente que Él nunca nos abandonaría. Por medio de todos mis años de caminar con el Señor, Él me ha enseñado una cosa una y otra vez: Él puede hacer todo excepto fallar.

Capitulo Ocho

Revelaciones Poderosas

Mientras nos movemos hacia adelante, estaremos discutiendo las profecías Mesiánicas del hombre de Dios, llamado Isaías. Por medio de estos labios de barro, el Señor haría que el mundo supiera que Él llegaría a encarnar y que su Ser total estaría en el Cristo o Mesías.

Las profecías Mesiánicas no empezaron con un profeta en Israel. Originaron con Dios y fueron entregadas a la humanidad por medio de labios ungidos y manos de barro.

El Señor de los Ejércitos le dijo al profeta Isaías que habría títulos ligados a Su nombre salvador, así para que Su pueblo supiera exactamente quién era Él. No habría duda en Israel de quien era Jesús. Cuando a Isaías le fue informado que Su nombre iba a ser referido como "Padre Eterno", fue por una razón.

"Porque un niño nos es nacido, hijo nos es dado, y el principado sobre su hombro; y se llamará [Jesús] su nombre Admirable, Consejero, Dios Fuerte, Padre Eterno, Príncipe de Paz."

Isaías 9:6

Porque Jesús era humano, así mismo como Divino, es imperativo que usted y yo entendamos cuando Él habló como un hombre y cuando Él habló como Dios. Al final de la mano de Cristo estaba el dedo del Poderoso Dios. El Mesías de nuestra salvación eterna reconoció y abrazo Su cuerpo de mortalidad, mientras simultáneamente proclamaba el poder y autoridad alojado dentro de sí mismo.

"Más si por el dedo de Dios echo yo fuera los demonios, ciertamente el reino de Dios ha llegado a vosotros."

Lucas 11:20

Títulos son derechos a la propiedad indicando el rango de una persona en su vida. Cuando era parte del ministerio Católico

Romano usted podría decir que mi título era, en Latín, *"Auctor trinitatis, Patris, Fili, Sanctique Spiritus"* (Un promotor de la trinidad, Padre, Hijo, y Espíritu Santo). El titulo le daba información de quién era yo.

Después de recibir el bautismo del Espíritu Santo y hablar en otras lenguas en un altar de una Iglesia Apostólica, el titulo cambió. Ahora tengo un título diferente de quien soy en el día de hoy. *"Auctor unius, Dei, veri vivique, Iesus Christus"* (un promotor de Único, Verdadero, y Dios Vivo, Jesucristo).

Para saber quién es Jesús, viene solo a través de una revelación Divina. Revelaciones Divinas no vienen de un profeta. Viene de Dios, muy a menudo por los labios de un profeta.

"Todas las cosas me fueron entregadas por mi Padre; y nadie conoce al Hijo, sino el Padre, ni al Padre conoce alguno, sino el Hijo, y aquel a quien el Hijo lo quiera revelar."

Mateo 11:27

"Felipe le dijo: Señor, muéstranos el Padre, y nos basta. Jesús le dijo: ¿Tanto tiempo hace que estoy con vosotros, y no me has conocido, Felipe? El que me ha visto a mí, ha visto al Padre; ¿cómo, pues, dices tú: Muéstranos el Padre?"

Juan 14:8-9

"En el mundo estaba, y el mundo por él fue hecho; pero el mundo no le conoció."

Juan 1:10

En los días de Jesús, los nombres no siempre eran los mismos como los conocemos hoy en día. Muchas veces la gente nacía, vivía y moría en el mismo pueblo. Si había dos hombres con el nombre de Pedro, ellos tenían títulos ligados a sus nombres para distinguirlos.

En la historia el primer emperador Romano a convertirse al Cristianismo era Constantino el Grande. La palabra "Grande" era un título dado para describir a Constantino.

Cristo no era el apellido de Jesús, pero un titulo ligado a Su nombre para explicar quién era Él. No era José ni María Cristo. Era Jesús el Cristo o Jesús el Mesías.

El Nuevo Diccionario Colegial Webster II, describe la palabra Cristo:

"Cristo significa Mesías, la manifestación Divina de Dios, el cual viene a la carne para destruir el error encarnado".

"¿Eres tú el Cristo? Dínoslo. Y les dijo: Si os lo dijere, no creeréis."

Lucas 22:67

"Este halló primero a su hermano Simón, y le dijo: Hemos hallado al Mesías (que traducido es, el Cristo)."

Juan 1:41

Por lo tanto Cristo fue un título dado a Jesús, para que el pueblo supiera quién era Él. ¿Entonces quien era Jesús? ¿Era Jesús un hombre? ¿Era Jesús Dios? ¿Era Jesús el Padre? Jesús era un hombre, Él era Dios, y Él era el Padre encarnado. El profeta Isaías sabía exactamente quién iba ser el Mesías.

¿Por qué Dios le daría instrucciones a este profeta para declarar que el título "Padre Eterno" estaría ligado a Su nombre salvador, si Él no era el Padre Eterno encarnado? Jesús el Mesías no vino al planeta tierra para probar que Él era el Padre. Él vino a declarar a Sus hijos que Él era su Padre. Dios tenía la habilidad para crear el agua en el mar, y Él tenía la habilidad de caminar sobre ella. Él tenía la habilidad de crear un árbol, y Él tenía la habilidad de escoger ser colgado en uno.

La posibilidad de tres distintas personas en la Deidad no fue considerada hasta mil años después de la profecía Mesiánica de Isaías. No hay mención de esta teología en la historia Hebrea. Otra de las profecías Mesiánicas de Isaías era concerniente a Su muerte, y las llagas que Jesús sufriría por nuestras transgresiones y para nuestra sanidad.

"Despreciado y desechado entre los hombres [hablando de Jesús], varón de dolores, experimentado en quebranto; y como que escondimos de él el rostro, fue menospreciado, y no lo estimamos. Ciertamente llevó él nuestras enfermedades, y sufrió nuestros dolores; y nosotros le tuvimos por azotado, por herido de Dios y abatido. Mas él herido fue por nuestras rebeliones, molido por nuestros pecados; el castigo de nuestra paz fue sobre él, y por su llaga fuimos nosotros curados."

Isaías 53:3-5

Creyendo que Jesús nunca cambia, gente Apostólica por todo el mundo creen hoy en día, que Él tiene el mismo poder y la misma voluntad para sanar nuestros cuerpos en tiempos de enfermedad.

Mi primo, Don Hanscom, un misionero a Pakistán, tuvo un tremendo encuentro con el Señor por medio de un accidente sufrido por su hijo el cuál lleva su mismo nombre. Don y su esposa Sandra no solamente le dan a Dios alabanzas por intervenir en esta situación en ese entonces pero también en el día de hoy.

Don había recibido el llamado a ser misionero. Yo estaba en un servicio en el otoño de ese año, en Tilly, Nueva Brunswick, Canadá, cuando la Hermana Sandra tan graciosamente se puso de pie para testificar.

Yo fui testigo de uno de los más grandes espíritus que había sentido venir de un ser humano. Mientras las lágrimas literalmente rodaban por su rostro, ella le dijo a la iglesia cualquiera que fuera el costo, ella iría donde Dios quisiera que fuese. Mientras humildemente testificaba, ojos secos no se podían encontrar en la casa.

Don y Sandra solamente estaban en el país de Pakistán un corto tiempo cuando su pequeño hijo, Don Jr., subió al techo plano de su casa y cayó varios metros al piso. La cabeza del niño se golpeo con el concreto sólido de abajo causando que inmediatamente se hinchase de manera desproporcionada.

No había forma de conseguir un vuelo a fuera del país. En un hospital primitivo e improvisado, los doctores le dieron a la familia pocas esperanzas. Los santos de Dios por todo el mundo fueron llamados a orar y cosas empezaron a suceder. Dios escuchó el llanto de Sus santificados. La hermana Sandra le recordó al Señor de su decisión en la iglesia en Tilly de seguir Su liderazgo, y le pidió que salvara a su hijo.

Un extraño entró al cuarto y pidió orar por el niño. Instantáneamente, el joven empezó a recuperarse. La sangre cesó, la hinchazón empezó a disminuir, y Don Jr. se encuentra en el día de hoy pastoreando una Iglesia Apostólica en Canadá.

Don y Sandra no sabían porque el niño cayó del techo, pero sabían que hacía el extraño en su cuarto. Ellos recordaron Hebreos 13:2 "No os olvidéis de la hospitalidad, porque por ella algunos, sin saberlo, hospedaron ángeles."

La historia revela a lo largo de los dos Testamentos que nuestro Señor siempre Se ha hecho visible por los movimientos milagrosos de Su Espíritu en medio de las peores situaciones, para mostrar Su poder santo y sin comparación.

Por la obediencia de Sandra Hanscomb, Dios no solamente mandó un ángel para sanar a su hijo sino también ha permitido que el ministerio de los Hanscomb florezca. Dios ha llenado a mas de 100,000 personas con el don del Espíritu Santo, establecido a mas de 1,000 iglesias, y ahora tiene 250 ministros Unicitarios en ese campo misionero. ¿Qué tan grandioso es nuestro Dios?

Consideremos al profeta que profetizó el derramamiento del Espíritu Santo, Joel. El mensaje de este profeta menor por parte del Señor fue diferente y más grande que cualquier profecía anterior. El creador y sustentador del cielo y la tierra haría nuestros cuerpos templos para que Él habite. Este profeta aparentemente profetizó en Judá. El título "profeta menor" no implica que las escrituras del profeta fueren menos importantes que aquellas de los "profetas mayores", como Isaías o Jeremías. El titulo "profeta menor" solamente es debido a la brevedad de las escrituras de ese profeta.

"Y conoceréis que en medio de Israel estoy yo, y que yo soy Jehová vuestro Dios, y no hay otro; y mi pueblo nunca jamás será avergonzado. Y después de esto derramaré mi Espíritu sobre toda carne, y profetizarán vuestros hijos y vuestras hijas; vuestros ancianos soñarán sueños, y vuestros jóvenes verán visiones. Y también sobre los siervos y sobre las siervas derramaré mi Espíritu en aquellos días."

Joel 2:27-29

Pareciera que después que el Señor hablara este mensaje a Israel a través de estos labios de barro, Él escogió permanecer en silencio como nunca antes. Esta sería la profecía final que una vez más uniría humanidad con Divinidad, hombre con Dios. Por cuatrocientos años en el ajuste de cuantas Hebreo, Él preparo Su camino para caminar las costas de Galilea. Fue durante este periodo de cuatrocientos años que los libros Apócrifos fueron escritos. Este periodo en la historia fue conocido como el "Periodo Intertestamentario".

Apócrifa significa oculto o secreto. La mayoría de eruditos Bíblicos no le prestan mucho significado al periodo entre el Antiguo Testamento y el Nuevo Testamento. Fue durante este tiempo de Siglos de silencio que Dios aparentemente cerró las ventanas eternas de los cielos. De acuerdo a la historia Hebrea durante este periodo de tiempo, no había profetas Divinamente inspirados en Israel.

Satanás, en su estado caído, teniendo conocimiento de la armonía a lo largo de los Testamentos, le hubiera gustado deshonrar la autoridad de la palabra de Dios contaminándola con escrituras no inspiradas. La Biblia es para la Iglesia Apostólica la Verdadera, Santa y Pura Palabra del Señor.

Tres de las principales copias, hechas de los manuscritos originales son el Codex Sinaiticus, el Codex Alexandrinus, y el Codex Vaticanus. Mientras el Codex Sinaiticus y el Codex Alexandrinus están en Inglaterra, el Codex Vaticanus, la cual probablemente fue escrita en el siglo cuarto, puede ser encontrada hoy en día en la biblioteca del Vaticano en Roma.

Aunque la Vulgata (una traducción Bíblica al Latín en el 400 d.C. por Jerónimo de Belén), fue usada por cientos de años por las autoridades Romanas Católicas, las reglas en el Vaticano cambiaron drásticamente a través de los años.

El llamado Clementine Vulgata, emitida por el Papa Clemente VIII (1592-1605 d.C.), en 1592, se convirtió en la autoridad de texto Bíblico de la Iglesia Católica Romana. Durante el Concilio de Trento en 1545 d.C., la Iglesia Católica Romana reconoció once de los libros Apócrifos como canónicos. Algunos libros de la Apócrifa aparecen en la edición moderna de la Biblia Católica, a saber: Tobías, Judit, I Macabeos, II Macabeos, Sabiduría, Eclesiástico, y Baruc.

Los Judíos de la dispersión en Egipto incluyeron los libros de la Apócrifa en su traducción Griega del Antiguo Testamento llamada la Septuaginta. Más adelante esta traducción fue rechazada del canon Hebreo por parte de los Judíos de Palestina.

En contraste con las evaluaciones de las escrituras de los Católicos Romanos, las Iglesias Protestantes que se fusionaron a partir de la reforma difieren drásticamente. Mientras reconociendo los libros de la Apócrifa tenían cierto mérito literario y valor histórico, las escrituras son rechazadas en su totalidad por ser obras no inspiradas que no aparecen en el "Canon Antiguo Hebreo". La calidad inferior de muchas de estas escrituras siendo comparadas con los libros canónicos, las clasifica como ser indignas de ser colocadas entre las Sagradas Escrituras.

Los libros Apócrifos incluyen:

I Esdras	La Epístola de Jeremías.
II Esdras	El Cántico de los Tres Jóvenes
Tobías	La Historia de Susana
Judit	Bel y el Dragón
Adiciones a Ester	La Oración de Manasés
La Sabiduría de Salomón	I Macabeos
II Macabeos	Eclesiástico
Baruc	

Mostrando respeto a todas las personas Católicas Romanas en todas partes, debo concluir que los libros de la Santa Biblia abarca sólo la Palabra de Dios Divinamente inspirada. Si las escrituras no son Divinamente inspiradas, no es la Palabra del Señor. Escritos teológicos no necesariamente implican las Obras de Dios. Los profetas en la historia Hebrea escribieron laboriosamente a mano siendo dirigidos por Dios mismo. Estos hombres eran mortales, pero al mismo tiempo Divinamente inspirados y motivados.

"Porque nunca la profecía fue traída por voluntad humana, sino que los santos hombres de Dios hablaron siendo inspirados por el Espíritu Santo."

II Pedro 1:21

Papa Clemente VIII
(1592-1605 d.C.)

Es contrario a la Iglesia Apostólica y a las Sagradas Escrituras el añadir libros no inspirados a la Palabra de Dios. San Juan el Divino nos advierte de tales escrituras.

"Yo testifico a todo aquel que oye las palabras de la profecía de este libro: si alguno añadiere a estas cosas, Dios traerá sobre él las plagas que están escritas en este libro."

Apocalipsis 22:18

Reliquias de los días pasados han sido reveladas a través de los años arrojando luz a la actividad histórica. Uno de estos artefactos antiguos era el ataúd del Rey Tutankamón de oro macizo, pesando como 1800 libras; es una de las más grandes descubrimientos en Egipto. Otro de los descubrimientos más recientes fue el de los "Rollos del Mar Muerto", descubierto por un pastor joven Árabe en la primavera de 1947. En el tiempo del descubrimiento, los rollos tentativamente remontaban aproximadamente a los 100 a.C. Estos largos textos olvidados fueron olvidados en las colinas áridas del desierto de Judea, Oeste del Mar Muerto.

Aunque los manuscritos originales de la Biblia se han deteriorado a través de los muchos años de tiempo, todavía tenemos fundamentos literarios para la Santa Biblia. Las "copias más antiguas", hechas de los manuscritos originales, están con nosotros el día de hoy.

Debemos vigilar nuestras almas mientras vemos el fin de los tiempos que se acerca. Satanás no solamente trata de contaminar la Palabra de Dios con escritos no inspirados, pero maliciosamente se mueve al acecho potencial de mortales vulnerables, estando dispuesto y listo para despojarlos de cualquier visión espiritual. Nuestro adversario ha cortejado la mortalidad desde el principio.

"Sed sobrios y velad; porque vuestro adversario el diablo, como león rugiente, anda alrededor buscando a quien devorar."

1 Pedro 5:8

Al final de los cuatrocientos años de silencio, un bebe nació en Belén de Judea. Este bebe mortal fue diseñado por inmortalidad para albergar la totalidad de Dios.

"Al sexto mes el ángel Gabriel fue enviado por Dios a una ciudad de Galilea, llamada Nazaret, a una virgen desposada con un varón que se llamaba José, de la casa de David; y el nombre de la virgen era María. Y entrando el ángel en donde ella estaba, dijo: !!Salve, muy favorecida! El Señor es contigo; bendita tú entre las mujeres. Mas ella, cuando le vio, se turbó por sus palabras, y pensaba qué salutación sería esta. Entonces el ángel le dijo: María, no temas, porque has hallado gracia delante de Dios. Y ahora, concebirás en tu vientre, y darás a luz un hijo, y llamarás su nombre JESÚS."

Lucas 1:26-31

Este Jesús era el Mesías el cual Isaías le hablo a Israel. Él era el Cristo profetizado. Yo enseñé en la Iglesia Católica que María era la madre biológica del bebe, pero José no era el padre biológico. María fue cubierta por el Espíritu del Señor. Lo enseñe en ese entonces y enseño lo mismo hoy. Hay algunas cuestiones, sin embargo, acerca de María la madre de Jesús que siento que necesita ser discutido.

En la iglesia que yo pertenecía, la gente adoptaba una verdadera apreciación por el espíritu de María. Aunque nunca fue mi intención, yo probablemente la hice como una diosa, siempre poniéndola antes que Jesús en mi vida de oración.

En las siguientes páginas, espero clarificar quien era María la madre de Jesús, y quien no era. Ella no debe ser venerada, y tampoco debe ser considerada como alguna otra mujer. María amó al Señor y buscaba complacerlo en su vida.

Fue durante la Guerra de Corea que el Papa Pío XII (1939-1958 d.C.) el 1 de Noviembre de 1950, proclamó la asunción de la Virgen María, la madre del Mesías. La doctrina Romana Católica declara que María así mismo como Enoc y Elías en el Antiguo Testamento, no murió pero ascendió al cielo en cuerpo. El Papa Pío XII hizo esta doctrina necesaria para salvación al declarar: "La inmaculada madre de Dios, la eterna virgen María, habiendo completado el curso de su vida en la tierra, fue asumida en cuerpo y alma a la gloria celestial".

En el octavo siglo, el Emperador Leo, quien era cabeza del imperio más poderoso del mundo, el Imperio Romano, prohibió la veneración de imagines.

"No te harás imagen, ni ninguna semejanza de lo que esté arriba en el cielo, ni abajo en la tierra, ni en las aguas debajo de la tierra."

Éxodo 20:4

El Emperador Leo debió consultar con la Palabra del Señor en su juicio y en su declaración. Isaías, el profeta del Señor, le dijo a Israel que Dios no estaba dispuesto a compartir Su gloria con esculturas.

"Yo Jehová; este es mi nombre; y a otro no daré mi gloria, ni mi alabanza a esculturas."

Isaías 42:8

El Señor habla de Su pueblo haciendo el papel de una ramera, en que fueron conocidos por haber alabado a otros dioses. En hacer eso fueron separados de Jehová. En el libro de Ezequiel, el Señor revela su desaprobación de personas venerando a imágenes de hombres.

"Tomaste asimismo tus hermosas alhajas de oro y de plata que yo te había dado, y te hiciste imágenes de hombre y fornicaste con ellas."

Ezequiel 16:17

María, la madre de Jesús, no debe ser alabada. Ella es un ejemplo para nosotros, para saber y entender, que los vasos que son entregados a Dios en esta vida serán honrados en la vida venidera.

En contra del juicio del emperador, el Papa Gregorio III (731-741 d.C.) tuvo un sínodo (máximo órgano del gobierno de la Iglesia Católica Romana) en 731 d.C., con noventa y tres de sus obispos. El Papa Gregorio decretó a favor de la veneración de imágenes y declaro que toda persona declarada culpable de deshonrar o destruir estas imágenes seria excomulgadas de la iglesia.

El Séptimo Concilio Ecuménico celebrado en Nicea (Turquía) bajo los legados del Papa Adrian I (772-795 d.C.) reafirmaron las creencias Católicas de la veneración de imágenes. Este concilio fue atendido y aprobado por la Emperatriz Irene de Atenas, la viuda del difunto Emperador Leo el cual se negaba fuertemente a la práctica.

Me gustaría dar un vistazo a los lazos persistentes entre el ministerio Católico Romano y la Virgen María. Una estatua de María fue coronada en 1905 en Saragossa, España: "Nuestra Señora del Pilar". Su corona solida de oro y diamantes pesaban más de veinticinco libras. El 24 de Enero de 1998, el Papa Juan Pablo II, personalmente coronó una estatua en Cuba y declaró María la "Reina de Cuba". Miles de personas Romanas Católicas se alinearon para besar el pie de la imagen. Besando el pie de una imagen no nos acerca a lo Divino, nos acerca a la idolatría.

El Dios de este gran universo no quiere imágenes de hombres y mujeres hechas de piedra en Su casa. Él busca por personas, verdaderas personas, que se juntan en el santuario con alabanza al bendito y todo poderoso, el Rey de Reyes y Señor de Señores.

En la Iglesia Católica Romana, no solamente hay estatuas de María la madre de Jesús, pero hay estatuas de otras personas que a lo largo de la historia de la iglesia, han representado a hombres y mujeres santos de los días pasados. Estas personas son llamados santos. Una imagen de San José, por ejemplo, representa el esposo de María. (San Jerome), San Pedro, San Pablo son otros. Dulia es reverencia pagada a los santos directamente en oración o por medio de sus imágenes. Esta práctica es el resultado que viene del concepto Católico Romano del santo como una persona auto-sacrificada, la cual es digna de veneración. Para estas personas, la separación hacia Dios a menudo lleva a persecución del mundo inspirada por Satanás, inclusive al martirio. Para llegar a ser un santo en le Iglesia Católica Romana, alguien primero que todo debe estar muerto. La persona que es canonizada por el papa como un santo no puede estar viva y es de acuerdo a las enseñanzas Católicas, digno de ser venerado.

Papa Adrian I
(772-795 d.C.)

La teología Mariológica de la Iglesia Católica declara que María es la "Madre de Dios". *"Theotokos"* es el título en Latín que se le fue dado a ella en el Concilio de Éfeso en 431 d.C., conocido como el Tercer Concilio Ecuménico. El concilio declaró que el titulo correctamente se le fue dado a ella simplemente porque Jesús fue concebido por el Espíritu Santo. Por lo tanto Jesús era Dios desde el momento de Su concepción. La gente del Nombre de Jesús cree en parte esta declaración. Jesús era Dios desde el momento de concepción, pero no creemos que Dios tenía una madre.

De acuerdo al cálculo Romano Católico, la Virgen María, la cual permitió que el Mesías naciera, mantiene una posición entre las autoridades, más exaltada que cualquier otra criatura. Además ya que su maternidad fue indispensable para la actividad redentora de Dios, María la "Madre de Dios", es esencial para la perfección espiritual final de toda criatura. La participación de María en la salvación la hace co-redentora al lado de su hijo Jesucristo. Aunque las obras del Mesías eran primarias y totalmente suficientes, se cree tanto Él como su madre, María, expiaron por nuestros pecados.

La doctrina Romana Católica de la Inmaculada Concepción, declara que María, la madre de Jesús el Mesías, no tuvo pecado original en su concepción, ni tampoco adquirió elementos de pecado original durante el curso de su vida. Todos los otros seres humanos, en contraste, tienen pecado original desde su concepción debido a la caída de Adán. El Papa Pío IX (1846-1878 d.C.) hizo este dogma un artículo de fe en 1854. Lo que estoy escribiendo a usted hoy es doctrina Católica que viene de historia documentada Católica.

Yo enseñaba esta doctrina de 1854 y era sincero en mi búsqueda por la verdad. Por esta razón, tengo el mayor respeto por personas Católicas Romanas sinceras. Esto es exactamente porqué quiero que vean por sí mismas la verdad que la historia y las Santas Escrituras llevan.

María es llamada a menudo en la Iglesia Católica Romana para interceder por los muertos. En un funeral Católico se puede ser testigo de personas arrodillándose en frente de un ataúd, rezando a la virgen María, para interceder por los muertos.

Entendiendo que María no estaba involucrada en su creación física original, ella es, en un sentido, la madre de las criaturas de Dios. Su papel mediador incluye su intercesión presente por los pecadores. Esta teología es perpetuamente enseñada entre las personas Católicas Romanas en todo el mundo.

María nunca fue, nunca quería ser, y nunca será una mediadora entre la humanidad y Divinidad. Sin su participación, filósofos y teólogos vagos promoviendo teologías no bíblicas, a través de cientos de años han exaltado esta mujer para profanar esas cosas que son santas y Divinas.

Nadie sabía mejor que este precioso siervo del Señor, que ella no era una redentora ni una mediadora. Es Jesucristo quien salva a los perdidos de su iniquidad, y no su madre. En el libro de Juan, la voz de alguien que clama en el desierto explica la presencia del Mesías.

"El siguiente día vio Juan a Jesús que venía a él, y dijo: He aquí el Cordero de Dios, que quita el pecado del mundo."

Juan 1:29

Después de que John Wycliffe, Martín Lutero, John Huss y otros reformadores religiosos de la Edades Medias protestaron las enseñanzas de la Iglesia Católica Romana, pareciera que el péndulo de la Mariología giró al otro extremo. En muchas de las Iglesias Protestantes, María era considerada "solo otra mujer", pero al mismo tiempo nada podía estar más lejano de la verdad. María, la madre de nuestro Salvador no era solo otra mujer.

En Lucas 1:30, leemos de un ángel que fue despachado por parte de Dios para traer un mensaje a la virgen joven.

"Entonces el ángel le dijo: María, no temas, porque has hallado gracia delante de Dios."

En Lucas 1:46-47, María responde al saludo de su prima Elisabeth de una manera muy humilde.

"Entonces María dijo: Engrandece mi alma al Señor; Y mi espíritu se regocija en Dios mi Salvador."

Gente, esta no es la voz de una mujer que buscaba ser venerada, pero al contrario, una sierva humilde del Señor la cual escogió rendirse al servicio de Dios. María no quería ser una piedra de tropiezo o causar a alguien que caiga en el pecado de la idolatría. Esta mujer meditaba en las cosas de Dios en su corazón. María sabía quién era ella y sabía el papel importante que iba a jugar en el nacimiento del Mesías prometido. Ella sabía que parándose detrás del velo (el cuerpo) de Jesús era la plenitud de la Deidad.

Si María pudiera hablarnos a nosotros hoy, nos daría instrucciones de alabar al Único, Verdadero y Dios Vivo y a Él solo, como fue practicado antes de ella en el Judaísmo. Ella le dió instrucciones a los siervos en las Bodas de Caná de Galilea diciendo: "Haced todo lo que os dijere". Si fuera posible, de la misma manera esta mujer instruiría a la Iglesia Apostólica del Dios Vivo, en nuestro día.

María estaba entre ciento veinte personas en el aposento alto que recibieron el bautismo del Espíritu Santo. ¿Será que María recibió el Espíritu Santo? Si la Biblia es verdadera, ella lo recibió. ¿Será que María habló en lenguas según el Espíritu le daba que hablase? Si, María habló en lenguas como el Espíritu le daba que hablase, así mismo como las otras 119 personas. El libro de los Hechos da testimonio de la asistencia de María en el aposento alto cuando el Espíritu de Dios fue derramado sobre Su creación, como fue profetizado por el profeta Joel.

"Entonces volvieron a Jerusalén desde el monte que se llama del Olivar, el cual está cerca de Jerusalén, camino de un día de reposo. Y entrados, subieron al aposento alto, donde moraban Pedro y Jacobo, Juan, Andrés, Felipe, Tomás, Bartolomé, Mateo, Jacobo hijo de Alfeo, Simón el Zelote y Judas hermano de Jacobo. Todos éstos perseveraban unánimes en oración y ruego, con las mujeres, y con *María la madre de Jesús*, y con sus hermanos. En aquellos días Pedro se levantó en medio de los hermanos (y los reunidos eran como ciento veinte en número)."

Hechos 1:12-15

Cuando los ciento veinte salieron del aposento alto llenos del Espíritu Santo, María, siendo abrumada por la tremenda presencia de Dios, se regocijó en medio de ellos agradeciendo al Dios monoteísta de Israel, por el tremendo mover de Su Espíritu en sus vidas.

El segundo capítulo del libro de los Hechos de los Apóstoles registra el mover del viento y el fuego que cayó que fue presenciado por la madre de Jesús.

"Cuando llegó el día de Pentecostés, estaban todos unánimes juntos. Y de repente vino del cielo un estruendo como de un viento recio que soplaba, el cual llenó toda la casa donde estaban sentados; y se les aparecieron lenguas repartidas, como de fuego, asentándose sobre cada uno de ellos. Y fueron todos llenos del Espíritu Santo, y comenzaron a hablar en otras lenguas, según el Espíritu les daba que hablasen."

Hechos 2:1-4

Creo que hoy en día, en lo que respecta a la iglesia eterna de Dios que María era una madre en Sion del Nombre de Jesús, Apostólica, Pentecostal, que hablaba en lenguas, la cuál alababa al Señor en Espíritu y en Verdad. La madre de Jesús nunca quería que la gente pensara de ella como una Salvadora. María sabía en su corazón lo que Isaías registra en las palabras; Sólo Dios es el Salvador.

"Yo, yo Jehová, y fuera de mí no hay quien salve."

Isaías 43:11

CAPITULO NUEVE

Sacrificio Supremo

Al mirar hacia el lado Anno Domini del reloj, la oscuridad cayó sobre el Imperio Romano mientras la humanidad aplastaba lo Divino. "Anno Domini" es Latín Medieval que significa: "En el año de nuestro Señor." En una versión más completa del Latín seria "Anno Domini Nostri Iesu Jesu Christi," significado traducido, "En el año de nuestro Señor Jesucristo."

La muerte de Cristo fue como ninguna otra. Tampoco la sangre de cualquiera podía tomar el lugar de Su sangre real que fue derramada en Gólgota. El amor del Mesías siempre fue incondicional, Su lealtad y devoción sin compromiso; y Su liderazgo espiritual y dirección era una constante fuente de inspiración.

Los líderes Judíos, sin embargo, consideraban a Jesús como merecedor de muerte, pero se vieron obligados a entregarlo a los Romanos para aprobar y llevar a cabo su ejecución prescrita. La reunión del Sanedrín en relación con el juicio de Jesús violó muchos de las directrices bajo las cuales el cuerpo normalmente funcionaba. La Mishná prescribió que se celebrarán juicios de pena capital durante el día. El veredicto sólo se podía llegar durante las horas diurnas.

La tradición Judía ubica el origen del Sanedrín en el mandato de Dios a Moisés para reunir a setenta hombres de los ancianos de Israel.

"Entonces Jehová dijo a Moisés: Reúneme setenta varones de los ancianos de Israel, que tú sabes que son ancianos del pueblo y sus principales; y tráelos a la puerta del tabernáculo de reunión, y esperen allí contigo."

Números 11:16

Una pregunta importante sobre la función del Sanedrín

durante el período del Nuevo Testamento, se refiere a la posesión del derecho a realizar la pena capital. Josefo menciona la muerte de Jacobo, el hermano de Jesús, después de un juicio por el Sanedrín. También hay evidencia de que los gentiles podían serán sometidos a muerte por entrar sin autorización en zonas restringidas del templo en Jerusalén. El Nuevo Testamento también sugiere que el Sanedrín Judío carecía de la autoridad para llevar a cabo una ejecución.

"Entonces les dijo Pilato: Tomadle vosotros, y juzgadle según vuestra ley. Y los judíos le dijeron: A nosotros no nos está permitido dar muerte a nadie."

Juan 18:31

El esfuerzo maratónico de intentar, condenar y ejecutar a Jesucristo no calificaría como un juicio legítimo según las previsiones registradas por conducta Sanedrín. Sin embargo, el Sanedrín de hecho, crucificó a Jesús, al entregarlo a los Romanos impíos.

Los últimos días de nuestro Señor fueron desgarradores, como fue presenciado – el Cordero de Dios llevado a la masacre. Los escritores del Nuevo Testamento enfocaron su atención en el significado de la crucifixión de Cristo. En este entendieron que el Señor de los Ejércitos soportó la humillación final. Su vida siendo llena de actos benevolentes, buscaba descanso de Su sufrimiento vicario, mientras siendo constantemente perseguido maliciosamente por los Suyos.

Como está escrito en Lucas 22:14-15, Jesús y sus discípulos viajaron de Betania a Jerusalén. La Última Cena tuvo lugar en la ciudad vieja de Jerusalén. "Cuando era la hora, se sentó a la mesa, y con él los apóstoles. Y les dijo: !!Cuánto he deseado comer con vosotros esta pascua antes que padezca!"

La siguiente es una lista de los eventos que llevaron a la crucifixión del Mesías:

1. De la Última Cena ellos fueron al Jardín de Getsemaní, afuera de la ciudad de Jerusalén.

"Entonces llegó Jesús con ellos a un lugar que se llama Getsemaní, y dijo a sus discípulos: Sentaos aquí, entre tanto que voy allí y oro."

Mateo 26:36

2. De Getsemaní Jesús fue llevado al palacio del sumo sacerdote.

"Los que prendieron a Jesús le llevaron al sumo sacerdote Caifás, adonde estaban reunidos los escribas y los ancianos."

Mateo 26:57

3. Del palacio de Caifás, Él fue llevado al pretorio de Poncio Pilato.

"Levantándose entonces toda la muchedumbre de ellos, llevaron a Jesús a Pilato."

Lucas 23:1

4. De Pilato Él fue llevado al palacio del Rey Herodes.

"Y al saber que era de la jurisdicción de Herodes, le remitió a Herodes, que en aquellos días también estaba en Jerusalén."

Lucas 23:7

5. Del palacio de Herodes lo llevaron otra vez al pretorio de Poncio Pilato.

"Entonces Herodes con sus soldados le menospreció y escarneció, vistiéndole de una ropa espléndida; y volvió a enviarle a Pilato."

Lucas 23:11

6. Del pretorio de Pilato fue golpeado y llevado a Gólgota.

"Y cuando llegaron a un lugar llamado Gólgota, que significa: Lugar de la Calavera."

Mateo 27:33

"Cuando le hubieron crucificado, repartieron entre sí sus vestidos, echando suertes, para que se cumpliese lo dicho por el profeta: Partieron entre sí mis vestidos, y sobre mi ropa echaron suertes."

Mateo 27:35

El salmista David profetizó de la separación de Su vestidura en el Salmo 22:18, "Repartieron entre sí mis vestidos, Y sobre mi ropa echaron suertes."

Fue aquí, en Gólgota, que la iglesia monoteísta fue testigo de la terrible muerte de su Señor y Salvador, Jesucristo. Miraron con asombro mientras lo Divino se enfrentó a las cosas que eran mortales. Las tumbas fueron milagrosamente abiertas en Jerusalén, mientras los cielos se oscurecieron por encima de la tierra.

Jesucristo ascendió al cielo cuarenta días después de Su resurrección (Hechos 1:3, 9), y diez días antes de que el Espíritu Santo descendiera sobre los ciento veinte durante la fiesta de Pentecostés (Hechos 2:2).

Las Santas Escrituras nunca se contradicen. Concerniente a los eventos pertinentes a la muerte del Mesías, uno puede descubrir la armonía obvia entre las escrituras del Antiguo y Nuevo Testamento.

En Zacarías 12:10, se es profetizado de la perforación del lado de Cristo. Este profeta Hebreo vivió 500 años antes del nacimiento de Jesús.

"Y derramaré sobre la casa de David, y sobre los moradores de Jerusalén, espíritu de gracia y de oración; y mirarán a mí, a quien traspasaron..."

El Salmista David vivió 1,000 años antes del nacimiento de Jesucristo, y aun así en el Salmo 34:20, "El guarda todos sus huesos; Ni uno de ellos será quebrantado."

En el templo en Jerusalén había un velo que separaba a Israel de la presencia de Dios. Atrás del velo estaba el Arca del Pacto y alrededor del Arca estaba la gloria Shekinah del Señor. Dios quería que sintiéramos Su presencia como lo hizo Adán y Eva en el Jardín del Edén, y una vez más disfrutar de un compañerismo mortal. Para que nosotros podamos entrar en Su presencia, Él sabía que el velo debía de ser removido. Esta necesidad fue suplida en el Calvario.

"Mas Jesús, habiendo otra vez clamado a gran voz, entregó el espíritu. Y he aquí, el velo del templo se rasgó en dos, de arriba abajo..."

Mateo 27:50-51

Cuando Jesús caminaba hacia la colina de Gólgota, el velo estaba en Su mente. Él se podía ver a Él mismo descender en nuestros servicios y caminando en nuestras casas mientas Le exaltamos. Si el velo fue removido no sería solamente el sumo sacerdote que sentiría Su unción, pero todos aquellos que se acercaran confiadamente a Su trono de gracia. A todos nos vendría bien entender la importancia de lo que Él hizo por nosotros en el Calvario, cuando removió el velo.

Ahora que el velo del templo ha sido removido, gente llena del Espíritu Santo pueden acercarse confiadamente al trono de la gracia del Señor. Podemos por medio de ojos espirituales ver a ángeles y comer maná del cielo en nuestros servicios. Ya no necesitamos tener un sumo sacerdote de mediador por nosotros, pero nosotros mismos podemos sentir la gloria Shekinah del Señor en cualquier lugar y en todas partes que vallamos.

Yo siempre voy a atesorar la hora en que sentí por primera vez la Shekinah presencia del Señor. Siento su presencia ahora dondequiera que vaya. Ya no hay un velo religioso entre nosotros.

Aunque los Judíos han ganado la simpatía del mundo debido a su desembolso por toda la tierra en el año 70 d.C., que duró casi dos mil años, ellos trajeron un poco el problema a sí mismos. La definitiva se llevó a cabo, teniendo maliciosamente tocado con las manos carnales, al Mesías ungido.

Cuando Jesús se paró en frente de Poncio Pilato, el gobernante Romano trató de ponerle en libertad. Pilato era de la creencia de que el hombre era inocente de las acusaciones. Su esposa insistió que estaba tratando con sangre inocente. Si no hubiera sido por los Judíos, él hubiera puesto en libertad al Mesías. Los sacerdotes de la fe Hebrea exigían su muerte, atrayendo sobre sí mismos y sobre sus hijos, la sangre de Jesucristo en los siglos venideros.

Aunque la muerte de Cristo fue culpada a los Romanas, Mateo 26:3-4 habla del cerebro del complot por los líderes

Judíos.

"Entonces los principales sacerdotes, los escribas, y los ancianos del pueblo se reunieron en el patio del sumo sacerdote llamado Caifás, y tuvieron consejo para prender con engaño a Jesús, y matarle."

Aarón, el hermano de Moisés y Miriam, fue el primer sumo sacerdote de Israel. ¿Quién era el hombre llamado Caifás?

Caifás era el sumo sacerdote en Jerusalén en los días del Mesías. Este hombre era reverenciado entre la gente Judía, teniendo la autoridad de acercarse asiento de misericordia de Dios. Caifás profetizó concerniente a Jesucristo, y realmente no sabía lo que profetizaba, o ¿si lo sabía? Leemos de una extraña profecía viniendo de este líder Judío, probablemente sabiendo el Antiguo Testamento mejor que cualquiera.

"Entonces los principales sacerdotes y los fariseos reunieron el concilio, y dijeron: ¿Qué haremos? Porque este hombre hace muchas señales. Si le dejamos así, todos creerán en él; y vendrán los romanos, y destruirán nuestro lugar santo y nuestra nación. Entonces Caifás, uno de ellos, sumo sacerdote aquel año, les dijo: Vosotros no sabéis nada; ni pensáis que nos conviene que un hombre muera por el pueblo, y no que toda la nación perezca. Esto no lo dijo por sí mismo, sino que como era el sumo sacerdote aquel año, profetizó que Jesús había de morir por la nación; y no solamente por la nación, sino también para congregar en uno a los hijos de Dios que estaban dispersos. Así que, desde aquel día acordaron matarle."

Juan 11:47-53

¿Será posible que los Judíos no podían ver por medio de esta misteriosa profecía que Jesucristo era realmente el Mesías de las profecías antiguas? Caifás, que cada año ofrecía un sacrificio a Dios Todopoderoso por el pecado de Israel, exigió la muerte del mismo.

Los Romanos eran enemigos perpetuos de la gente Judía. En Lucas 23:11-12 vemos una amistad anormal justo antes de la crucifixión del Señor de los Ejércitos.

"Entonces Herodes con sus soldados le menospreció y

escarneció, vistiéndole de una ropa espléndida; y volvió a enviarle a Pilato. Y se hicieron amigos Pilato y Herodes aquel día; porque antes estaban enemistados entre sí."

¿No es extraño que Poncio Pilato, el cual era un Romano, de un momento a otro se hiciera amigo con Herodes, un Judío, justo antes Cristo fuera entregado a las manos de la gente?

Es verdad que Jesús, el verdadero Mesías, fue crucificado en las manos de los soldados Romanos impíos, pero su ejecución fue implementada por grupos erráticos entre las autoridades Judías.

Para los próximos años, la gente lavada con la sangre del Señor experimentaría un baño de sangre al mando de la nación Judía y en conjunto con los emperadores Romanos. Las calles del Imperio Romano se tiñeron con sangre de los santos monoteístas de Dios y la sangre de su semilla para las generaciones venideras.

Comencemos con la familia de Herodes que viene de Edom y gobernante en Palestina durante casi ciento cincuenta años. Este marco de tiempo fue de alrededor de 50 a.C. a 100 d.C.

No había solamente un gobernante en la familia de Herodes, pero eran muchos. Primero vino, Herodes el Grande, el padre de todos ellos. En segundo lugar, era Herodes Antipas, hijo de Herodes el Grande. Entonces vino Herodes Agripa I, nieto de Herodes el Grande, y luego Herodes Agripa II, el bisnieto de Herodes el Grande. La Dinastía de Herodes celebró un firme control, durante muchos años.

Herodes el Grande mantuvo su dominio en Palestina por más de cuarenta años al mantenerse amigable con los emperadores Romanos. Herodes el Grande tuvo diez esposas y una gran cantidad de niños. Su crueldad es ilustrada por la historia de la masacre de los niños en Belén, en un esfuerzo para destruir a Cristo el niño.

Cuando Herodes se enteró de los hombres sabios del Oriente que uno nacería "Rey de los Judíos", inmediatamente se creó una amenaza para el trono de la familia de Herodes. Fue por esta razón que Herodes, rey de los Judíos, envió a los hombres sabios del Oriente a Belén. Fue para encontrar al niño que se convertiría en rey de los Judíos. Herodes no estaba interesado en adorar al Mesías como lo había reclamado. Quería eliminar la amenaza del Cristo niño que representa para la familia carnal de Herodes.

En el Evangelio de Juan, Jesús describe Su gobierno real en la tierra. Las expectativas de los Judíos, sin embargo, no estaban satisfechas por Jesús, al ver que Él había nacido un niño, cuando esperaban que el Mesías gobernara desde un trono. Los Judíos creían en la venida del Mesías profetizado. Todavía lo hacen.

Poncio Pilato era el procurador romano o gobernador en Judea y estaba confundido cuando trajeron a Jesús a él.

"Pilato le respondió: ¿Soy yo acaso judío? Tu nación, y los principales sacerdotes, te han entregado a mí. ¿Qué has hecho? Respondió Jesús: Mi reino no es de este mundo; si mi reino fuera de este mundo, mis servidores pelearían para que yo no fuera entregado a los judíos; pero mi reino no es de aquí. Le dijo entonces Pilato: ¿Luego, eres tú rey? Respondió Jesús: Tú dices que yo soy rey. Yo para esto he nacido, y para esto he venido al mundo, para dar testimonio a la verdad. Todo aquel que es de la verdad, oye mi voz."

Juan 18: 35-37

La gente Judía no podía comprender que estaba sucediendo y al final consideraron a Jesús ser un blasfemo. En las horas finales de burlas, lo coronaron a Él con una corona de pena, y lo llamaban, con la aprobación de la familia de Herodes, "Rey de los Judíos."

De pronto la familia de Herodes fue forzada al Judaísmo por razones políticas, pero las leyes de Dios ciertamente no estaban atadas a sus corazones.

En Mateo 2:12-13, la historia se cuenta de cómo una ángel del Señor visitó a José.

Pero siendo avisados por revelación en sueños que no volviesen a Herodes, regresaron a su tierra por otro camino.

"Después que partieron ellos, he aquí un ángel del Señor apareció en sueños a José y dijo: Levántate y toma al niño y a su madre, y huye a Egipto, y permanece allá hasta que yo te diga; porque acontecerá que Herodes buscará al niño para matarlo."

Sin duda inquieta la mente al tratar de entender a un hombre el cual se atrevería parar en el templo del Altísimo, bajo la Estrella de David, y desempeñar tales atrocidades. Después de leer la reacción de este hombre de la salida de los hombres sabios, ¿cómo podría alguien considerar este hombre, Herodes el Grande, como un ser humano?

"Herodes entonces, cuando se vio burlado por los magos, se enojó mucho, y mandó matar a todos los niños menores de dos años que había en Belén y en todos sus alrededores, conforme al tiempo que había inquirido de los magos."

Mateo 2:16

Niños en su inocencia siempre han tenido un lugar especial en mi corazón. Yo era un rival ávido del derecho al aborto cuando estaba en la Iglesia Católica Romana. Me gustaría saber la diferencia que hay entre Herodes el Grande corriendo una espada a través de los cuerpos de los niños lactantes en Belén y en médicos pellizcando las cabezas de los bebés prematuros en clínicas de aborto. Estoy cansado de nuestro gobierno tomando dinero de nuestros impuestos y usarlo para deshacerse de niños no deseados. Dicen que el bebé aún no se forma. Si optamos por creer en la Biblia, Dios dijo a Jeremías, como se registra en Jeremías 1:5, que lo conocía antes de que Él lo formó. Dios ama a los pequeños niños.

Segundo, vino Herodes Antipas. Este Judío era el gobernador malicioso y mañoso que decapitó a Juan el Bautista y se opuso fuertemente a las enseñanzas de Jesucristo de Nazaret.

Juan el Bautista era el hijo de Elisabeth. Su padre era un sacerdote llamado Zacarías del curso de Abia. Elisabeth estaba anciana y estéril cuando el ángel Gabriel se le apareció milagrosamente a su marido en el templo, informándole de la voluntad de Dios en sus vidas. Elisabeth iba a experimentar una concepción divina y el fruto de su vientre, Juan, iba a ser lleno del Espíritu Santo desde el vientre de su madre. La madre de

Juan, Elisabeth, y María la madre de Jesús eran primas.

En Mateo 3:13, habla de cómo Jesús vino a Juan para ser bautizado en el río Jordán.

"Entonces Jesús vino de Galilea a Juan al Jordán, para ser bautizado por él."

Porque Juan el Bautista reprendía la unión entre Herodes Antipas y Herodías, la ira se encendió en el corazón de la futura novia. Herodías inmediatamente, en búsqueda de venganza y con un espíritu vengativo, buscaba la vida de Juan el Bautista.

En el libro de Mateo, se puede leer del complot que fue usado por esta mujer para decapitar este siervo del Señor.

"Porque Herodes había prendido a Juan, y le había encadenado y metido en la cárcel, por causa de Herodías, mujer de Felipe su hermano; porque Juan le decía: No te es lícito tenerla. Y Herodes quería matarle, pero temía al pueblo; porque tenían a Juan por profeta. Pero cuando se celebraba el cumpleaños de Herodes, la hija de Herodías danzó en medio, y agradó a Herodes, por lo cual éste le prometió con juramento darle todo lo que pidiese. Ella, instruida primero por su madre, dijo: Dame aquí en un plato la cabeza de Juan el Bautista. Entonces el rey se entristeció; pero a causa del juramento, y de los que estaban con él a la mesa, mandó que se la diesen, y ordenó decapitar a Juan en la cárcel. Y fue traída su cabeza en un plato, y dada a la muchacha; y ella la presentó a su madre. Entonces llegaron sus discípulos, y tomaron el cuerpo y lo enterraron; y fueron y dieron las nuevas a Jesús."

Mateo 14:3-12

En Lucas 9:9, Herodes confiesa de la muerte brutal de Juan el Bautista, el profeta del Señor, el cual clamaba en el desierto.

"Y dijo Herodes: A Juan yo le hice decapitar..."

No fue lo suficientemente malo para Herodes el Grande al matar a los bebés en Belén, pero ahora su familia extendió su mano carnal contra el ungido de Dios. El baño de sangre apenas comenzaba en el Imperio Católico Romano.

Capitulo Diez

Marcado por el Martirio

Uno de los primeros mensajes yo he escuchado en un servicio Apostólico fue tomado de Primera de Crónicas 16:21-22 en lo que respecta al tocar al ungido del Señor.

"No permitió que nadie los oprimiese; Antes por amor de ellos castigó a los reyes. No toquéis, dijo, a mis ungidos, Ni hagáis mal a mis profetas."

Después de Herodes Antipas vino el Rey Judío, Herodes Agripa I que ordenó la ejecución del Apóstol Santiago y encarceló al Apóstol Pedro, el cual se paró en el Día de Pentecostés y proclamó las llaves para el reino de Dios. El Apóstol Santiago, el hermano de Juan, fue decapitado en 36 d.C.

"En aquel mismo tiempo el rey Herodes echó mano a algunos de la iglesia para maltratarles. Y mató a espada a Jacobo, hermano de Juan."

Hechos 12:1-2

Los Cristianos empezaron a caer al martirio uno por uno, pero la iglesia monoteísta seguía moviéndose para adelante. A los santificados, lavados con la sangre y redimidos del Señor, esta es tu patrimonio.

Herodes Agripa I fue conocido como el miembro más cruel de la familia Herodes. Por su estilo de vida horrible y el derramamiento de la sangre de los Apóstoles, Dios escogió matarlo. Este evento es registrado en el libro de los Hechos de los Apóstoles 12:21-23.

"Y un día señalado, Herodes, vestido de ropas reales, se sentó en el tribunal y les arengó. Y el pueblo aclamaba gritando: !!Voz de Dios, y no de hombre! Al momento un ángel del Señor le hirió, por cuanto no dio la gloria a Dios; y expiró comido de gusanos."

Hechos 12:21-23

El último miembro de la familia Herodes que mencionaremos es Herodes Agripa II. Este joven tenía solamente diecisiete años cuando su padre fue herido de muerte por la mano de un ángel. Por su edad, el Emperador Romano Claudio rehusó hacerlo rey de Palestina. Sin embargo, después de que el tío de Herodes Agripa II muriera en 50 d.C., fue hecho rey de Chalcis, un área en el Líbano. Sangre Apostólica corría libremente en las calles del Imperio Romano debajo esta monarquía.

En una visita a su amigo Festo, el Gobernador Romano de Judea, se le pidió escuchar la defensa y apelación del Apóstol Pablo al emperador.

"Mas como Pablo apeló para que se le reservase para el conocimiento de Augusto, mandé que le custodiasen hasta que le enviara yo a César. Entonces Agripa dijo a Festo: Yo también quisiera oír a ese hombre. Y él le dijo: Mañana le oirás. Al otro día, viniendo Agripa y Berenice con mucha pompa, y entrando en la audiencia con los tribunos y principales hombres de la ciudad, por mandato de Festo fue traído Pablo."

Hechos 25:21-23

Había en este momento una gran agitación entre los Judíos causando una revuelta que estallase en el año 66 d.C. Después de que Herodes Agripa II fracasara en persuadir a los Judíos no ir a la guerra, él se aparto de la fe Judía y luchó contra ellos al lado de los Romanos.

Todos los Apóstoles de Cristo fueron ejecutados excepto uno, el Apóstol Juan. No solamente los Apóstoles sufrieron grandes persecuciones, pero sus seguidores Unicitarios, los discípulos de Cristo también.

En el seminario teológico, custodiábamos nuestras fuentes y puntos de vista especiales. Por días y noches estuvimos llenos del reto de la investigación de la iglesia. La sangre de los mártires de la iglesia del primer siglo fueron largamente discutidos.

Esteban fue el primer mártir. Este hombre poseía en el tiempo de su muerte una llenura séptuple del Espíritu Santo.

1. Hechos 6:5 reporta que Esteban estaba lleno de fe y del Espíritu Santo. "Agradó la propuesta a toda la multitud; y

eligieron a Esteban, varón lleno de fe y del Espíritu Santo."

2. Hechos 6:8 dice que estaba lleno de poder. "Y Esteban, lleno de gracia y de poder, hacía grandes prodigios y señales entre el pueblo."

3. Hechos 6:10 dice que estaba lleno de sabiduría. "Pero no podían resistir a la sabiduría y al Espíritu con que hablaba."

4. Hechos 6:15 dice que Estaban estaba lleno de la luz de Dios. "Entonces todos los que estaban sentados en el concilio, al fijar los ojos en él, vieron su rostro como el rostro de un ángel."

5. Hechos 7:55 se es testigo de su visión espiritual. "Pero Esteban, lleno del Espíritu Santo, puestos los ojos en el cielo, vio la gloria de Dios, y a Jesús que estaba a la diestra de Dios."

6. Hechos 7:58 dice que él fue un mártir por la fe Apostólica. "Y echándole fuera de la ciudad, le apedrearon; y los testigos pusieron sus ropas a los pies de un joven que se llamaba Saulo."

7. Hechos 7:60 dice de un hombre que fue lleno de un amor inspirado por el Espíritu Santo. "Y puesto de rodillas, clamó a gran voz: Señor, no les tomes en cuenta este pecado. Y habiendo dicho esto, durmió".

El martirio de Esteban fue sin misericordia por decir lo menos. Los líderes Judíos no podían aguantar la sabiduría con el cual este mártir Unicitario hablaba, y así echándolo fuera de la ciudad y apedreándole.

Note que el joven con el nombre de Saulo estaba presente para ser testigo de la matanza de este hombre justo. Aunque Saulo sentía que estaba en la voluntad de Dios, él hizo estragos de la Iglesia Cristiana, llevando Apostólicos a la prisión.

Como un joven, Saulo (Pablo) fue a Jerusalén y estudió bajo el famoso Rabí llamado Gamaliel. Aunque él estaba dedicado en su totalidad al Judaísmo, él estaba lleno de Dios. Poco sabia Saulo, un día él voluntariamente entregaría su vida a la misma fe Pentecostal.

Mientras viajaba en un camino polvoriento a Damasco, en una forma milagrosa, el Señor reorientaría los pasos de este hombre. En un momento Dios puede hacer lo que el hombre no puede hacer en una vida. En un momento, Él cambió la dirección de mi curso de Roma a Jerusalén.

En Mateo 23:37-38, Jesús advierte a los Judíos de sus maldades y el precio que pagarían por tocar al ungido del Señor. No es de extrañar ¿por qué el Señor habló con un tono sobrio mientras Él contemplaba la gran ciudad de Jerusalén?

"!!Jerusalén, Jerusalén, que matas a los profetas, y apedreas a los que te son enviados! !!Cuántas veces quise juntar a tus hijos, como la gallina junta sus polluelos debajo de las alas, y no quisiste! He aquí vuestra casa os es dejada desierta."

El Emperador Claudio murió en 54 d.C. Aunque Claudio era un dictador despiadado, su maldad hacia la Iglesia Apostólica no se podía comparar con su sucesor, el Emperador Nero Claudio Druso Germánico. El Emperador Nero será recordado en la historia como un tirano hacia sus súbditos Cristianos. Hoy estamos hablando de nuestro patrimonio Cristiano.

El padre de Nero murió cuando él era un niño. El Emperador Claudio adopto al niño y cambio su nombre a Nero.

En 53 d.C. Nero se caza con Octavia, la hija del Emperador Claudio. Él estudió bajo tutores Griegos los cuales lo animaban en sus gustos de música, poesía, y deportes. Nero llegó a ser el emperador Romano después de la misteriosa muerte de su padre Claudio, un año después de cazarse con Octavia.

El Emperador Nero ordenó la matanza de muchos Apostólicos durante su corta tenencia de catorce años. Este hombre no tenía temor del Señor ni consideración por la vida humana.

Poco después de haber tomado el trono, él hizo matar a su madre insistiendo que ella había interferido con su reinado. Después hizo envenenar a muerte a Británico, el hijo de Claudio. En 62 d.C., mando ejecutar a su esposa Octavia y después se caza con Sabina. Disfrutando una corta vida de matrimonio, murió de heridas autoinflingidas en 68 d.C.

El Emperador Nero había construido el "Circulo de Nero", un lugar para su entretenimiento personal. También fue usado para matar a creyentes Unicitarios así como en el Coliseo.

MARCADO POR EL MARTIRIO

El Emperador Constantino el Grande en el siglo IV construyó la iglesia de San Pedro sobre el Círculo de Nero. Las paredes el matadero llegaron a ser las fundaciones del Vaticano. Mientras el tiempo avanza, usted verá como el espíritu de Nero se filtró a través de los pisos de mármol a los corazones de algunos de los pontífices de Roma y Aviñón.

Nero era un emperador Romano. Los Romanos que alababan a muchos dioses odiaban el monoteísmo. Ellos detestaban la iglesia Apostólica y su experiencia Pentecostal.

Para decir que la iglesia del primer siglo fue llamada la Iglesia Católica Romana sería inconcebible. Seria Católica en el sentido que Católico significa universal, pero nunca pudo haber sido llamada Romana. Para que la Iglesia Apostólica se llamase Romana seria comparable con los Judíos enarbolando la Suástica en sus patios durante la Segunda Guerra Mundial. ¿Por qué quisieran identificarse con el enemigo?

A través de los años ha habido mucha discusión en la palabra "católico" y el titulo "Iglesia Católica Romana".

El Magisterio o autoridad de enseñanza está en manos de los pontífices y sus asesores. De acuerdo a la tradición católica ellos solos tienen la autoridad para hacer cambios auténticos dentro de los cánones de la iglesia. Sin falta de respeto, no tengo interés en la interpretación independiente del laicado católico o protestante a través de la historia de la Iglesia Cristiana. Debemos enfocarnos solamente en las decisiones del la jerarquía de la iglesia.

1. ¿Cuándo la palabra "católico" apareció en la historia de la Iglesia Cristiana?

La palabra católico fue acuñado por el teólogo y apologista de la iglesia Ignacio el cual era el obispo de Antioquía a finales del primer y segundo siglo. No fue hasta principios del segundo siglo que la palabra "católico" fue escuchada.

Esta palabra "católica" no está en el Nuevo Testamento y no aparece en los antiguos cánones Hebreos. La palabra fue creada por el Obispo Ignacio (35-107 d.C.) para separar la "Verdadera Iglesia Cristiana Apostólica" de las herejías

Judaísticas y Gnósticas que antecedieron el Cristianismo. En este tiempo en la historia, los líderes religiosos sintieron que era imperativo que un nombre distinguido fuera acuñado para diferencias las enseñanzas. El gnosticismo puede ser remontado a los días del filosofo Plato (427-347 a.C.).

En el primer siglo, la iglesia en su simplicidad fue referida como "Su Iglesia", Mateo 16:18. Esta iglesia **indivisa** enseñó lo que los Apóstoles ungidos fueron instruidos por el Espíritu Santo a escribir. Los adherentes fueron llamados Cristianos o simplemente los seguidores de Cristo. La iglesia del primer siglo en su infancia era así "**La Iglesia Cristiana Apostólica**" con su experiencia Pentecostal. No había otros adjetivos añadidos a este título hasta que el Obispo Ignacio añadió la palabra "católico", el cual significa universal.

La "**Iglesia Cristiana Apostólica Pura**" en ese sentido era de hecho universal, viendo que era la "**iglesia del que quiera**". Jesucristo ungió Su iglesia con Su propia sangre y la destinó para que fuera para todo aquel que quisiera. La iglesia fue para los oprimidos y los libres, para el rico y el pobre. Fue para los Judíos y para los Gentiles. Desde la última parte del primer siglo hasta este día, teólogos y apologistas de la iglesia han usado el término "católico" para describir la iglesia de Cristo, la iglesia antigua e indivisa.

El Vaticano no tiene un monopolio en la palabra católico. La Iglesia de Inglaterra se llaman a sí mismos católicos, así como las tradiciones Ortodoxas entre muchos otros. A través de la historia, la Iglesia Pura Apostólica ha sido intimidada por la Iglesia en Roma y sin causa. Digo sin una sola causa! La "**Verdad Apostólica**" nunca debe sucumbir a los espíritus intimidantes que irradian de las falacias religiosas hechas por el hombre.

2. *¿De dónde vino el titulo "Católico Romano"?*

El titulo "Católico Romano" **NUNCA** fue y no es hoy un título oficial dado a la Iglesia Católica en Roma. La palabra "Romano" fue añadida al título de la iglesia en el Primer Concilio del Vaticano en 1870. Nunca ha sido la "Iglesia Católica Romana".

La palabra "Romano" se entiende como un insulto hacia la iglesia en Roma por la Iglesia en Inglaterra, especialmente durante el reinado de la Reina Protestante Elizabeth I. Su padre el Rey Henry VIII se hizo a sí mismo cabeza de la Iglesia en Inglaterra después que el Papa Clemente VII rehusó concederle la anulación de su primera esposa, Catalina de Aragón

El 25 de Febrero de 1570, el Papa Pío V en la bula papal *"Regrians in Excelsis"* declaro a la Reina Elizabeth I, la pretendida Reina de Inglaterra y sirvienta del crimen de ser una hereje, libró a todos sus súbditos de cualquier lealtad a ella, y excomulgaba a cualquiera que obedeciera sus órdenes.

Esta palabra insulto "Romano" comenzó a circular en Inglaterra para describir la iglesia en Roma para mostrar que no tenia afiliación con la Iglesia en Inglaterra, la cual se veían a sí mismos como católicos y hasta hoy lo siguen haciendo. Esta palabra insulto Romano evolucionó como sigue:

- Romanista (1515-1525)
- Romista (1525-1535)
- Romanizar (1600-1610)
- Romanismo (1665-1675)
- Catolicismo Romano (1815-1825)

Hoy en día la única iglesia Católica que auténticamente puede ser referida como "Romana" es la iglesia en Roma. La palabra "Romano" fue añadida a la iglesia en Roma para significar que la autoridad de la "Fe Cristiana" se centra en el obispo en Roma el cual es el papa. El Vaticano siempre ha sido acerca de control.

En 1302, el Papa Bonifacio VIII declaró en su bula papal *"Unam Sanctam"* que para obtener salvación cada ser humano debe estar sujeto al papa.

El Primer Concilio del Vaticano bajo el liderazgo del Papa Pío IX mediante la bula papal *"Aeterni Patris"* el 29 de Junio de 1868 fue convocado. Fue durante este Concilio Ecuménico que el título "Iglesia Católica Romana" fue propuesto para ser el título oficial dado a la iglesia en Roma.

Anteriormente, la iglesia era referida como la "Iglesia Católica".

En el Primer Concilio Vaticano un bosquejo se presentó para identificar la Iglesia Católica, "*Sancta romana catholica Ecclesia*" (La Santa Iglesia Católica Romana). El titulo fue rechazado después de que 35 obispos Ingleses se opusieran. Su pensamiento era que el titulo "Iglesia Católica Romana" podría interpretarse como favorecedora de la "Teoría de la Rama Anglicana."

Ellos más tarde sucedieron en insertar un adjetivo adicional, para que el texto final dijera: "Sancta católica apostolica romana Ecclesia": "La Santa Iglesia Católica Romana y Apostólica" La palabra Romana fue aplicada a la iglesia en Roma hace menos de 150 años.

A la conclusión del Primer Concilio Vaticano en 1870 que oficialmente adoptó el titulo "La Santa Iglesia Católica Romana y Apostólica," la cual previamente en la historia era referida como la Iglesia Católica, el Papa Pío IX hizo esta declaración:

"Decimos que la iglesia verdadera de Cristo debe ser Apostólica en origen, en doctrina, y en sucesión. Eso significa que ella debe llegar a nosotros desde el tiempo de los Apóstoles; ella debe enseñar la misma doctrina que los Apóstoles enseñaron, y sus pastores deben tener su autoridad de enseñanza, ministerio y gobierno transmitido a ellos por los Apóstoles."

Estoy totalmente de acuerdo con esta declaración hecha por el Papa Pío IX. Mientras escribo, siento una audacia del Espíritu Santo. Me pregunto entonces, ¿por qué el Papa Pío IX no predicó Hechos 2:38 como lo hizo Pedro, del cual él afirma sucesión?

¿Qué ha cambiado en la iglesia lavada con la sangre de Dios sobre los muchos siglos de tiempo? Voy a ceder a nada, nada en absoluto!

Todos a través del Cristianismo han puesto su pretensión de ser los verdaderos sucesores de la iglesia del primer siglo incluyendo la iglesia en Roma, y que todas las demás se han apartado en sus enseñanzas. Esta actitud en particular pone a todo el mundo incluyendo a ellos mismo en un modo defensivo. Si alguien dice ser el verdadero sucesor de la iglesia del primer siglo, ellos **TIENEN** que estar preparados también para enseñar, predicar y practicar la fe Apostólica como los ministros hicieron en la iglesia del primer siglo.

La iglesia del primer siglo no era la iglesia católica ni estaba en el Palacio Apostólico Era la "**Iglesia Apostólica Pura**" con su experiencia Pentecostal como lo es hoy.

Nunca en la historia de la iglesia ungida por Dios hemos dicho alguna vez que estamos en lo correcto y los de más en lo erróneo. Lo que sí decimos es lo que fue autoritariamente transmitido a los Apóstoles por Jesucristo es correcto y que todo lo demás está mal.

Nosotros no votamos sobre la Palabra de Dios. Si el Señor quería algo añadido Él habría instruido a los Apóstoles a hacerlo. Lo que se ha agregado y quitado de la Biblia en los últimos años desde la muerte de Cristo **NO** ha sido los pensamientos posteriores de Dios.

La matanza de gente Apostólica empezó a derramarse por todo el mundo. El Apóstol Tomas predicó a los Medes y a los Persas. Él sufrió gran persecución en Calamina, una ciudad en India, y fue matado en esa ciudad con un dardo.

Simón, el cual era hermano de Judas y Santiago, el menor, fue crucificado en Egipto durante el reinado del Emperador Trojan, mientras Simón llamado Zelote el cual también predicaba en África, fue crucificado en la misma manera.

También bajo el reinado del Emperador Trojan, el cual nació en los días de Nero, Marcos, el primer obispo de Alexandria y un evangelista, fue quemado a muerte. La cripta de la Basílica de San Marcos es una de las gemas arquitectónicas religiosas más preciosas de Venecia. Esta cripta fue construida acerca del año 1000 d.C. para albergar los restos de San Marcos, el santo patrono de la ciudad. Los restos fueron movidos de Jerusalén a Venecia cuando la cripta fue completada.

Se dice que Bartolomeo tradujo el libro de San Mateo al lenguaje Hindú. Esta gente llegó a ser misioneros al promover la verdadera fe Apostólica. En Armenia, después de grandes y diversas persecuciones, Bartolomeo fue golpeado y después crucificado. Además de su crucifixión, el fue maliciosamente decapitado.

Este baño de sangre en la Iglesia Apostólica no fue por mera coincidencia. Fue un cumplimiento de las palabras proféticas que fueron expresadas de los labios de Jesucristo mismo.

El martirio de Andrés el Apóstol y hermano de Pedro tomó lugar en Petras, una ciudad de Acaya. Los peores criminales en el Imperio Romano eran ejecutados por crucifixión, como lo fue Andrés.

Mateo el Levita, ordenado un Apóstol del Señor Jesucristo, escribió su Evangelio en la lengua Hebrea. Hircano el Rey convocó a un soldado para matarlo con una espada.

Felipe fue apedreado como lo fue Esteban, pero no de muerte. Después de la apedreada, fue crucificado en Frigia.

Santiago era un verdadero testigo de Cristo a los Judíos y Gentiles. Él fue arrojado por los Escribas Judíos y Fariseos desde las murallas del templo. La caída no lo mató, pero entregó el espíritu después de haber sido apedreado por los Judíos. La sangre de Jesús estaba sobre la mano de los Judíos y sus hijos asimismo como la sangre de los Apóstoles ungidos.

Ahora le había llegado el tiempo a Pablo. Hechos 23:12 dice de cómo la gente Hebrea trazó su muerte.

"Venido el día, algunos de los judíos tramaron un complot y se juramentaron bajo maldición, diciendo que no comerían ni beberían hasta que hubiesen dado muerte a Pablo."

El Apóstol Pablo, aunque no fue nombrado con los doce originales, sufrió bajo la persecución del Emperador Nero. Los soldados vinieron, lo sacaron de su celda, desde donde probablemente le escribió a Timoteo declarando que había peleado la buena batalla. Los soldados entonces violentamente lo sacaron fuera de la ciudad a su lugar de ejecución. Fue aquí donde uno de los escritores del Nuevo Testamento fue decapitado.

Parece incomprensible cuando considero lo que ocurrió en la mente de este gran hombre, cuando dió los pasos en su último camino en esta vida. Él sin ninguna duda recordó la hora cuando fue testigo de la apedreada del líder Apostólico Esteban, la llenura del Espíritu Santo, y el tremendo encuentro con Jesús en el camino a Damasco.

En el libro de II Timoteo 4:6-8, Pablo le escribe a su hijo en la fe sabiendo que su viaje ya estaba por terminar:

"Porque yo ya estoy para ser sacrificado, y el tiempo de mi partida está cercano. He peleado la buena batalla, he acabado la carrera, he guardado la fe. Por lo demás, me está guardada la corona de justicia, la cual me dará el Señor, juez justo, en aquel día; y no sólo a mí, sino también a todos los que aman su venida."

El Emperador Nero también buscaba la vida del Apóstol Pedro. Este gran líder en la iglesia fue condenado a muerte y llevado a una cruz. Se es dicho que Pedro le pidió a las autoridades que fuere boca abajo, no sintiendo ser digno de morir como Jesucristo. La memoria de eventos recientes sin ninguna duda pasó por la mente de Pedro cuando estaba boca abajo en la cruz. Mientras los labios perforaban su carne, de pronto se acordaba de su pereza en el Jardín de Getsemaní y sin ninguna duda se hacia esta pregunta: "¿Seria que habría negado al Señor si mi vida de oración estaría en orden?"

Aunque Pedro pudo haber sentido la punzada amarga del remordimiento, no estaba desanimado. Seguro que en su momento de agonía, el confortante Espíritu de Dios se movía sobre su alma. Uno sólo puede imaginar cómo Pedro trajo a la memoria de su experiencia alteradora de la vida, junto con la multitud que literalmente se tambaleaban bajo la influencia del Espíritu Santo, en el día de Pentecostés. Mientras Pedro colgaba en la cruz, comprendió lo que había recibido de Dios. Conocía que el mundo que reclamaría su vida, no le dió el Espíritu Santo y no tenía el poder para quitarla. Él era consciente que la iglesia no estaba construida sobre él, pero sobre la poderosa revelación de quien era realmente Jesucristo.

"Y yo también te digo, que tú eres Pedro, y sobre esta roca

edificaré mi iglesia; y las puertas del Hades no prevalecerán contra ella."

Mateo 16:18

Lucas el evangelista, Matías el cual tomó el Apostolado en lugar de Judas el Iscariote, y Judas, también sufrieron martirio en las primeras horas de la iglesia primitiva.

El Apóstol Juan, el amado del Señor, sería el único Apóstol libre del martirio. San Juan el Divino fue desterrado por el Emperador Domiciano, quien sucedió a su hermano Tito como el emperador Romano, a la isla de Patmos, una pequeña isla volcánica en el Mar Egeo en la costa de Asia Menor. El Emperador Domiciano, al igual que su hermano el Emperador Tito, fue también un gran perseguidor de la fe monoteísta Apostólica.

Fue en esta isla de aproximadamente trece millas cuadradas que San Juan escribió el libro profético de Apocalipsis. El Apocalipsis de Juan es visiblemente transparente en este libro donde él fue el autor. También escribió el cuarto Evangelio en el Nuevo Testamento y las tres epístolas que llevan su nombre. La libertad dentro de los ámbitos Apostólicos que tanto disfrutamos hoy en día, no fue gratis. No fue gratis en absoluto!

Parece que Satanás volvió el seno del infierno eterno contra la iglesia, en un esfuerzo por todo lo alto para calmar el movimiento del Espíritu de Dios entre los Apostólicos. Sin embargo, como está escrito en Mateo, Satanás no prevalecerá contra ella. La iglesia, aunque perseguida, se desplazaba hacia adelante con emoción y gran entusiasmo.

El Apóstol Pablo, sabiendo del potencial de martirio en el Imperio Romano, le mandó un mensaje claro a Satanás y a todos aquellos que escogerían seguirle.

"Antes, en todas estas cosas somos más que vencedores por medio de aquel que nos amó. Por lo cual estoy seguro de que ni la muerte, ni la vida, ni ángeles, ni principados, ni potestades, ni lo presente, ni lo por venir, ni lo alto, ni lo profundo, ni ninguna otra cosa creada nos podrá separar del amor de Dios, que es en Cristo Jesús Señor nuestro."

Romanos 8:37-39

Mientras estas palabras hacían eco sobre las colinas de la antigua Judea, la iglesia capturó una visión de victoria total. Aunque la Iglesia estaba herida, nuestra herencia Pentecostal seguía adelante en el Nombre de Jesús.

Después de la ejecución del Apóstol Pablo en 67 d.C., el centro del Cristianismo había pasado de Jerusalén a comunidades Cristianas en ciudades de Antioquía en Siria, Alejandría en Egipto, y especialmente en Roma, Italia.

Gran persecución vino a los Cristianos de los Romanos, cuyo imperio cubría la mayor parte de Europa, el Medio Este, y el norte de África. Los Romanos creían que la lealtad al emperador involucraba la alabanza de los dioses del estado y muchas veces al emperador mismo.

Después de Nero, Satanás parecía haber echado por así decirlo, un velo muy oscuro sobre la Iglesia Apostólica. Los líderes de la iglesia siendo intimidados por los Romanos comenzaron a apoyarse en el brazo de la carne en lugar del brazo eterno de Dios. Cuando el liderazgo comprometido de la iglesia apagan el Espíritu de Dios, falsas doctrinas intentaron encontrar su camino en los corazones de la gente Apostólica. Hay una cosa que es segura, si tomó el Espíritu Santo para inspirar a los hombres de la antigüedad para escribir la palabra del Señor, llevará el mismo Espíritu Santo para inspirar a los hombres a entender la Palabra del Señor.

Dios en esta hora de la medianoche quiere que la gente del Nombre de Jesús comprenda plenamente el poder que se encuentra en la verdad Apostólica. Verdad en su forma más pura se eleva más allá de nuestros cálculos humanos! Jesucristo, el creador y sustentador de todas las cosas, siendo Él mismo "Verdad absoluta" no es y no puede ser objeto de limitaciones de hombres mortales - no en nuestro nacimiento, ni en nuestra muerte. Por lo tanto, la verdad siendo santa como el Señor es santo en su presencia sin mancha, es una **"realidad eternamente suprema"** inminente en todas las cosas que sólo él ha creado.

Capitulo Once

La Divinidad:
Habitación Solo para Uno

A pesar de que Apostólicos Unicitarios lucharon en el imperio, Dios continuó llenando almas hambrientas con el Espíritu Santo como Su Espíritu les daba que hablasen. Por medio de las horas más oscuras de la Iglesia Apostólica, el sudario de Satanás no pudo sofocar el conocimiento del poder que estaba en el Nombre de Jesús.

A raíz de la tremenda persecución durante los reinados de los Emperadores Nerón (54-68 d.C.) y Tito (79-81 d.C.), el verdadero pueblo Apostólico luchaba por sobrevivir con sus convicciones Unicitarias. Aunque muy perseguida, la Iglesia Apostólica celebró su visión monoteísta tal como lo había hecho desde el día de Pentecostés.

"La Palabra del Señor Santa y no adulterada" es monoteísta en su totalidad. Desde el principio en Génesis 1:1, "En el principio Dios…" (No hay mención de personas) hasta el final, Apocalipsis 22:13, "Yo soy el Alfa y Omega, el principio y el fin, el primero y el ultimo" (no hay mención de personas), Dios no ha cambiado.

Si vamos a apreciar la Unicidad en la Deidad, es imperativo que entendamos quien era realmente Jesucristo. La frase "Padre Eterno" es un titulo. Dios le dijo a Isaías, que el bebe Jesús seria referído por Su pueblo como el Padre Eterno. El Señor me mostró esta maravillosa verdad la primera vez que entré a una Iglesia Apostólica. Esta revelación fue maravillosamente clara para mí.

"Porque un niño nos es nacido, hijo nos es dado, y el principado sobre su hombro; y se llamará su nombre Admirable, Consejero, Dios Fuerte, *Padre Eterno*, Príncipe de Paz."

Isaías 9:6

Para la Iglesia Apostólica Unicitaria en el principio, Jesús fue el siguiente:

- Jesús el Admirable.
- Jesús el Consejero.
- Jesús el Dios Fuerte.
- Jesús el Padre Eterno.
- Jesús el Príncipe de Paz.

¿Por qué Dios le diría a Isaías que profetizara que el nombre del niño seria referido como el "Padre Eterno" si Él no era el Padre eterno encarnado? El Hijo es el mismo que el Padre, como la Palabra es la misma que la del hablante.

El Obispo Ignacio (35-107 d.C.) fue el tercer Obispo de Antioquía y fue testigo de las actividades en el primer siglo de la Iglesia Apostólica indivisa. Él habla del Dios manifestado en carne humana.

"Hay un Médico que está poseído tanto de carne y espíritu; ambos hecho y no hecho; Dios existente en la carne; verdadera vida en la muerte; tanto de María como de Dios; primero posible y después imposible, Jesucristo nuestro Señor".

Carta a los Efesios, Cap. 7

Jesucristo es la encarnación visible y tangible del Padre Eterno. El creador y el sustentador de todas las cosas escogió tocar la mortalidad de una manera tal que le permitió ser encarnado en forma corporal. Al hacerlo, el Señor se puso la única bata humana de carne que Él llegaría a conocer. En su trono eterno, los redimidos y lavados por la sangre en la tierra algún día reconocerán al "Padre" por su cuerpo intangible y glorificado, cicatrizado por los clavos. "Jesucristo" fue el "Padre" encarnado.

La idea de "número de personas" en la Deidad no solamente es anti-Bíblico, pero es descaradamente no inspirada y solamente ofrece teología blasfema.

Solamente hay un Dios, el cual creó y sostiene este universo. En la historia del tiempo, Él se ha manifestado en tres oficinas diferentes en tres dispensaciones diferentes.

La Divinidad: Habitación Solo para Uno

"Así dice Jehová, tu Redentor, que te formó desde el vientre: Yo Jehová, que lo hago todo, que extiendo solo los cielos, que extiendo la tierra por mí mismo."

Isaías 44:24

"En el principio era el Verbo [*logos*], y el Verbo era con Dios, y el Verbo era Dios. Este era en el principio con Dios. Todas las cosas por **Él fueron hechas** [*Jesús*], y sin él nada de lo que ha sido hecho, fue hecho."

Juan 1:1-3

"En el mundo estaba, y el mundo por él [*Jesús*] fue hecho; pero el mundo no le conoció."

Juan 1:10

"en quien tenemos redención por su sangre, el perdón de pecados. Él es la imagen del Dios invisible [el Mesías era la cara mortal del Dios invisible], el primogénito de toda creación. Porque en él [*Jesús*] fueron creadas todas las cosas, las que hay en los cielos y las que hay en la tierra, visibles e invisibles; sean tronos, sean dominios, sean principados, sean potestades; todo fue creado por medio de él [*Jesús*] y para él. Y él [*Jesús*] es antes de todas las cosas ["antes que Abraham fuese, yo soy" Juan 8:58], y todas las cosas en él subsisten; y él es la cabeza del cuerpo que es la iglesia, él que es el principio, el primogénito de entre los muertos, para que en todo tenga la preeminencia."

Colosenses 1:14-18

El Padre estaba en el mundo. Él caminó entre los hombres en forma humana, y aun así no le reconocieron. Él colgó suspendido entre el cielo y la tierra en el mismo árbol que Él hablo a la existencia, pero aun así los suyos no lo recibirían. Yo he tenido personas de otras iglesias denominacionales decir que ellos no querían negar al Padre. La gente del Nombre de Jesús son las únicas personas en este planeta que saben quien realmente es el Padre.

En Hebreos 1:3, Pablo habla acerca de la Deidad de Cristo, y compara la "unidad de Dios" con la imagen misma del Todopoderoso.

Aunque los labios del Mesías se movieron, en realidad era Dios mismo el cual hablaba por medio de esos labios mortales de barro. Cuando el Padre escogió encarnarse, Él también escogió ponerse el rostro mortal de la humanidad. La Divinidad del Altísimo fue revestida en ese vaso de carne.

El Padre entregó el espíritu mientras Él colgaba suspendido entre la humanidad y Divinidad por nuestro pecado. En la resurrección del Mesías, el Padre se puso Él mismo el rostro glorificado de Su humanidad. Dios le dijo a Tomás que examinara Su cuerpo resucitado.

"Luego le dijo a Tomás: Pon aquí tu dedo, y mira mis manos; y acerca tu mano, y métela en mi costado; y no seas incrédulo, sino creyente."

Juan 20:27

Cuando los redimidos de esta tierra contemplaran Su gloria, ellos también le reconocerán por sus manos cicatrizadas por los clavos, al igual que Tomás. Veremos al cuerpo glorificado de Dios en un estado glorificado.

"Ahora vemos por espejo, oscuramente; mas entonces veremos cara a cara. Ahora conozco en parte; pero entonces conoceré como fui conocido."

1 Corintios 13:12

Cuando alguien se ve así mismo en el espejo, él no ve, ya que pudiera parecer, una segunda persona, si no una imagen exacta de su persona. Jesús era la imagen exacta de la primera y única persona en la Deidad.

"El cual, siendo el resplandor de su gloria, y la imagen misma [exacta] de su [singular] sustancia..."

Hebreos 1:3

La Biblia no ofrece mención de personas. Dios es singular y único. Debe ser absolutamente entendido que Tomás alabó la misma Deidad eterna en el Nuevo Testamento que Abraham alabó en el Monte Sinaí en el Antiguo Testamento.

Si tú tienes la revelación de quien realmente es Jesucristo, debes apreciar ese conocimiento, el cual vino a ti por parte del Señor. Aunque nos sentimos honrados de haber recibido la verdad de la Unicidad de Dios, nunca debemos dejar que sea acompañado de un espíritu altivo. Muchas denominaciones proclaman una porción de verdad. Es necesario que nosotros como personas Apostólicas regocijarnos en la porción de verdad que muchas personas tienen, mientras levantamos esos mismos individuos en oración para recibir la porción que no tienen.

Un ejemplo claro de esto puede ser visto en los que llegó a ser conocido como la "Definición de Calcedonia", la cual hoy permanece la declaración Ortodoxa más alta explicando las dos naturalezas de Cristo. Aunque fue formulado de las mentes de un concilio trinitario, tienen una verdad importante la cual nosotros como creyentes Unicitarios nos adherimos hoy en día.

En 451 d.C., el cuarto concilio ecuménico, conocido como el Concilio de Calcedonia, fue llamado a orden por el Emperador del Este Marciano, en parte, para definir las dos naturalezas de Cristo. Ahí surgió una necesidad de combatir tales enseñanzas como la del Docetismo, la cual creía que el sufrimiento y aspecto humano de Cristo era imaginario o aparente en vez de ser parte de la encarnación real (para llegar a ser carne). Esta teología enseña que si Cristo sufrió Él no era Divino.

Para oponerse a esta teología, el concilio formó la "Definición de Calcedonia", la cual declara: "la encarnación fue una unión de las dos naturalezas claramente diferentes, la Divina y la humana, cada una completa en sí misma, sin que ninguna pierda su identidad."

Aunque el concilio tomo la posición de que Jesús era una segunda persona en la Deidad, ellos entendieron así mismo como los de la iglesia del primer siglo que Cristo era "verdaderamente Dios y verdaderamente hombre."

Sea agradecido por la porción de verdad que otros tienen, pero levántelos constantemente en oración hasta que vengan al conocimiento de que quien realmente es Jesucristo. Siendo armados con el conocimiento de la Palabra de Dios y la revelación de Su Unicidad, el pueblo Apostólico podrá amorosamente compartir todo el mensaje del Evangelio con todos los que quieran escuchar.

Jesucristo había sido crucificado, los Apóstoles habían martirizado, y la iglesia estaba en las sombras de los Romanos debido a las leyes de los emperadores. Mientras desesperadamente buscaban a tientas por fe, la iglesia monoteísta gritaba en silencio: ¿Dónde está nuestro Dios?

Después de que el Nuevo Testamento fuese sellado, muchos volvieron a las escrituras de teólogos, filósofos, y apologistas Griegos y del Latín. Que sea enfáticamente declarado que Apostólicos no buscan que tales escrituras tengan autoridad espiritual. La gente del Nombre de Jesús nunca debe usar escrituras post-Bíblicas, de algún autor, en cualquier periodo de tiempo, para únicamente interpretar doctrina Bíblica. Revelaciones personales por medio de Su Palabra eterna siempre ha sido la regla de Dios.

"El cielo y la tierra pasarán, pero mis palabras no pasarán."

Mateo 24:35

No voy a atacar las fortalezas de teología en la historia de la iglesia, pero quiero que todos seamos conscientes de que las enseñanzas falsas en relación con la Deidad y la absoluta Divinidad de Jesucristo existían desde el principio.

Por casi 2000 años, los corazones transparentes desinteresados de los hombres, mujeres y niños alcanzando por conocer el Dios monoteísta de Abraham han caído victimas del Cristianismo fabricado por los hombres.

Tertuliano (155-220 d.C.) es conocido como el primer padre Latín de la iglesia, ganando notoriedad como promotor y defensor de la falsa enseñanza de la unidad trina dentro de la Deidad. Él fue convertido al Cristianismo en la iglesia en Roma. Después de la conversión milagrosa de Tertuliano, por alguna razón, él llego a estar desilusionado con las imperfecciones de la iglesia y finalmente rompió con su confraternidad. Él después adoptó la fe de Montanismo con su espíritu entusiasta y proclamaciones audaces.

Tertuliano
(155-220 D.C.)

Quintus Septimus Florens Tertullianus acuño la palabra trinidad en el 3er siglo d.C. Y fue el primer escritor Latín que uso los términos "persona" y "sustancia" para describir la Deidad.

Esta doctrina que Tertuliano adoptó era considerada una herejía por parte de la Iglesia Universal. Lo que Montano (el padre fundador de la doctrina) llamó la "Nueva Profecía" era básicamente un llamamiento para prepararse para el retorno del Señor. Sus predicciones confiadas en tiempo demostraron ser falsas en virtud de su incumplimiento. Montanismo en muchas maneras podría ser comparado con los Adventistas liderados por William Miller en los principios de los 1800's, el cual predijo el día y la hora se la segunda venida del Señor. A raíz de la decepción, Miller abandonó la iglesia que más tarde sería conocida como los Adventistas del Séptimo Día.

Montanismo perturbó matrimonios, abogó por prolongados ayunos, y permitía muy poco el gobierno en la iglesia. Después de un periodo de incertidumbre, sobre todo en la iglesia de Roma, el Montanismo en su totalidad fue condenado por las autoridades eclesiásticas.

Mientras estudiaba en nuestro seminario Católico en Quebec, estaba obligado a comparar la doctrina de la trinidad de Tertuliano con la doctrina de la trinidad del Hinduismo. En el Hinduismo, su doctrina de la trinidad es referida como la trinidad Hindú. En la conclusión de mi estudio, yo concedí al hecho que Tertuliano nunca había dejado sus raíces paganas. Cuando me centré en sus muchos escritos, me sugería que había un puente muy fuerte que lo conectaba a él con sus creencias paganas anteriores. Él no pudo quemar el puente.

La doctrina trinitaria del Hinduismo llamaba la trinidad Hindú, es muy similar a la trinidad de Tertuliano. La trinidad en la religión Hindú está hecha de Brahma, Vishnu y Shiva. Ellas son respectivamente la creadora, preservadora y destructora del universo. Ellas también están alineadas como la Divinidad trascendental. Ellas son el "Ser", el "That-ness o Inmanencia", y la "Palabra o el Espíritu Santo". Cada dios en la trinidad Hindú tiene su consorte. Para Brahma, ella es la diosa del conocimiento; para Vishnu, la diosa del amor, hermosura, y el placer; para Shiva, la diosa del poder, destrucción y transformación. Estas tres diosas son a menudo veneradas por los Hindús en su propio derecho, así también junto con sus cónyuges.

Tertuliano había nacido en un tiempo tumultuoso para la iglesia primitiva. Nuevas ideas estaban surgiendo e intolerancia religiosa todavía se seguía perpetrando en contra de personas Apostólicas Unicitarias. El año del nacimiento de Tertuliano produjo el martirio de Policarpo. Policarpo (70-155 d.C.) no era un filósofo ni teólogo, pero un líder práctico y maestro dotado. Él creía de todo corazón en el mensaje de Jesucristo. Su martirio es de particular importancia en el entendimiento de la posición de la iglesia primitiva en la era pagana del Imperio Romano.

Los Romanos odiaban la Iglesia Apostólica y tenían sed de sangre por la muerte de todo aquél que había convertido su mundo religioso al revés. La muerte cruel del Policarpo no fue una excepción. Se cree que el tenia ochenta y seis años cuando fue apuñalado y quemado vivo por los Romanos. Sin embargo, historias de la valentía y el espíritu inquebrantable de este hombre de edad avanzada, solo sirvieron para añadir credibilidad a su mensaje Apostólico.

El estudiante más famoso de Policarpo fue Iraneo (130-200 d.C.) para quien el recuerdo de este mártir fue un enlace al pasado Apostólico. Iraneo nació en Asia Menor y llegó a ser conocido como el fundador de la "teología Cristiana". Como el obispo de León en Galia, se mantuvo firme con su persuasión de la Unicidad de Dios. Su contribución más original a teología fue su doctrina de recapitulación. Esta doctrina enseñaba que el Cristo Divino llegó a ser plenamente hombre para recapitular toda la humanidad en Sí mismo y aquello que estaba perdido por la desobediencia del primer Adán fue restaurado por medio de la obediencia del segundo Adán. Iraneo creyó que Cristo pasó por todas las etapas de la vida humana, resistió toda tentación, murió, y resucito victorioso sobre la muerte y el diablo.

La enseñanza de la "Unidad de Dios" o la "Unicidad de Dios" fue grandemente enfatizada por Teólogos del Este por medio de escrituras detalladas de Iraneo.

"En Contra de Herejías" es un trabajo de cinco volúmenes escrito por Iraneo el cual vivió en los días de Tertuliano. Algunos de los extractos son:

"Es adecuado, entonces, que empiece con la primera y más

importante cabeza, que es Dios el Creador, el cual hizo los cielos y la tierra y todas las cosas que en ellos hay, y para demostrar que no hay nada, ya sea por encima de Él o después de Él; ni que influenciado por nadie [ninguna otra persona], sino de su propia voluntad. Él creó todas las cosas, ya que Él es el único Dios, el único Señor, el único Creador, el único Padre, solo conteniendo todas las cosas y Él mismo ordenando todas las cosas a la existencia."

Libro II, Cap. I, VI

"Tampoco fue Cristo uno y Jesús otro: pero la Palabra de Dios el cual es el Salvador de todos y el gobernante del cielo y la tierra, el cual es JESÚS.

El Espíritu Santo y el Cristo, siendo las manos de Dios el Padre, alcanzando desde lo infinito hasta lo infinito."

Libro III, Cap. IX, III

Estos hombres entendieron la soberanía de Dios y no fueron intimidados por las voces intimidatorias del escepticismo el cual parecía surgir dentro de la iglesia.

Tertuliano enseñó en contra de filósofos y doctores Griegos reconocidos como Sócrates (470-399 a.C.) y Plato (427-347 a.C.) el cual fundó la "Academia de Atenas", el primer instituto de educación superior. Él también enseñó en contra de Aristóteles (384-322 a.C.).

Tertuliano odiaba la filosofía Griega y consideraba a Plato y Aristóteles u otros pensadores Griegos como los padres patriarcales de la herejía. Por ejemplo, Plato enseñaba del alma pre-existencial, la cual estaba en conflicto con el entendimiento y enseñanzas de Tertuliano. Por lo tanto, Tertuliano lo consideraba un pensador herético.

Las enseñanzas de Tertuliano sobre el alma pueden ser encontradas en su carta, *"De anima"* (en el alma). Él adoptó la doctrina del *traducianismo* la cual enseñaba en contra del filósofo Griego Plato. Tertuliano no reconocía el alma de una persona viviente venir de Dios. Él enseñaba que el cuerpo y el alma venían ambos de los parientes y comenzaba en la concepción.

Tertuliano era un individuo erudito pero regularmente se contradecía en sus mismas enseñanzas y muchas veces negligente en sus declaraciones históricas. Él también era ignorante en términos filosóficos.

Tertuliano escribió en dos de sus obras *"Ad uxorem"*, secciones de sus preocupaciones después de su muerte. En el primer libro le pide a su esposa no casarse después de su muerte, la cual era de acuerdo a él, no apropiado para un Cristiano. En el segundo libro le ordena a ella casarse por los menos con un Cristiano, si escoge casarse de nuevo.

En su escrituras *"De pud"*, Tertuliano repudia o rechaza sus propias enseñanzas pasadas que las llaves fueron dejadas por Cristo a través de Pedro a Su iglesia (*Scorpiace, x*); él después declaro (*De pud, xxi*) que el don a Pedro fue personal, y no podía ser reclamado por la Iglesia. Tertuliano también dijo que él había cambiado de opinión y esperaba ser burlado por su inconsistencia.

Aunque los lideres (papas) de la Iglesia Universal primitiva eran Unicitarios en sus creencias, Tertuliano procedió a desarrollar su propia doctrina controversial de la santa trinidad la cual contradecía la unidad de Dios en el Cristianismo, también como en el Judaísmo.

Tertuliano fue el primero en usar el término *"trinitas"* (trinidad) para describir la Deidad. Tertuliano explicó su concepto de tri-unidad: Jehová Dios es el Padre, Dios el Hijo, y Dios el Espíritu Santo – tres personas, un Dios. Es altamente considerado entre teólogos que Tertuliano creó la formula "tres personas, una substancia", como está escrito en Latín *"tres Personae, una Substatia."*

La desviación de este hombre de la distinta Unicidad de Dios ayudó pavimentar el camino para el desarrollo eventual de las doctrinas Ortodoxas trinitarias y Cristológicas. Tertuliano sembró una semilla de división entre las personas Apostólicas en su infancia; ahora ha extendido una gran fisura de incomprensión para muchas personas de la fe Cristiana. Seamos recordados hoy que las consecuencias de nuestras acciones pueden durar mucho más tiempo que el curso de nuestra vida.

La doctrina de la trinidad nunca había sido escuchada durante las profecías Mesiánicas, las cuales aparecieron como estrellas brillantes que iluminaban con esperanzas sin paralelo las muchas noches oscuras en la historia Hebrea, ni tampoco por el Apóstol Pablo, el cual escribió más de la mitad del Nuevo Testamento.

El libro de Génesis comienza insistiendo que solamente hay un Dios verdadero y esa creencia es mantenida a través de todo el Antiguo Testamento. Moisés define la naturaleza de Dios en una manera claramente monoteísta. Las escrituras de los profetas del siglo octavo A.C. y después fortalecieron la teología de Un solo Dios por constantemente recordar a Israel de la amplia diferencia que separa a Yahweh de otros de los llamados dioses. Desde el principio del tiempo Dios impregnó en la mente de Su pueblo que Él estaba solo, siendo el único creador y sustentador del universo.

En el Nuevo Testamento los escritos son también abiertamente monoteístas, sin mención de las personas. El Apóstol Pablo fue rápido al afirmar con confianza en I Corintios 8:4 que, "no hay más que un Dios".

Un prisionero Israelí recientemente excavó el borde de un mosaico elaborado (pieza de arte) en el piso de lo que se cree ser la iglesia Apostólica más antigua en la tierra. Arqueólogos han fechado esta iglesia en la Tierra Santa al 3er siglo, décadas antes de que el Cristianismo se hiciese la religión oficial del Imperio Romano, la cual previamente era pagana en el siglo IV por el Emperador Constantino el Grande.

El mosaico incluye dibujos de peces, la cual era un símbolo antiguo del Cristianismo que precede el uso masivo de la cruz. Una inscripción en esta obra de arte menciona una mujer Apostólica la cual donó un altar de oración a la iglesia. La dedicación en el piso revela las palabras "A Dios Jesucristo".

Aquellos en el mundo que no tienen la esperanza bendita de la vida eterna con su Creador sirven a sus dioses porque tienen que hacerlo. La gente del Nombre de Jesús sirve a su Dios con alegría de corazón porque ellos quieren. Santos Apostólicos siempre se han reunido alrededor de sus altares en la iglesia, los cuales una vez fueron dedicados a su "Dios Jesucristo" en la totalidad de Su naturaleza monoteísta.

Satanás usó la doctrina de Tertuliano para distraer la visión de la iglesia del Dios monoteísta de Abraham. Sin embargo, aquellos que sostienen la verdad Divinamente revelada sobre la Deidad saben como la Santa Escritura mantiene que el Señor no es el autor de confusión.

De hecho, si la confusión prevalece y el Señor no es el autor de ella, la pregunta debe ser hecha, "¿Quien es el autor de la confusión?" Durante el Primer Concilio Vaticano, el Papa Pío IX (1846-1878 d.C.) un trinitario profeso, usó la palabra "singular" en su declaración de fe concerniente al "Dios de la Creación". Su declaración fue la siguiente:

"Ya que él es uno, singular, completamente simple y con sustancia espiritual inmutable, él debe ser declarado estar en realidad y esencia, distinto del mundo, supremamente feliz en sí mismo y de él mismo, e inexplicablemente más elevado que cualquier otra cosa aparte de él mismo, la cual existe o puede ser imaginado."

Estando familiarizado con las enseñanzas trinitarias a veces hago referencia a las escrituras Romanas Católicas, por autores Romanos Católicos, para entender mejor que realmente sucedió en los primeros siglos de la iglesia establecida monoteísta de Cristo. Cualquiera puede reconocer los conflictos políticos, de la Escritura, doctrina, y fe que surgió dentro de la iglesia en la introducción de esta enseñanza no familiar de la trinidad. La siguiente literatura es ofrecida para complementar el conocimiento público de este asunto.

Como se encuentra en la *Nueva Enciclopedia Católica*:

1. "Entre los padres Apostólicos, no ha habido nada remotamente acercarse a tal mentalidad o perspectiva; entre los Apologistas del segundo siglo... como aquello de la pluralidad dentro de la Deidad..."

2. La formación "Un Dios en tres personas" no fue establecida sólidamente, ciertamente no asimilada completamente (absorbida) hacia la vida Cristiana y su profesión de fe, antes de finalizar el cuarto siglo.

3. "El Antiguo Testamento claramente no prevé el Espíritu de Dios como una persona... El Espíritu de Dios es simplemente el Poder de Dios."

4. "La mayoría del texto del Nuevo Testamento revela al Espíritu de Dios como algo, y no como alguien. Esto es especialmente visto en el paralelismo entre el Espíritu y el Espíritu de Dios."

La Nueva Enciclopedia Católica, 1965, Espíritu de Dios,

vol. 13, p. 574-576

Hay algunos maestros de teología trinitaria en los seminarios Católicos Romanos que no han sido acosados en un tiempo u otro por la pregunta, "Pero ¿cómo alguien predica la trinidad?" Y si la pregunta es sintomática (una condición) de confusión de parte de los estudiantes, de pronto no es menos sintomática de confusión similar de parte de sus profesores.

La Nueva Enciclopedia Católica, trinidad, p.304.

El Rev. John L. McKenzie (1910-1991 d.C.) fue un erudito Bíblico Jesuita el cual se especializo en las enseñanzas del Antiguo Testamento. Él enseñó en la Universidad DePaul de Chicago y fue galardonado con el codiciado "Premio Cardenal Spellman" en 1967. Yo era un joven seminarista estudiando filosofía en Canadá cuando su premio fue anunciado. Este sacerdote mejor conocido como Padre McKenzie fue el primer presidente de la Sociedad de Literatura Bíblica y un expresidente de la Asociación Bíblica Católica. El legado de este hombre se es recordado como el erudito que valientemente acusó a su propia iglesia de alterar en los primeros años con el intento interno de las Palabras de Jesús para hacer violencia hacia personas no Católicas. Aunque este sacerdote Católico Romano, después de un periodo de prueba de tres años, cayó bajo las luces del escrutinio de la iglesia, murió y fue sepultado con todos los honores, como un teólogo brillante de la Iglesia Católica Romana. Él tenía 80 años cuando murió. Aparentemente durante sus muchos años de investigación en la Teología del Antiguo Testamento, él descubrió el Dios Monoteísta de Isaías.

La siguiente fue una declaración por el Rev. John L. McKenzie en el tema de la trinidad, de su *Diccionario de la Biblia*, p. 899.

"La trinidad de Dios es definida por la iglesia como la creencia que Dios son tres personas que subsisten en una naturaleza. La creencia así definida fue alcanzada solamente en los siglos cuarto y quinto d.C., y por lo tanto no es explícitamente y formalmente una creencia Bíblica. La trinidad de personas dentro de la unidad de naturaleza es definida en los términos "persona y naturaleza", la cual son términos filosóficos Griegos; de hecho estas palabras no aparecen en la Biblia. Las definiciones trinitarias surgieron por resultado de las largas controversias [con Apostólicos Unicitarios] en la cual estos términos y otros como "esencia" y "sustancia" fueron erróneamente aplicadas a Dios por algunos teólogos de esa época..."

Con toda honestidad, es bastante transparente para mí que no es la gente del Nombre de Jesús diciéndole a los trinitarios que no hay tres personas en la Deidad, pero trinitarios diciéndole a los del Nombre que no hay tres personas en la Deidad. Dios no es el autor de confusión. Satanás es el autor de confusión. Por medio de oídos espirituales, escucho un grito desesperado y sin respuesta de corazones hambrientos en mi antigua iglesia, queriendo conocer a Dios realmente como Él es. Esta tremenda responsabilidad es hoy Divina y meticulosamente colocada en las manos de las personas que sirven al Dios monoteísta de Abraham.

Como la cortina cae sobre la mortalidad, nosotros que conocemos a Dios en el poder de Su resurrección debemos reconocer nuestras responsabilidades. Viendo que el fin se acerca, es imperativo que redimamos eso que ha sido nuestra asignación en el tiempo mortal. Lo que Dios ya ha bendecido debemos abrazar de todo corazón, mientras las cosas que Dios ha maldecido, debemos de dejarlas solas. No es la doctrina de la trinidad que debemos estar preocupados. Lo que debemos de estar preocupados todos los días es por cumplir la voluntad del Santo Dios monoteísta de Abraham en nuestras vidas.

Jesús el Mesías insistió que había Un solo Dios. El apoyó el monoteísmo en su totalidad sin ninguna mención de personas en la Deidad. Y se encuentra en el libro de Marcos, el Señor cita las escrituras de Moisés encontradas en el libro de Deuteronomio 6:4.

"Jesús le respondió: El primer mandamiento de todos es: Oye, Israel; el Señor nuestro Dios, el Señor uno es."

Marcos 12:29

Toda la Cristiandad estaba desgarrada por disputas relacionadas con la trinidad desde que fue concebida en el segundo siglo d.C. La terminología que Jesús usó, "Jehová nuestro Dios, Jehová uno es" eventualmente seria declarada ilegal en el Imperio Romano, siendo vista como contraria a la doctrina de la trinidad. Afortunadamente, había aquellos entre los creyentes Apostólicos que rehusaron que la luz de la Palabra de Dios se apagara.

Praxeas y Sebellius fueron ambos teólogos Unicitarios, menospreciados por Tertuliano en el segundo siglo. En un esfuerzo conjunto ellos vigorosamente atacaron las enseñanzas trinitarias de Tertuliano para que no entraran en la iglesia pura Apostólica. Fueron persuadidos por el entendimiento Hebreo concerniente a la Unicidad de Dios y vehementemente no estuvieron de acuerdo con un intento de división dentro la Deidad.

Praxeas fue muy franco en su oposición de las enseñanzas de Tertuliano. Él vino a Roma y le imploró al Papa que entendiera que la idea de la Trinidad estaba completamente errónea. Él destacó que no había tres personas en una naturaleza Divina, sino tres modalidades de la misma sustancia Divina.

Sebellius, así mismo como Praxeas, contendió por su fe concerniente a la Unicidad de Dios. Sebellius enseñó la unicidad de Dios o la doctrina de la "Unicidad de la Deidad" en contra de la nueva teología desarrollada del tri-teismo promovida por Tertuliano. Las enseñanzas de Sebellius soportando la Unicidad de la Deidad llegarían a ser conocida como Sabelianismo alrededor del tercer siglo.

La Divinidad: Habitación Solo para Uno

El anonimato de Tertuliano hacia la posición de Praxeas y Sebellius en la Deidad es testificado en sus escrituras en contra de Sebellius y el movimiento que más tarde llevaría su nombre. Tertuliano escribió:

"Mientras siempre se mantiene a esta excepción perentoria, no debe, sin embargo, ser el lugar para la revisión por el bien de la instrucción y la protección de varias personas. De lo contrario, podría parecer que cada opinión perversa no se examina, sino simplemente prejuzgado y condenado. Esto es exactamente lo que en el caso de la presente herejía [Sabelianismo], que considera que tiene la verdad pura cuando se supone que no se puede creer en un sólo Dios en otra forma al decir que el Padre, el Hijo y el Espíritu son la misma persona."

La furia de Tertuliano permaneció encendida hacia Sebellius por desafiar continuamente sus enseñanzas sobre la trinidad. Esta persistencia enfurecida del maestro trinitario, sin embargo, llevaría eventualmente a Sebellius el sacerdote a ser excomulgado de la iglesia por tener una opinión Ortodoxa no entretenida. La ignorancia y la frustración ¿no hacen a menudo responder con ira?

Aunque las enseñanzas de Tertuliano fueron controversiales y muchas veces contradictorias, sus puntos de vista empezaron a ganar una audiencia. Hippolytus (170-236 d.C.) era un teólogo Romano joven el cual vivía en los días de Tertuliano y fue altamente influenciado por sus escrituras. Hippolytus vino en contra de las enseñanzas Unicitarias de los papas de su día y por esta razón él es a veces considerado el primer anti-papa de la Iglesia Católica Romana. El monoteísmo en su totalidad era enseñado por los papas Católicos Romanos como había sido desde el principio del tiempo mortal.

Sin embargo, Hippolytus, influenciado por las enseñanzas de Tertuliano, abogó que el Papa Zephyrinus (199-217 d.C.) debería aprobar un dogma distinto (la trinidad) la cual representaba la "persona de Cristo" como una diferente a la del Padre. El Papa Zephyrinus no consentiría con esto y Hippolytus se enfurecía por que el papa no podía visualizar personas separadas en la Deidad. La posición de la Iglesia, incluso cuando los papas supervisaban la iglesia fue en apoyo a la Unicidad de Dios.

Como un Romano Católico estudiando la historia de la iglesia en el seminario de teología, me vi obligado a cuestionar nuestro dogma en la trinidad.

En las escrituras documentadas de la Iglesia Católica Romana, el Papa u Obispo Zephyrinus dijo simplemente que el reconocía solo un Dios, y este era el Señor – Jesucristo.

Callixtus I llegó a ser cabeza de la iglesia después de la muerte de Zephyrinus el 20 de Diciembre de 217 y fue acusado personalmente por Tertuliano a ser un seguidor y promotor de Sebellius el cual se vió a sí mismo como un guarda de la absoluta unidad de Dios como era reconocido en el Judaísmo.

La Cronografía de 354, en la lista de papas dice que Hippolytus, el trinitario, fue eventualmente silenciado por su disensión. En el año 235 d.C. fue desterrado a la isla de Sardinia para el trabajo en las minas, y fue ejecutado al año siguiente.

Aunque la Unicidad de la Deidad fue creída por muchos, la doctrina de la trinidad lentamente comenzó a hacer su camino a la iglesia. Este hecho irónicamente llevaría a Hippolytus, el disidente desterrado de la doctrina Unicitaria, a ser canonizado como un santo. Las jerarquías Católicas Romanas ahora lo ven como un hombre santo digo de veneración.

La teología Trinitaria pudo haber ganado terreno en las mentes de algunos líderes de la iglesia, pero siempre fue resistido por la verdad Unicitaria de la gente Apostólica. Los siguientes son algunos de los ejemplos de aquellos como Praxeas que dijo que la idea de la trinidad era completamente errónea.

Modalismo negaba que Dios el Padre, Dios el Hijo y Dios el Espíritu Santo fueran tres personas.

Monarquianismo se reflejaba como tener tres diferentes modos revelando la misma persona Divina, en contraste a la creencia que hay tres diferentes personas en la Única Deidad. Este movimiento enseñó que el Padre fue revelado como el Creador y dador de la ley, el Hijo fue revelado como el Redentor, y el Espíritu Santo como el dador de la gracia; y estos tres modos eran una exhibición de la única Deidad Divina.

El Trinitarianismo ha amenazado la unidad de Dios en los ojos de Judaísmo y el Cristianismo por igual. Desde el seno de la iglesia madre, esta doctrina está desafiando la teología de la Unicidad de la Deidad.

El pecado de Tertuliano era que él quería que el Único, Verdadero y Dios Vivo de Israel compartiera Su gloria con otras personas. El Dios de Abraham, Isaac y Jacob no comparte Su gloria con el ángel Lucifer ni tampoco compartirá Su gloria con otras personas.

"Como caíste del cielo, oh Lucero, hijo de la mañana! Cortado fuiste por tierra, tú que debilitabas a las naciones. Tú que decías en tu corazón: Subiré al cielo; en lo alto, junto a las estrellas de Dios, levantaré mi trono, y en el monte del testimonio me sentaré, a los lados del norte; sobre las alturas de las nubes subiré, y seré semejante al Altísimo. Mas tú derribado eres hasta el Seol, a los lados del abismo."

Isaías 14:12-15

Aunque es creído y practicado por algunos, es imperativo que entendamos que no hay tal cosa como el monoteísmo-trinitario. El Monoteísmo ha significado Unicidad en su totalidad desde el principio de los tiempos.

Doxología es de la palabra Griega que significa "gloria" y es una adscripción de alabanza a las "tres personas de la trinidad." A menudo recitaba la Doxología en mi alabanza ritualista. Una tradición común medieval fundada en una carta falsa De San Jerónimo (en la edición Benedictina, París, V, 415) dice que el Papa Damasus I (366-384 d.C.) introdujo la "*Gloria Patri*", es decir:

Gloria sea al Padre

Gloria sea al Hijo y

Gloria sea al Espíritu Santo

A lo largo de la historia el Señor le advirtió a Israel de la idolatría e insistió que Él no compartiría Su gloria con otro. Él declaró que Él era Dios y que Él estaba solo. Para creer que hay otras dos entidades distintas con Dios, compartiendo Su gloria, es blasfemia.

Capitulo Doce

Compromiso Genera Corrupción

Yo era sincero en mi corazón hacia Dios, pero mi entendimiento había sido mal guiado. Mi teología malinterpretada se había transmitido a mí a lo largo de los siglos del tiempo y, por desgracia, había sido frecuentemente representada por el liderazgo buscando su ventaja personal, en lugar de sacrificio personal.

Mucho de los líderes de la iglesia fueron políticamente elegidos en la iglesia. Estos líderes eran teólogos, papas, y filósofos los cuales comprometieron la Palabra de Dios y se inclinaron en el brazo de la carne en vez del brazo eterno del Señor. Dado que el papa afirma ser el verdadero sucesor de Pedro, ¿no debería estar enseñando el mismo mensaje que Pedro enseñó? ¿No debería estar proclamando lo que Pedro proclamó en Hechos 2:38? ¿No debería estar recordando al mundo que Dios es un Dios celoso y bajo ninguna circunstancia compartirá Su trono? Los verdaderos sucesores de Pedro no son aquellos que voluntariamente se adhieren a los dogmas del hombre. Los verdaderos sucesores de Pedro son la gente Apostólica del Nombre de Jesús que ha sido lleno del Espíritu Santo y hoy valientemente agitan la bandera de verdad Apostólica sin compromiso lavada con la sangre de Dios.

El tiempo pasó y las enseñanzas de Tertuliano continuaron persistiendo. La Iglesia Apostólica todavía soportaba la dura realidad de un gobierno opresivo bajo el Imperio Romano, pero con fe andrajosa en mano, la gente Apostólica en su condición traumática continuaba confiando en el Dios que servían.

El Emperador Constantino el Grande fue el primer emperador Romano a ser convertido al Cristianismo. Durante su reinado como emperador, los Cristianos se encontraron saliendo de las sombras de oscuridad del Imperio Romano. Los Apostólicos ahora eran libres de alabar y eran reconocidos como un cuerpo legal. Este emperador le dió esperanzas que no habían sido vistas desde la Crucifixión del Mesías por los Romanos. La conversión de Constantino fue una luz real al final de un túnel muy oscuro.

Para celebrar su conversión al Cristianismo, Constantino el Grande, construyó la Iglesia de San Pedro, en Roma, Italia. La iglesia posteriormente fue demolida y reconstruida como la Basílica de San Pedro, la cual hoy es considerada la iglesia Cristiana más grande del mundo, cubriendo más de 18,000 yardas cuadradas. Se erige como un monumento encima de la cripta la cual se cree contiene el cuerpo del Apóstol Pedro.

El Emperador Constantino reubicó la capital del Imperio Romano de Roma, Italia a la ciudad de Bizantino en el país de Turquía. Esta ciudad posteriormente fue llamada Constantinopla en honor al emperador y ahora es la ciudad moderna de Estambul. La decisión de reubicarse después le asumiera responsabilidad por confusión extrema y una división duradera dentro de la Iglesia Católica. Aunque el papa estaba al oeste en San Pedro en Roma, los primeros siete concilios ecuménicos siguieron los emperadores a Constantinopla en el este. El primer concilio ecuménico fue realizado en Nicea en Turquía la cual estaba localizada 800 millas de Roma pero convenientemente solo a 50 millas del Palacio Imperial en Bizantino de Constantino en Constantinopla también conocida en ese tiempo como el Palacio Sagrado de Constantino. La antigua ciudad de Nicea es ahora la ciudad moderna de Iznik.

El Emperador Constantino era un novato en los ámbitos Cristianos. Él había alabado los dioses del Imperio Romano desde su nacimiento. La influencia pagana dentro del Imperio Romano junto con su mentalidad de multi-dioses ayudó a persuadir el entendimiento de Constantino de la Deidad. Tres personas, un Dios, ¿por qué no? Constantino llamó al Primer Concilio de Nicea en 325 d.C. para resolver entre algunas cosas la confusión sobre la Deidad.

El Primer Concilio de Nicea organizaría lo que llegaría a ser conocido como el Credo de Nicea, la cual resumiría los principales artículos de la fe Cristiana en ese entonces. Este credo, reflejando tres personas en la Deidad, totalmente rechazaría la unidad de Dios.

Parece imposible que alguien podría mantener el Credo de Nicea el cual comienza diciendo, "Creemos en Un Dios," y al mismo tiempo insistiendo que hay tres personas en la Deidad.

El Credo de Nicea fue adoptado originalmente en la siguiente forma:

"Creemos en un Dios, el padre Todopoderoso, creador de todas las cosas, visibles e invisibles; y en un Señor Jesucristo, el Hijo de Dios, unigénito del Padre, Dios verdadero de Dios verdadero, engendrado, no hecho, siendo de una sustancia con el Padre, por el cual todas las cosas fueron hechas, y las que están en los cielos y las que están en la tierra; el cual, por nosotros los hombres y para nuestra salvación , bajo y se hizo carne, se hizo hombre, sufrió, y resucito al tercer día, ascendió al cielo, y vendrá de nuevo a juzgar a los vivos y muertos; y en el Espíritu Santo."

Para Constantino era simple. El concilio del Credo de Nicea promovería Dios el Padre; Cristo su Hijo, y el Espíritu Santo como si fueran tres individuos separados y distintos, pero al mismo tiempo los tres compartir la misma esencia Divina. Constantino vió esto como una solución razonable. Sin embargo, esta crudamente adoptada comprensión de la Deidad no sería tomada ligeramente por muchos líderes de la iglesia y teólogos de esos tiempos y ciertamente no sería incuestionable.

Ha sido escrito en la defensa del Emperador Constantino que él no votó durante el concilio de Nicea, pero simplemente superviso el concilio. Los emperadores no votaban, ellos ordenaban. Recuerda, en este punto en el Imperio Romano la mentalidad dominante era que los emperadores eran vistos como dioses. Había sido la costumbre en el mundo antiguo para que honores Divinos fueran dados a reyes y emperadores. Desde el faraón Egipcio que había sido alabado como el hijo encarnado del dios del sol Re, a Alexander el Grande (356-323 a.C.) rey de Macedonia, el cual se veía a sí mismo como Divino. A su vez, los gobernantes helenísticos esperaban y se le concebían honores Divinos.

Eusebio de Cesarea (263-339 d.C.) llegó a ser el Obispo de

Cesarea en Palestina en 314 d.C., y muchas veces es visto como el "Padre de la Historia de la Iglesia." Eusebio disfrutaba de la amistad del emperador y era prominente en las transacciones durante el Primer Concilio de Nicea. La siguiente es un extracto de la escrituras antiguas de Eusebio la cual describe como la presencia del emperador fue deificada mientras entraba al concilio con pompa y poder.

"Constantino mismo procedió por en medio de la asamblea, como algún mensajero celestial de Dios, vestido con ropas que brillaban como si fueran rayos de luz, reflejando el brillante resplandor de un manto de púrpura, y adornado como oro brillante y piedras preciosas."

Es fácil ver como el Imperio Romano tuvo un fuerte dominio sobre la iglesia por un largo periodo de tiempo. Aunque la conversión del Emperador Constantino dio un rayo de esperanza, resultaría ser una experiencia agridulce para el verdadero pueblo Apostólico.

Constantino, el nuevo convertido, era extremadamente ignorante en teología Cristiana y era considerado por la iglesia como un catecúmeno (alguien que estudia preguntas y respuestas de la fe.) Constantino podría ser ignorante de la fe Cristiana, pero él era el emperador. Fue este hombre poderoso con su autoridad política incuestionable el cual presidió sobre el Primer Concilio de Nicea. La influencia de este hombre como emperador de Roma daba mucho de qué hablar en el mismo concilio.

Hubiera sido muy fácil para Constantino hacer valer su dominio sobre el concilio. En este punto el pueblo Apostólico lleno del Espíritu Santo veía la sangre de sus familiares derramarse sobre las calles Romanas, especialmente durante los reinados previos de los Emperadores Tito y Nero. Constantino escuchaba contentamente al consejo de su concilio y tomó su decisión sobre el asunto.

Él ahora necesitaba la aprobación de su buen amigo el Papa Silvestre para establecerlo dentro de la iglesia, o ¿será que si?

El Papa Silvestre I (314-335 d.C.) había disfrutado de una cercana relación con el Emperador Constantino. A través de los años el Papa Silvestre se había acostumbrado a los regalos espléndidos que su relación con Constantino le proporcionaba. Él sabía que la fuente de riqueza de Constantino significaba muchas bendiciones para la iglesia y sus líderes en Roma que luchaban.

El papa no atendió al concilio el mismo, pero en vez, fue representado por dos legados. Después del Primer Concilio de Nicea, con la bendición del Emperador Constantino, el Papa Silvestre I finalmente hizo la doctrina de la trinidad de Tertuliano un dogma de la iglesia. Por más de cien años después de la muerte de Tertuliano, su término "trinitas" ahora estaba solidificado dentro de la Iglesia Católica. La doctrina de la trinidad fue concebida y nacida como resultado de la unión entre dictadura política y compromiso Apostólico. Sin embargo, por la controversia en marcha causada por los Apostólicos Unicitarios, no fue ratificada hasta cincuenta y seis años después durante el Primer Concilio de Constantinopla en 381 d.C. Los emperadores controlaban las instituciones religiosas dentro del imperio, entonces, como emperador, él siempre era *"Pontifex Maximus"* (el más grande hacedor de puentes), el cual era el Sumo Sacerdote del Antiguo Colegio Romano de Pontífices. No había autoridad mayor en el Imperio Romano Cristiano. No fue hasta la caída del Imperio Romano del Oeste que los Obispos de Roma fueron referidos como *"Pontifex Maximus"*.

Después de la conversión de Constantino el Grande al Cristianismo, la iglesia la cual se estaba descarriando, ya no estaría bajo control de los Obispos en Roma, pero bajo los muy poderosos Emperadores de Constantinopla.

No debemos echarles la culpa a los papas en Roma por todo lo que sucedió en el tercer y cuarto siglo concerniente al entendimiento de la Deidad. En este tiempo, los Pontífices no eran la autoridad final en la iglesia gobernada por el estado. La iglesia Apostólica que cayó bajo el gobierno Romano llegó a ser una institución religiosa **hecha por los hombres** por el compromiso Apostólico. La pura doctrina Apostólica de Jesucristo fue vendida a un alto precio. Las riendas ya no estaban en manos de Pedro, sino en manos de los emperadores.

De Roma a Jerusalén

Papa Silvestre I
(314-335 D.C.)

Estos emperadores no fueron llamados ni ungidos del Espíritu Santo pero fueron dictadores que no tenían problema en demandar la sumisión de su pueblo. Al año 327 d.C., el Emperador Constantino I había empezado a lamentar las decisiones que habían sido hechas en el primer concilio ecuménico en Nicea. Sin embargo, en 381 d.C., el Emperador Teodosio I de Bizantino llamó al segundo concilio ecuménico en Constantinopla para resolver las controversias en curso sobre la doctrina de la trinidad. Aunque había teólogos del Este representados en este concilio, el Papa Damasus I ni tampoco sus representantes fueron invitados para atender esta reunión. El Papa y sus legados no tuvieron parte en el concilio de 381 d.C. En este concilio ecuménico liderado por el estado, el Emperador Teodosio el Grande, solidifico la doctrina de la trinidad de Tertuliano como un dogma de la iglesia, haciendo la creencia esencial para la salvación.

En 381 d.C., un decreto del Emperador Teodosio fue emitido con lo siguiente: "La doctrina de la trinidad será la creencia oficial del estado y todos los sujetos se adhieran a ella."

A pesar de años de objeciones por los creyentes monoteístas de Jesucristo, la doctrina controversial de la trinidad fue finalmente ratificada 161 años después de la muerte de su autor Tertuliano. El Emperador Teodosio el Grande de Bizantino hizo algo que creo que sacudió el cielo. Este dictador incuestionable se pronuncio en contra de la Unidad del Dios Monoteístico de Abraham..

El Dios de Elías no cambia y es absolutamente Omnipresente en naturaleza. Constantino el Grande en 325 d.C. Y Teodosio el Grande en 381 d.C. no eran los únicos poderes representados en los primeros dos concilios ecuménicos de la iglesia Apostólica. Jesucristo el cual formó solo el universo y todo lo que está en el (Él estaba en el mundo y el mundo fue hecho por Él. Juan 1:10) se paró en las sombras de los concilios mientras Su Soberanía se pesaba en la balanza por estos descendientes de los emperadores que demandaban la sangre del Sus Apóstoles.

Mientras el Emperador Teodosio I emergía del segundo concilio ecuménico en Constantinopla en el país de Turquía, el imperio más poderoso en la tierra experimentó una caída rápida. Viendo que Dios no cambia, ¿será imaginable que la ira del Señor fue encendida y en torno se pronunció en contra del Imperio Romano? Roma estaba a punto de caer!

En este punto en la historia, todos los caminos llegaban a Roma y después a Constantinopla. Nada la podía derrumbar. Nada pero Dios mismo. Cuando el Emperador del Oeste Rómulo Augusto fue depuesto el 4 de Septiembre de 476 d.C., el imperio más poderoso en el mundo había totalmente colapsado. Los Bárbaros se sentaron sobre los tronos de estos emperadores pasados.

La caída del Imperio Romano inmediatamente precipitó la "Edad Oscura" que duró por más de 900 años, un tiempo de desigualdad y brutalidad, solo para ser seguida por la "Muerte Negra" en el siglo decimocuarto. El antiguo Imperio Romano cayó a una devastación total. ¿Será que el Señor le estaba mandando un mensaje a los emperadores en Constantinopla y a los papas impíos en Roma concerniente a Su naturaleza Unicitaria, así como hizo con los Faraones impíos de Egipto?

Cualquiera que fuere el caso, la doctrina de la trinidad continuó y continúa siendo desafiada.

Uno de los obispos que se sentó en el Primer Concilio de Nicea en 325 d.C. fue el Obispo Marcelo de Ancira. Él fue conocido por tomar fuertes posiciones en contra de herejías. Este obispo no solo escribió en contra del Arianismo, la enseñanza de Arias, pero en contra de la muy debatida doctrina trinitaria de Tertuliano.

La creencia inquebrantable de este obispo era que Dios era una persona como nosotros creemos hoy en día. Su enseñanza era que: "En la creación del universo el Verbo (Palabra) o Logos salió del Padre y fue la actividad de Dios en el Mundo." (*La Enciclopedia Católica*, 1913)

En el Concilio de Nicea, el Obispo Marcelo de Ancira fue acusado de ser un seguidor del Sabelianismo y fue condenado varias veces por la iglesia Romana. Los obispos en Jerusalén condenaron sus trabajos y el inicialmente fue depuesto en Constantinopla en 336 d.C.

Constantino Preside Sobre el Concilio de Nicea

La decisión en Nicea en la refutación de Marcelo concerniente a la Deidad no solamente retrasó la ratificación de la doctrina de la trinidad, pero alimentó el deseo de Marcelo para promover el monoteísmo puro en los próximos años.

Este obispo Católico finalmente fue depuesto por la facción Marcedónica en Constantinopla donde fue reemplazado por el Obispo Basil en 353 d.C. El Obispo Eusebio de Cesarea, buen amigo del Emperador Constantino, escribió en contra de Marcelo en dos trabajos: *Contra Marcellus* (Contra Marcelo) una exposición de la doctrina de Marcelo y en la *Teología de la Iglesia*, una refutación de Marcelo. Atanasio mismo, el obispo de Alejandría también reconoció lo que era considerado la heterodoxia (alguien teniendo opiniones poco ortodoxas) de Marcelo. El Papa Damasco I (366-384 d.C.) del mismo modo, en 380 d.C. con el Segundo Concilio General se pronunció en contra de él.

Miembros de la Iglesia Apostólica y todos aquellos en todo el mundo que aman el monoteísmo puro Apostólico, no necesitan sentirse aislados. Muchas personas a través de la historia de la iglesia, como aprendemos, estaban en contra de herejías Cristianas. Miles pusieron sus reputaciones e inclusive sus vidas en la línea para proteger lo que nosotros en el 2014 d.C. apreciamos en nuestras iglesias como nuestra herencia pura Apostólica.

Después del concilio del Emperador Constantino en Nicea cosas empezaron a suceder pronto en el Imperio Romano. En menos de un año desde la declaración de la trinidad como dogma de la iglesia, el Emperador Constantino mandó a matar a su hijo mayor Crispo por un rumor que él se acostaba con su segunda esposa Fausta. Siendo informado por su madre que el rumor no era verdad, él entonces mató a su segunda esposa Fausta por ser la aparente fuente del rumor.

El Emperador Constantino el hombre que llamó y fiscalizó el Primer Concilio de Nicea, que aceptó y perpetuó la doctrina de Tertuliano, no fue bautizado como un Cristiano hasta que fue bautizado en su cama de muerte.

Papa Damasco I
(366-384 D.C.)

Cuando Constancio II (317-361 d.C.), el segundo hijo del Emperador Constantino tomó control del imperio, él tomó una fuerte posición en contra de todo aquello que no pertenecía al Cristianismo Ortodoxo. Constancio II implementó numerosas provisiones las cuales sirvieron para asegurar el estatus de la religión oficial del imperio y promover unidad entre la iglesia y el estado. Esta unión sería beneficiosa para ambos partidos. La iglesia necesitaba el soporte financiero disponible solamente del estado, mientras el estado necesitaba el tipo de influencia sobre sus sujetos disponible solamente de la iglesia. Esta asociación habilitó a Constancio II a afirmar su dominio sobre el imperio.

Él persiguió paganos y Hebreos. Los altares sacrificiales de los paganos fueron derrumbados y el uso de algunas terminologías Hebreas en alabanza fueron prohibidas. "Shema Yisrael," a veces es considerado la oración mas importante en el Judaísmo: "Oye, Israel: Jehová nuestro Dios, Jehová uno es", fue prohibido como una negación a la trinidad de Tertuliano. Se es creído entre muchos historiadores que durante este tiempo la

Iglesia Cristiana tomó el nombre de la "Iglesia Católica Romana". El rostro religioso del imperio había cambiado drásticamente bajo la dinastía de Constantino. Era ahora *"ecclesia vivit lege romana"* (la iglesia vive bajo la ley Romana).

La dinastía de Constantino le dio su espalda a las enseñanzas de los Apóstoles, y el liderazgo de la iglesia de ese día le dio favoritismo al estado lucrativo que dirigía la religión para así asegurar su establecimiento a largo plazo. Para comprometer la verdad pura para ganancia personal, la iglesia arriesga consecuencias nefastas de disminuir la fe Apostólica que ha mantenido tan cerca. La Iglesia Apostólica es santa y debe ser alienada de cualquier espíritu de compromiso, de afuera o de adentro. Debemos continuar agarrándonos fuertemente de la verdad de la Palabra de Dios así como Él nos la dio.

Estos eventos tomaron lugar siglos después que San Juan el Divino murió en la Isla de Patmos, advirtiendo aquellos que le sucedieran a él de los juicios de Dios sobre aquellos que alterarían Su Palabra ungida.

"Yo testifico a todo aquel que oye las palabras de este libro:

Si alguno añadiere a estas cosas, Dios traerá sobre él las plagas que están escritas en este libro."

Apocalipsis 22:18

Como fue testigo en la historia de la iglesia, cuando el pueblo escogía comprometer la "Palabra del Señor" las cosas se empeoraron. Mientras el tiempo mortal marchaba, los papas empezaron a reafirmar control e influencia dentro del Imperio Romano el cual previamente dominaba. Sin embargo, estos líderes religiosos en muchos casos no se podían comparar con la gloria y sabiduría de los Apóstoles. No sería muy mucho tiempo hasta que los creyentes Unicitarios Apostólicos llegaran a ser objeto de crueldad inimaginable por manos de aquellos que profesaban ser Cristianos. El pueblo Apostólico se encontró apartándose lejos de lo que fue experimentado en el día de Pentecostés. Este fue un momento de reflexión en la historia del pueblo de Dios.

Mezclado con los asuntos políticos muchos padres santos de la iglesia llegaron a ser impíos. Si me lo permiten, me gustaría interponer un pensamiento. Ahora soy un ferviente partidario del monoteísmo en su totalidad. Por lo tanto para mí no hay dos Padres Santos en existencia. El Padre Santo no está sentado en un trono en el Vaticano en Roma. El verdadero Padre Santo, el único Padre Santo está sentado en Su trono en el cielo donde Él unge y gobierna Su Iglesia Apostólica.

"Pero vosotros no queráis que os llamen Rabí; porque uno es vuestro Maestro, el Cristo, y todos vosotros sois hermanos. Y no llaméis padre vuestro a nadie en la tierra; porque uno es vuestro Padre, el que está en los cielos."

Mateo 23:8-9

Como decía, mucho de estos hombres llegaron a ser impíos. Una sed por la sangre de cualquiera que se oponga a su régimen era un inquietante recuerdo de las hostilidades Romanas que cobraron la vida de muchos Apostólicos. Aunque revisionistas históricos quisieran desestimar tales crueldades, la sangre de los inocentes aun clama a través de las edades del tiempo. Esta información no es compartida para ser vengativo, sino mas bien, para ayudar a aquellos que buscan entender la verdad que el pecado no hace acepción de personas.

Papa Félix III
(526-530 D.C.)

COMPROMISO GENERA CORRUPCIÓN

Si le damos nuestra espalda a la guía de la luz de la Palabra de Dios, tropezaremos a través de sombras amenazantes de oscuridad, buscando sin dirección por una substitución. Los mártires Unicitarios están clamando, "Guarda tu herencia."

La Iglesia Católica tenía conocimiento de primera mano de como los emperadores Romanos establecieron control sobre su pueblo. La cooperación y participación de la iglesia dentro del Imperio Romano reveló los efectos que el poder podría tener por medio de una mano fuerte de intolerancia.

Herejía viene de la palabra Griega *"hairesis"* que significa rechazo deliberado de la verdad revelada y este cargo muy a menudo significaba muerte para el acusado. Esta acusación era usada frecuentemente para promover temor y forzar la adhesión al dogma de la iglesia. Mientras los corazones de los hombres les fallaban, el odio y la codicia generaron una corrupción salvaje dentro de la iglesia. Esta corrupción por poder llevaría a la ejecución de muchos.

La palabra mártir es comúnmente usada para describir un individuo que sacrifica su vida con el fin de promover la causa o creencia para mucha gente. Desafortunadamente, así como los Apóstoles de Cristo, Apostólicos Unicitarios llegarían a ser sinónimo de este término. La dureza de los siglos por venir solo puede medirse por la estimación de vidas perdidas con el bien de "purificar" la iglesia.

El Papa Félix III (526-530 d.C.) empezó una campaña en Roma en contra de los enemigos de la Iglesia Católica Romana, la cual incluía Apostólicos, Judíos, Árabes y cualquier otro que se oponía a las enseñanzas Católicas. Todo método de tortura física conocida o imaginada fue usado para hacer que la gente se retractara. Para ser acusado de herejía significaba muerte segura o en el mejor de los casos cárcel de por vida. Las finanzas, posesiones y propiedades de los condenados por herejía muchas veces eran dadas a la iglesia madre. Esta práctica a través de los siglos llevaría a la Iglesia Católica adquirir grandes cantidades de riquezas. Lo que estoy escribiendo hoy es historia Católica documentada.

Papa Esteban II
(752-757 D.C.)

El dominio del Papa sobre los estados Papales, los cuales consistían de la mayor parte céntrica de Italia, se produjo cuando el monarca de los Francos Rey Pepín III derrotó a los Lombardos en el siglo octavo. El Papa Esteban II (752-757 d.C.) personalmente fue a París para pedirle al monarca Católico por ayuda en contra de los Lombardos que invadían, y también los cuales amenazaban el establecimiento de la iglesia. El Pontífice fue rápidamente acomodado. Por la visita personal del Papa, el Rey Pepín III se vio él mismo jugando el papel de un protector y guardián ordenado de la gente Católica Romana. El Papa Esteban II re-consagró a Pepín como rey el 6 de Enero de 754, mientras visitaba el país ahora conocido como Francia. El Emperador Carlomagno, el cual fue ungido en el Día de Navidad en 800 d.C. por el Papa Leo III, era el hijo del Rey Pepín III.

Este rey Francés movilizó a su ejército bien entrenado hacia el norte de Italia. Sin embargo, cuando los Lombardos fueron derrotados, en vez de hacer lo correcto de regresarle la tierra al reino de Italia en 756 d.C., él escogió dárselo al Papa Esteban II y sus sucesores. El papa entonces era no solamente cabeza de la Iglesia Católica Romana, pero un monarca de millones de personas. La tierra fue dividida en lo que llegaría a ser conocido como los estados Papales, y era controlado por los papas por los siguientes 1100 años.

Muchos siglos después, el rey de Italia derrocó el ejército del papa y llevó al pontífice de nuevo al Vaticano. Esta guerra sangrienta sucedió en 1860. El Papa Pío IX se refería a él mismo como "Un prisionero del Vaticano" hasta su muerte en 1878.

El gran dominio de la Santa Sede fue rápidamente reducido a una parcela de tierra que en realidad es más pequeña que el Parque Central de la Ciudad de Nueva York.

Este ciclo de dominio continúo a través de los siglos. Cuando el Papa Leo III (795-816 d.C.) coronó a Carlomagno como emperador en el Día de Navidad de 800 d.C., él estableció el precedente que ningún hombre seria emperador sin la unción del papa. Este evento marcó el comienzo del Imperio Romano Santo que existió de una manera u otra por casi mil años.

Rey Pepin III
Le dio Tierra Italiana al Papa Esteban II

COMPROMISO GENERA CORRUPCIÓN

Papa Leo III
(795-816 D.C.)

El poder absoluto de la posición del papa llevaría a muchos a la corrupción absoluta. Tristemente, personas sinceras buscando por la verdad, en muchas ocasiones, fueron sometidos a una exhibición de los apetitos viles de hombres impíos en altas posiciones de liderazgo. El Papa Juan XII (955-963 d.C.) tuvo orgías depravadas (alguien adicto a indulgencias excesivas de placer sensual o aquello que pertenece a la gratificación excesiva de apetito físico) en el Palacio de Letrán en Roma. El Emperador Otto I de Alemania, aborrecido por las acciones del papa, acusó al Papa Juan XII en una corte eclesiástica, la cual lo encontró culpable de todos los cargos. Mientras lo deponían como papa, ellos eligieron a un nuevo papa llamado Leo VIII. En respuesta a la decisión de la corte eclesiástica, el Papa Juan XII mutiló a representantes imperiales en Roma, venciendo a su rival el Papa Leo VII lo mandó al exilio, y se reinstaló a sí mismo como el Pontífice Santo Romano de la Iglesia Católica.

De acuerdo a los escritos de Liutprand de Cremona, el Papa Juan XII murió en 963 d.C. por la espada mientras fue sorprendido en un momento adúltero. No se le fue ofrecido el Santo Viatico (Santa Eucaristía administrada a los moribundos).

Los Cristianos que lucharon a brazo partido con las situaciones dentro del cuerpo de su iglesia ahora sufrían de confusión. En este punto en el tiempo se había producido una larga lista de enfermedades derivadas de su propio compromiso Apostólico. El liderazgo de la Iglesia Católica Romana hizo numerosos intentos de resolver sus problemas internos, pero el espíritu comprometedor dentro de sí, solo trajo mayor división.

Los primeros siete concilios ecuménicos de la iglesia llamada por los emperadores demostraron ser igual de confusos, viendo que la iglesia misma confundirse. Ninguno de los concilios fueron realizados en Roma. Los siete concilios ecuménicos fueron llevados a cabo en el Este donde los emperadores vivieron mientras lideraban el Imperio Romano. Estos concilios revisaban temas que van desde la Deidad con Constantino mismo en el primer concilio en 325 d.C., a la veneración de imágenes en la iglesia en el séptimo concilio en 787 d.C. Como el Emperador Constantino I entraba al Primer Concilio de Nicea con pompa y poder, con la Deidad en su

Papa Juan XII
(955-963 d.C.)

mente, así mismo lo hizo la Emperatriz Irene al entrar al Segundo Concilio de Nicea después de 450 años también con pompa y poder, con la veneración de imágenes en su mente. Ambos gobernantes dejaron los concilios eufóricos. La iglesia estaba definitivamente bajo el dominio Romano.

La siguiente es una lista de los primeros siete concilios ecuménicos y cuando fueron convocados:

1. Primer Concilio de Nicea – convocado por el Emperador Constantino I en 325 d.C.

2. Primer Concilio de Constantinopla – convocado por el Emperador Teodosio I en 381 d.C.

3. Concilio de Éfeso – convocado por el Emperador Teodosio II en 431 d.C.

4. Concilio de Calcedonia – convocado por el Emperador Marican en 451 d.C.

5. Segundo Concilio de Constantinopla – convocado por el Emperador Justiniano en 553 d.C.

6. Tercer Concilio de Constantinopla – convocado por el Emperador Constantino IV en 680 d.C.

7. Segundo Concilio de Nicea – convocado por la Emperatriz Irene 787 d.C.

Durante este tiempo enmarcado la Iglesia Ortodoxa del Este y la Iglesia Católica Romana del Oeste se habían estado separando. Había una lucha de poder dentro del Cristianismo Ortodoxo en cuanto quien tenía autoridad sobre las iglesias. Estos concilios fueron llamados para ayudar restaurar la comunión entre las iglesias y resolver problemas doctrinales. Sin embargo, estos concilios no siempre fueron aceptados. La Iglesia Ortodoxa Oriental rechazó cuatro de los siete concilios mientras la Iglesia de Asiria del Este rechazó cinco de ellas. Aunque las varias Iglesias Ortodoxas luchaban con división, los santos Unicitarios durante este periodo estaban firmes unidos en el monoteísmo Apostólico, unánimes y entusiastas rechazando los siete concilios.

Uno de los principales problemas que perturbaban la iglesia

era la afirmación del papa a la autoridad de la Iglesia del Oriente. Esta cuestión llevó a una disputa histórica en los años 800 entre Focio, Patriarca de Constantinopla, y el Papa Nicolás I (858-867 d.C.) en el que ambos depusieron al otro del poder.

En 858 d.C. el Emperador Bizantino Michael III, presidente de la cancillería imperial había depuesto a Ignacio, Patriarca de Constantinopla (note la autoridad del emperador sobre la iglesia Griega en el Este) y lo remplazó con Focio. Mientras la confusión prevalecía entre las ramas Occidentales (Latín) en Roma, Italia y las ramas Orientales (Grecia) en Constantinopla, Turquía, la división finalmente llevaría al Gran Cisma de Oriente y Occidente de 1054 d.C. Esta división de las Iglesias Orientales Ortodoxas llevó a los delegados del papa Leo IX (1049-1054 d.C.) a excomulgarse del Patriarca de Constantinopla. El Patriarca entonces convocó un concilio que excomulgara a los delegados papales. Este evento representó la gran división Romana-Ortodoxa.

Cuando la Iglesia Apostólica monoteísta pura de Jesucristo es comprometida como lo fue en el segundo siglo y después, Satanás tomó control de almas inmortales por dentro. Cuando el poder de la mortalidad aumenta dentro del Cristianismo, el poder de Dios disminuye y el mal se vuelve inminente.

El Papa Sergio III (904-911 d.C.) fue el único papa en la historia de la Iglesia Católica Romana de ordenar la muerte de otro papa y ser padre de un hijo ilegítimo el cual más tarde llegó a ser papa. El Pontificado del Papa Sergio III ha sido descrito por historiadores de la iglesia como "triste y lamentable."

El Papa Sergio III fue precedido por el Papa Leo V en 903 el cual murió en 904, supuestamente sujetado al suelo y estrangulado a muerte en su celda por órdenes del Papa Sergio. Al finalizar el gobierno del Papa Sergio III, su hijo ilegitimo fue sentado en el trono papal como su sucesor y tomó el nombre de Papa Atanasio III. El Papa Atanasio gobernó la iglesia desde 911-913 d.C. La historia sugiere que el fue un buen gobernante para su pueblo.

**Focio
Patriarca de Constantinopla
(815-897 d.C.)**

Papa Nicolás I
(858-867 d.C.)

Papa Leo V
903 d.C.

Papa Sergio III
(904-911 d.C.)

Papa Leo IX
(1049-1054 d.C.)

El pecado en un Cristianismo religioso no se mejora; solamente continuó empeorándose. En Enero de 897, el póstumo juicio eclesiástico del Papa Formoso (891-896 d.C.) se celebró en la Basílica de San Juan de Letrán en Roma.

El cadáver del Papa Formoso fue exhumado y colocado en un trono mientras su sucesor, el Papa Esteban VI (896-897 d.C.) leía los cargos en su contra. Este "Cadáver Sínodo" condenó al hombre muerto, removió sus vestiduras papales, mutiló su cadáver, y luego lo arrojó al rio Tiber.

La acción del Papa Esteban VI enfureció la gente Católica Romana. El Papa Esteban VI entonces fue condenado por una corte eclesiástica, puesto en prisión, y después en Agosto de 897 fue sofocado a muerte. Todo esto de hecho sucedió en la Iglesia Católica Romana en el nombre de una religión Cristiana **hecha por el hombre.**

La residencia del papa puede ser referida como un Palacio Apostólico, pero esto no es definitivamente una "Herencia Apostólica". Mientras el tiempo avanza veremos la vasta diferencia entre la religión Cristiana **hecha por el hombre** y la pura salvación Apostólica.

Reconocemos y lucharemos con diligencia para diferenciar el Cristianismo fabricado por el hombre y la verdad inalterable de Dios que fue cementada de manera indeleble en las mentes y los corazones de los doce Apóstoles. Si Dios estaba allí para la escritura, ¿no debería Él estar ahí en nuestras vidas para la comprensión de la escritura?

Lo que Dios personalmente entregó a los apóstoles no fue hecho por los hombres. Fue Divinamente inspirado. Es por lo tanto, por la "Santa Palabra de Dios" que toda la humanidad sea juzgada eternamente.

Cadáver del Papa Formoso en Juicio

Capitulo Trece

Los Violentos Lo Arrebatan

Aunque luchando en el interior, la Santa Iglesia Romana extendió su mano para declarar su dominio una vez más. Muchos cayeron por las espadas de los soldados Cristianos. Un esfuerzo para establecer la Iglesia Católica como la única autoridad religiosa estaba en curso. Los Musulmanes, como los Judíos, con sus puntos de vista monoteístas de Dios eran considerados una amenaza a la santidad del la Iglesia Católica Romana.

El Islam, la fe Musulmana, es el nombre dado a la religión predicada por el profeta Mahoma en los años 600's d.C. Mahoma era un árabe que nació en la Meca alrededor de 570 d.C. Él creía que había sido enviado para advertir y guiar su pueblo de la adoración de ídolos al Islam.

El Islam es actualmente una de las religiones más grandes del mundo. Las comunidades Musulmanas más grandes existen en el Oriente Medio, Norte de África, Indonesia, Bangladesh y Pakistán. El símbolo del Islam es una media luna y estrella. Este símbolo aparece en las banderas de muchas naciones cuya población tiene una mayoría Musulmana. Aunque el Cristianismo es la religión predominante en el mundo, el Islam es la de más rápido crecimiento. Más de veinte por ciento de la población mundial sigue las enseñanzas de Mahoma.

Los Musulmanes creen que el Islam (que significa sumisión a Alá) es la religión original desde la creación de Adán, su primer profeta. Profetas prominentes entre los Musulmanes incluyen Abraham, Moisés, David y Jesús el Mesías.

El camino no fue tan fácil para Mahoma. La Meca era un centro de adoración a ídolos en 610 d.C., cuando Mahoma primero desafió a la gente a renunciar a la idolatría y abrazar el Islam. La mayoría de los Mecanos rechazaron su mensaje y muchos empezaron a perseguir los primeros Musulmanes, causando su huida a Medina más o menos en 622 d.C. Medina era más receptiva y de esa ciudad, el Islam se propagó a toda la Península de Arabia.

Después de la muerte de Mahoma en 632 d.C., el Islam Sunni rápidamente se propago desde Arabia bajo el liderazgo de los primeros gobernantes "bien guiados" que eran compañeros cercanos de Mahoma.

Para los Musulmanes, el profeta Mahoma llamado el "sello de los profetas" es el último de más de 124,000 profetas que se remontan a Adán. Su nombre significa "el alabado" y es elogiado por Alá en el Corán.

Los Musulmanes creen que el ángel Gabriel fue enviado a Mahoma en la Meca, Arabia Saudita en 610 d.C. Durante los próximos veintidós años, Gabriel el ángel enviado por Alá revelo suras (capítulos) a Mahoma con la orden de enseñar a otros. Poco después de la muerte de Mahoma, sus seguidores reunieron las suras en el Corán. El Corán es considerado Divino en su forma Arábica original la cual es memorizada y recitada solamente en su forma original.

Mahoma prevaleció con su mensaje de monoteísmo. La Unicidad absoluta de Alá es primordial para los Musulmanes y el pecado más grande es asociarlo a él con cualquier otro ser. Para los Musulmanes Alá crea y sostiene toda la vida, espiritual y material. Su voluntad es absoluta y no puede ser cuestionada por su creación. A los Musulmanes se les enseña que todas las escrituras antiguas eran corrompidas y que solamente hay una Sagrada Escritura confiable, el Corán.

En el Islam no hay salvador. Eso no implica que la salvación no sea posible, porque los Musulmanes creen que Alá es misericordioso y compasivo. El Corán habla acerca del cielo como un jardín hermoso, un lugar de recompensa, Janna. El Corán es también descriptivo del castigo y fuego infernal. Las mujeres Musulmanas generalmente se consideran a sí mismas protegidas y satisfechas dentro de su cultura. La vestimenta modesta es diseñada para protegerlas, la cual no es obligatoria en sus casas o solo cuando hay mujeres presentes. Poligamia es permitida en el Islam la cual limita a un hombre a cuatro esposas y requiere trato igual para cada una.

"Él, respondiendo, les dijo: ¿No habéis leído que el que los hizo al principio, varón y hembra los hizo, y dijo: Por esto el hombre dejará padre y madre, y se unirá a su mujer, y los dos serán una sola carne?"

Mateo 19:4-5

Culturas Cristianas influenciadas por lo secular puede ser confuso a los Musulmanes los cuales ven por medio de la gama de sus puntos de vista históricos. Muchas veces ven la "sexualidad de Hollywood" como "Cristiano", o una acción militar como una "Cruzada". Para los Musulmanes, la cruz es un símbolo militar.

Los Musulmanes tratan de seguir el ejemplo de Mahoma conocido como su sunna, o su-camino en todo detalle posible. Las practicas ritualistas del Islam son los pilares de su sistema religioso: confesando su fe, dar limosna, oración, peregrinaciones a la Meca y el ayuno.

Casi todos los Musulmanes pertenecen a una de dos denominaciones, la Sunni y los grupos Shi'a. El cisma se desarrollo a finales del séptimo siglo después del desacuerdo sobre el liderazgo religioso y político dentro de la comunidad Musulmana.

Algunos Musulmanes podrían incluir un sexto pilar, guerra Santa (Jihad). Esta lucha podría ser interna (una lucha en el alma para hacer lo correcto) o externa (un esfuerzo en contra de los infieles o no creyentes). La interpretación de Jihad puede determinar la diferencia entre Musulmanes moderados y radicales.

Todos fuimos testigos de la horrible cabeza del brazo radical del Islam en la ciudad de Nueva York el 11 de Septiembre del 2001, tal como apareció en el escenario teatral del mundo. Los hijos radicales de Ismael recibieron la atención del mundo y los unieron bajo una misma vista. La iglesia es consciente de que el gobierno único del mundo está a la mano.

Papa Urbano II
(1088-1099 d.C.)

El Papa Urbano II (1088-1099 d.C.) co-organizó la primera cruzada Cristiana en contra de los Musulmanes en Jerusalén con el Emperador Bizantino Alexus (1081-1118 d.C.). El Papa Urbano II sentía que la creciente población Musulmana podría y debería ser silenciada por fuerza militar. Los escudos de los soldados Cristianos llevaban el emblema de la cruz. No había separación de la iglesia y del estado y no había sido desde el Primer Concilio de Nicea.

El Papa Urbano II, poco dispuesto a ser examinado como alguien que provocaría una masacre, armó a sus soldados y bajo la apariencia de un peregrinaje Cristiano marchó audazmente a través de la Tierra Santa. Sabiendo que los Musulmanes verían esto como un acto de agresión y ciertamente responderían de la misma forma, el Papa Urbano II y su ejército jugaron el papel de victimas mientras que engañosamente libraban una guerra santa (Jihad) para eliminar la amenaza Musulmana. Como la historia se desarrolla la cruz se convirtió en una espada.

"Entonces Jesús le dijo: Vuelve tu espada a su lugar; porque todos los que tomen espada, a espada perecerán."

Mateo 26:52

Un relato se registró desde la posición del papa piadoso mientras el extendía la mano a sus hermanos Cristianos en Jerusalén al mismo tiempo pidiendo ayuda de la Iglesia Católica Romana de ese día para destruir a los Musulmanes mientras avanzaba a sus soldados hacia adelante.

En el Concilio de Clermont en sus propias palabras el Papa Urbano II desde su bula papal, *"bellum sancrum"* gritó: "Yo, o mejor dicho el Señor, os ruego como heraldos de Cristo para publicar esto en todas partes y persuadir a todas las personas de cualquier rango, soldado de infantería y caballeros, pobres y ricos, para llevar ayuda rápidamente a los Cristianos (en Jerusalén) y para destruir esa raza vil de las tierras de nuestros amigos."

¿Cuál es la diferencia entre los hombres que sacaban sus espadas para cortar las cabezas de los Musulmanes en Jerusalén, y el titiritero que controla los hilos? Aprenderemos a través de la historia Católica Romana que el papado, para disgusto de sus seguidores inocentes, viene con un pasado históricamente oscuro.

La primera cruzada Cristiana fue la más exitosa desde un punto de vista militar. El historiador Raymundo de Agiles describió la santa guerra en Jerusalén por los cruzados dirigido por el Papa Urbano II en 1099 d.C.

"Algunos de nuestros hombres le cortaron la cabeza a sus enemigos; otros le lanzaron flechas, para que se cayeran de las torres; otros los torturaron arrojándolos en las llamas. Montones de cabezas, manos y pies se veían en las calles de la ciudad. Era necesario recoger el camino de uno sobre los cuerpos de hombres y caballos. Pero estos eran pequeños asuntos en comparación de lo que sucedió en el templo de Salomón, un lugar donde servicios religiosos ordinariamente se coreaban. ¿Qué sucedió allí? Si digo la verdad, va exceder sus poderes de creencia. Así que basta con decir esto por lo menos, que en el templo y pórtico de Salomón, hombres iban en sangre hasta las rodillas y las riendas de herradura."

La decapitación de los seres humanos no es nueva en la historia de nuestro mundo y no se ha terminado.

"Y vi tronos, y se sentaron sobre ellos los que recibieron facultad de juzgar; y vi las almas de los decapitados por causa del testimonio de Jesús y por la palabra de Dios, los que no habían adorado a la bestia ni a su imagen, y que no recibieron la marca en sus frentes ni en sus manos; y vivieron y reinaron con Cristo mil años."

Apocalipsis 20:4

Aunque era un Católico Romano devoto y era dedicado a la causa de mi iglesia, había tiempos durante mi curso de estudio en los seminarios que me vi obligado a bajar la cabeza en vergüenza. La historia de la iglesia documentada era muchas veces lamentable pero absolutamente innegable. La iglesia madre durante siglos bajo el disfraz del cristianismo infligió tortura física real y manipulación mental sobre presuntos herejes en sus prisiones secretas, con la esperanza de su propia purificación doctrinal.

Estas eran escenas del infierno registradas en algunas de las páginas más oscuras de la historia humana. Escucho historiadores repetidamente reclamar que alguien debe tomar bajo consideración las circunstancias que rodearon la ciudad santa de Jerusalén en ese tiempo. Ahora que tengo el Espíritu Santo y he sido bautizado en el Nombre de Jesús debo decir, no seas engañado, no había escusas para tales atrocidades que venían en el nombre del Cristianismo. Los papas a través de las muchas edades del tiempo tenían acceso a la misma guía Divina como nosotros hoy en día. O será? Papa Urbano II se deslizó de su estado mortal el 27 de Julio de 1099 hacia el reino inmortal de su vida.

Nos corresponde, en el entendimiento de que los dos hijos de Abraham adoraban al Dios de su padre. Judíos, los hijos de Isaac y los Musulmanes los hijos de Ismael, absolutamente adoraban y servían la misma Deidad. Aunque estos hijos han estado en desacuerdo unos con otros ya que desde su principio ambos cedieron al Dios monoteísta de Abraham. En el lenguaje Arábico "Alá" significa Dios. En el lenguaje Hebreo "Yahweh" significa Dios. No representan diferentes deidades como pudiera parecer, sino simplemente un lenguaje diferente. Las teologías entre el Judaísmo y el Islam difieren al igual que la teología del pueblo del Nombre de Jesús. Sin embargo, en esencia, los tres adoramos y servimos el Único, Verdadero y Dios vivo de Abraham. En la Biblia, el Tora y en el Corán este hijo de Taré es visto como padre Abraham, el promotor del monoteísmo. La Deidad es uno en naturaleza y todopoderoso. El Señor es, siempre ha sido, y siempre será Uno. La doctrina de la trinidad no es, nunca ha sido, y nunca será una verdadera representación de Jehová. Si la Iglesia Apostólica bajo el dominio Romano no había dado precedencia o sucumbido a la doctrina de Tertuliano, hoy en día la totalidad del Cristianismo también estaría adorando al Dios de Abraham, en monoteísmo puro y sin mácula.

En estos últimos días, si ponemos herejías que distraen a un lado seremos capaces de visualizar el Mesías de pie en la puerta del aposento alto señalando a Su iglesia lavada con la Sangre para volver de nuevo a ese lugar de la Lluvia Temprana. A la tierra que es pura y sin mancha de las manos carnales del hombre mortal. Es en esta tierra de leche y miel que el Espíritu del Señor fluye libremente y es en esta morada Santa que el Señor preparara a su novia monoteísta para el derramamiento de la Lluvia Tardía.

Los años laboriosamente pasaron mientras los líderes de la iglesia luchaban por mantener a sus miembros a las enseñanzas de la trinidad y varios dogmas **hechos por el hombre** dentro de la iglesia. Parecía que las "huestes espirituales de maldad en las regiones celestes" marcaron el camino que la Iglesia Católica Romana estaba tomando. Cuando la gente se sienta en lugares celestiales en el mundo de la iglesia, Dios no siempre está en sus planes. La sangre del Calvario invita a la mortalidad a cubrir los egos carnales de la naturaleza humana.

Peter Waldo era un opositor vigoroso a la prosperidad e intimidación papal. Él vió la tiranía dentro de la Iglesia Católica y creía que debía ser corregido. En 1184 Waldo buscó reconocimiento papal, pensando que influenciaría a la iglesia en Roma. Fue sin embargo, inmediatamente excomulgado de la Iglesia Católica Romana por cargos de herejía. Inmediatamente después de la elección del Papa Inocencio III (1198-1216 d.C.), el 8 de Enero de 1198, se dispuso a hacer el papa un gobernante mundial eclesiástico con poderes políticos seculares. Él afirmó que para salvación los monarcas terrenales deberían de estar sujetos a sus Papas. Este gobernante de la Iglesia Católica Romana tenía notoriamente sed por sangre. En 1211 el Papa Inocencio III a través de sus legados tenia ochenta (80) de los seguidores de Waldo capturados. Fueron juzgados en un tribunal eclesiástico y tras ser declarados culpables fueron quemados a muerte en la hoguera de un prado cercano. Este evento encabezado por una turba religiosa simplemente equivalía a una gran hoguera humana.

La iglesia en Roma había comprometido las enseñanzas de Pedro y los otros Apóstoles. Aquellos que la iglesia consideraba herejes fueron a menudo despiadados con violencia. Cualquiera que desafiaba las enseñanzas de la iglesia madre era torturado y ejecutado. Un método común de tortura era atornillar la lengua de la persona al cielo de su boca.

LOS VIOLENTOS LO ARREBATAN

Papa Inocencio III
(1198-1216 d.C.)

Los herejes eran traídos a un acuerdo de una manera u otra. Sufrieron cualquier fuerza necesaria, muchas veces culpables de simplemente no estar de acuerdo con la teología Católica Romana.

La búsqueda para exterminar la voz de disensión avanzaría a través de las páginas de la historia manchadas con sangre. La tensión dentro de la Iglesia Católica comenzó a mostrarse, pero lamentablemente el esfuerzo para retomar el control y afirmar la autoridad llevaría a la implementación de la palabra más notoria alguna vez asociada con el Cristianismo, la "Inquisición".

En 1229 d.C. el Papa Gregorio IX prohibió estrictamente la posesión o la lectura de la Biblia entre miembros del laicado en el Canon 14 del Sínodo de Toulouse.

Canon 14:

"También prohibimos que el laicado le sea permitido tener los libros del Antiguo y Nuevo Testamento: a menos que alguien por motivo de devoción desearía el Salterio o el Breviario por oficios divinos o las horas de la bendita Virgen; pero más estrictamente prohibimos que tengan cualquier traducción de estos libros."

Prohibiciones formales fueron igualmente establecidas en relación a la lectura de la Santa Biblia en el Sínodo de Tarragona en 1233 d.C. también con el Papa Gregorio IX y en el Sínodo de Oxford en 1408 d.C. con el Papa Gregorio XII oficiando.

Como castigo por leer estos libros la gente Católica siempre eran amenazadas con ser "anatemas" o excomunión de la iglesia.

Excomunión es la censura más severa y sanción espiritual que priva al Cristiano culpable de toda participación en las bendiciones de la sociedad eclesiástica. Siempre me enseñaron que la obediencia al Pontífice era la misma esencia de vivir para Dios. Para muchas personas Católicas Romanas la excomunión de la iglesia significaba excomunión de toda esperanza de vida eterna con Dios.

La Iglesia Apostólica alienta encarecidamente tanto al ministerio como al laicado a leer por si mismos la Santa Palabra del Señor. Este libro Divinamente inspirado ha llegado a ser para mí la "Palabra Viva de Dios". Tome mi casa pero no tome mi Biblia.

En 1231, el Papa Gregorio IX (1227-1241 d.C.) creó una corte especial para encontrar e investigar a todos aquellos que eran sospechosos de herejía y los forzaban a renunciar de sus creencias. Esta nueva corte formada para parar toda herejía en contra de la Iglesia Católica Romana era conocida como la inquisición papal. La inquisición no solamente se ocupó a sí misma en acabar con las herejías, pero también con una amplia variedad de ofensas que solamente indirectamente podría estar relacionada con indiferencias religiosas.

El proceso de inquisición consistió en una serie de audiencias, en la cual el denunciante y el acusado dieron testimonios. Un concilio de defensa fue asignado al acusado, un miembro del tribunal mismo, cuyo papel era simplemente asesorar al acusado y animarles a que dijeran la verdad. La acusación fue dirigida por el fiscal o el concilio que supervisaba. El interrogatorio del acusado se hizo en presencia del Notario del Secreto, que meticulosamente escribía las palabras del acusado.

El Papa Gregorio IX como muchos antes que él creía que debía de purificar la iglesia de herejes. Acompañado con el establecimiento de su inquisición papal, él promulgó una ley en Roma que decía que herejes condenados por una corte eclesiástica deberían ser entregados a un poder secular para recibir su debido castigo. Este "debido castigo" era muerte por fuego o cárcel de por vida.

El castigo más severo era relajación del brazo secular, la cual implicaba quemadura en la hoguera. Esta pena era el método preferido de ejecución por la iglesia. Había sido practicado por siglos por el Imperio Romano y la Iglesia Católica. Herejes impenitentes y los que habían recaído con frecuencia se encontraban angustiando en las llamas del juicio de un inquisidor. Las ejecuciones siempre eran públicas. Si la persona culpable había sido condenada a muerte se les daba una

Papa Gregorio IX
(1227-1241 d.C.)

Un sospechado de herejía siendo torturado

oportunidad para arrepentirse. Si el condenado ofrecía arrepentimiento era estrangulado antes de que su cuerpo fuera entregado a la hoguera. Si no se arrepentían eran quemados vivos automáticamente.

Aquellos que escapaban el juicio de las llamas del inquisidor eran encarcelados y abusados, en las peores condiciones, por el resto de sus vidas. Muchos fueron llevados a cabo en el Monasterio Benedictino del Monte Casino, la cual está sobre una colina con vistas a la ciudad de Casino, Italia. Es muy lamentable que el Papa Gregorio IX viera esta casa de Dios como algo más que una casa de oración. Debió estar llena de ecos de alabanza a Dios, en lugar de súplicas angustiosas de misericordia.

Eberhard II von Truchsees no era solo el Arzobispo del Salzburgo, Alemania en la Iglesia Católica Romana, pero mantuvo el título de Príncipe Imperial del Imperio Romano desde 1200-1246 d.C. Este intelectual no era alguien como el monje Martín Lutero de la reforma Protestante criticando la autoridad papal. La reforma aun no había comenzado. Este obispo era un individuo muy influyente, el cual estaba sentado en el mismo corazón del Catolicismo. Él tomó una postura firme en contra de las duras medidas del Papa Gregorio IX.

El Papa no había solamente creado la muy criticada inquisición papal, pero era también la principal figura en el siglo XIII cementando la institucionalización de la enseñanza de la iglesia que discriminaba en contra de los Judíos y los condenaban a un estatus inferior. En 1234 su *"perpeteia servitus iudaeorum"* (servidumbre perpetua de los Judíos) era apoyada por la Ley Canónica. El estado de segunda clase de los Judíos así establecida se prolongó por los siguientes 600 años. Este estigma **hecho por el hombre** persistió hasta el siglo XIX cuando el Papa Pío IX llamó al pueblo Hebreo perros durante un discurso en 1871 d.C.

La audacia del Arzobispo de Salzburgo se refirió al Papa Gregorio IX como tener el espíritu del Anticristo. Sus proclamaciones audaces eventualmente conducirían a su excomunión de la Iglesia Católica Romana.

LOS VIOLENTOS LO ARREBATAN

Papa Inocente IV
(1243-1254 d.C.)

Este Arzobispo en 1241 d.C. en el Concilio de Regensburgo declaró que el Papa Gregorio IX era "un hombre de perdición el cual ellos llaman el Anticristo, el cual su jactancia extravagante dice "Yo soy Dios, Yo no puedo errar."

El Papa Inocente IV (1243-1254 d.C.), el cual sucedió al Papa Gregorio IX en el trono papal, de todo corazón abrazó el estatus inferior del pueblo Hebreo también como la inquisición papal. En 1245 d.C. El Papa Inocente IV excomulgó al Arzobispo Truchsees el cual de repente y misteriosamente falleció al año siguiente.

El Papa Inocencio IV se recuerda mayormente en la historia de la iglesia por su bula papal *"Ad extipanda"* la cual autorizaba el uso de tortura física en la obtención de confesiones de presuntos herejes.

Después del juicio de la iglesia y la condena de los presuntos herejes, el estado, a su vez asumiría la responsabilidad de llevar a cabo la ejecución. Esta porción de la bula papal del Papa Inocencio IV decía:

"Cuando aquellos adjudicados culpables de herejía se han rendido al poder civil por el obispo o sus representantes, o la inquisición, el primer magistrado de la ciudad los llevará de una vez, y deberá, dentro de cinco (5) días a lo máximo, ejecutar las leyes formulada contra ellos."

Este documento Papal por el Papa Inocencio IV fue promulgado o hecho público el Miércoles, Mayo 15, 1252.

A medida que los esfuerzos de la inquisición continuaban, los herejes cayeron uno por uno. La Iglesia Católica Romana, aunque decaía por dentro, tenía un agarre poderoso de largo alcance. Cuando el Papa Bonifacio VIII (1294-1303 d.C.) llegó al poder, en un esfuerzo por mantener la unidad dentro de la Iglesia Católica y afirmar su dominio en todo el mundo, emitió una bula papal, en 1302, llamada *"Unam Sanctam"* (una iglesia santa e indivisible). Esta bula señalaba que para obtener salvación cada ser humano debería estar sujeto al papa.

Papa Bonifacio VIII
(1294-1303 d.C.)

Le incumbiría a la gente del Nombre de Jesús en todas partes entender que para perpetrar el totalitarismo dentro de la Iglesia Apostólica pura es totalmente inaceptable con Dios.

"Un régimen totalitario destruye toda institución autónoma en su campaña para asediar toda alma humana."

-Arthur M. Schlesinger, Jr.

Mientras personalmente miro hacia atrás, una vez mientras discutía la visita del obispo de Edmundson, sentí un chequeo sobrenatural en mi espíritu el cual estaba totalmente fuera de carácter. El Obispo Gagnon era muy respetado por la gente en su diócesis.

De tiempo en tiempo el obispo (el príncipe de la Iglesia Católica) visitaba los seminaristas en el Gran Seminario de Teología. El director del seminario les había informado a los seminaristas al tiempo de la cena que no sería necesario saludar al obispo a menos que quisiéramos. Era durante los exámenes parciales y la mayoría de los estudiantes estaban pasando sus tardes estudiando.

Estaba en la librería central estudiando con mi amigo Gaston cuando preguntó si yo estaba planeando en saludar al obispo. Habiendo revisado un poco de historia que contaba las historias terribles de presuntas torturas y otras atrocidades ideadas por los papas y obispos de la Edad Oscura, dije no.

El obispo de la iglesia lleva un anillo de rubí grande en su mano derecha. Cuando alguno de sus súbditos lo saludan, ellos automáticamente se arrodillan sobre una rodilla y le besan el anillo. Este es un signo de obediencia y sometimiento a su autoridad.

La siguiente pregunta que Gaston hizo era, ¿por qué yo no iba a saludar al obispo? Considerando brevemente las consecuencias, concluí diciendo que no sentía que era un acto sano el arrodillarse y besar el anillo de otro hombre. Su creencia concerniente el método de saludar el obispo estaba como a 180 grados de diferencia de mis evaluaciones. Gaston sintió un espíritu de rebelión como no estaba de acuerdo, mientras que al mismo tiempo yo sentía cierta seguridad durante la controversia.

Yo he encontrado que Dios no solamente les habla a los pecadores por medio de Su Palabra, pero por medio de Su Espíritu también. El Espíritu Santo tiene el poder de penetrar la oscuridad total aun cuando alguien está ligado a ritualismos **hechos por el hombre** y alabanza formal.

Un tiempo después de haber venido a camino Apostólico, el Señor le hablo a mi corazón por medio de Su Palabra y trajo a la memoria mi vacilación en cuanto al obispo. Mientras leo el libro de los Hechos, Pedro visito a Cornelio en Cesarea. Uno puede leer de como Pedro (¿el primer papa?) insistió que Cornelio se parara de su lugar de veneración.

"Cuando Pedro entró, salió Cornelio a recibirle, y postrándose a sus pies, adoró. Mas Pedro le levantó, diciendo: Levántate, pues yo mismo también soy hombre."

Hechos 10:25-26

"Yo me postré a sus pies para adorarle. Y él me dijo: Mira, no lo hagas; yo soy consiervo tuyo, y de tus hermanos que retienen el testimonio de Jesús. Adora a Dios."

Apocalipsis 19:10

Yo no tenía forma de saber esto mientras estaba en el seminario. Mirando atrás debió ser el Espíritu Santo dirigiendo mis pasos. Siento gran apreciación hacia el Señor cuando hay reconocimiento de la hermandad de labor de la fenomenal Palabra escrita, hablada por lo Divino y dirigido por Su Espíritu.

A pesar de las atrocidades a lo largo de las Edad Oscuras y al principio de la Edad Media, el pueblo Apostólico, mientras estaba en la oscuridad, mantenía el fuego espiritual sobre los altares de sus corazones. Los hombres y mujeres Apostólicos perseguidos continuarían dando sus supremo sacrificios para que usted y yo, en nuestro día, podamos alabar libremente con toda certeza, al Único, Soberano, Monoteísta – Jehová Dios.

Hay una notable diferencia entre la simpleza de la salvación Apostólica que el Señor personalmente le entrego a los doce Apóstoles y las complicaciones obvias del Cristianismo religioso **hecho por el hombre** que a veces es elusivo en naturaleza.

Los hechos malvados hechos por los papas y los líderes religiosos, actos viles perpetrados en contra de herejes, y un dogma de la iglesia sin soporte por la Santa Escritura habían cobrado su precio. Mucha gente en Europa había llegado a rechazar la teología tradicional de la trinidad y los muchos dogmas promovidos por la Iglesia Católica. El espíritu de entendimiento que estaba sobre la gente Apostólica no le permitiría comprometer la verdad de la Palabra de Dios. Esta falta de voluntad para comprometer la verdad estaba teniendo un efecto sobre aquellos que ponderaban las acciónes corruptas de una iglesia que se había descarriado. La Reforma había comenzado.

CAPITULO CATORCE

El Amanecer de la Reforma

En el seminario de filosofía en Three-Rivers el estudio de la Reforma y el nacimiento de las Iglesias Protestantes eran un requerimiento y una gran parte de nuestro currículo. Gran parte del estudio durante mi tiempo en el seminario se referían a los filósofos dentro la iglesia madre, promoviendo sus dogmas y tradiciones, mientras denunciando a otros, como los de la Reforma.

He encontrado que aquellos que constantemente sienten la necesidad de criticar las posiciones teológicas de otros, muchas veces no están seguros de las suyas. Desde la época de los primeros reformadores hasta el día de hoy, los Protestantes se han aprovechado indebidamente de la palabra impresa. Detesto el mal y estoy horrorizado por los espíritus desleales que están asociados con la propaganda religiosa. Seamos caballeroso lo suficientemente como para permitir que la historia documentada hable por sí misma a menos que enviemos el mensaje equivocado de inseguridad.

La Reforma en las Edades Medias fue una respuesta de los líderes religiosos dentro de la iglesia para protestar los dogmas no Bíblicos, junto con la corrupción e inmoralidad que existía en la iglesia y su sacerdocio. Mucho de los sacerdotes ordenados en la Iglesia Católica Romana dejaron el sacerdocio durante este tiempo y llegaron a ser parte de la Reforma. Muchos reformadores continuaron su adhesión a la falsa enseñanza de la trinidad de Tertuliano, pero las voces reverberantes de la Reforma comenzaban a sonar una alarma contra de la corrupción dentro de la Iglesia Católica Romana.

John Wycliffe fue un filósofo Inglés líder en la religión y la política durante la Edad Media. Sus esfuerzos por copiar la Biblia al Inglés y reconocer las falacias dentro del Iglesia Católica lo llevarían a ser conocido como la "Estrella de la

Mañana de la Reforma." Nació en Inglaterra a principios de 1320 y murió el 31 de Diciembre 1384. Wycliffe se sintió impulsado a convertirse en un reformador debido a las condiciones que existían en Europa durante este tiempo. Una forma de peste bubónica llamada la "Muerte Negra" ya había matado a cerca de un cuarto de la población de Europa. Esto era sólo para ser seguido por la escalada de violencia entre Inglaterra y Francia, que llegó a ser conocida como la Guerra de los Cien Años. Durante este tiempo, luchas violentas por el poder se produjeron entre los papas y del clero en un lado, y los reyes y sus nobles, por el otro. Ambos lados parecían corruptos y dominados por el interés propio, ninguno de los cuales parecían preocuparse por las dificultades de la gente común.

La idea política más importante de John Wycliffe estaba resumida en la declaración, "el dominio es fundado en la gracia". Por esto, Wycliffe significaba que los gobernantes injustos no podían afirmar que las personas deben obedecerlos simplemente porque la obediencia era la voluntad de Dios. El conocimiento de Wycliffe de la Escritura le permitió ver no sólo la insensatez sin fin practicado entre sus líderes políticos, sino también la locura practicada entre dirigentes de su amada Iglesia Católica. Después de este reconocimiento, aplicó su idea a los papas católicos romanos y obispos. Él fue llevado a juicio en varias ocasiones en los tribunales romanos; Sin embargo, estos intentos de silenciar su disidencia no tuvieron éxito debido a su popularidad entre la gente.

Así como la popularidad de John Wycliffe crecía, así también el número de sus creyentes. Aquellos que entendían como Wycliffe, y seguían sus enseñanzas eran llamados Lolardos. Estas personas resultarían ser una molestia continua para el liderazgo Católico.

Además de llamar la atención al liderazgo corrupto en la iglesia, Wycliffe también escudriño mucho de sus enseñanzas dogmáticas. John Wycliffe negó la doctrina de la transubstanciación la cual él consideraba la base el cual el clero reclamaba su superioridad. Transubstanciación, de la cual yo era parte, es el cambio de vino a la sangre literal de Cristo y el cambio de pan al cuerpo literal de Cristo durante la misa.

Déjeme decirle que no hay milagro de transformación en esta creencia. La teoría lleva con ella muchas consecuencias serias. Las debilidades de la teoría son obvias. No son Bíblicas y la creencia se mantiene o cae con un entendimiento particular filosófico.

Cuando estaba estudiando Teología en el gran seminario, iba a misa todos los días –eso es, por lo menos siete veces por semana. Cada persona Católica y cada persona ex-Católica necesita momentáneamente poner a un lado tradiciones religiosas **hechas por el hombre** y preguntarse seriamente esta pregunta: ¿Cómo un individuo será que realmente crea que esta tomando sangre y comiendo la carne de Cristo después de la consagración de la misa? ¿Será que Su sangre estaba en la copa en la última cena cuando Él dijo "esta es mi sangre," o Su sangre todavía estaba en Su cuerpo mortal que estaba a punto de derramarse en Gólgota? Cuando Jesús levantó su copa y quebró la rebanada de pan, ¿será que se convirtió en Su cuerpo y sangre en la presencia de los Apóstoles, o los elementos simplemente representan Su cuerpo quebrantado y Su sangre que estaba a punto de ser sacrificada en el Calvario?

John Wycliffe era un sacerdote ordenado en el siglo XIV el cual desafió sus papas y estaba fuertemente en oposición en las enseñanzas de la iglesia sobre la comunión. Él absolutamente no creía en el dogma de la transubstanciación. Wycliffe estaba consternado por el pensamiento que podría haber un cambio en los elementos durante la comunión. Su enseñanza fue que era el reclamo de los sacerdotes a un poder espiritual que ellos no poseen.

Aunque el desafío de John Wycliffe a su iglesia inevitablemente le causó muchos años de problemas, el nunca fue excomulgado por eso y murió como un sacerdote Católico Romano.

En todos mis años en la iglesia Católica, nunca creía que realmente estaba tomando sangre o comiendo carne durante la comunión. ¿No es satánico beber sangre humana? Era la enseñanza de mi iglesia, y al igual que otros simplemente fui junto con esto.

La doctrina de transubstanciación requiere una mezcla de vino y agua ser colocada en un cáliz (copa) durante la misa. Mientras observaba esta práctica, una vez le pregunté a un sacerdote, ¿por qué ponemos tanto vino en el cáliz y solamente una gota o dos de agua (representado el agua que fluía del lado de Cristo)? El sacerdote graciosamente respondió, "¿Prefieres tomar agua o la sangre de Jesús?"

Yo ya no creo en tomar la "sangre de Jesús" de un cáliz. Después de tomar un viaje a un altar de una Iglesia Apostólica, me encuentro hoy en día con la sangre del Cordero. La sangre preciosa del Cordero que fue ejecutado en Gólgota, ha sido aplicada a las puertas de mi vida y la mancha de pecado ya no está. Ese día no fue penitencia sino un verdadero arrepentimiento.

Aunque Wycliffe murió como un sacerdote Católico Romano con todos los honores, sus enseñanzas continuaron plagando la iglesia madre. La Iglesia Católica Romana estaba ahora enfrentando obstáculos extremos. Parece que compromiso Apostólico había hecho la unidad inalcanzable. Recordemos, el compromiso apostólico siempre hará que la unidad sea inalcanzable.

La cisma o división entre los Católicos Romanos Occidentales y los grupos Ortodoxos Orientales permanecieron en lugar y luego llegó otra cisma que dividiría a las iglesias Occidentales entre sí mismas por casi cuarenta años. La ley del Papa Gregorio XI estaba plagada de conflictos. A su muerte, muchos fuertemente sintieron la necesidad de un papa Romano o al menos un papa italiano.

Los cardenales se reunieron en el Vaticano en Roma para determinar quién iba ser el siguiente papa. Mientras deliberaban, disturbios civiles surgieron entre la gente y una turba se formó fuera de las puertas del Vaticano. Aunque los cardenales franceses representaban la mayoría, sentían que las circunstancias justificaban un compromiso.

Los cardenales escogieron a un Italiano, el Papa Urbano VI (1378-1389 d.C.) Estos cardenales afirmaron más tarde que la elección no había sido válida, ya que se vieron obligados a la

El Amanecer de la Reforma

decisión. Seis meses más tarde eligieron a un cardenal Francés, el Papa Clemente VII, a quien muchos consideraban un anti-Papa, porque el Papa Urbano VI todavía estaba sentado en el trono papal en Roma. Sin embargo, el Papa Clemente VII no había sido legítimamente reconocido tampoco. Francia, Escocia y España reconocían al Papa Clemente VII, mientras que Italia, Alemania, Polonia, Hungría, y todo el norte de Europa apoyaron al Papa Urbano VI. Ambos Papa Urbano y el Papa Clemente se veían a sí mismos como el legítimo Papa y nombraron sus propios cardenales. Esta rivalidad causó la "Gran Cisma del Occidente."

Esta Gran Cisma del Occidente continúo y papas sucesivos de cada grupo permanecieron en desacuerdo. Finalmente un concilio general fue llamado en Pisa, Italia, en 1409 con esperanzas de una vez más unir la iglesia. Increíblemente este concilio terminó creando un tercer solicitante al trono papal, el Papa Alexander V. Había entonces tres diferentes papas en tres diferentes tronos al mismo tiempo gobernando la Iglesia Católica Romana.

John Huss era un seguidor de John Wycliffe y sentía que esta exhibición horrible de liderazgo, acompañada de la codicia y corrupción que al parecer se había casado con la Iglesia Católica, debería llegar a su fin. John Huss luchó en contra de las fuerzas que actuaban dentro de la Iglesia Católica Romana, sólo para ser ceremoniosamente degradado del sacerdocio Católico y excomulgado en 1411 por el Papa Gregorio XII (1406-1415 d.C.) Este acto, sin embargo, no le impidió a Huss continuar de arrojar luz sobre la oscuridad por dentro.

En 1412 John Huss estaba consistentemente disputando el papel de liderazgo Católico durante los siglos. Huss, como Wycliffe, sintió que la participación de la iglesia con los asesinatos de los herejes y la codicia por el dinero y el poder no deberían quedar sin respuesta. Citando el último capítulo del libro de John Wycliffe, *De ecclesia*, afirmó que ningún papa u obispo en la iglesia tiene el derecho de tomar la espada en nombre del Cristianismo cuando Jesús enseñó en contra de ella; deben orar por sus enemigos y bendecid a los que maldicen. Huss se negó a ser silenciado.

Papa Gregorio XI
(1370-1378 d.C.)

El Papa Gregorio XII ordenó al Cardenal de San Ángelo a proceder en contra de Huss sin misericordia. El destino de la vida de este hombre se decidiría durante el Concilio de Constanza (1414-1418 d.C.), que fue llamado para finalmente traer el final de la Gran Cisma de Occidente. Sin embargo, más específicamente, el Consejo había ha llamado a hacer frente a los problemas de la herejía en especial de este reformador intolerable, John Huss.

El Emperador Segismundo del Imperio Romano le ofreció a John Huss una garantía seguridad si él atendería el Concilio de Constanza. Al principio Huss vacilo. Pero después sintiendo que debería expresar su opinión al concilio, él de mala gana acepto el acuerdo.

Al llegar al concilio John Huss rápidamente encontró que a él se le había dado una garantía de poca profundidad. Los prelados del papa habían convencido al Emperador Segismundo que no podría obligarse por promesas hechas a un hereje. Entonces Juan Huss fue ordenado, bajo juramento, a renunciar a treinta artículos, muchos de los cuales habían sido extraídos de los escritos de John Wycliffe. Él se negó, a menos que fuera instruido por las Escrituras en cuanto donde estas enseñanzas estaban en error. El consejo rechazo su apelación a la Biblia como una autoridad superior.

John Huss en respuesta proclamo que Jesucristo y no el papa, era el juez supremo. El 8 de Diciembre de 1414 John Huss fue detenido y recluido en el calabozo de un monasterio Dominicano. Lo que siguió fueron meses de interrogatorios y torturas.

Unas de las últimas palabras de este reformador fueron, "Dios es mi testigo que nunca he enseñado aquello de lo que he sido falsamente acusado. En la verdad del Evangelio la cual he escrito, enseñado y predicado, moriré hoy con alegría."

El 6 de Julio de 1415 Huss se le fue dado una oportunidad final por la Iglesia Católica Romana para retractarse. Otra vez rehusó, diciendo ya que él no poseía todos los puntos de vista como se dijo, retractarse seria cometer perjurio. Él entonces fue declarado un archihereje y un discípulo de Wycliffe. Su alma fue consignada al diablo por el Papa Gregorio XII, y fue entregado a las autoridades seculares para su ejecución.

Ese mismo día, fue llevado a un prado fuera de las murallas de la ciudad y fue quemado vivo en la hoguera. Este reformador ha sido recordado por la historia por su heroica resistencia. Mientras estaba siendo atado para morir, dijo, "Lo que he predicado con mis labios, lo sellaré con mi sangre."

Jerome de Praga (1379-1416 d.C.) era un filósofo, teólogo y profesor universitario, y seguidor de John Wycliffe y John Huss. Por el riesgo inminente, John Huss le advirtió que no asistiera al Concilio de Constanza en Alemania.

Jerome de Praga era notorio en desafiar a la Iglesia Católica Romana en su enseñanza pública en la universidad. Desde un punto de vista teológico, él sentía que muchas de sus enseñanzas eran falsas. Desde un punto de vista moral, él expreso su disgusto.

Sin hacer caso a la advertencia de Huss, se sintió obligado al consejo de la iglesia y tratar de expresar sus puntos de vista. Sin embargo, tras su llegada al consejo, fue arrestado inmediatamente y puesto en la cárcel por petición de la jerarquía de la iglesia.

A pesar de sus miembros opositores, esta jerarquía de la iglesia madre escogió el camino infame de forzar dogmas fabricados por el hombre a los dispuestos.

La decisión del concilio fue no quemar a Jerome de Praga inmediatamente como lo hicieron con John Huss, sino mas bien mantenerlo encerrado en el calabozo del siglo XV por un año en su monasterio Dominicano. El 30 de Mayo de 1416, este reformador de la iglesia fue tomado de su celda de prisión, amarrado fuertemente a la estaca y quemado vivo.

En este tiempo en la historia, no había iglesias Protestantes. La Reforma aún no había comenzado, o ¿será que sí? Las protestas que empezaron la gran Reforma de las edades medias no eran de una fuente externa religiosa. En este tiempo, la Iglesia Católica Romana estaba tratando a sus propios sacerdotes y quemándolos. La verdad del asunto es que la Reforma empezó dentro de la misma alma del Catolicismo.

El Amanecer de la Reforma

Papa Martín V
(1417-1431 d.C.)

Casi seiscientos años después en 1999 el Papa Juan Pablo II le expresó al mundo un "fuerte lamentar" por la muerte cruel de John Huss que fue infligido sobre él por la Iglesia Católica Romana.

Los seguidores del mensaje de Wycliffe, así como John Huss, continuaron avanzando el mensaje concientizando acerca de la disfunción y enseñanzas anti-Bíblicas las cuales consumía la Iglesia Católica Romana. En un esfuerzo para silenciar la voz de los seguidores de Wycliffe, el Papa Martín V (1417-1431 d.C.), cuya elección terminó la Gran Cisma del Occidente en 1428, ordenó al obispo Ingles a exhumar los restos de Juan Wycliffe en Lutterworth, Inglaterra. Una vez que sus huesos fueron sacados, fueron quemados a cenizas y después precipitadamente tiradas al río. Este acto de mala educación fue en vano.

Aunque hombres como Wycliffe y Huss gastaron sus vidas informándole al pueblo de los errores encontrados dentro de las enseñanzas Católicas, dogmas no Bíblicos continuaron desarrollándose. Uno de los pensamientos más controversiales asociados con la Iglesia Católica es la enseñanza del "purgatorio". Esta creencia no Bíblica seria la catálisis que llevaría la Iglesia Católica Romana a levantar grandes sumas de dinero de sus seguidores a lo largo del mundo para reconstruir la Iglesia de San Pedro en Roma.

La palabra purgatorio, del Latín *"purgare"* significa limpiarse o purificarse. La teología detrás del purgatorio es que Dios en su misericordia no mandaría un alma a un infierno eterno por un pecado venial. Entonces debe haber un lugar en alguna parte entre el cielo y el infierno que sería usado para purificar el alma del pecado venial que no han sido perdonados por la iglesia madre. Para los Romanos Católicos este lugar es el purgatorio.

El Papa Eugenio IV (1431-1447 d.C.) surgió con su tipo de vida extravagante del Renacimiento. Él gastó fortunas en Roma a expensas del pueblo Católico Romano de todo el mundo. Este papa estaba determinado en hacer Roma en general y la Basílica de San Pedro, en particular, monumentos culturales. Mucha de las atracciones que asombran a visitantes modernos del día de hoy a Roma fue comisionada por este papa. Las puertas de bronce lujosamente diseñadas en la entrada de la Basílica de San Pedro son su obra.

Aunque la hermosa influencia arquitectónica de este papa podría verse por toda Roma, él todavía estaba obligado a ocuparse a sí mismo con los muchos asuntos desagradables de la iglesia. El Concilio Ecuménico de Florencia (originalmente en Basel, Suiza) empezó en 1431. Fue llamado para hacer frente a los muchos problemas que enfrentaba el liderazgo de la iglesia, así como hacer frente a las nuevas enseñanzas, como el purgatorio. El concilio, sin embargo, fue transferido a Florencia por el Papa Eugenio IV en 1439, debido a las hostilidades entre los miembros del concilio. En represalia los miembros del consejo que se negaron en reunirse de nuevo en Florencia atentaron en deponer al Papa Eugenio IV de su trono papal. Aunque este acto llevó a la elección de un antipapa, fue de corta duración.

Fue aquí, entre el caos en el Concilio de Florencia, que la enseñanza del purgatorio encontró descanso en el seno de la iglesia madre. El Papa Eugenio IV fue responsable por hacer el purgatorio un dogma de la fe Católica Romana. Líderes Católicos más tarde usarían este dogma para razonar que uno podría pagar monetariamente por el pecado de un ser querido el cual estaba en el purgatorio. Este supuesto acto de caridad y fe hacia sus seres queridos inclinaría a la Iglesia Católica Romana a orar por la pronta liberación o perdón de aquellas almas encarceladas.

Mientras los cofres de la iglesia comenzaban a desbordarse lo que llegaría a ser conocido como "la venta de indulgencias" (pidiendo dinero para orar por aquellos en el purgatorio) llevó a muchos a sentir que la corrupción de la iglesia había alcanzado una nueva bajeza. Un fraile Dominicano llamado Johann Tetzel, de Alemania, mas tarde haría la siguiente declaración, "Tan pronto que la moneda en el cofre suena, el alma salta del purgatorio." La historia revelaría que el purgatorio y la venta de indulgencias serian los principales factores de la Reforma. El Papa Eugenio IV murió el 23 de Febrero de 1447.

La vida de los herejes y reformadores eran de poca consecuencia a la hora de la trinidad. Mientras el dinero manchado con sangre humana fluía libremente, la Iglesia Católica Romana veía sus acciones a lo largo de la inquisición papal como un servicio a Dios y muchas veces honraban y recompensaban aquellos que estaban disponibles a silenciar la oposición de sus enseñanzas. Pero a cada vuelta en la calle la Iglesia Católica era confrontada por la verdad de la Palabra de Dios.

El Amanecer de la Reforma

Papa Eugenio IV
(1431-1447 d.C.)

CAPITULO QUINCE

Perseguir, Enjuiciar, Purificar

Intolerancia religiosa estaba viva en el siglo decimocuarto. Muchos Judíos a través de España experimentaron un deslizamiento furioso de la espada, mientras la intolerancia por sus enseñanzas monoteístas crecía. Los pogromos (una masacre organizada) en Junio de 1391 fueron especialmente sangrientos; en Sevilla cientos de Judíos fueron asesinados, y sus sinagogas fueron completamente destruidas. El número de gente ejecutada era igualmente alta en otras ciudades, como Valencia y Barcelona. Olas de anti-Judaísmo eran alentadas por la predicación de Ferrant Martinz, Arcediano de Ecija. Mientras este espíritu antisemita prevalecía en España así también el celo monarca de la Iglesia Católica.

La Inquisición Española marcó una nueva era de crueldad absoluta. Comenzó en 1478 y duró hasta 1834. Esta inquisición sin embargo, no era liderada por la autoridad papal. Fue establecida por los monarcas Romanos Católicos, Fernando II de Aragón e Isabela I de Castilla. Aunque no era oficialmente liderada por la Iglesia Católica Romana, era definitivamente apoyado y alentado por el papa. El Rey Fernando y su esposa Isabela no tenían misericordia por ninguno en su reino que se opusiera a la doctrina Católica Romana. La inquisición, bajo el control monarca, tomó un enfoque más sofisticado y preciso que había tomado en años anteriores bajo el control del papa.

La eliminación sistemática de aquellos que se oponían a la iglesia continuó, mientras fuegos de purificación quemaban a través de la tierra. Había misa diaria y los monjes podrían ser oídos cantando los salmos de David a lo largo de las colinas Españolas de Castilla, incluso mientras el humo subía de brasas humanas.

Durante esta inquisición solicitada por monarcas y alentadas por los papas, un estimado de 32,000 hombres, mujeres y niños fueron quemados vivos en el país de España.

Por siglos, los pontífices de Roma y Aviñón han personalmente escogido mantener muchos de sus archivos en el Vaticano bajo sello. ¿Ha habido una razón para ocultar estos escritos históricos?

La Inquisición Española estaba prosperando bajo el control monarca, pero esto no era suficiente. Los esfuerzos para librar la fe Católica de herejes continuaron creciendo. Se creía que los Judíos, Musulmanes y brujas por igual, estaban tratando de destruir la fe de la Iglesia Católica Romana por el uso de pociones y magia.

El Papa Nicolás V emitió la bula papal *"Dum Diversas"* el 18 de Junio de 1452 en respuesta a una solicitud del monarca Portugués el Rey Alfonso V. El papa le dio al rey permiso para atacar, conquistar y subyugar a los Sarracenos (sinónimo de los Musulmanes), paganos, Judíos y otros enemigos de Cristo dondequiera que se pudieran encontrar. La decisión papal le dio el título sobre todas las tierras y posesiones confiscadas y le permitió a los Portugueses a tomar a los habitantes y consignarlos a esclavitud perpetua.

El Papa Nicolás V mandó al monje Franciscano Capistrano como un legado personal a Alemania y Silesia con la misión especial de subyugar a los "Judíos no creyentes." Los papas Católicos Romanos habían dejado Aviñón, Francia en 1377 y ahora estaban sentados en Roma.

Capistrano había acusado falsamente a los Judíos de matar a niños Cristianos. Sus sermones ardientes eran atractivos a los prejuicios del pueblo, mientras que los Hebreos temblaban ante él.

En la región de Silesia, este monje Católico era muy celoso en su misión como representante del papa. Un reporte circulo que cierto hombre Judío de grandes medios había cometido el grave pecado mortal de blasfemia. La investigación sobre el asunto fue convenientemente supervisada por el mismo Capistrano. Por medio de tortura la cual fue autorizada en la iglesia Romana por el Papa Inocencio IV en su bula papal Ad extipanda algunos 200 años atrás, él fue capaz de adquirir falsas confesiones de las víctimas involucradas. Como resultado, más de 40 Judíos fueron quemados a muerte en la hoguera el 2 de

Junio de 1453. Otros temiendo tortura física, incluyendo rabbis, escogieron cometer suicidio así como los Judíos de la colina de Masada agarrándose de manos mientras saltaban a sus muertes en 79 d.C. para escapar la tortura de los legionarios Romanos.

Los Judíos sobrantes en Silesia fueron expulsados de la región mientras eran forzados a dejar a sus hijos pequeños atrás. Estos niños sin elección fueron forzados a ser bautizados en la iglesia Romana. Los admiradores de este monje Franciscano rápidamente lo llamaron, "el azote de los Judíos."

Aunque decenas de personas fueron torturadas, atormentadas y quemados vivos, mi iglesia aparentemente sentía que el mundo debería reconocer a Capistrano como un individuo santo haciendo la voluntad de Dios. Este monje Franciscano fue canonizado a finales del siglo diecisiete y es actualmente visto por la iglesia como un hombre digno de veneración. Él es actualmente referido como San Juan de Capistrano. Su festejo es el 23 de Octubre.

Bajo la corona del Rey Fernando II y su esposa la Reina Isabela I, Tomas de Torquemada llegó a ser el primer Gran Inquisidor de España. Él era un Fraile Católico Romano Dominicano y confesor personal (uno que escucha confesiones) de la Reina de Castilla. Él rápidamente llegó a ser notorio por sus campañas entusiastas en contra de Judíos, Musulmanes, herejes y cualquier persona no creyente de su fe Católica.

El Papa Sixto IV (1471-1484 d.C.) nombró este ministro Dominicano para los reinos Españoles a principios de 1482. El Inquisidor era descrito por el Cronista Español Sebastián de Olmedo como el "martillo de herejes."

Para honrar este monarca devoto Católico, él lidero una organización de cortes eclesiásticas la cual encarcelaban, torturaban y quemaban vivos en la hoguera personas no creyentes y sospechosas de herejía.

Durante su mandato como el Gran Inquisidor de España, él quemo un estimado de 2,000 seres humanos por un periodo de quince años. Él no mostraba misericordia. Muchos Judíos en el país fueron decapitados, mientras otros pasaron sus últimos años en un calabozo del siglo XV.

Thomas de Torquemada
(1420-1498 d.C.)
Sacerdote Católico Dominicano y
Gran Inquisidor de España

Tomas de Torquemada murió el 16 de Septiembre de 1498, a la edad de 78 años.

En Polonia, el monje Franciscano Bernardino de Feltre el cual fue desplegado por el papa por la misma razón, junto con su compañero de trabajo el Arzobispo Zbigniev Olesniezkico, orquestó una amenaza en contra del gobernante Rey Casimiro IV de Polonia. La amenaza ofrecía sufrimientos terribles en el infierno acompañado de una profecía de grandes desgracias a su país si no lograba abolir los derechos civiles y privilegios sociales de los Judíos. Al principio, el rey dudó en perseguir al pueblo Judío. Irónicamente, poco después estalló una guerra en Polonia. Este arzobispo y monje Franciscano inmediatamente aprovechó la situación y públicamente anunció que sus profecías estaba siendo ejecutadas y que Dios estaba castigando al pueblo de Polonia sobre una cuenta negligente del rey sobre la iglesia y su continuo apoyo a la comunidad Judía. El rey a su vez sucumbió a las demandas de su iglesia en 1454. El punto de inflexión del monarca de este país llevó a la tremenda persecución del pueblo Judío a través de Polonia.

El monje Franciscano Bernardino de Feltre trajo un destino similar sobre el pueblo Judío en el occidente y regiones del sur de Alemania. Como una consecuencia de confesiones ficticias extraídas bajo torturas físicas especialmente en Ratisbon, un juicio severo cayó sobre los hombres, mujeres y niños Hebreos. Estos hijos e hijas de Abraham negando la posibilidad de una trinidad escogieron ser masacrados en lugar de negar el monoteísmo de la naturaleza de Dios. Esta masacre de seres humanos ocurrió en el país de Alemania, incluso antes del nacimiento del reformador Martín Lutero, el cual también odiaba a los Judíos.

¿Será que la cadena brutal anti-Semitista a través de los siglos en la Iglesia Católica Romana pudo ser usada casi 500 años después en el camino de un dictador Alemán Católico Romano de Austria, para justificar el Holocausto Judío?

Después de la muerte del Papa Eugenio IV el 23 de Febrero de 1447, y antes de la elección del Papa Nicolás V el 6 de Marzo del mismo año, un político Italiano llamado Stefano Porcari se dirigió a la población concerniente a la autoridad tiránica Papal.

Él exigió que el abuso fuera parado y entusiastamente estimuló el derrocamiento del gobierno papal en la península Itálica.

Este político con sus proclamaciones audaces continuó plagando el papado del Papa Nicolás V. El pontífice, sin ver salida para resolver el asunto, finalmente ordenó una investigación sobre las amenazas de Porcari.

Stefano Porcari fue rastreado, juzgado como culpable y el 9 de Enero de 1453, fue colgado públicamente en el patíbulo de Castel San Ángelo en la ciudad de Roma.

El monarca sentado el Papa Nicolás V, desde su trono en el Vaticano, era un tirano a cualquier persona de cualquier religión que se opusiera a su fe Católica. La limpieza étnica por la Iglesia Católica Romana vino en el nombre del Cristianismo religioso **hecho por el hombre**.

El costo de asegurar las rutas a países como India fue financiado por esclavos Africanos. La aprobación de la esclavitud fue reafirmada en los escritos *"Romanus Pontifex"* del Papa Nicolás V en 1455 d.C. Este Pontífice Romano murió el 24 de Marzo de 1455 d.C. a los 57 años de edad.

El Papa Calixto III (1455-1458 d.C.) sucedió al Papa Nicolás V en el trono papal el 8 de Abril de 1455 d.C.

En el documento papal *"Inter Caetera"* el Papa Calixto autorizó al pueblo Portugués a reducir a los no creyentes de la fe a la servidumbre.

Esta bula papal le dio consentimiento a la esclavitud de los Africanos y garantizó a la gente de Portugal que su esclavitud no era contraria a la palabra de Dios o a la enseñanza de la iglesia Católica.

Treinta años después, el Papa Inocencio VIII (1484-1492 d.C.) disfrutó del servicio de sus 100 Moros esclavos personales proveídos a él en el Vaticano. Los esclavos del papa eran llamados "moro" significando "hombre de piel oscura" y le fueron dados como un regalo del Rey Español Fernando II de Aragón y su esposa la Reina Isabela I de Castilla. El Papa Inocencio VIII muchas veces compartía sus regalos con Cardenales preferidos.

Papa Nicolas V
(1447-1455 d.C.)

En 1992, el Papa Juan Pablo II pidió perdón mientras visitaba Senegal (un país al occidente de África) por la participación Católica Romana en el tráfico de esclavos.

Desde el tiempo de la "Muerte Negra" (plaga bubónica) que atacó a Europa a mitades del siglo catorce, siempre se creía que las brujas eran las culpables de tal juicio. Las personas que vivieron durante este tiempo devastador habían visto cargamentos de cuerpos enfermos llevados al océano y sumergidos en tumbas acuáticas profundas. Esto llevaría a muchos a albergar sospechas vengativas de las brujas por los próximos años.

No fue hasta el 5 de Diciembre de 1484, cuando el Papa Inocencio VIII (1484-1492 d.C.) publicó su bula papal llamada "*summus desiderantes affectibus*" (deseando con ardor supremo), que las brujas atrajeron en su totalidad, la mirada intimidante de los funcionarios Católicos Romanos. Este documento papal fue creado en respuesta a la petición del inquisidor Dominicano Heinrich Kramer (1430-1505 d.C.) el cual buscaba permiso explícito para perseguir la brujería en el país de Alemania.

El papa le dio su aprobación total para que la inquisición se moviera en contra de brujas y permiso para hacer cualquier cosa necesaria para deshacerse de ellas. Esta bula papal instó a las autoridades locales a cooperar con los inquisidores y amenazó a los que impidieran este trabajo con la excomunión.

El Papa Inocencio VIII autorizó este documento para ser colocado en la portada del libro <u>Malleus Maleficarum</u> (el martillo de brujas) el cual fue escrito por Heinrich Kramer y publicado por las autoridades de la inquisición Católica Romana en 1485-1486 d.C. Después de que la bula papal fuera puesta en la portada de este libro para que todos leyeran, la cacería de brujas ascendió a una histeria colectiva. Esta literatura se propago rápidamente y se convirtió en el manual para cazadores de brujas e inquisidores por toda Europa medieval.

La siguiente es un extracto del libro de Heinrich Kramer que fue tan rápida y ampliamente distribuida:

Papa Innocenio VIII
(1484-1492 d.C.)

"Toda maldad es muy poca a la maldad de una mujer... que otra cosa es una mujer, sino una enemiga a la amistad, un castigo inevitable, un mal necesario, una tentación natural, una calamidad deseable, un peligro domestico, un delirio delicioso, una naturaleza malvada, pintada con colores justos... las mujeres son por naturaleza instrumentos de Satanás... son por naturaleza carnales, defectos estructurales arraigadas en la creación original." (Citado en Katz, el Holocausto en su Contexto Histórico, vol. 1 paginas 438-439.)

Ochenta por ciento de las victimas de Heinrich Kramer se cree haber sido del género femenino. Durante la cacería de brujas que siguieron especialmente en los siglos dieciséis y diecisiete, un estimado de 150,000-200,000 seres humanos fueron torturados y quemados a muerte en la hoguera.

Estas cacerías de brujas que aparentemente era dirigido a las mujeres, muchas veces tuvo poca, si alguna, evidencia substancial para apoyar los cargos. Este hecho llevaría a muchos a categorizar la cacería de brujas iniciadas por Heinrich Kramer a ser un "asesinato en masa generizado" de la iglesia.

Ha sido escrito por algunos en la historia que Heinrich Kramer no estaba de acuerdo con el Papa Inocencio VIII y que la bula papal *"summus desiderantes affectibus"* era un documento papal falsificado. Existe una ignorancia que superar. Yo estoy muy familiarizado con la jerarquía Católica Romana y como opera. Si el Papa Inocencio VIII no está en pleno apoyo de este inquisidor y su trabajo, Heinrich Kramer habría hecho absolutamente nada en Alemania. Al contrario, el papa co-orquestó con Heinrich Kramer en Alemania, una eliminación sistemática de brujas y herejes. Decenas de miles de personas serian torturadas y ejecutadas, por un periodo de veinte años, bajo la atenta mirada de este inquisidor Católico Heinrich Kramer.

Papa Inocencio VIII murió el 25 de Julio de 1492. Este papa durante su breve mandato de ocho años, no solamente soltó hombres como Heinrich Kramer, pero públicamente reconoció en Roma que él tenía sus hijos ilegítimos viviendo con él en el Vaticano. Este papa contribuyó grandemente a la caída del prestigio papal dentro de la Iglesia Católica Romana.

El Papa Alejandro VI (1492-1503 d.C.) sucedió al Papa Inocencio VIII en el trono papal. En 1456 a la edad de veinticinco él llego a ser un cardenal y el siguiente año vicecanciller de la Santa Sede. Rara vez perdía una reunión de la Curia Santa.

Diecisiete años después se enamoró de una de sus amantes, Vannozza dei Cattanei la cual le dio cuatro hijos, Giouanni, Cesare, Lucrezia, y Gioffre. Alejandro fue padre de seis hijos y tres hijas, los descendientes de varias amantes. Aunque las madres de cinco de sus hijos eran desconocidas, a todos los nueve se les dieron puestos de poder político y matrimonios ventajosos debido al estatus prominente de su padre.

Cuando el Papa Alejandro VI sucedió al Papa Inocencio VIII en el trono en Roma, él sintió la necesidad de reconocer las medidas que se habían emprendido en los últimos años en contra de herejes. Por reconocimiento de su papel en la Inquisición Española y por purificar la fe Católica Romana, el Papa Alejandro VI concedió al Rey Español Fernando II y a su esposa la Reina Isabela I de Castilla, cada uno el título de "El Católico".

Luego, en un esfuerzo para mostrar el continuo apoyo del Vaticano del trabajo de Heinrich Kramer en Alemania, en el año 1500, el Papa Alejandro VI convocó a Kramer a Italia y lo levantó a la posición de alto rango de "nuncio" en la Iglesia Católica Romana. Heinrich Kramer continuaría sus esfuerzos en contra de brujas hasta su muerte en 1505. Él fue enterrado con todos los honores en Bohemia, el país en el cual fue honrado, por ser el nuncio del Papa Alejandro.

Un nuncio papal es un representante personal, permanente, eclesiástico y diplomático del pontífice Romano el cual es el rey del Vaticano. Entiendo que no puede ser conocido o entendido por muchos Católicos y no Católicos por igual, pero el papa es un monarca Europeo muy influyente. Esto simplemente significa él tiene todo poder legislativo, ejecutivo y judicial sobre la ciudad del Vaticano, que gobierna la Iglesia Católica Romana en todo el mundo. El papa es el único monarca absoluto en Europa. Alguien me dijo una vez que los papas de la Edad Media parecían reyes. Hubo momentos en la historia que los reyes Católicos Romanos buscaban guía espiritual y temblaban ante ellos.

Papa Alejandro VI
(1492-1503 d.C.)

Vannozza dei Cattanei
(1442-1518 d.C.)

La ciudad del Vaticano la cual es oficialmente llamada "El Estado de la Ciudad del Vaticano" es una ciudad-estado soberana rodeada de tierra cuyo territorio consiste de un enclave amurallado dentro de la ciudad de Roma. La Ciudad del Vaticano es una monarquía no hereditaria electa que es gobernada por el obispo de Roma – el papa. Los funcionarios más altos del estado son todos clérigos de la fe Católica Romana. Es el territorio soberano de la Santa Sede y la ubicación de la residencia del papa, referida como el Palacio Apostólico. Los papas han residido en la zona desde el regreso de Aviñón en 1377. Las basílicas son patrulladas internamente por agentes de policía de la Ciudad del Vaticano y no por policías Italianos.

El papa es *"ex-officio"*, cabeza del estado y cabeza del gobierno en la Ciudad del Vaticano. Él funciona dependiente de su función primordial como obispo de la arquidiócesis de Roma. El término Santa Sede no se refiere al estado del Vaticano pero al gobierno espiritual y pastoral del papa, en gran parte realizadas por la Curia Romana.

Los papas en su papel secular gradualmente llegaron a gobernar regiones vecinas y a través de los Estados Papales, gobernaron una gran porción de la península Itálica por más de mil años.

La Santa Sede, el servicio diplomático activo más antiguo del mundo, que se remonta por lo menos al año 325 d.C. Con su legación al Primer Concilio de Nicea.

Aunque la cabeza de la Iglesia Católica Romana es referida como el Papa, estos obispos de Roma nunca siempre llevaban el titulo. El primero en ser llamado Papa fue el Patriarca de Alejandría Papa Heracleus (232-249 d.C.). Esto fue mucho antes de que fuera asumido por los Sacerdotes Católicos Romanos de Roma.

La necesidad de protección papal era grande. Los papas primero reclutaron mercenarios Suizos como parte de un ejército, pero eventualmente la Guardia Pontificia Suiza fue formada por el Papa Julio II (1503-1513 d.C.) el 22 de Enero de 1506 como los guardaespaldas personales del papa y continúa cumpliendo esa función hasta el día de hoy. El reclutamiento está arreglado por un acuerdo especial entre la Santa Sede y Suiza, y se limita a hombres ciudadanos Católicos Romanos. El primer cuerpo fue fundado como una milicia.

La adquisición de control por control militar no era un nuevo concepto para el vaticano. Pos siglos los papas en el Vaticano expandieron su dominio y fuerza al complementar sus ejércitos con hombres de países simpatizantes de toda Europa. Desde el tiempo del Papa Urbano II en 1090 con la invasión de Jerusalén durante su guerra santa en contra de los Musulmanes, los papas han tenido ejércitos.

Durante el siglo decimosexto la milicia Jesuita fue establecida. Estos hombres armados eran extremadamente sumisos a los papas y muy poderosos. La pregunta ha sido hecha varias veces, ¿fueron los Jesuitas soldados en algún tiempo? Los Jesuitas hacen la mayor parte de la fuerza masculina dentro de la Iglesia Católica Romana y fueron por siglos militares Romanos representando al Vaticano. El fundador fue Ignacio de Loyola (1491-1556 d.C.) el cual fue un soldado antes de ser un sacerdote. Los Jesuitas eran conocidos como soldados de Cristo y soldados de infantería del papa. De hecho, el 27 de Septiembre de 1540, el Papa Pablo III confirmaría la orden de los Jesuitas a través de su bula papal *"Regimini mililantis ecclesiae"* (el gobierno de la iglesia militante).

¿Qué diferencia había entre los soldados Jesuitas Católicos Romanos desconsiderados matando gente en el nombre de Jehová, y los soldados Musulmanes desconsiderados del brazo radical del Islam matando gente en el nombre de Alá? Concederé a ninguno.

La fuerza militar del Vaticano ha sido apoyada por una economía única y no comercial. La prosperidad y poder del Vaticano son apoyadas financieramente por contribuciones de Católicos Romanos por todo el mundo. Las tremendas contribuciones de caridad de millones de miembros por todo el globo le ha permitido a menudo al Vaticano ser referido como el estado más rico de la tierra.

Papa Julio II
(1503-1513 d.C.)

Desafortunadamente mucho de este poder, prestigio y riqueza vino con un precio muy alto, pero fue un precio que la Iglesia Católica Romana y sus papas estaban dispuestos a pagar. La sangre inocente de hombres y mujeres ha fluido libremente como juicios crueles, a lo largo de la historia se han arrojado sobre Apostólicos y pecadores por igual. Temo que el problema de estos juicios severos, para el propósito de una llamada purificación de la iglesia, pueda ser un tema de discusión que muchos tendrán con el mismo Juez Justo.

CAPITULO DIECISEIS

Gloria y Vergüenza

Mirando la gráfica, paremos y consideremos al reformador Martín Lutero con sus noventa y cinco tesis. Martín Lutero nació el 10 de Noviembre de 1483. Él era un monje Católico Romano en Alemania. Lutero sobresalió en la Iglesia Católica como un teólogo, profesor de universidad, y llegaría a ser conocido en la historia Cristiana como el "Padre del Protestantismo." Aunque, como Católico Romano, él creía en las enseñanzas de Tertuliano en la trinidad de la Deidad, Martín Lutero reconoció la necesidad de una reforma dentro de su iglesia. Las ideas de este reformador influenciaron la Reforma Protestante y en esencia cambió el curso de la civilización Occidental.

Él fue ordenado al sacerdocio en la Iglesia Católica Romana en 1507 y en 1508 empezó a enseñar teología en la Universidad de Wittenberg. El 21 de Octubre de 1512, Lutero fue recibido al senado de la facultad de teología de la Universidad de Wittenberg, habiendo sido llamado a la posición de Doctor en Biblia.

En 1505, el Papa Julio II tomó la decisión de demoler la antigua Iglesia de San Pedro en Roma. El Emperador Constantino I había comisionado el trabajo en honor de su conversión al Cristianismo. Debido al Papado de Aviñón en Francia, la iglesia tuvo la necesidad de mucha reparación.

El 18 de Abril de 1506, la primera piedra fue colocada para el edificio de lo que sería la nueva y más grande Iglesia Cristiana de todo el mundo. La construcción de la Basílica de San Pedro fue el trabajo de muchos artistas y abarcó un periodo de 120 años.

En 1516 Johann Tetzel, el fraile Dominicano y comisionado papal para indulgencias (una remisión de castigo aun debida por un pecado cometido pero perdonado por las donaciones de caridad de los seres amados), fue mandado a Alemania por Roma a vender indulgencias en un esfuerzo de recaudar dinero para construir la Basílica de San Pedro. La teología Católica Romana afirma que la fe sola, ya sea fiduciaria (mantenidos en fideicomiso) o dogmática no podía justificar al hombre, pero solo una fe tál mientras se es activo en caridad y buenas obras y esto podría ser obtenido donando dinero a la iglesia.

Martín Lutero no solamente sentía que la práctica de vender indulgencias era no Bíblicas pero completamente inmoral también. Esta práctica dogmática alimentaria la franqueza de Lutero en contra de su iglesia. El 31 de Octubre de 1517, Lutero le escribió al Arzobispo de Mainz protestando la venta de indulgencias. Él incluyó en su carta una copia de su "Disputa de Martín Lutero" en el "Poder y Eficacia [influencia de indulgencias]", la cual más tarde fue descompuesta y fue conocida como las noventa y cinco tesis.

La teología de Martín Lutero también desafió la autoridad del papa, sosteniendo que la Biblia era la única fuente infalible de autoridad religiosa. Él también contendió que el principal intérprete de la Sagrada Escritura debe ser la Escritura misma en lugar de otra fuente ajena a la Palabra de Dios. Los Reformadores utilizaron esta analogía de principio de fe para condenar el Catolicismo Romano por su insistencia que la Biblia debe ser interpretada de acuerdo con el corpus tradicional.

El Papa Leo X (1513-1521 d.C.) era el hijo de Lorenzo de Medici el cual llegó a ser conocido como Lorenzo el Magnífico. El Papa Leo X nació en 1475 con una cuchara de plata dentro de su boca. Él llegó a ser un cardinal a una temprana edad de trece y después de ser papa en 1513 a la edad de 37, empezó a agotar el tesoro papal. Él se convertiría en el más extravagante de los papas del Renacimiento y elevaría el papado a un poder político significativo en Europa.

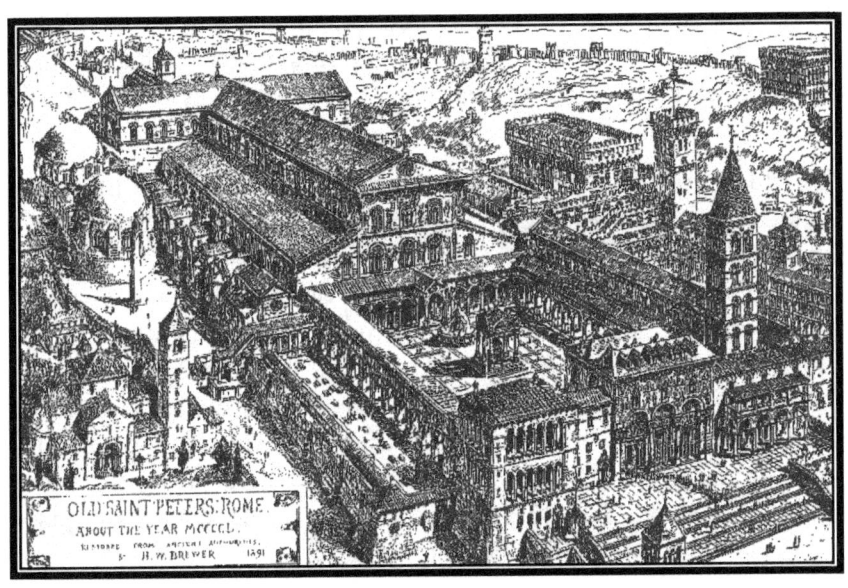

Iglesia de San Pedro en Roma
Construida por
Emperador Constantino I en 4to Siglo
Sobre "Los Circos de Nero"

Habiendo pasado su juventud en la corte de Lorenzo de Medici, él era la personificación de los ideales del Renacimiento. El Papa Leo X había adquirido los manierismos y gustos de una de las sociedades conocidas más brillantes a florecer en Europa. Este hombre no solamente era el papa de Roma pero cabeza de la familia Medici que gobernó la República de Florencia. Las guerras con Francia, su apoyo extravagante de las artes, y la construcción de la Basílica de San Pedro, todas contribuyeron a las necesidades financieras del papado. Durante el reino del Papa Julio II (1503-1513 d.C.) las indulgencias habían sido autorizadas para la construcción de la nueva iglesia en Roma. El Papa Leo X definitivamente apoyaba la misma.

El Papa Leo X disfrutaba de un tipo de vida lujoso. Su mascota blanca el elefante Hanno era simbólico de su riqueza excesiva y tipo de vida extravagante. Él fue, sin embargo, desafiado por su tipo de vida llamativa. Muchos sentían que sus gastos excesivos eran perjudiciales a la iglesia en Roma. Un grupo de cardenales, queriendo deshacerse ellos mismos de tal papa, se dispusieron a envenenarlo. Cuando el papa escuchó de este complot, ordenó una investigación. El Cardenal Petrucci fue declarado culpable por orquestar el plan y fue sentenciado a muerte. A través de los legados del Papa Leo X, Cardenal Petrucci fue sujetado al piso y físicamente estrangulado hasta la muerte.

El Papa Leo X, aunque consumido con su propio entretenimiento, estaba viendo cada paso de Martín Lutero. Él esperaba que las enseñanzas de Lutero perecieran a su propio acuerdo, desestimando al teólogo como "un Alemán borracho que cuando sobrio cambiara su mente."

Las escrituras de Lutero, sin embargo, circulaban ampliamente, alcanzando Francia, Inglaterra e Italia desde 1519.

El 30 de Mayo de 1519, cuando el papa demandó una explicación, Lutero escribió un resumen y explicó su tesis al Vaticano. El Papa Leo X no apreciaba el desafió a su autoridad y convocó a Lutero a Roma.

𝔐artin 𝔏uthro
𝔐onje 𝔕omano 𝔈atólico 𝔄gustino
(1483-1546 d.𝔈.)

El 15 de Junio de 1520, el papa le advirtió a Martín Lutero con la bula papal *"Exsurge Domine"* (levántate o Señor) que él arriesgaba excomunión a menos que se retractara dentro de sesenta días. Lutero rehusó y fue excomulgado de la Iglesia Católica Romana el 3 de Enero de 1521, en la bula *"Decet Romanum Pontificem"* (es apto para el pontífice Romano). La respuesta de Martín Lutero fue "No puedo ni haré alguna retracción, ya que no es seguro ni honorable actuar en contra de la conciencia." La excomunión de Lutero llevaría mas tarde a la fundación de la Iglesia Luterana.

El Papa Leo X llegó a estar agobiado con ira y demandó al Emperador Carlos V a ejecutar a Martín Lutero por fuego. En vez de quemar vivo a Martín Lutero como un hereje, el emperador escogió escucharlo el mismo. Esto tomo lugar en la "Dieta de Worms" en Alemania. La "Dieta de Worms" tuvo lugar en un pequeño pueblo Alemán en el Rio Rhine llamado Worms. Las reuniones fueron presididas por el mismo emperador Romano y se prolongaron desde el 28 de Enero hasta el 25 de Mayo de 1521. Otra vez podemos ver la influencia Romana en la Iglesia Católica. Estas reuniones son recordadas principalmente en la historia para el "Edicto de Worms" la cual abordó al mismo Martín Lutero, junto con los efectos de la Reforma Protestante.

A Martín Lutero se le fue prometido seguridad por el emperador. Sin embargo, mientras se llevaban a cabo conferencias privadas para determinar el destino de Lutero; Martín Lutero se descubrió que había abandonado la conferencia. Aparentemente no queriendo seguir el mismo camino que el reformador John Huss había pisado, habiendo sido previamente ejecutado a través de artimañas usadas por la Iglesia Católica Romana.

El emperador presentó el bosquejo final del "Edicto de Worms" el 25 de Mayo de 1521, declarando a Martín Lutero un hereje público, prohibiendo toda posesión de su literatura y a toda persona suministrarle comida o refugio, y solicitando su detención. En el decreto del Emperador Romano Carlos V, él indicó;

Papa Leo X
(1513-1521 d.C.)

"Por esta razón prohibimos a todos de ahora en adelante a atreverse, ya sea mediante palabras o hechos, defender, mantener o favorecer a Martín Lutero. Por el contrario, queremos que él sea capturado y castigado como un hereje notorio como se merece, para ser traído personalmente a nosotros, o para ser vigilado de forma segura hasta que aquellos que lo capturen nos informen, con lo cual ordenaremos la manera correcta de proceder en contra de Lutero. Aquellos que ayuden en su captura van a ser recompensados generosamente por su buen trabajo."

Habiendo llamado anteriormente por la muerte de Lutero, el Papa Leo X estaba bien satisfecho con la decisión del emperador. Los emperadores y papas muchas veces trabajaban en conjunto el uno con el otro en el Imperio Romano, para satisfacer las necesidades políticas y religiosas del día.

Por su parte Martín Lutero se encontró una casa de seguridad donde tradujo la Biblia a su lengua materna Alemana. El "Edicto de Worms" fue escrito, pero por el apoyo Alemán a Lutero, nunca fue impuesto en ese país. En otros países Europeos, sin embargo, el "Edicto de Worms" fue altamente forzado. Dos monjes Católicos Romanos, Johannes van Esschen y Hendrik Voes fueron quemados a muerte en la hoguera en Bruselas el 1ro de Julio de 1523, por enseñar la doctrina de Martín Lutero la cual era vista como contraria al dogma de los Católicos Romanos.

La participación de la Iglesia Católica Romana en la agitación continua no podía pasarse por alto. El Papa Adrian VI, el cual fue papa desde 1522 hasta su muerte el siguiente año, describió la condición de la Iglesia Católica justo antes de la reforma de Martín Lutero.

"Francamente reconocemos que Dios permite esta persecución de la iglesia a causa del pecado de los hombres, y especialmente de prelados y clero. Sabemos bien que por muchos años, cosas merecedoras de aborrecimiento (asco) se han reunido al torno de la Santa Sede, cosas sagradas han sido mal utilizadas, ordenanzas transgredidas, para que en todo ha habido un cambio a lo peor..."

Papa Adrián VI
(1522-1523 d.C.)

En 1546 Martín Lutero clavó una copia de sus noventa y cinco tesis a la puerta de la Iglesia del Castillo en Wittenberg, Alemania. Este evento es visto como el origen de la Reforma Protestante.

La primera generación del clero Luterano eran principalmente ex-sacerdotes y monjes Católicos Romanos, muchos de los cuales siguieron el ejemplo de Lutero y se casaron con ex-monjas.

Katherine von Bara (1499-1552 d.C.) se unió a un grupo de monjas que abandonaron su claustro y se refugiaron en Wittenberg donde conoció a Martín Lutero y se cazaron el próximo año.

Muchos han escuchado de las noventa y cinco tesis de Martín Lutero pero rara vez alguien llega a leerlos. Me gustaría revelar estos escritos para su conocimiento y conveniencia. Las siguientes son las tesis concernientes a las indulgencias que iniciaron la Reforma Protestante. Personalmente veo a Martín Lutero como una espina en el costado del Catolicismo que nunca pudo ser removida.

Martín Lutero, 31 de Octubre de 1517.

"Por amor a la verdad y en el deseo de traerlo a la luz, las siguientes proposiciones serán discutidas en Wittenberg, bajo la precedencia del Padre Reverendo Martín Lutero, Maestro de Artes y de Teología Sagrada, y Profesor de Ordinaria en el mismo en ese lugar. Por los cual solicita que aquellos que no puedan estar presentes y debatir oralmente con nosotros puedan hacerlo por carta."

En el Nombre de nuestro Señor Jesucristo Amen.

1. Cuando nuestro Señor y Maestro Jesucristo dijo "Arrepentíos", tenía la intención de que toda la vida de los creyentes debería ser arrepentimiento.

2. Esta palabra arrepentimiento no puede ser entendida en el sentido del sacramento de la penitencia, o el acto de la confesión y satisfacción administrada por los sacerdotes.

3. Sin embargo, no significa que solo el arrepentimiento interno, ya que no hay arrepentimiento interno que no se manifiesta hacia el exterior a través de varias mortificaciones de la carne.

4. El Castigo del pecado, por lo tanto, continúa mientras el odio de sí mismo, o el verdadero arrepentimiento interior contínuo, y sigue hasta nuestra entrada en el reino de los cielos.

5. El papa no tiene la intención de remitir, y no puede remitir, cualquier castigo excepto de aquellos que él ha impuesto, ya sea por su propia autoridad o por la autoridad de los cánones.

6. El papa no puede remitir cualquier culpa, excepto al declarar que ha sido remitido por Dios y por asentimiento a la obra remisoria de Dios. Para estar seguros, sin embargo, el papa puede conceder la remisión en casos reservados a su juicio. Si su derecho de conceder la remisión en tales casos fuera descartado, la culpa permanecería completamente sin perdonar.

7. Dios no remite la culpa a alguien que Él al mismo tiempo no humilla en todas las cosas y también lo trae a la sujeción a su vicario, el sacerdote.

8. Los cánones penitenciales son impuestos solamente en los vivos, según ellos nada debe ser impuestos sobre los moribundos.

9. Por lo tanto el Espíritu Santo por medio del papa es bueno con nosotros, porque en sus decretos el siempre hace excepción del articulo de muerte y necesidad.

10. Ignorantes y malvados son los actos de aquellos sacerdotes, los cuales en los casos de los moribundos, reservan penitencias canónicas para el purgatorio.

11. Este cambio de la pena canónica a la pena de purgatorio, es evidentemente una de las cizañas que fueron sembradas mientras los obispos dormían.

12. En tiempos antiguos las penas canónicas eran impuestas no después pero antes de la absolución, como prueba de la verdadera contrición.

13. Los moribundos son absueltos por la muerte de todas las penas. Ellos están ya muertos para las leyes canónicas y tienen un derecho de ser librados de ellas.

14. La salud espiritual imperfecta, o el amor imperfecto, de la persona moribunda, trae necesariamente un gran temor; y más pequeño que es el amor, mayor es el temor.

15. Este temor y horror es suficiente en si misma por sí sola, a decir nada de otras cosas, a constituir la pena del purgatorio, ya que está más cerca el horror de la desesperación.

16. El infierno, el purgatorio, y el cielo parecen diferir así como la desesperación, cerca de la desesperación, y la garantía de la seguridad.

17. Concerniente a las almas en el purgatorio, parece necesario que el horror debería crecer menos y el amor aumentar.

18. No parece probado, ya sea por razón o por las Escrituras, que ellos están fuera del estado de mérito, es decir, de aumentar el amor.

19. Una vez más, parece no probada de que las almas en el purgatorio, o al menos que todos ellos, tengan plena certeza de su bendición, aunque podemos estar completamente seguro de ello.

20. Por lo tanto por "la remisión completa de todas las penas" el papa significa en realidad no "de todos", sino solo de aquellas sanciones impuestas por él mismo.

21. Por lo tanto aquellos predicadores de indulgencias están en error, quienes dicen que por las indulgencias del papa un hombre es libertado de cada pena y es salvo.

22. De hecho, el papa no remite penas, por las almas en el purgatorio que, de acuerdo a los cánones, habrían tenido que pagar en esta vida.

23. Si es del todo posible conceder a cualquier persona la remisión de todas las penas cualesquiera, lo cierto es que esta remisión solo puede concederse a los más perfectos, es decir, a la minoría.

24. Por lo tanto, la mayoría de las personas son necesariamente engañadas por esa alta promesa indiscriminada de la liberación de las penas.

25. El poder que el papa tiene en un sentido general sobre el purgatorio es como el poder que cualquier sacerdote o cura tiene en una manera particular sobre su diócesis o parecer.

26. El papa hace bien al dar remisión a las almas en el purgatorio, no por el poder de las llaves, que en este caso él no posee, sino por medio de intercesión.

27. Ellos enseñan doctrinas **hechas por el hombre** quienes dicen que tan pronto que la moneda suena en la hucha, el alma sale volando del purgatorio.

28. Es cierto que cuando la moneda suena en la hucha, la codicia y avaricia pueden incrementarse, pero el resultado de la intercesión de la iglesia está en el poder de Dios solamente.

29. ¿Quién sabe si todas las almas del purgatorio quisieran salir de ella, como en la leyenda de Sts. Severinus y Pascal?

30. Nadie es seguro si su propia contrición es sincera, mucho menos que el pueda alcanzar la remisión completa.

31. Como el hombre que está verdaderamente arrepentido es raro, tan raro es también el hombre que compra indulgencias. De hecho, estos hombres son los más raros.

32. Ellos serán condenados eternamente, junto con sus maestros, que se creen seguros de su salvación porque tienen cartas de perdón.

33. El hombre debe estar en su guarda en contra de aquellos que dicen que los perdones del papa son esos dones inestimables de Dios por la cual el hombre es reconciliado a él;

34. Por estas gracias de perdón concernientes solo a las penas de satisfacción sacramental, y estos son nombrados por el hombre.

35. Predican una doctrina no Cristiana aquellos que enseñan que la contrición no es necesaria en los que pretenden comprar almas del purgatorio o para comprar privilegios confesionales.

36. Cada verdadero Cristiano arrepentido tiene un derecho de

plena remisión de pena y culpa, aun sin cartas de perdón.

37. Cada Cristiano verdadero, ya sea vivo o muerto, tiene parte en todos los beneficios de Cristo y la iglesia; y esto es concedida a él por Dios, aun sin cartas de perdón.

38. No obstante, la remisión y participación en los beneficios de la iglesia, los cuales son concedidos por el papa, no son de ninguna manera para ser despreciados, porque son, como he dicho, la declaración de la remisión Divina.

39. Es muy difícil, aun para los teólogos más educados, en una y al mismo tiempo recomendar a la gente la abundancia de perdones y también la necesidad de contrición verdadera.

40. La contrición verdadera busca y ama las penas, pero perdón liberal solo alivia las penas y las causan que sean odiadas, o por los menos dan una razón para odiarlas.

41. Las indulgencias papales son para ser predicadas son cautela, para que el pueblo no piense falsamente de ellas como preferibles a otras buenas obras de amor.

42. Los Cristianos deben ser enseñados que el papa no tiene la intención de que la compra de perdones sea comparada de alguna manera con obras de misericordia.

43. Los Cristianos deben ser enseñados que aquel que da al pobre o presta al necesitado hace un mejor trabajo que comprar indulgencias.

44. Porque el amor crece con obras de amor, el hombre llega a ser mejor al hacer obras de amor. Al comprar perdones, sin embargo, el hombre no crece mejor, solamente más libre de la pena.

45. Los Cristianos deben ser enseñados que aquel que ve un hombre en necesidad y lo pasa y en vez da su dinero para los perdones, no compra las indulgencias del papa, pero las indulgencias de Dios.

46. Los Cristianos deben ser enseñados que a menos que tengan más dinero de lo que necesitan, están obligados a reservar lo que es necesario para sus propias familias, y de ninguna manera a despilfarrar en indulgencias.

47. Los Cristianos deben ser enseñados que la compra de perdones es una cuestión de libre albedrío, no un mandamiento.

48. Los Cristianos deben ser enseñados que el papa, al conceder perdones, necesita y por lo tanto desea su devota oración para él más que su dinero.

49. Los Cristianos deben ser enseñados que los perdones del papa son útiles, siempre y cuando no pongan su confianza en ellos; pero muy nocivas si pierden su temor a Dios por ellas.

50. Los Cristianos deben ser enseñados si el papa conociera las exacciones de los predicadores de indulgencias, él preferiría que la Iglesia de San Pedro se fuera a cenizas que fuera construido con la piel, carne y huesos de sus ovejas.

51. Los Cristianos deben ser enseñados que sería el deseo del papa, como lo es su obligación, a dar de su propio dinero a muchos de aquellos a los cuales los pregoneros de indulgencias engatusan dinero, a pesar de que la iglesia de San Pedro tendría que ser vendida.

52. La seguridad de salvación por cartas de perdón es vana, a pesar de que el comisario de indulgencias o el papa mismo pusieran su misma alma como prenda.

53. Son enemigos de Cristo y el papa quienes apuestan la Palabra de Dios para estar en silencio en algunas iglesias con el fin de que el perdón pueda ser predicado en otras.

54. Un daño se hace a la Palabra de Dios, cuando en el mismo sermón, un tiempo igual o más largo se gasta en los indultos que en la Palabra.

55. Debe ser la intención del papa que si las indulgencias, que son una cosa muy pequeña, son celebradas con una campana, una sola procesión y ceremonia, entonces el evangelio, la cual es la cosa más grande, debería ser predicada con cien campanas, cien procesiones, y cien ceremonias.

56. El tesorero de la iglesia, de los cuales el papa concede las indulgencias, no son lo suficientemente mencionados ni conocidos entre el pueblo de Cristo.

57. Que no son tesoreros temporales es ciertamente evidente,

porque muchos proveedores no derraman tales tesoros tan fácilmente, pero solo los recogen.

58. Tampoco ellos son los méritos de Cristo y de los santos, pues incluso sin el papa, estos siempre traen gracia al hombre interior, y la cruz, muerte, y el infierno para el hombre exterior.

59. San Lorenzo dijo que los tesoros de la iglesia eran de los pobres de la iglesia, pero el habló de acuerdo con el uso de la palabra en su propio tiempo.

60. Sin ser inconsiderados decimos que las llaves de la iglesia, dadas por el merito de Cristo, son ese tesoro;

61. Porque es claro que el poder del papa es en sí misma suficiente para la remisión de penalidades y de casos reservados para su jurisdicción.

62. El verdadero tesoro de la iglesia es el evangelio más santo de la gloria y gracia de Dios.

63. Pero este tesoro es naturalmente, mas odioso, porque hace el primero ser último.

64. Por el otro lado, el tesoro de las indulgencias, es naturalmente más aceptable, porque hace el último el primero.

65. Por lo tanto los tesoros del evangelio son redes con las cuales ellos antiguamente pescaban hombres de riqueza.

66. El tesoro de las indulgencias son redes con las cuales ahora pesan por las riquezas de los hombres.

67. Las indulgencias que los predicadores claman como la "más grande gracia" son verdaderamente conocidas como tales, tanto que las promueven otra vez.

68. En verdad, sin embargo, son las gracias absolutamente más pequeñas comparadas con la gracia de Dios y la piedad de la cruz.

69. Obispos y curas están atados a admitir que las comisarias de los perdones papales todas serán veneradas.

70. Pero aun más están obligados a forzar todos sus ojos y asistir con todos sus oídos, para que estos hombres prediquen sus propios sueños en lugar de la comisión del papa.

71. Deje aquel que hable en contra de la verdad de los indultos papales sea anatema y maldito!

72. Pero deje el que se protege en contra de lascivia y la licencia de las predicaciones de perdón sean benditos.

73. El papa justamente truena en contra de los que, por cualquier medio, trama daño al tráfico de indultos.

74. Pero mucho más es lo que trata de tronar en contra de aquellos que usan el pretexto de perdón para continuar lesionando al santo amor y verdad.

75. Para considerar los perdones papales tan grandes que pudieran absolver un hombre aun si hubiera cometido un pecado imposible y violado la Madre de Dios es locura.

76. Decimos, al contrario, que los perdones papales, no son capaces de remover el más leve de los pecados veniales, por lo que respecta a su culpa se refiere.

77. Se dice si alguna vez San Pedro fuera ahora papa, no podría conceder las mayores gracias. Esto es blasfemia en contra de San Pedro y en contra del papa.

78. Decimos, al contrario, que aun el presente papa, y cualquier papa, tiene mayores gracias a su disposición: nombrado, el evangelio, poderes, dones de sanidad, etc., como está escrito en 1 Corintios 12.

79. Para decir que la cruz blasona con los brazos papales, la cual está establecida por los predicadores de indulgencias, es de igual valor con la cruz de Cristo, es blasfemia.

80. Obispos, curas, y teólogos que permiten tales doctrinas al ser extendidas entre el pueblo, tendrán que dar cuenta por esto.

81. Esta predicación arbitraria de indulgencias hace que sea difícil, incluso para los eruditos, para rescatar a la reverencia debida al papa de la calumnia, o incluso de las preguntas sagaces de los laicos.

82. Tales preguntas como: "¿Por qué el papa no vacía el purgatorio, por el bien del santo amor y por el bien de las almas desesperadas que están allí, si él redime un número infinito de

almas por el bien de un dinero miserable con el cual construiría una iglesia? Las primeras razones serian la más justa, mientras que la segunda es la más trivial."

83. O: "¿Por qué las misas funerarias y aniversarios para los muertos continuaban y porque él no regresa ni permite la retirada de las donaciones dadas en su nombre, ya que es erróneo orar por los redimidos?"

84. O: "¿Qué es esta nueva piedad de Dios y el Papa, que por dinero permiten a un hombre que es impío y enemigo para comprar para salir del purgatorio el alma pía de un amigo de Dios, y no hacerlo bien, por esas necesidades del alma piadosa y amada, liberarla por el bien del amor puro?"

85. O: "¿Por qué los cánones penitenciales, desde hace mucho tiempo en hecho real y por el desuso derogó y muerto, ahora satisfecho por la concesión de indulgencias, como si todavía estaban vivos y en vigor?"

86. O: "¿Por qué no el Papa, cuya fortuna es hoy mayor que la riqueza de los más ricos, construye ésta Basílica de San Pedro con su propio dinero, en lugar del de los pobres creyentes?"

87. O: "¿Qué es lo que el papa remite, y que participación en los beneficios de la iglesia él otorga, a aquellos que por perfecta contrición, tienen un derecho de completa remisión y participación?"

88. O: "¿Por bendición mayor podría venir a la iglesia que si el papa hiciera cien veces al día lo que ahora hace una vez, y concede a cada creyente estas remisiones y participaciones?"

89. O finalmente: "Ya que el papa, por sus perdones, busca la salvación de las almas en vez de dinero, ¿por qué suspende las indulgencias y perdones dadas antes que ahora, ya que estas tiene una eficacia igual?"

90. Para reprimir estos argumentos convincentes de los laicos por fuerza solamente, y no para resolverlos al dar respuestas razonables, es exponer a la iglesia y el papa al ridículo de sus enemigos, y dejar a los cristianos insatisfechos.

91. Por los tanto, si las indulgencias se predicasen según el

espíritu y la mente del papa, todas estas dudas serian resueltas fácilmente. De hecho, no existirían.

92. Vayan, pues todos aquellos profetas que dicen al pueblo de Cristo, "Paz, Paz", y no hay paz!

93. Benditos sean todos aquellos profetas que dicen al pueblo de Cristo, "Cruz, Cruz", y no hay cruz.

94. Los Cristianos deben ser exhortados a ser diligentes en el seguimiento de Cristo, su Cabeza, a través de las penas, muerte, y el infierno.

95. Y así ser seguros de entrar al cielo a través de muchas tribulaciones, mas bien, que a través del falso aseguramiento de la paz.

Las indulgencias todavía son practicadas en la Iglesia Católica Romana, y si la Basílica de San Pedro que hoy está en pie en la ciudad de Roma, Italia, fue construida primeramente por las familias Católicas por todo el mundo pagando dinero para que almas pudieran ser oradas para afuera del purgatorio por los sacerdotes. Personas Católicas aman sus familias y escogieron sacrificarse para ver las almas de sus seres queridos escaparan los tormentos del purgatorio. Las velas que personalmente prendía para personas Católicas Romanas fueron muchas. Las oraciones que oramos para las almas en el purgatorio fueron innumerables. La verdad del asunto es para que ambos el papa y Martín Lutero que sepan: no hay purgatorio. La Biblia habla de un cielo que ganar y un infierno eterno que esquivar. No hay un lugar de por medio.

En 1519 Martín Lutero desafió la doctrina *"Servitus Judaeorum"* (Servidumbre de los Judíos), establecida en *"Corpus Jeris Civilis"* por Justiniano I en 529 d.C. Pero parecía proceder con cautela en 1523 cuando escribió "Jesucristo fue un Judío." En estos escritos él condenó el trato inhumano de los Judíos y urgió a los Cristianos a tratarlos bien. En este tiempo en la vida de Lutero, parecía que su deseo fuera que el pueblo Judío escuchara el Evangelio proclamado y ser convertidos al Cristianismo.

Basílica de San Pedro, Roma

Martín Lutero no se convertiría al Judaísmo con su doctrina Unicitaria y los Judíos no se convertirían a su doctrina trinitaria. Este reformador del siglo dieciséis contradijo sus enseñanzas y convicciones previas concernientes al pueblo Hebreo. Lutero aparentemente tuvo un cambio drástico de corazón. Siendo impulsado por un espíritu de odio, Martín Lutero escogió matarlos a todos. En nuestro día seria conocido como limpieza étnica.

En 1543 Lutero publicó, "*Sobre los Judíos y sus Mentiras*" en el que dice que los Judíos son una, "base de gente prostituida, es decir, ningún pueblo de Dios, y su jactancia de ser el linaje, la circuncisión, y ley debe ser considerada como suciedad. Están llenos de las heces del diablo... que se revuelcan como cerdos." Él escribió que su Sinagoga era una "novia contaminada, sí, una ramera incorregible y una mujerzuela impía... " Luego sostiene en sus escritos que su Sinagogas y escuelas sean encendidas en el fuego, sus libros de oraciones destruidos, rabinos prohibidos a predicar, casas arrasadas, y la propiedad y el dinero confiscado. En su esfuerzo por eliminar esta gente Unicitaria, continuó en su escritura diciendo;

"No se les debería mostrar misericordia ni bondad, dada ninguna protección legal, y estos gusanos envenenados deberían ser dados a la labor forzada o expulsados por todo el tiempo." Martín Lutero también abogó por el asesinato de los hijos de Abraham al decir; "Somos culpables por no destruirlos."

En la media noche de la última dispensación del tiempo mortal, el pueblo del Nombre de Jesús debería ser advertido de no cubrir con dulce pastillas amargas. Como Satanás tomó el control del alma de este reformador también tendrá la capacidad de tomar el control del hombre de perdición, el anticristo.

Desde un monasterio Católico Romano a la Iglesia Castillo en Wittenburg Alemania, parece que Martín Lutero fue más profundo en el hechizo ritualista religioso. Era absolutamente un ciclo religioso que ofrecía poco significado espiritual. Cuando los Judíos rehusaron escuchar al Mesías, él pudo llamar diez mil ángeles pero escogió no matarlos.

Aunque Lutero podía ver la falacia en las enseñanzas de la Iglesia Católica, no las podía ver en sus mismas enseñanzas. La teología de este reformador había llegado a ser corrupta por su intolerancia personal del pueblo Judío.

Solamente dos años después de la muerte de Martín Lutero, disturbios en Frankfort, Alemania cobraron la vida de 3.000 hombres, mujeres y niños Judíos, con la expulsión del resto. La afirmación es que las expresiones de Martín Lutero de un sentimiento anti-Judío han sido una influencia importante y persistente en el siglos después de la Reforma. Es una pena que Lutero pudiera asumir la corrupción dentro de la Iglesia Católica Romana, pero no tuvo en cuenta la corrupción dentro de su propio corazón. Dentro de poco después de sufrir un derrame cerebral Martín Lutero murió el 18 de Febrero de 1546 a la edad de 62 años, en Eisleben, Alemania, la ciudad de su nacimiento.

Mucho debate académico se ha concentrado en los escritos de Lutero acerca de los Judíos. Sus declaraciones sobre la comunidad Hebrea fueron utilizadas en la propaganda de los Nazis entre 1933 y 1945. El espíritu antisemita de Martín Lutero seguía cursando a través de las venas de su nación. Este hecho sería dolorosamente realizado después de que el dictador Nazi Adolf Hitler llegó al poder.

Hitler culpó a los Judíos por los infortunios de Alemania y empezó el mismo una campaña maligna en contra de ellos. Fue este político Alemán nacido en Austria, que manipuló un odio por los Judíos durante el Holocausto.

Desde la antigua colina de Masada, donde los defensores de los Judíos tomaron sus propias vidas en 79 d.C. para evitar la captura por parte de los legionarios Romanos vengativos, al Holocausto, los Judíos han conocido persecución severa. En 1935, el gobierno Alemán despojo a los Judíos de su ciudadanía y se apoderaron de sus bienes. Los Nazis destruyeron sinagogas como lo fue abogado por Martín Lutero y mandaron a miles de Judíos a los campos de concentración. En Varsovia, Polonia, los Nazis limitaron a los Judíos de la ciudad a un ghetto. Cada día cientos de niños eran enviados a los campos de exterminio. Durante años, todos los detalles de cómo estos campos operaban permanecieron nublados, su verdadera naturaleza negada constantemente por el Gestapo.

Adolf Hitler
(1889-1945 d.C.)

La eliminación sistemática de Hitler del pueblo Judío era brutal y salvaje en el mejor de los casos. Lo que él infligió al pueblo Hebreo en esa hora de devastación era inminente, inolvidable, y para muchos imperdonable. Para el final de la guerra en 1945, el Holocausto había acabado con seis millones de los estimados diez millones de Judíos en Europa. Un millón de estas víctimas Judías eran niños.

Martín Lutero, él mismo un Alemán, fue sin duda el precursor de Adolf Hitler. Estos hombres eran ambos antisemitas compartiendo los mismos espíritus malignos en el país de Alemania. Una semilla de odio ya había sido sembrada en el corazón de la sociedad Alemana y Adolf Hitler conocía bien las circunstancias. Si Martín Lutero no hubiera inculcado el odio por los Judíos dentro del pueblo Alemán, quizá el Holocausto nunca hubiera sucedido. Este reformador Protestante vino en el nombre Cristianismo religioso **hecho por el hombre**.

Aunque Martín Lutero llegó a ser profundamente erróneo por su odio a los Judíos, la reforma dentro de la Iglesia Católica estaba en curso. Los seguidores de Wycliffe, Huss, y ahora Lutero estaban hablando en contra de la corrupción de la Iglesia Católica Romana. Para colmo de males, el monarca Inglés llegaría pronto en desacuerdo con la iglesia de Roma también.

Capitulo Diecisiete

Fe Inquebrantable

Catalina de Aragón a los dieciséis años de edad se convirtió en la esposa de Arturo, Príncipe de Gales, el hijo mayor del Rey Henry VII. Arturo murió cinco meses después y el rey dispuso que Catalina se casara con su segundo hijo Henry, el cual lo iba a suceder en el trono. El hijo del rey Henry llegaría a ser el Rey Henry VIII. Se casó con Catalina de Aragón, la viuda de su hermano. Catalina era la hija del Rey Fernando II y la Reina Isabela I de España. Sus parientes eran los Católicos devotos que instituyeron la inquisición en su país. Catalina le dio a Henry cinco hijos, pero solo una vivió – María, la cual llegó a ser más adelante la Reina María I de Inglaterra. Henry quería que un hijo varón lo sucediera en el trono y le pidió al Papa Clemente VII (1523-1534 d.C.) que su matrimonio fuera anulado.

El papa rechazó la petición de Henry y este a su vez rompió sus lazos con la Iglesia Católica. En este tiempo el Rey Henry VIII se hizo él mismo la cabeza de la iglesia en Inglaterra, en protesta a la decisión del papa concerniente a su matrimonio con Catalina de Aragón. Después de haberse declarado él mismo como la cabeza suprema de la iglesia en Inglaterra, se esforzó por términos medios entre el Catolicismo y el Luteranismo: la iglesia Inglesa seguiría siendo Católica pero sin el papa.

Un hombre con el nombre de Miles Coverdale mas tarde preparó y publicó una Biblia que fue dedicada al Rey Henry VIII en 1535.

Los diez artículos de Henry, redujeron el número de sacramentos de siete a tres; negó la eficacia de las oraciones por las almas en el purgatorio; y condenó imágenes religiosas y oraciones a los santos.

Papa Clemente VII
(1523-1534 d.C.)

FE INQUEBRANTABLE

Henry VIII se divorció de Catalina de Aragón y se casó con Anne Boleyn en 1533. Ann le dió a Henry una segunda hija, Elisabeth, la cual llegó a ser la Reina Elizabeth I de Inglaterra. En 1536, el rey hizo decapitar a Ann por cargos de infidelidad. Su tercera esposa, Jane Seymour, murió poco después del nacimiento de su hijo llamado Eduardo, el cual llego a ser el Rey Eduardo VI después de la muerte de su padre. Henry VIII entonces se casó con una princesa Alemana, Anne of Cleves. Este matrimonio pronto terminó en divorcio. Entonces el rey se casó con Catalina Howard, la cual en 1542 fue declarada culpable de mala conducta y ejecutada. La sexta y última esposa de Henry VIII, Catalina Parr lo sobreviviría.

El Rey Henry VIII no era un verdadero reformador ni un líder espiritual, pero un hombre que buscaba su propia voluntad lujuriosa. Él fue excomulgado de la Iglesia Católica por el Papa Pablo III (1534-1549 d.C.) El Rey Eduardo VI, hijo de Henry VIII, y Jane Seymour, sucedió a su padre en el trono de Inglaterra. Después de su muerte, María la hija de Henry VIII y Catalina de Aragón llegó a ser la Reina María I de Inglaterra.

Durante este tiempo, la congregación de la santa sede controlaba la inquisición Católica. Frailes Dominicanos y Franciscanos servían como jueces y a menudo trabajaban en secreto. Los inquisidores a menudo mal usaban de su poder. La Iglesia Católica convirtió la inquisición en contra de los Protestantes.

La Reina María I más adelante probaría su lealtad y devoción a la Iglesia Católica al tratar de poner fin a la reforma Protestante y reunir a su país con el papa. Esta persecución Protestante le daría el titulo infame de "María Sangrienta." Aunque sus esfuerzos por reunir a Inglaterra con la iglesia en última instancia fallarían, el Papa Julio III (1550-1555 d.C.) se pararía firme detrás de la Reina María I y su país. El papa la nombró a su pariente el Cardenal Pole para ser su legado y le dió instalaciones ilimitadas para aliviar los problemas en la Iglesia de Inglaterra. La tenencia corta de María de cinco años resultó ser devastador a los reformadores religiosos en Inglaterra. Este monarca real murió a la corta edad de cuarenta y dos años.

Papa Julio III
(1550-1555 d.C.)

Mientras la Reforma avanzaba, una de sus figuras más influenciables emergería. John Calvin (1509-1564 d.C.) era uno de los principales líderes de la Reforma Protestante. Muchas de las ideas de Calvin eran muy controversiales, pero absolutamente ningún otro reformador hizo tanto para forzar al pueblo a pensar acerca de la ética social Cristiana. Calvin fue el primer líder Protestante en Europa en ganar para la iglesia, una independencia parcial del estado.

Calvin nació en Noyon, Francia, cerca de Compiegne. Fue educado en París. Después de que su padre, el cual era un abogado para la Iglesia Católica, muriera en 1531, Calvin estudió griego y Latín en la Universidad de París. Su educación entonces reflejaba la influencia del Renacimiento liberal y humanístico.

John Calvin es a menudo considerado como el responsable por la sistematización de la Reforma, reuniendo la doctrina Bíblica como ningún otro reformador. Él no era un erudito de una torre de marfil, sino un pastor que enseñaba y escribía su teología, buena o mala, con la vista puesta en la edificación de la iglesia.

Aunque John Calvin hizo campaña en contra de la corrupción y las muchas falsas enseñanzas de la Iglesia Católica, él como Martín Lutero, continuó apoyando la creencia de Tertuliano en la trinidad. A pesar de que esta falta de entendimiento de la Escritura ha sido peleada desde el tiempo que Tertuliano acuñó la palabra "trinitas", aquellos que se paraban en contra de ella eran vistos como herejes vociferos dignos de muerte. Se ha dicho que la historia va al vencedor. En muchas instancias, este puede ser el caso, pero el mensaje Unicitario de los creyentes monoteístas se negó a ser detenido.

Creyentes Unicitarios muchas veces daban sus vidas para pararse en contra de la doctrina de la trinidad. Dios es monoteísta en Su totalidad. No hay tres personas distintas en la Deidad. Él es Dios y Él es uno. Este mensaje de la verdad eterna, acompañado con total devoción a nuestro Dios monoteísta se vió ampliamente representado en la vida y muerte del mártir Unicitario Miguel Servet.

Miguel Servet (1511-1553 d.C.) era un médico y teólogo Español. Nació en Tadela, España y estudió medicina en París, Francia. Autoridades civiles y eclesiásticas condenaron a Servet por no ajustarse, en sus escritos, a la ampliamente aceptada doctrina del Trinitarianismo.

En las escrituras de Miguel Servet encontramos con su postura obvia concerniente a la doctrina de la trinidad:

"Es un invento del diablo, una falsedad infernal para la destrucción de todo el Cristianismo".

Satanás vio destrucción dentro de la iglesia Apostólica pura mientras esta semilla consumidora cayó de sus manos, solo para encontrar un lugar firme de alojamiento en tierra fértil. ¿Fue el grito de Servet en sus escritos una advertencia para aquellos de nosotros que le sucediéramos? ¿Deberíamos ver la enseñanza de la trinidad como una doctrina de la iglesia o deberíamos verlo ahora como un espíritu que descendió sobre la iglesia Universal en el segundo siglo de lugares controlados por la maldad? ¿Será que la doctrina trinitaria de Tertuliano ha sido tomada muy ligera y por mucho tiempo en la Cristiandad? ¿Cuál es la verdadera identidad de la trinidad?

Recibamos un reporte breve del trabajo de Stefan Zweig <u>El Derecho a la Herejía</u> concerniente a la vida y muerte brutal de Miguel Servet, un hombre con un gran deseo de revelar la verdad de la Palabra de Dios concerniente a Su Deidad.

Miguel Servet contendió que aun tales innovadores capaces como Martín Lutero y John Calvin, no eran lo suficientemente revolucionarios, porque no se había separado del dogma de la trinidad.

Servet con el espíritu juvenil no comprometedor, declaró a los veinte años de edad, que el Concilio de Nicea en 325 d.C. había decidido erróneamente concerniente a la Deidad, y el dogma de las tres hipóstasis eternas era incompatible con la unidad de la naturaleza Divina. Él creía que Dios no era una pluralidad, ni era Él uno entre otros, pero que Él era solo y único.

John Calvin
(1509-1564 d.C.)

Servet también contradijo las enseñanzas de John Calvin sobre la eterna seguridad diciendo, "Cristo estará con la iglesia solo en la condición de que sus miembros mantengan Sus enseñanzas."

"...Así ha dicho Jehová: Vosotros me habéis dejado, y yo también os he dejado..."

2 Crónicas12:5

Él creía que el don gratuito de salvación en ninguna manera incentivaba la continuidad en el pecado, sino por el contrario demandaba la crucifixión de la naturaleza corrupta del hombre mortal y una vida de santo servicio a Dios mismo.

"y salió al encuentro de Asa, y le dijo: Oídme, Asa y todo Judá y Benjamín: Jehová estará con vosotros, si vosotros estuviereis con él; y si le buscareis, será hallado de vosotros; mas si le dejareis, él también os dejará."

2 Crónicas 15:2

John Calvin también era también un partidario vigilante de la doctrina de la predestinación. Servet no creía en tales enseñanzas no Bíblicas. La iglesia debe ser consciente que uno no está predestinado a la eternidad, pero de acuerdo a la Biblia somos los mismos autores de nuestro propio destino eterno.

¿No será que la terrible historia de Israel de persecución y masacre ha sido de abundante evidencia a cualquier intérprete imparcial, conociendo al Dios inmutable de Abraham, que los pactos Judíos son condicionales?

No nos salvamos a nosotros mismos, pero al dar una sincera cooperación a las condiciones para salvación de Dios, hacemos posible que Su misericordia y gracia nos salve. Cuando todas la Escritura usada para soportar la doctrina de la eterna seguridad de "una vez salvos siempre salvos" (Calvinismo) son examinadas extensamente, un solo pensamiento emerge y predomina: Salvación es condicional!

Según lo Visto por Miguel Servet

Miguel Servet, para usar su nombre en su forma Latinizada común, bien puede ser considerado como una de las figuras más destacadas del periodo de principios de la Reforma.

Servet era un Católico que veía que el papa era adorado casi como un Dios por el pueblo; a arrodillarse y besar los pies del papa era de costumbre para aquellos teniendo una audiencia con él, una práctica que se mantuvo en vigencia hasta mediados del siglo veinte. Al tiempo Servet veía lo mundano, el escepticismo y la inmoralidad practicada dentro de los reinos del clero.

En este tiempo en la historia estaba promocionando política y criminalmente ataques motivados en contra de su pueblo. La estabilidad había sido bien escasa mientras la fe destrozada por la guerra de los oprimidos parecía casi insalvable. Mientras estaba en la Universidad de Toulouse entró a una experiencia revolucionaria religiosa. Esta revelación fue tan diferente para él de aquello de lo que se le había enseñado, y mucho más simple e inspirador, que parecía un libro caído del cielo, conteniendo la suma de toda la sabiduría y conocimiento. Se sentía motivado Divinamente a hacer su nueva revelación conocida al mundo entero.

Miguel Servet llegó a ser un anti-trinitario el cual eventualmente fue ejecutado brutalmente por su entendimiento inspirado de la Deidad.

Las siguientes son algunos extractos del libro, Los Dos Tratados de Servet sobre la Trinidad, un Estudio Teológico de Harvard.

Los reclamos de Servet fueron que:

1. Cristo era Dios, compartiendo la Divinidad de Dios en su totalidad; esto no implica dos Dioses pero solo un uso doble del término Dios, como lo es claro del uso Hebreo del término. La doctrina del Espíritu Santo como un tercer ser separado nos lleva al tristísimo practico no mejor que el ateísmo. La cuidadosa interpretación de la prueba habitual muestra que ellos enseñan no una unión de tres seres en uno, pero una armonía entre las manifestaciones de ellos. El Espíritu Santo como una tercera persona de la Deidad es desconocida en la Escritura. No es un ser separado, pero una actividad de Dios mismo. La doctrina de

la trinidad tampoco puede ser establecida por lógica ni probada de la Escritura, y de hecho es inconcebible.

2. Cristo es un Dios con el Padre, y no un segundo Dios. Cristo descendió del cielo como el Verbo de Dios, enviado como un hombre y envuelto en carne.

Filósofos hacen al Espíritu Santo un tercer ser, y esto lleva a la pluralidad de Dioses. La triplicidad en Dios a veces es inferida de Éxodo 3:6, debe ser explicada no como tres seres separados, pero como una distribución de funciones. En este pasaje Dios buscaba mantener a los Judíos de creer en más de un Dios. El mismo pasaje correctamente explicado, y muchos otros, muestra que el Espíritu Santo no es un ser distinto, pero una actividad de Dios mismo. El Antiguo y el Nuevo Testamento claramente enseña un Dios. No hay nada acerca de seres. Al Antiguo Testamento repetidamente enseña que solamente hay un Dios. Los Sofistas, siguiendo ciegamente la tradición, usan términos que no entienden, disputando sobre meras palabras. Ellos usan el término personas en un sentido totalmente anti-Bíblico. La ley Judía enseña la estricta unidad de Dios.

Politeísmo es una creencia que refleja una multitud de deidades distintas y separadas. El politeísmo caracteriza el Hinduismo, Budismo Mahayano, Confucionismo, Taoísmo, y el Sintoísmo del Este, junto con las religiones tribales Africanas contemporáneas. La mayoría de las religiones en todo el mundo son politeístas, creyendo en varias deidades. En el mundo antiguo Egipcios, Babilonios, y Asirios adoraban a una pluralidad de deidades, al igual que los antiguos Griegos y Romanos.

Con respecto a todos los trinitarios en todas partes, la pregunta debe ser hecha. ¿Será que la teología del Trinitarianismo realmente apoya el monoteísmo, o es la doctrina simplemente una forma abstracta del politeísmo?

El Trinitarianismo enseña que hay tres personas distintas y separadas en el cielo. ¿Hay un trono eterno o hay tres? ¿Hay una sola deidad, que está encima de todo o hay tres? ¿Hemos de adorar a un ser eterno o debemos de adorar a tres seres celestiales? ¿Debemos de adorar al Espíritu Santo como una tercera persona o debemos ver al Espíritu Santo como una manifestación de Dios y adorarle?

La Iglesia Universal de Cristo, como en el Judaísmo, es estrictamente monoteísta, creyendo que solamente hay una Deidad en el cielo, el cual creó y sustenta el universo por Él mismo.

3. El Verbo el cual estaba en el principio era simplemente la expresión la cual Dios dió al principio cuando creó al mundo. Cristo por lo tanto era la voz de Dios que llegó a ser carne, con la función de hablar para Dios. Era el verbo originalmente con Dios, y no un segundo ser que llegó a ser carne. Todas las cosas fueron hechas por medio de la Palabra, como fue enseñado por los escritores de anti-Nicea, y no a través de un ser. (El ministerio del Hijo no era la de una deidad separada, pero una actividad real de Dios mismo.)

4. Cristo era un profeta, aunque la totalidad de Dios estaba en Él. Cristo no era meramente humano, pero el Verbo de Dios, tanto humano como Divino, un hombre y Dios. Aunque Él era un hombre al mismo tiempo era inseparable de Dios. Dios se ha manifestado Él mismo en tres diferentes disposiciones.

1 Corintios 10:1-4 confirma que Jesucristo era también el Dios del Antiguo testamento que lideró a Su pueblo como una nube durante el día y como un pilar de fuego durante la noche.

"Porque no quiero, hermanos, que ignoréis que nuestros padres todos estuvieron bajo la nube, y todos pasaron el mar; y todos en Moisés fueron bautizados en la nube y en el mar, y todos comieron el mismo alimento espiritual, y todos bebieron la misma bebida espiritual; porque bebían de la roca espiritual que los seguía, y la roca era Cristo."

1 Corintios 10:1-4

Cristo era Elohim, realmente el Padre. El Padre habita en Él. Toda la naturaleza y gloria de Dios están en Él. Cristo el hombre fue mezclado en lugar de unido con Dios. El Verbo es una disposición de Dios, y comparte todas Sus cualidades, como una estatua comparte con la piedra de donde fue tallada.

La plenitud de Dios y todas Sus propiedades mora en Cristo, el cual es la misma sustancia que el Padre. Cristo no es una criatura, pero el Creador – engendrado de la sustancia de Dios como el Verbo, en forma carnal. El Verbo preexistente fue posteriormente encarnado en Jesús como el Hijo de Dios.

Miguel Servet, impulsado por un espíritu de entendimiento, se apresuró a visitar a uno de los más grandes eruditos de la época – Martín Bucer. Servet le instó a hacer trabajo a corto, en cuanto a la Iglesia Evangélica se refiere, con el dogma erróneo de la trinidad. Bucer, a su vez desde su púlpito, denunció a Servet como "un hijo del diablo, y no dudó en decir que al hereje deberían arrancarle los intestinos de su cuerpo vivo."

Con un sentido de urgencia, Servet se acercó a John Calvin, esperando ganar con su tesis anti-trinitaria, el apoyo del teólogo más sobresaliente de la Reforma.

Miguel Servet aprendería rápidamente que sus escritos sobre la Unicidad de Dios, *De Trinitatis Erroribus* (en el error de la trinidad), fueron inaceptables entre los miembros de jerarquías Católicas y Protestantes, incluyendo a John Calvin. Los escritos Unicitarios de Servet pronto lo llevarían a sufrir tremendo castigo por las manos de este reformador protestante poderoso.

Las respuestas de Calvin fueron al principio en un tono de alguien que corrige dogma. Creyendo que es su deber de conducir de vuelta al verdadero camino a los que se habían perdido; John Calvin hizo todo lo posible para persuadir a Servet de su error.

"Yo [Calvin] muchas veces te he explicado que tu estas en el camino incorrecto al ignorar la gran diferencia entre las tres esencias Divinas."

Pero le parecía a John Calvin que Miguel Servet, por citar las palabras de Calvin, había sido "poseído por el diablo" en que él no escuchaba. Calvin entonces envió una amenaza a la vida de este ministro de la Edad Media.

En una carta a Frellon, un vendedor de libros, John Calvin escribe, "Él [Miguel Servet] se declara él mismo listo para venir acá si así desearé; pero no voy a manifestar mi fe a él; porque si él vendría aquí [a Ginebra, Suiza], me encargaría yo mismo, mientras tenga la autoridad en esta ciudad, que no saldría con vida."

No se sabe si Servet fue informado de esta amenaza o si Calvin podría haberle dado una pista a él. Ciertamente como fuese, este Español parecía por fin se había dado cuenta de que él había despertado en Calvin "un espíritu de odio asesino". Miguel Servet por lo tanto le escribió a John Calvin otra carta con esperanzas de mitigar el líder religioso más influyente del día.

Ya que insistes, le escribió Servet a Calvin en alarma, "que soy Satanás, propongo no ir más allá. Envíame de vuelta mi manuscrito, y que todo esté bien contigo. Pero si honestamente crees que el papa ha de ser el anticristo, [algunos reformadores equiparaban el anticristo con el papado, como algunos teólogos medievales] también debes ser convencido que la trinidad y el bautismo infantil, las cuales son parte de la doctrina papastral, son dogmas diabólicos."

Lo obvio espera a aquellos que optan por estudiar los escritos de Miguel Servet. Él tenía un disgusto apasionado por el Cristianismo religioso **hecho por el hombre** y era muy firme al respecto. El bautismo infantil definitivamente no era parte de su teología.

Cuando estaba en la Iglesia Católica fui enseñado y enseñé que el bautismo infantil quitaba el pecado original de Adán. La verdad es que Jesucristo ya lo había quitado en el Calvario. Satanás no tiene poder sobre el infierno o la muerte.

"y el que vivo, y estuve muerto; mas he aquí que vivo por los siglos de los siglos, amén. Y tengo las llaves de la muerte y del Hades."

Apocalipsis 1:18

"Así también está escrito: Fue hecho el primer hombre Adán alma viviente; el postrer Adán, espíritu vivificante.

Porque así como en Adán todos mueren, también en Cristo todos serán vivificados."

1 Corintios 15:45, 22

Lo que Adán hizo en el Jardín del Edén fue deshecho por el segundo Adán en el Calvario. El agua no podía remover la mancha inmortal sobre la humanidad. Tomaría la sangre del Cordero para remover la mancha.

"Porque así como por la desobediencia de un hombre los muchos fueron constituidos pecadores, así también por la obediencia de uno, los muchos serán constituidos justos. Pero la ley se introdujo para que el pecado ABUNDASE; mas cuando el pecado abundó, sobreabundó la GRACIA;"

Romanos 5:19-20

Cuando los bebes nacen ellos no sufren más el estigma de la transgresión de Adán. Están sin pecados y son puros en los ojos de Dios. No necesitan bautizarse.

La tradición indefensible del bautismo infantil en la Iglesia Católica como lo fue visto por Miguel Servet es una tradición antigua del Catolicismo.

Solo hay una forma de entrar a la Iglesia Cristiana Pura y es a través de las aguas del bautismo y la llenura del Espíritu Santo. Estos pasos de fe no pueden ser implementados ni por nuestros padres ni por un sacerdote.

El Señor ama a los niños y si Él debe elegir estar con uno, ese bebe puro y libre de pecado caería automáticamente en el abrazo de las manos cicatrizadas de su Padre amoroso.

Cuando un candidato responsable se para delante de Dios en las aguas de bautismo, esa persona debe ser bautizada en el Nombre de Jesús para la remisión de su propio pecado y no por la transgresión de Adán.

La franqueza de Miguel Servet en contra de tales dogmas lo fijó como un radical. Rápidamente aprendió que era extremadamente peligroso el contradecir un dogmático tan fanático como Calvin, o desafiar a un hombre así incluso en puntos menores de doctrina. Debido a la reputación de este teólogo acerca de su manuscrito sobre la Unicidad de Dios, la violencia era inminente.

Para Servet estaba llegando a ser claro que sufriría muerte

por las manos del reformador John Calvin, por su revelación sobre la Deidad. Él era considerado por Calvin una fuente potencial de peligro espiritual.

El líder religioso de Ginebra de una vez se dió a la tarea de librar al mundo de este hereje y sus escritos.

Sin embargo, este dictador religioso debió aceptar el mismo, toda responsabilidad por continuar su campaña en contra de Servet. Esto incluyó el trazado de la muerte de Servet por la única razón de detestar sus convicciones. (Esta información es historia de la iglesia documentada, como lo es cualquier otro evento histórico registrado en este libro.)

En 1553 cuando el inquisidor general Católico de Francia se enteró que Miguel Servet se escondía en Viena, él contacto el Cardenal Católico Francois de Tournon. Servet fue arrestado inmediatamente en cargos de herejía. Él logró escapar y a cambio el Papa Julius III, en Roma, lo sentencio en "absentia" a muerte por una quema lenta. En su camino a Italia, Servet se detuvo en Ginebra, donde fue llevado de nuevo a custodia. No fueron los cardenales de la Iglesia Católica esta vez, pero el mismo John Calvin.

Servet fue esposado y encarcelado en el pedregoso interior de un torreón del siglo XVI. Mientras era conducido de la luz cálida del día a las profundidades de su encierro, sintió el frio amenazador del barrido de oscuridad en su rostro. Con frio, hambriento, y solo, Servet no vería la luz del día por los siguientes dos meses y medio.

¿Escondiéndose en Viena, Francia? Por supuesto se estaba escondiendo. Todo el Cristianismo religioso **hecho por el hombre** lo buscaba para quemarlo hasta la muerte. Miguel Servet era muy firme en cuanto a su mensaje de la Unicidad y declaró que había una Iglesia Apostólica monoteísta vibrante que existía fuera de la religión **hecha por el hombre**. Él sabía que el Papa Julio III, Giovanni María Ciocchi Del Monte, consentía en la quema de los reformadores en Inglaterra a través de la Reina María I y su legado Cardenal Pole. Los monarcas Católicos estaban quemando personas por toda Europa incluyendo su propio país de España. ¿Dónde podría ir y a quien podría correr?

Martín Lutero, John Calvin, y Miguel Servet eran todos reformadores vivos al mismo tiempo en el Siglo XVI. Servet le decía al pueblo de la decadencia moral en el Vaticano como lo hizo el Papa Adrián VI en 1523. Él negó la doctrina de la trinidad de la iglesia y tenía la esperanza que fuera desechada haciendo el Cristianismo más atractivo para el Judaísmo y el Islam, cada uno de los cuales había mantenido la unidad de Dios en sus enseñanzas.

Cuando el Papa Julio III escuchó que Calvin había recapturado a Miguel Servet, el demandó que Servet fuera extraditado a Roma para su ejecución. Sin embargo, John Calvin había dejado la Iglesia Católica hace mucho tiempo y estaba cultivando su propia zona de autoridad espiritual en Suiza. Calvin rechazó la solicitud del pontífice y más bien escogió para sí el placer de quemar el ministro Unicitario en Ginebra.

El Papa Julio III le había prometido al pueblo Católico una reforma moral dentro de la iglesia pero él mismo pasó a la historia llevando el legado infame de un papa hebefilio *"puerorum amoribus implicitus"* (enredado en un amor por los niños.)

Un día el papa, entonces un cardenal, levantó a un joven de 14 años en las calles de Parma. El joven fue hecho un cardenal cuando alcanzó los 17 y fue adoptado a la familia Del Monte. Se le fue dado el nombre de Innocenzo Ciocchi Del Monte. Cada otro cardenal en Roma sabía lo que pasaba detrás de las puertas cerradas den la Villa Giulia del papa.

"Porque no tenemos [la pura iglesia Apostólica] lucha contra sangre y carne, sino contra principados, contra potestades, contra los gobernadores de las tinieblas de este siglo, contra huestes espirituales de maldad en las regiones celestes."

Efesios 6:12

El Cardenal Innocenzo sobrevivió a su amante pero tan pronto que él murió el 2 de Noviembre de 1577 fue enterrado al lado del Papa Julio III en el cementerio familiar Del Monte en la iglesia de San Pietro en Montorio, Roma.

Yo sé de donde Dios me sacó. Lo sé muy bien! Con una

seriedad sobria, la pregunta debe hacerse: ¿Quiero que mi Cristianismo sea en el nombre del hombre, o quiero que sea en el Nombre de Jesús? Si usted hubiera estado viviendo en el Siglo XVI en los días de Miguel Servet y escogiera el Nombre de Jesús, hubiera tenido muchas posibilidades de ser condenados por la inquisición y quemado vivo en la hoguera por aquellos representado el Cristianismo fabricado por el hombre.

El resto de la historia de Miguel Servet, el mártir Unicitario, es un cuento de horror. John Calvin, de pronto atormentado por culpa después de recibir palabra que Servet iba a ser quemado vivo a fuego lento, hizo un esfuerzo de último minuto para decapitarlo en vez de quemarlo. La muerte en la hoguera a fuego lento era el modo de ejecución más agonizante. La madera verde era usada intencionalmente para alentar el progreso de las llamas y extender la agonía del consumido. Los esfuerzos de Calvin fueron en vano, la ejecución estaba ahora en las manos de otros oficiales.

A medida que la multitud se reunía, el 27 de Octubre de 1553, Miguel Servet fue arrastrado de la oscuridad de su cautiverio. Su encarcelamiento lo había dejado sucio y en malas condiciones. Sintiendo las afiladas garras de la realidad fijándose sobre él y siendo quebrantado irremediablemente por John Calvin, bajo su cabeza mientras sus acusadores leían estas palabras.

"Te condenamos, Miguel Servet, a ser transportado en bonos a tu lugar de ejecución, hay para ser quemado vivo, y contigo el manuscrito de tu libro y el volumen impreso, hasta que tu cuerpo sea consumido a cenizas. Así finalizaras tus días, como una advertencia a todos los demás que podrían desear repetir tu delito."

Oh Señor, que las llamas del infierno sean mansas para aquellos responsables por el fallecimiento del mártir Unicitario Miguel Servet.

La quemada de Miguel Servet en 1553 d.C.

Servet sintió el roce de la madera toscamente labrada en toda su espalda cuando fue presionado firmemente contra la estaca de madera. La cadena pesada unida a la estaca fue tirada con fuerza cuatro o cinco veces en todo el cuerpo demacrado de Servet. Parecía con cada paso constrictivo la muerte se acercaba cada vez mas. Entre los enlaces de cadena y el cuerpo desgastado de Miguel Servet, fueron colocados su libro y su manuscrito perteneciente a la Deidad, la cual anteriormente fue enviada a John Calvin bajo sello por su opinión fraternal. Finalmente, en un espíritu áspero de desprecio, una corona de hojas fue colocada en su frente. Las hojas habían sido empapadas en azufre y la mezcla putrefacta corría por el cuerpo del mártir. La madera entonces se encendió y el asesinato comenzó, mientras sus verdugos hacían eco en sus propias mentes, de una gran voz de indignación de justicia propia.

Cuando las llamas de tormento brotan de la madera verde, Miguel Servet, el hombre que no quiso retractarse, sabiendo que solo había una persona en la Divinidad, pronunciando un grito tan terrible, que muchos de sus espectadores escondieron sus ojos de aquella vista lamentable. La lucha de este hombre con la muerte duró por una media hora. Una vez que los gritos estridentes de agonía disminuían, por encima de las brasas brillantes se podía ver una repugnante masa negra, que había perdido toda semejanza humana. Miguel Servet, el mártir Unicitario, ya había dado todo lo que tenía por la verdad que con valentía proclamó.

"para que sometida a prueba vuestra fe, mucho más preciosa que el oro, el cual aunque perecedero se prueba con fuego, sea hallada en alabanza, gloria y honra cuando sea manifestado Jesucristo,"

1 Pedro 1:7

¿Dónde estaba John Calvin en esta hora temerosa? Ya sea para mostrarse así mismo desinteresado o para guardar sus nervios de una conmoción, él escogió permanecer en casa. Este reformador Protestante en Ginebra vino en el nombre de Cristianismo religioso **hecho por el hombre**.

La ausencia de Calvin no podía desplazar la culpa que se

encontraba de lleno a sus pies. Guillaume Farel (1489-1565 d.C.) en cual era un predicador en fuego y crítico de la Iglesia Católica y testigo de la muerte extraordinaria de Miguel Servet describió en sus propias palabras: "La sangre de Miguel Servet gotea de las manos de John Calvin."

De pronto John Calvin sintió la picazón de la verdad en las palabras dichas por Miguel Servet en su defensa: "Al matar a un hombre no es para defender a una doctrina, sino matar a un hombre."

John Calvin murió el 27 de Mayo de 1564. Fue sepultado rápidamente en una tumba sin nombre en una cementerio común, once años después de la muerte cruel de Servet. Poco antes de su propia muerte, las palabras de Calvin sugirieron una advertencia a aquellos que seguirían su ejemplo duro: "La tortura de una mala conciencia es el infierno de una alma viviente."

Emanuel Swedenborg (1688-1772 d.C.), un teólogo del país de Suecia, sacó de la enseñanza de Miguel Servet. Él rechazó explícitamente la explicación común de la trinidad como una trinidad de personas, que según él no era definitivamente enseñado por los Apóstoles en la Iglesia Cristiana primitiva. En lugar de ello, Swedenborg explicó como la trinidad existe en una persona, en un solo Dios, el Señor Jesucristo.

Servet, que entregó su vida, tomó una posición firme en contra de la decisión del Concilio de Nicea de 325 d.C. en lo que respecta a la Deidad y tuvo un razonamiento serio en contra de la doctrina trinitaria de Tertuliano. Gracias a Dios por individuos, como Miguel Servet, que han mantenido cerca su valor y convicciones, incluso ante circunstancias abrumadoras. Nuestro propio Mesías profetizó de tal persecución monoteísta de la iglesia después de Su muerte, una persecución que no prevalecería.

"Y yo también te digo, que tú eres Pedro, y sobre esta roca edificaré mi iglesia; y las puertas del Hades no prevalecerán contra ella."

Mateo 16:18

Personas que tienen el Nombre de Jesús y la fe Apostólica, necesitan reconocer tres puntos principales concernientes a estas palabras pronunciadas por Jesús: 1.) Él tendrá una iglesia en este mundo hasta que Él regrese por ella. 2.) Esta iglesia será atacada por Satanás a través de los siglos del tiempo. 3.) Los ataques de Lucifer, muchas veces viniendo en el nombre del Cristianismo religioso **hecho por el hombre**, no prevalecerán en contra de la iglesia monoteísta lavada con la sangre de Dios.

Durante el Concilio de Trento solo diez años después de la muerte de Miguel Servet, el Cardenal Carlo Carafa fue encontrado culpable de muerte y fue estrangulado a muerte en 6 de Marzo de 1561 por órdenes del Papa Pío IV (Giovanni Ángelo Medici). Fue también en este concilio que el Pontífice Romano introdujo *"limbus infantum"* al pueblo Católico. Este entendimiento sostiene que los bebes que mueren sin haber sido bautizados en la iglesia para borrar el pecado original de Adán eran condenados.

La teoría del "limbo" es un lugar o el estado de aquellas almas que después de la muerte no pueden entrar en el cielo ni en el infierno. Se cree que las almas de estos bebes están en un estado perpetuo libre de dolor, pero sin salvación y negados de la presencia de su creador.

El Papa Pío IV no podía añadir esta definición a las definiciones del *Magisterium* porque no había escritura para apoyarla. La verdad del asunto es que no hay *"limbus infantum"*. En el seminario desestimábamos la teoría a pesar de que había sido enseñada y creída por siglos en la iglesia y ha jugado un gran papel en la tradición religiosa **hecha por el hombre**.

El Concilio de Trento cerró en 1563 d.C. y el 26 de Enero de 1564, el Papa Pío IV ratificó los decretos y las definiciones del concilio en la bula papal *"Benedictus Deus"*. Miguel Servet permitió que su propia sangre fuera quemada para proteger nuestro "Patrimonio Apostólico" del Cristianismo religioso **hecho por el hombre**.

Puede parecer irónico, pero un día, mientras ministraba en el país de Suiza, me pidieron que predicara en la ciudad de Ginebra. Me sentí muy honrado de predicar esta Unicidad, el

Nombre de Jesús, y el mensaje Apostólico en el mismo terreno que había sido parcialmente formulado por las cenizas de Miguel Servet. Mientras me paraba en esa gran ciudad, me preguntaba cuantos hombres y mujeres Unicitarios fueron asesinados y enterrados con sus testimonios no escritos, simplemente porque el continente Europeo y toda la Cristiandad a través del mundo se habían convertido en cubiertas de tradición trinitaria.

Aunque la sangre de Servet gritaba mientras su cuerpo era reducido a cenizas por trinitarios, la doctrina de Tertuliano sobre la Deidad había encontrado mucha comodidad en el seno de la iglesia Romana. La doctrina de la trinidad concedida por una persona Apostólica descontenta se había convertido en TRADICION.

CAPITULO DIECIOCHO

Control de Daños

La Reforma inmediatamente precipitó la Contra-Reforma por la Iglesia Católica. La Contra-Reforma se prolongó durante muchos años y fue iniciada por el Papa Pablo III (1534-1549 d.C.) Nació en Italia y se convirtió en cardenal en 1493. Él era un maestro de estudios humanísticos. Este papa convocó a un concilio en Trento en 1545, veinticinco años después del rechazo simbólico de Martín Lutero de la autoridad papal cuando públicamente quemó la bula papal *"Exsurge Domine"* la cual pedía que se retractara.

El Concilio de Trento, bajo la guía del Papa Pablo III el cual fue cerrado por el Papa Pío IV (1559-1565 d.C.) el 3 de Diciembre de 1563 declaró que: 1.) la Iglesia Católica tenía el derecho exclusivo de interpretar las Sagradas Escrituras, 2.) rechazó puntos de vista Protestante del pecado y salvación, 3.) le concedió el derecho a todas la personas Católicas de defender la concesión de indulgencias, y 4.) dijo que la Escritura y la TRADICIÓN de la iglesia eran igualmente fuentes válidas de la fe Católica. Fue también durante este concilio que el Papa Pablo III reafirmo la doctrina de la transubstanciación.

La muerte extraordinaria de hombres como Miguel Servet, acompañada con las enseñanzas ampliamente seguidas de reformadores como Wycliffe, Huss, y Lutero provocaron esta Contra-Reforma. La Contra-Reforma también era conocida como la Reforma Católica, la cual denota un periodo de avivamiento Católico.

Aunque muchos protestaron como lo hizo el monje Martín Lutero, un río de sangre humana carmesí continúo fluyendo profunda y ampliamente detrás de los tronos majestuosos de los pontífices en Roma y Aviñón. El proceso de purificación Católica no se detendría, ya que simplemente siguió su camino.

Papa Pablo III
(1534-1549 d.C.)

Control de Daños

Papa Pio IV
(1559-1565 d.C.)

Papa Sixto V
(1585-1590 d.C.)

El pueblo del Nombre de Jesús que ama el monoteísmo puro no deben ser engañados. Cuando el "arrepentíos" de Hechos 2:38 es remplazado con "penitencia" en el Cristianismo religioso **hecho por el hombre**, la palabra de Dios es entonces sustituida por tradición religiosa. Entonces la Escritura no es igual a la tradición de la iglesia, pero es secundaria en el mejor de los casos a la tradición de la iglesia.

"Porque dejando el mandamiento de Dios, os aferráis a la TRADICIÓN de los hombres"

Marcos 7:8

Yo soy un realista. La pregunta debe ser hecha: ¿Quiero un Cristianismo religioso **hecho por el hombre** para mí y mi familia, o quiero una salvación pura Apostólica?

"Mirad que nadie os engañe por medio de filosofías y huecas sutilezas, según las tradiciones de los hombres, conforme a los rudimentos del mundo, y no según Cristo. Porque en él habita corporalmente toda la plenitud de la Deidad"

Colosenses 2:8-9

La Santa Escritura y tradición pueden ser fuentes igualmente validas de la fe Católica, pero la Iglesia Apostólica Pura de Jesucristo cree que la Santa Biblia es la verdadera y no adulterada "Palabra del Señor" y que nada legítimamente puede ser comparada con ella. El pueblo lleno del Espíritu Santo no sigue el Cristianismo fabricado por el hombre.

Aunque la verdadera naturaleza de la Contra-Reforma permanece anublada hasta este día, el Papa Pablo III entró a la historia con un legado extremadamente infame.

Su nombre de nacimiento era Alejandro Farnese de la "Casa de Farnese", una familia extremadamente poderosa políticamente en la Península Itálica. Él no solamente fue padre de cuatro niños ilegítimos de su amante Silvia Ruffini e hizo uno de ellos, Pier Luigi Farnese, el primer Duque de Parma, pero en 1548 autorizó la compra y posesión de esclavos Musulmanes en los Estados Papales. Él murió el 10 de Noviembre de 1549.

El Rey Felipe II (1527-1598 d.C.) un monarca Católico

devoto era un fiscal celoso del pueblo Protestante. Él vivió en su país de España y gobernó uno de los imperios más poderosos que ha conocido la humanidad.

En 1567 el Rey Felipe envió a Fernando Toledo (1508-1583 d.C.) a los Países Bajos para continuar la purificación de la iglesia. Él rápidamente tomó el nombre infame de "Duque de Hierro" especialmente en el país de Holanda. En menos de seis años entre 1567 y 1573 Fernando no tenía menos de 18,000 hombres, mujeres y niños decapitados en el nombre del Cristianismo.

El Papa Sixto V (1585-1590 d.C.) era de hecho era uno de las figuras más infames de la Contra-Reforma. Su nombre era Felice Peretti de Montalto. Cuando llegó a ser el Pontífice Supremo de la Iglesia Católica en el año 1585, él inmediatamente declaró cero tolerancia por crímenes perpetrados en contra de los Estados Papales en la península Itálica. Este papa impulsivo, obstinado y autocrático resultó ser devastador a miles de personas durante su breve mandato de cinco años.

La leyenda local dice que la intolerancia de este papa en particular resultó en mas cabezas cortadas rodando del tajo papal que el numero de melones en los mercados Romanos. Los tajos fueron más tarde remplazados por la guillotina papal que fue ampliamente usada durante el siglo XIX.

Jesucristo, el Dios monoteísta de Abraham, personalmente me liberó del Cristianismo religioso **hecho por el hombre** al que por Su gracia no volveré, y puso mis pies sobre una roca sólida en medio de la vía estrecha de la salvación Apostólica. La iglesia debe ser inquebrantable en estos últimos días del tiempo mortal.

Mientras nos acercamos a la hora de medianoche, el pueblo del Nombre de Jesús por todo el mundo debe entender su herencia Apostólica y comprender lo importante que son para Dios, mientras meticulosamente guardando sus almas eternas a medida que Satanás merodea en las sombras modernas del Cristianismo religioso.

En desesperación nuestra tierra empapada con sangre continúa clamando a la Iglesia pura Apostólica en 2015 d.C. Su gemido constante e incesante demanda una liberación de sus historias no contadas.

El término Contra-Reforma, utilizado principalmente por no Católicos, enfatizó el punto de vista de que estas reformas eran incitadas en gran medida por el aumento de los Protestantes y la amenaza que representaba a las instituciones Católicas. Aquellos fuera de la Iglesia Católica consideraban los intentos de la iglesia a reformarse por sí misma como un esfuerzo de mantener la pérdida de sus fieles al Protestantismo.

Sin embargo, eruditos empezaron a usar el término "Reforma Católica" en la última mitad del siglo XX. Esto fue utilizado para enfatizar los esfuerzos de reforma, tanto teológicas y disciplinarias, dentro de la Iglesia Católica que comenzó antes de la fecha tradicional de la Reforma Protestante de Martín Lutero. El término "Reforma Católica" fue propagado por la Iglesia Católica con la esperanza de identificar a la reforma de la iglesia como acciones tomadas por la iglesia misma y no reacciones tomadas en contra de la reforma Protestante.

Ni la reforma Católica, ni el reproche Protestante podrían frenar el llamado del clarín que el pueblo Unicitario Apostólico continuamente resonaban en contra de aquellos distorsionando el Único y Verdadero, Dios Vivo de Abraham. Los siguientes son algunos ejemplos de anti-trinitarios que continúan reteniendo las olas de sentimiento trinitario.

Ferenc David (1510-1579 d.C.) fue descrito por un historiador como un "apóstol noble y puro del Cristianismo." Un sacerdote Católico dijo con nostalgia de él después de un encuentro, "Él parece tener tanto el Antiguo Testamento como el Nuevo al extremo de los dedos."

Después de estudiar en Wittenberg y Frankfurt, Ferenc David fue elegido para ser un obispo de gabinete y fue nombrado a la posición codiciada de consejero personal espiritual personal del Rey John Segismundo (Rey de Hungría). La discusión de David sobre la trinidad comenzó en 1565, con dudas de la personalidad del Espíritu Santo, porque no podía encontrar bases Bíblicas para la doctrina de la Trinidad. Debido al dominio Católico e intolerancia Calvinista era de hecho peligroso promover públicamente teología anti-Ortodoxa. Ferenc David sin embargo sentía la necesidad de un cambio de lugar en su mente teológica. En 1566 escuchó a uno de los profesores de teología hablar de "Dios es uno en esencia, tres en personas". Su oposición a las enseñanzas del profesor y su rechazo a la doctrina de la trinidad probaría causarle tremenda persecución por el resto de su vida.

Después de un juicio en Alba-Iulia (Romania), en cargos de blasfemia inventada por sus enemigos Católicos y Calvinistas, fue declarado culpable y sentenciado a cadena perpetua sin posibilidad de libertad en la prisión de De'va. Fue allí en la prisión que murió a los sesenta y nueve años de edad.

Fausto Socinus (1539-1604 d.C.) era un teólogo anti-trinitario. Después de pasar tiempo en varios países Europeos, se estableció en Polonia en 1578, donde una comunidad fuerte anti-trinitaria existía. Pronto fue reconocido como su líder, y a causa de sus creencias en la Divinidad, sintió persecución de ambas autoridades Católicas, así también, de la jerarquía Protestante. Él creyó que el entendimiento de la Deidad no era a través de la tradición de la iglesia, sino a través de la revelación divina citando Lucas 10:22.

El Rey James I (1566-1625 d.C.) fue un sucesor de la reina "María Sangrienta" en Inglaterra. Este monarca se presento en el nombre del Cristianismo religioso **hecho por el hombre** y tenia cero tolerancias por los predicadores Unicitarios en su reino. Atreverse a declarar la verdadera unidad del Dios monoteísta de Abraham ante los Calvinistas, monarcas Europeos o al desafiar los papas Católicos de Aviñón y Roma era simplemente invitar fuego a la vida de uno.

Si hubiera trinitarios que eran quemados a muerte por el pueblo Unicitario Apostólico, la historia no lo lleva. Sin embargo, había muchas personas Unicitarias Apostólicas que fueron calcinados en la hoguera a fuego lento por tales trinitarios como John Calvin, por simplemente negar la doctrina de la trinidad.

Bartholomew Legate (1575-1612 d.C.) entre otros, era un mártir anti-trinitario Inglés en el siglo XVII. Nació en Essex Inglaterra y tomo una posición firme en contra de la doctrina de la trinidad en su predicación y en sus escritos teológicos. Su mensaje Unicitario completamente contradijo el dogma de la trinidad de la Iglesia Católica, así como la de la Iglesia de Inglaterra.

El Rey James I, como cabeza de la iglesia en Inglaterra, discutió con Legate sobre la Deidad y después lo tenía personalmente encarcelado en el año de 1611. Este monarca trinitario era cabeza de toda la Iglesia Protestante en Inglaterra. En Febrero de 1612, Legate fue llevado atado ante el Tribunal Superior de Inglaterra y fue condenado a muerte por fuego después de ser declarado culpable de herejía. Bartholomew Legate fue entonces entregado en grilletes metálicos a las autoridades seculares para su ejecución.

La quema en la hoguera siempre se hacía público como ejemplo a otras personas que podrían atreverse a repetir la ofensa. Bartholomew Legate era muy consciente de las consecuencias de su decisión y la postura en relación a la Deidad mientras se puso delante del monarca de su país. Él literalmente puso su vida en la línea por la doctrina pura de los Apóstoles que fue transmitida por nuestro Señor Jesucristo. Mientras los verdugos apilaban la madera a su alrededor, él se mantuvo de pie siendo agradecido por la verdad revelada mientras le daba un adiós a su familia en esta vida tangible y mortal.

Negándose a retractarse como lo hizo Miguel Servet, delante del rey y su corte, fue quemado lentamente hasta la muerte en la hoguera en Smithfield, Inglaterra el 18 de Marzo de 1612 a la edad de 37 años. La historia revela el carácter y las convicciones reveladas de este predicador Unicitario llamado Bartholomew Legate;

"Un hombre muy lector de las Escrituras, y de una vida intachable, fue acusado de decir, que los Credos de Nicea y de Atanasio no contenían una profesión de la verdadera Fe Cristiana."

En los Estados Unidos, formas de sistemas de creencia monoteísta tales como el unitarismo, comenzaron a llegar a Nueva Inglaterra a principios de 1710, y para 1750 muchos de los ministros congregacionales en Boston y sus alrededores, habían dejado de considerar la doctrina de la trinidad como una creencia esencial del Cristiano. Un verdadero triunfo del unitarismo sobre el trinitarismo en Nueva Inglaterra parecía completo con la elección de Henry Wave, un fuerte oponente de la posición trinitaria, a la cátedra de Divinidad de Hollis en la Universidad de Harvard.

Emanuel Swedenborg (1688-1772 d.C.) fue un filósofo y científico Sueco el cual, a la edad de 56, tuvo un despertar espiritual y escribió numerosos libros de sus puntos de vista teológicos. Estos libros fueron muy leídos y muy apreciados después de su muerte. Él sostuvo que no había tres entidades separadas en la Deidad, pero que la trinidad estaba en Jesús.

Finalmente, el movimiento teológico de Groningen que toma su nombre de la facultad teológica de la Universidad de Groningen liderada por Petrus Hofstede de Grott (1830-1860 d.C.) tenía como su doctrina central que Dios se había revelado en toda la creación y supremamente en Jesús para que la humanidad pudiera ser conformada a Su imagen. La teología Groningen totalmente rechazaba la doctrina de la trinidad.

Ascendiendo en la tabla, consideremos especialmente los dos Concilios Vaticanos que cambiaron la Iglesia Católica por siempre. Aunque la trinidad de la Deidad estaba siendo refutada por muchos, especialmente en los Estados Unidos, los papas todavía estaban tratando de traer una existencia tranquila a su iglesia.

Había dos Concilios Ecuménicos celebradas en el Palacio Laterano. El primer concilio en el Vaticano en Roma fue convocado por el Papa Pío IX (1846-1878 d.C.) por la bula *"Aeterni Patris"* el 29 de Junio de 1868. La primera sesión fue celebrada en la Basílica de San Pedro el 8 de Diciembre de 1869 en la presencia y bajo la presidencia del Papa Pío IX. Este Primer Concilio del Vaticano fue el Vigésimo Concilio Ecuménico de la Iglesia y fue el primero en reunirse desde la Clausura del Concilio de Trento en 1563 bajo la presidencia del Papa Pío IV (1559-1565 d.C.)

Control de Daños

Papa Pío IX
(1846-1878 d.C.)

Los decretos del Primer Concilio del Vaticano fueron publicadas en varias ediciones simultaneas. Más tarde fueron incluidas en el séptimo volumen de "*Collectio Lacensis*" (1892) y en los volúmenes cuarenta y nueve al cincuenta y tres de la "Colección de Mansi" (1923-1927).

La declaración de apertura de este Primer Concilio Vaticano fue:

"Pío, obispo, siervo de los siervos de Dios, con la aprobación del concilio sagrado, para una perpetua memoria. La mayoría de los padres reverendos, ¿es su placer que, para la alabanza y gloria de la Santísima e indivisible Trinidad, Padre, Hijo y Espíritu Santo, para el incremento y exaltación de la fe y religión Católica, para el desarraigo de los errores actuales, para la reforma del clero y el pueblo Cristiano, y por la paz común y la concordia de todos, se abrirá el santo concilio ecuménico del Vaticano?"

A continuación se abrió el concilio.

Entre los artículos de la fe Católica, el Papa Pío IX declaró:

1. Reconozco la Iglesia Santa Católica, Apostólica, y Romana la madre y señora de todas las iglesias.

2. Sostengo firmemente que existe el purgatorio, y que las almas detenidas allí son ayudadas por los sufragios de los fieles. Del mismo modo, que los santos reinando con Cristo deben ser honrados y orados, y que ellos ofrecen oraciones a Dios en nuestro nombre, y que sus reliquias deben ser veneradas. Esta verdadera fe Católica, fuera de la cual, nadie puede ser salvo, la cual ahora libremente profeso y verdaderamente mantengo, es lo que voy a mantener y confesar con firmeza con la ayuda de Dios, en toda su integridad y pureza hasta mi último aliento de vida, y haré todo lo posible para asegurar que todos los demás hagan lo mismo. Esto es lo que yo, el mismo Pío IX, prometo, voto y juro.

En los artículos de fe, el Papa Pío IX constantemente amenazaba a sus sujetos con la excomunión de la Iglesia Católica para aquellos que escogieran no obedecer las decisiones de este concilio ecuménico.

Antes de seguir con el Segundo Concilio Vaticano, la

siguiente es una declaración que resultó del Primer Concilio Vaticano en 1870 concerniente a la infalibilidad del papado con el Papa Pío IX oficiando.

"Enseñamos y definimos que es un dogma [doctrina] revelada Divinamente que el pontífice Romano cuando habla "*ex-cathedra*," es decir cuando en el desempeño del cargo de pastor y doctor de todos los Cristianos, por virtud de su autoridad suprema Apostólica, él define una doctrina respecto a la fe y morales que deben ser celebrados por la iglesia universal, por la asistencia Divina prometida a él en Pedro Bendito, es poseído de infalibilidad [incapaz de error] con la cual el Redentor Divino quiso que su iglesia fuera dotada en la definición de la doctrina en relación a la fe o morales y que por lo tanto tales definiciones del pontífice Romano son de ellos mismos y no del consentimiento de la iglesia irreformable [que no puede ser cambiada o reformada]. Así que, en caso de que cualquier persona, Dios no lo quiera, tiene la temeridad [arrogancia] de rechazar esta definición de nosotros que sea "*anathema*" [excomulgado].

Esta declaración papal concerniente a la "ex-cathedra" de acuerdo a la teología Católica es una definición dogmática infalible por un concilio ecuménico.

En este tiempo en la historia justo antes del primer concilio Vaticano cuando el Papa Pío IX declaro la infalibilidad del papa, había cientos de personas siendo ejecutadas por la Santa Sede. La mayor parte de la península Itálica era controlada por los papas y sus cardenales del Palacio Apostólico en Roma.

Si usted alguna vez ha buscado por nombres de las personas a través de los siglos que fueron condenados a muerte por los pontífices puedo sugerir que comience con Giouanni Bottista Bugatti. Este verdugo pagado por el papa mató personalmente a 516 personas entre 1796 y 1865. Él meticulosamente registró los nombres y sus lugares de ejecución antes de que la parca reclamara sus cabezas cortadas.

Quisiera advertirle que al cavar muy profundo en su investigación personal de la iglesia concerniente a tales atrocidades podría ser incomodo. Usted inconscientemente puede comenzar a oler la sangre cálida de hombres y mujeres mientras goteaba de estas guillotinas religiosas que fueron instaladas en Italia por los papas en el nombre de justicia Cristiana. Charles Dickens fue testigo y escribió acerca de una de las ejecuciones de Bugatti que tomó lugar en 8 de Marzo de 1845 en su obra "Imágenes de Roma."

El siguiente es el registro preciso de Bugatti antes de de su primera ejecución por el Papa Pío VI en 22 de Marzo de 1796 a la edad de dieciséis años.

"Empecé mi carrera como verdugo por Su Santidad colgando y descuartizando [cortando las extremidades del cuerpo] a Nicola Gentilucci en Foligna, un joven, que siendo presa de celos, primero mató a un sacerdote y su cochero, después robó a dos frailes después siendo obligado a escaparse."

Si usted alguna llega a la ciudad de Roma, valla al museo de criminología, localizado en una calle llamada Vía del Gonfalone. Hay podrás ver el manto manchado con sangre en la exhibición que fue usada por Bugatti durante muchas de sus últimas ejecuciones cuando tenía más de ochenta años. En este museo también puede ver la guillotina papal de más de tres metros y medio a lo largo de los ejes que fue usada por Bugatti en su proceso de decapitación.

Este verdugo Católico fue contratado por seis diferentes papas por un periodo de sesenta y cinco años; Papa Pío VI, Papa Pío VII, Papa Leo XII, Papa Pío VIII, Papa Gregorio XVI, y Papa Pío IX. Cuando Bugatti alcanzó la edad de 85, el Papa Pío IX lo retiró. Su retiro fue financiado exclusivamente por el tesoro del Vaticano.

En 1864, el Sr. Bugatti seguía afinando la guillotina papal mientras que el Papa Pío IX estaba preparando sus notas para declarar la infalibilidad (exento de cometer errores) del papado en *"Aeterni Patris."* El Papa Pío IX hizo la infalibilidad del dogma papal (necesaria para salvación) en la Iglesia Católica durante el Primer Concilio Vaticano en 1870. Agatino Bellomo fue decapitado ese mismo año en el estado papal de Palestrina el 9 de Julio de 1870.

Giovanni Bottista Bugatti
(1779-1868 d.C.)

El Sr. Bugatti fue contratado como el verdugo papal por más de veinte años. El 3 de Septiembre del 2000, el Papa Juan Pablo II declaró al Papa Pío IX "Bendito", el penúltimo paso hacia el santificado. La beatificación del Papa Pío IX por Juan Pablo II, de acuerdo a la tradición Católica, hizo su alma, sus restos, y cualquier de sus posesiones personales dignas de veneración.

El Papa Pío IX fue el pontífice de más estadía de la Iglesia Católica. Su mandato fue desde el 16 de Junio de 1846 hasta el 7 de Febrero de 1878. Después de 122 años los restos de este líder religioso fueron exhumados y colocados en un ataúd de cristal con el propósito de veneración. Por favor note: la veneración de cadáveres no lo acercara a Dios. La veneración de restos humanos puede acercarlo a la idolatría.

La beatificación de este papa en particular por Juan Pablo II en el año 2000 ha sido cuestionada y desafiada aparentemente por todos los países en la tierra, y no sin causa o razón.

Cualquier persona en el mundo, una persona o rey, que no pensaban como el Papa Pío IX, era considerado automáticamente por él mismo como un enemigo de la fe Católica. El monarca religioso le respondía absolutamente a nadie. Quizá a través de sus propios ojos, este Pontífice se veía a sí mismo con infalible. La notoriedad del espíritu anti-Judío de este líder era bastante evidente a medida que restringía el pueblo Hebreo en su país a los ghettos.

El Papa Pío IX se opuso fuertemente a la "Libertad de Religión" y fue muy firme al respecto. Su patrón de pensamiento maligno continúo a lo largo de los treinta y dos años de su papado. Un día se le pidió que ofreciera su bendición a un grupo de personas Protestantes visitando la ciudad de Roma. Las siguientes son las palabras exactas que dijo sobre ellos: "Que seas bendecido por Él en cuyo honor serás quemado."

Cualquiera que esté familiarizado con la historia de la iglesia sabe que una postura profunda anti-Judía era siempre la convicción de la iglesia y floreció por los siglos – para ser más precisos por lo menos mil trescientos años.

El Tercer Concilio de Toledo (España) el cual abrió el 4 de Mayo de 589 d.C. bajo la guía del Papa Pelagio II (579-590 d.C.) tomó una firme posición en contra de los Judíos en el imperio. El Obispo Leander de Sevilla era un teólogo en ese tiempo y era el principal pensador detrás del concilio. El Canon Catorceavo del concilio probó ser devastador a los hijos de Abraham.

En 1215 d.C., 626 años después, en el 12^{avo} Concilio Ecuménico también conocido como el Cuarto Concilio Laterano, el Papa Inocencio III (Lotario de' Conti de Segni) reafirmó la decisión de 589 d.C. En contra de los Judíos y los consideraba en el mejor de los casos como ciudadanos de segunda clase.

El Papa Inocencio III en el Canon 69^{avo} de este concilio declaró que:

Sumario: A los Judíos no se les da posiciones públicas. Cualquiera que sea instrumental en hacer así debe ser castigado. Un oficial Judío se le debe ser negado toda relación con los Cristianos.

Texto: Ya que es absurdo que un blasfemo de Cristo ejercite autoridad sobre los Cristianos, nosotros en la audacia de los transgresores renovamos en este concilio general lo que el Sínodo de Toledo (589 d.C.) sabiamente promulgó en esta materia, prohibiendo a los Judíos de ser dados preferencias en la cuestión de oficinas públicas, ya que en esa capacidad son más problemáticos a los Cristianos. Pero si alguien compromete dicha oficina a ellos, que sea, después de advertencias anteriores, restringido por tal castigo como parezca adecuado por el sínodo provincial la cual ordenamos que sea celebrado cada año. El oficial, sin embargo, se le debe negar el intercambio comercial y todo otro intercambio de los Cristianos, hasta que en el juicio del obispo todo lo que adquirió de los Cristianos desde el tiempo que asumió la oficina sea restaurada para las necesidades de los Cristianos pobres, y la oficina que el irreverentemente asumió que lo pierda con vergüenza. Lo mismo extendemos a los paganos. [Mansi, IX, 995]

El 23 de Junio de 1858 en Bologna, Italia, un niño Judío de seis años con el nombre de Edgardo Mortara (1851-1940 d.C.) fue secuestrado de su casa por órdenes del Papa Pío IX. Los padres de Edgardo estaban asombrados e impotentes mientras que el niño que gritaba era rasgado de sus manos por la fuerza de la policía del Vaticano. Este es el mismo papa que declaró su propia perfección infalible al mundo en 1870 en el 20^{avo} Concilio Ecuménico en Roma. El Papa Pío IX hizo su dogma concerniente al papado esencial para salvación.

El niño Hebreo fue criado por el Papa Pío IX en su propia residencia como un miembro bautizado de la Iglesia Católica. Ahora que tengo el Espíritu Santo y soy una parte visible de la Iglesia Apostólica Pura, me siento obligado a estar en silencio en las sombras del tiempo mortal y solo imagino el secuestro horrible de este niño y de lo que realmente sucedió en esos años detrás de las puertas majestuosas del Palacio Laterano. No estoy escribiendo hoy acerca de los males increíbles de la Europa medieval durante la edad oscura. Este crimen siguió en curso hasta el siglo XX.

La noticia del secuestro del niño se esparcieron rápidamente y demandas de alrededor del mundo para la libertad del niño eran muchas. Organizaciones Judías co-orquestaron esfuerzos con oficiales dentro de países como Austria, Alemania, los Estados Unidos, El Reino Unido, y Francia para liberar al niño secuestrado. El gemido del mundo al Papa Pío IX fue totalmente rechazado y así en vano.

La respuesta firme para el pueblo Judío y a los líderes del mundo por el Vaticano fue rápida y sin misericordia mientras el pueblo Judío caminaba las calles de Roma con esperanzas de la liberación del niño. En lugar de hacer lo correcto, el Papa Pío IX con su mentalidad anti-Hebrea, decidió llamar a los hijos de Abraham "perros".

En un discurso en 1871, un año después de haber declarado por primera vez en la historia Católica la infalibilidad del papado, el Papa Pío IX defendió su derecho de personalmente criar este joven, ahora de veinte años de edad, en una atmósfera Católica al decir del pueblo Judío: "De estos perros, hay muchos de ellos presentes en Roma, y los oímos aullar en las calles, y nos perturban en todos los lugares."

CONTROL DE DAÑOS

Sacerdote Edgardo Mortara
(1851-1940 d.C.)
De la Orden Agustina
Parándose al lado de su Madre Judía.

Martín Lutero, el ex monje Católico, le enseñó a su pueblo natal Alemán que ellos tenían la culpa por no matar a los Judíos y quemarlos en las sinagogas. ¿No es inimaginable que el Papa Pío IX fue también un precursor del Holocausto Judío que ocurrió solamente 55 años atrás?

El totalitarismo (control absoluto) del Papa Pío IX no impresiono a muchos de la península Itálica. Este papa tenía que ser dado de baja. En 1859, el Papa Pío IX tenía más de 15,000 soldados en su ejército bien entrenado. El 18 de Septiembre de 1860 en la sangrienta batalla de Castelfidardo, el Rey Víctor Emmanuel II (1820-1878 d.C.), Rey de Italia, se apoderó de los estados papales. Después de hacerlo, el Papa Pío IX inmediatamente lo excomulgó de la Iglesia Católica. El monarca parecía impasible por la decisión del Papa. La autoridad del Pontífice sobre estos estados fue agresiva y dramáticamente reducida. El papa eventualmente fue empujado hasta el Vaticano. Los diez papas que han sucedido al Papa Pío IX hasta este día son monarcas pero solo reyes bajo un pequeño Estado del Vaticano en la ciudad de Roma. El Papa Pío IX murió en 7 de Febrero de 1878 a las 5:40 P.M.

El cuerpo del Papa Pío IX fue originalmente enterrado en la gruta de San Pedro, pero fue trasladado por la noche a la Basílica de San Lorenzo afuera de las paredes. Mientras el cadáver era trasladado, nacionalistas Italianos trataron de robar el cuerpo con esperanzas de arrojarlo al Rio Tiber como fue hecho con el cuerpo del Papa Fomoso cuando fue arrojado al Rio Tiber por el Papa Esteban VI en Enero de 897 d.C.

No tenía el Espíritu Santo en ese tiempo, pero sentía en mi espíritu que Dios me guiaba a algún lugar que nunca había estado antes en mi fe Cristiana. Como un seminarista joven en el monasterio Oka, me ví obligado a un silencio preocupante mientras estudiaba los cánones de varios concilios de la iglesia a través de las edades. ¿Por qué mi iglesia había perseguido a tantos Judíos por tanto tiempo? ¿Por qué había mucho odio y discriminación en contra del pueblo Hebreo? ¿Por qué estas muestras de antisemitismo eran dirigidas a los hijos e hijas de Abraham fluyendo desde el Vaticano?

Rey Victor Emmanuel II, de Italia
(1820-1878 d.C.)

Mientras continuaba mi investigación, nuestra propia historia Católica documentada estaba desafiando y de pronto hasta intimidando mi fe. En silencio mirando por encima de mi hombro, mi mente religiosa estaba meditando en una pregunta muy inquietante. ¿Podría ser posible que la iglesia madre no fuera indirecta pero directamente responsable por el Holocausto Judío? ¿Podría ser posible que la iglesia no solo fuera responsable por la sangre del pueblo Judío a través de la historia, pero también por la sangre inocente de seis millones de hombres, mujeres y niños a la vez? ¿Cuál era el latido real del Holocausto? Cuando todas las manos sean abiertas en el juicio, ¿quién va llevar la sangre? ¿Será que el inmortal Adolf Hitler estará solo?

¿Cómo un niño puede pasar de ser un monaguillo a un hombre temido en todos los hogares Judíos? Adolf Hitler no era ni un ateo ni un agnóstico. Fue criado como un miembro de la Iglesia Católica en Austria. Adolf nació el 20 de Abril de 1889 en Brauman am Inn, e iba a misa regularmente con su familia. Su madre Klara era especialmente una Católica muy devota y permaneció así hasta su muerte. Hitler fue bautizado cuando era un bebé y recibió el sacramento de la confirmación cuando tenía trece años de edad. Cantaba en el coro de la iglesia y atendía una escuela Benedictina. Adolf Hitler el Fuhrer de Alemania, vivió la vida de un Católico y murió como uno en Berlín, Alemania en el año de 1945.

En un discurso en presencia del General Gerhard Engel en 1941, Hitler declaró:

"Yo soy ahora como antes un Católico y siempre permaneceré así."

Esta declaración fue hecha por Adolf Hitler cuando tenía 52 años de edad, solo cuatro años antes de su muerte. Yo conozco las leyes canónicas. ¿Por qué él fue excomulgado de la Iglesia Católica? Un Pontífice puede excomulgar a un "jefe de estado", así como cualquier otra persona en la Iglesia Católica.

El Rey Henry VIII de Inglaterra fue excomulgado de la Iglesia Católica por el Papa Pablo III en el siglo 16 debido a su espíritu desobediente hacia el Vaticano. Napoleón Bonaparte de

Francia fue igualmente excomulgado por el Papa Pío VIII en 1809, y Fidel Castro entre muchos otros fueron excomulgados por sus preferencias políticas y convicciones.

En la fe Católica, una persona puede ser excomulgada, ya sea mientras viven o post morterm (después de la muerte). El Papa Pío XII era el pontífice gobernante durante la Segunda Guerra Mundial. Anteriormente era el Cardenal Pacelli, que en realidad negoció con Alemania por el Vaticano. Por alguna razón, el Papa Pío XII, así como los cinco papas que le sucedieron, el Papa Juan XXIII, Papa Pablo VI, Papa Juan Pablo I, Papa Juan Pablo II, y el Papa Benedicto XVI (el cual él mismo vivió en Alemania durante los días del dictador), han escogido no excomulgar a Adolf Hitler de la iglesia.

El Cardenal Michael von Faulhaber era el arzobispo de Múnich, Alemania desde 1917 hasta su muerte en 1952. El 10 de Abril de 1933, el Cardenal Faulhaber le escribió al futuro Papa Pío XII en Roma advirtiéndole que al defender a los Judíos sería malo porque esto transformaría el ataque a los Judíos en un ataque a la iglesia.

Las negociaciones entre el Vaticano y el país de Alemania nunca eran para el bienestar de los Judíos en Europa. El Papa Pío XII (1939-1958 d.C.) era muy consciente del pasado de su iglesia concerniente al pueblo Hebreo. Él era consciente de la verdad dolorosa entre el Catolicismo y el Judaísmo.

La cuestión que el vaticano tuvo con Adolf Hitler era el "Weimar Federalista Alemán", la cual le dio a los estados Alemanes autoridad sobre la educación y cultura, y así dramáticamente reduciendo la autoridad de la iglesia en esas áreas. La cuestión real entre el Papa Pío XII y Adolf Hitler era en el poder de la autoridad. No era acerca de Judíos; era cuestión de poder.

En una reunión el 26 de Abril de 1933 con el Obispo Wilhelm Berning de Osnabruck (representante de la Conferencia de Obispos Católicos) después de haber sido criticada por miembros dentro de la comunidad Europea, Adolf Hitler declaró:

"He sido atacado debido a mi manejo a la cuestión Judía. La Iglesia Católica consideró a los Judíos pestilentes por mil quinientos años, poniéndolos en guettos, etc., porque reconocía a los Judíos por lo que eran. En la época del liberalismo, el peligro ya no se reconoce. Voy a retroceder en el tiempo en el cual la tradición de mil quinientos años fue implementada [por la Iglesia Católica]. Yo no establezco raza sobre religión, pero reconozco los representantes de su raza como pestilente para el estado y para la iglesia, y de pronto hago un gran servicio al Cristianismo al sacarlos de las escuelas y funciones públicas."

(Esta declaración en particular al Obispo Wilhelm Berning de Osnabruck fue citada de Richard Stergmann Galls "El Santo Reich.")

Adolf Hitler tenía razón al decir que su iglesia había perseguido al pueblo Judío por 1500 años. No solamente Judíos, pero cualquier persona de cualquier fe que se atreviera a cuestionar la autoridad de la iglesia madre. La "Teoría de la Guerra Justa" es una doctrina de la Iglesia Romana la cual fue introducida por San Agustino de Hippo (354-430 d.C.). Martín Lutero fue anteriormente un monje Agustiniano que albergaba un odio apasionado por el pueblo Hebreo.

Santo Tomas de Equino (1225-1274 d.C.) pertenecía al Orden Dominicano y sacó de la enseñanza de San Agustino. Él fue también influenciado particularmente por dos Papas durante su vida. El Papa Gregorio IX, el cual instituyó la inquisición Papal, y el Papa Inocencio IV, el cual autorizó el uso de tortura física en la obtención de confesiones de presuntos herejes. Algunas de las escrituras del Papa Inocencio IV son casi reflejadas en la *Summa Theologica* de Aquino.

En la *Summa Theologica* concerniente al trato de herejes, Tomas de Aquino escribió:

"Con respecto a los herejes, se deben observar dos puntos: uno en su propio lado; el otro, en el lado de la iglesia. En su propio lado está el pecado, por el que se merecen no solo ser separados de la iglesia por la excomunión, pero también deben ser separados del mundo por la muerte. Porque es un asunto mucho más grave el corromper la fe la cual vivifica el alma, que forjar dinero, la cual soporta la vida temporal. Por los tanto, si los falsificadores de dinero y otros malhechores están inmediatamente condenados a muerte por la autoridad secular, mucha más razón hay para los herejes, tan pronto que sean condenados de herejía, no solo para ser excomulgados, pero incluso puestos a muerte. En la parte de la iglesia, sin embargo, hay misericordia que busca la conversión del errante, por lo cual ella no condena de inmediato, pero después de una y otra amonestación como el Apóstol dirige: después de eso, si él es todavía rebelde, la iglesia ya no mas esperando su conversión, busca para la salvación de otros, al excomulgarlo a él y separándolo de la Iglesia, y además lo ofrece al tribunal secular para ser exterminado por ello del mundo por la muerte."

(*Summa*, 11-11, Q-11, Art. 3)

San Tomas de Aquino justificó su postura teológica que los herejes y "todos los pecadores" tienen ningún derecho de vida con un enfoque interesante --"La Biblia"--

"Porque la paga del pecado es muerte, mas la dádiva de Dios es vida eterna en Cristo Jesús Señor nuestro."

Romanos 6:23

Este sacerdote Católico es mantenido en su iglesia como un maestro modelo para aquellos estudiando para el sacerdocio – el maestro y el patrono de las escuelas Católicas. En el Segundo Concilio Vaticano, el Papa Pablo VI se refirió a él como el "Doctor Angélico".

Él fue canonizado por el Papa Juan XXII el 18 de Julio de 1323. Este acto por el pontífice Romano Francés hizo su cuerpo, alma, y cualquiera de sus posesiones personales dignas de veneración de acuerdo a la tradición Católica. Tomas de Aquino murió en 7 de Marzo de 1274, solo 24 años después de que su mentor, el Papa Inocencio IV muriera.

En ese Domingo especial en mi vida cuando no conocía la verdad Apostólica, estaba en camino a una misa alta en la Iglesia Católica de San Tomas de Aquino en Plaster Rock. Fue en ese cruce de caminos que Dios milagrosamente me llevó en otra dirección. Fue en la dirección de la Iglesia Apostólica, donde fuí bautizado en el nombre de Jesús y lleno con el Espíritu Santo. Pareciera que fuera ayer por la mañana, pero en realidad, fue en el Otoño de 1972.

Tomas de Aquino
Sacerdote Católico Dominicano
(1225-1274 d.C.)

Aunque había diferencias de opiniones de tiempo en tiempo, Hitler permaneció leal a su iglesia durante su presidencia.

"El Gobierno del Reich," que considera el Cristianismo como el fundamento inquebrantable de los morales y el código moral de la nación, concede mayor valor a las relaciones amistosas con la Santa Sede [El Vaticano] y se esfuerza para desarrollarlas."

En estos escritos documentados, vemos las convicciones obvias de la fe de Adolf Hitler, así como su creciente odio hacia los hijos de Abraham. Él no solamente era un miembro de la Iglesia Católica, pero se veía a sí mismo como un profeta.

"Hoy, seré una vez más un profeta: si los financieros Judíos internacionales dentro y fuera de Europa deben tener éxito al llevar a las naciones una vez más a una Guerra Mundial, entonces el resultado no será el Bolshevizing de la tierra, y así la victoria de los Judíos, pero la aniquilación de la raza Judía en Europa." (De un discurso de Adolf Hitler ante el Reichstag el 30 de Enero de 1939.) El siguiente es un extracto de otro discurso de Hitler al Reichstag en 1936.

"Creo hoy que estoy actuando en el sentido del Creador Todopoderoso. Rechazando a los Judíos, estoy luchando por el trabajo del Señor."

Entre los seis millones de Judíos que fueron ejecutados durante el Holocausto, había un estimado de un millón de niños. Muchos de estos niños y niñas fueron separados de sus padres y transportados en camiones a las cámaras de gas de Hitler. Otros niños fueron obligados a arrodillarse delante de las zanjas abiertas mientras que el Gestapo los acribillaban con sus armas automáticas de guerra. Muchos de estos niños solo resultaron heridos mientras caían o eran empujados a las tumbas abiertas, solo para mirar hacia arriba mientras los buldóceres los cubrían con tierra.

Me niego a albergar un espíritu vengativo, pero la pregunta debe ser hecha: Acaso Adolf Hitler hizo un favor a la iglesia, viendo que había perseguido al pueblo Judío por más de 1500 años, o ¿era él una espina constante en el lado del Papa Pío XII, el cual se encontró a sí mismo en una situación vergonzosa?

Adolf Hitler era solamente un canciller y entonces Presidente después de tomar el lugar de Paul von Hinderburg el 30 de Enero de 1933 hasta su muerte auto-infligida el 30 de Abril de 1945, mientras un sentimiento profundo anti-Judío estaba siendo alimentado, albergado y promovido por los papas a través de las edades, y floreció en la Iglesia Católica por siglos. Este sentimiento no solamente estaba en el corazón de la sociedad Alemana, pero también en todos los demás países donde la iglesia madre estaba representada en la tierra. La participación extraordinaria de la iglesia en este asunto abarcaba múltiples dimensiones.

La Segunda Guerra Mundial no fue la primera vez que el pueblo Hebreo sintió el aguijón sin misericordia del Cristianismo religioso **hecho por el hombre**. Como he escrito, Martín Lutero era un líder Cristiano Alemán que vivió en el siglo 16. Él odiaba a los Judíos, pero era visto como un héroe en la Alemania Nazi. Adolf Hitler muchas veces se refería a las escrituras de Lutero para justificar el Holocausto. Casi 400 años antes del nacimiento de Hitler, Martín Lutero enseñó al pueblo Alemán a quemar las sinagogas del Pueblo Judíos. Poco después de la muerte de Lutero, casi 3,000 personas Judías fueron ejecutadas en Frankfurt, Alemania.

¿Acaso la Iglesia Pura Apostólica que nació en los fuegos de poder y celo perdieron algo sobre el Holocausto del siglo 20? ¿Qué tan secreto, oscuro y frio son los armarios del Holocausto?

Satanás uso a Tertuliano en el 3er siglo para distraer a los creyentes Unicitarios de adorar al Dios monoteísta de Abraham con su nunca antes vista teología de la trinidad. ¿Fue este odio en curso de los Judíos en mi iglesia, el plan de Satanás para librar al mundo de los hijos e hijas Unicitarios de Abraham a través de aquel Cristianismo religioso **hecho por el hombre**? ¿Será que el engañador de las naciones se paró pacientemente y silenciosamente detrás de la cortina en un escenario que se había preparado por el pueblo en altos lugares falsamente representando y viniendo fraudulentamente en el nombre de Jesucristo?

¿Fue el Holocausto realmente acerca de Adolf Hitler, o era él

– como Tertuliano y Martín Lutero – solamente otro peón en las manos del enemigo real de la Iglesia Apostólica de Cristo en sus esfuerzos calculados en curso en contra de los creyentes Unicitarios?

En una visita al monumento conmemorativo del Holocausto en Jerusalén el 22 de Marzo del 2000, el Papa Juan Pablo II dijo que la Iglesia Católica estaba profundamente entristecida por el odio, actos de persecución, y muestras de antisemitismo dirigido a los Judíos a través de la historia de su iglesia por miembros de su clero.

Aunque las disculpas son respetadas y sentidas de todo corazón, ¿puede un simple "Lo sentimos" aliviar el aguijón de la rendición de cuentas de la iglesia madre a través de las muchas páginas de su pasado histórico? Voy a conceder a la nada.

Soy muy consciente de donde Dios me sacó, y estoy tan agradecido en esta hora tardía que he sido bautizado en el Nombre de Jesús y soy hoy por la gracia de Dios lleno con el Espíritu Santo.

Otra etapa se está estableciendo actualmente en el este del punto de vista del ojo mortal. La iglesia invisible de Jesucristo esta actualmente mirando a la cara del final de los tiempos.

Para entender mejor nuestra herencia Apostólica, es imperativo que entendamos que ha sucedido en la historia en el nombre del Cristianismo religioso **hecho por el hombre**. Asimismo es imperativo que no permitamos que la sangre inocente de millones de personas se desvanezca en la neblina del tiempo.

Cuando la oscuridad de la media noche cubra la tierra y la última batalla entre el bien y el mal se establezca en línea, otra inquietante pregunta viene a la mente. ¿Será que el pontífice en esa hora devastadora sea avergonzado de hacer amistad con el Judaísmo (el pueblo elegido por Dios) o de pronto se incline hacia los hijos de Ismael?

Pasando al segundo Concilio del Vaticano, el 25 de Enero de 1959 el Papa Juan XXIII (1958-1963 d.C.) anunció su intención de llamar a un concilio mundial de la iglesia. Él dijo que el concilio ofrecería una renovación o actualización de la vida religiosa Católica y su doctrina.

La primera sesión del segundo Concilio del Vaticano fue abierta el 11 de Octubre de 1962. Sin embargo, el Papa Juan XXIII murió el 3 de Junio de 1963. Las tres sesiones restantes se llevaron a cabo bajo el sucesor del Papa Juan XXIII, el Papa Pablo VI (1963-1978 d.C.) En el seminario escuché este papa ser referido muchas veces como el pastor de un rebaño rebelde.

Un hecho interesante y particular existe en relación con el cuerpo del Papa Juan XXIII. Este papa más tarde seria declarado "bendito" por el Papa Juan Pablo II (1978-2005 d.C.) en 3 de Septiembre del 2000. Esta acción fue tomada como un conjunto penúltimo hacia su santidad. El cadáver del Papa Juan XXIII el cual estaba bien conservado por 37 años por un ataúd triplemente sellado fue entonces exhumado y puesto para la muestra en el altar de San Jerónimo para veneración. Los restos de este líder de la iglesia fueron más tarde enterrados en una nueva bóveda bajo la tierra. El Papa Juan Pablo II mismo tuvo a mas de mil cien personas ya sea beatificadas o canonizadas durante su mandato, la cual los hizo, de acuerdo a la tradición, dignos de veneración.

El Vaticano II fue uno de los eventos religiosos mas disuadidos del siglo. Oficiales religiosos, periodistas, y otros observadores, tanto Católicos como no Católicos, de todo el mundo, reportaron e interpretaron las acciones del concilio. Karl Rahnes, un teólogo Jesuita era uno de los principales pensadores detrás del concilio.

El 7 de Diciembre de 1965, uno de los últimos días del concilio, el Papa Pablo VI leyó una declaración removiendo la sentencia de excomunión en el Patriarca de Constantinopla del año de 1054 d.C. Después de que el Papa Pablo VI hiciera su declaración de que la sentencia había sido levantada, una declaración similar leída en Estambul por el Patriarca de Constantinopla removió la sentencia de excomunión pasada en contra de un grupo de los legados papales también en 1054. Esta declaración fue vista como un paso hacia el fin de la división todavía celebrada entre la Iglesia Católica y las Iglesias Ortodoxas Orientales.

Papa Juan XXIII
(1958-1963 d.C.)

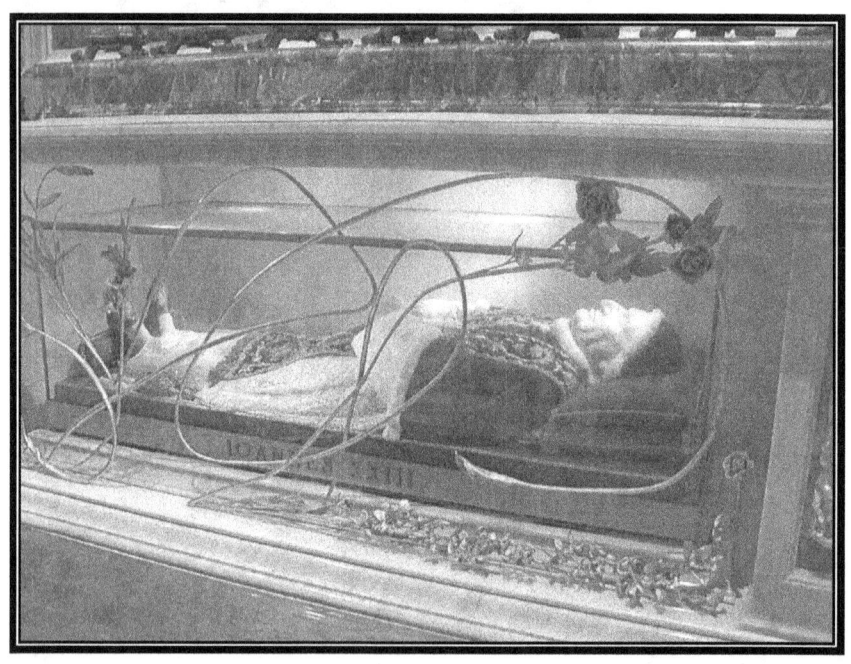

Cadáver del Papa Juan XXIII

Además de terminar la sentencia de excomunión, la cual tenía más de novecientos años, el Papa Pablo VI personalmente abandonó la tiara papal en el cierre del concilio. Esta tiara ha traído mucha controversia a través de los años. Me gustaría hacer una pausa por un momento para tratar el tema. Cuando los papas eran coronados en la CIUDAD del Vaticano, las palabras del *"Accipe tiaram tribus caronis ornatam"* siempre eran dichas sobre el nuevo pontífice.

"Recibe la tiara adornada con tres coronas y sabe que eres el Padre de Príncipes y Reyes, Gobernante del Mundo, Vicario de nuestro Salvador Jesucristo en la tierra, al que es el honor y gloria en los siglos de los siglos."

"Vi a la mujer ebria de la sangre de los santos, y de la sangre de los mártires de Jesús."

"Y la mujer que has visto es la gran CIUDAD que reina sobre los reyes de la tierra."

Apocalipsis 17:6,18

Roma es la única ciudad en la tierra que tiene una ciudad-estado soberano entre paredes dentro de la ciudad que es controlada por una monarquía religiosa. Roma ha sido conocida a través de la historia como la ciudad de las siete colinas – o si usted ha estado allí personalmente, usted puede estar inclinado a decir montañas. Los nombres de estas siete colinas son:

- ❖ Aventino
- ❖ Capitolino
- ❖ Palatino
- ❖ Viminal
- ❖ Esquilino
- ❖ Quirinal
- ❖ Caelian

En la montaña de Caelian se encuentra el hermoso Palacio Letrán y era la residencia privada de Papas por más de 1,100 años. Este palacio no solo era el anfitrión de cinco Concilio Ecuménicos, pero el Tratado de Letrán entre la Santa Sede y el

Reino de Italia fui firmado ahí por el Cardenal Gasparri y Benito Mussolini el 11 de Febrero de 1929.

"Esto, para la mente que tenga sabiduría: Las siete cabezas son siete montes, sobre los cuales se sienta la mujer."

Apocalipsis 17:9

La tiara papal es también conocida como la tiara triple o en Latín como la *"triregnum"* la cual es la corona papal enjoyada de tres niveles. Tiaras diferentes fueron usadas a lo largo de la historia por papas en Roma y Aviñón (Francia). Una controversia relacionada con la tiara papal, implica la afirmación de que las palabras *"Vicarius Filii Dei"* (Vicario del Hijo de Dios) existieron en el lado de una de las tiaras. La controversia se centra en la amplia afirmación hecha que, cuando las palabras son enumeradas producen el numero "666" como es descrito por Juan en el libro de Apocalipsis como el numero de la bestia.

"Vicarius Filii Dei" no es de hecho, uno de los títulos del papa. Dos testigos afirman haber visto al Papa Gregorio XVI (1831-1846 d.C.) llevando una tiara con *"Vicarius Filii Dei"* escrita en el lado de la misma en 1832. Sin embargo, ninguna de las reclamaciones sostiene el escrutinio. Por lo tanto, con todo el debido respeto, la controversia tiene que ser retirada como lo fue el uso de tiaras por el Papa Pablo VI al final del Segundo Concilio Vaticano en Roma.

Las llaves que están en las imágenes con algunos de los papas, representan las llaves que Jesús le dio a Pedro en Mateo 16:19. Estas llaves no eran tangibles, al ver que la eternidad no es tangible, pero le fueron dadas a Pedro verbalmente.

El único plan de Dios para salvación es crítico e innegable. Este plan fue puesto en marcha por el Apóstol Pedro en la fiesta de Pentecostés.

"Pedro les dijo: Arrepentíos, y bautícese cada uno de vosotros en el nombre de Jesucristo para perdón de los pecados; y recibiréis el don del Espíritu Santo."

Hechos 2:38

Papa Pablo VI
(1963-1978 d.C.)

DE ROMA A JERUSALÉN

Papa Celestino V 1294 d.C.
Recibiendo su Tiara

Verdaderos ministros Apostólicos tienen las llaves de la vida eterna, mientras que Jesús tiene las llaves del infierno eternal y la muerte. Si alguien no posee estas llaves que solo vienen a través de su Palabra revelada y ungida, ese individuo no califica y se le es negado el privilegio de ser llamado un Cristiano. Sin el plan de Dios para la redención, en el mejor de los casos, el caminar con el Señor será fragmentado.

El Obispo Católico de Gran Bretaña Richard Williamson se opuso fuertemente al espíritu liberal del Papa Juan XXIII y el Papa Pablo VI durante el Segundo Concilio Vaticano en Roma. Él no solamente declaró públicamente que el pueblo Protestante consigue sus órdenes del diablo, sino también negó el Holocausto Judío.

Después de que el vaticano sufriera meses de indignación de los Protestantes, ciudadanos Alemanes, y Judíos por igual, al Obispo Williamson se le pidió que se retractase públicamente de sus declaraciones. Esa disculpa nunca sucedió, y el obispo finalmente fue excomulgado a causa de ello.

El 2 de Julio de 1988, el Papa Juan Pablo II publicó la bula papal *"motu proprio Ecclesia Dei"* en la cual él reafirmo la excomunión del Obispo Richard Williamson.

Este obispo fue, sin embargo, restablecido veintiún años después como un obispo de la iglesia Católica cuando el Papa Benedicto XVI levantó la excomunión el 21 de Enero de 2009. El obispo fue entonces ordenado por el Vaticano a distanciarse inequívoca y públicamente de sus convicciones personales concernientes a cuestiones históricas y políticas.

Aunque la Iglesia Católica luchó por siglos para restaurar orden entre la confusión y corrupción, las doctrinas falibles de hombres aparentemente demostraron solo una verdad infalible: Comprometer la Palabra de Dios solo trae dificultades.

"El buen entendimiento da gracia; Mas el camino de los transgresores es duro."

Proverbios 13:15

La Iglesia Universal como Cristo lo dio a los Apóstoles en el día de Pentecostés fue sin duda la responsabilidad más Divina y poderosa jamás dada a la humanidad. Pero la lascivia de poder y avaricia, en poco tiempo, llevó a muchos a autopistas espirituales que llevaban a su destrucción.

Tertuliano denunció cualquier doctrina Cristiana que consideraba herética, pero él mismo llegó a ser considerado por la iglesia como un hereje. Su cisma de la Iglesia Católica es probablemente porqué nunca fue recordado en la historia de la iglesia como San Tertuliano. La Iglesia Ortodoxa no reconoció a herejes. Si el Papa Gregorio IX (1227-1241 d.C.) hubiera estado en el trono papal en el día de Tertuliano en vez del Papa Zephyrinus (199-217 d.C.), hubiera sido quemado vivo como un hereje. Si Tertuliano hubiera sabido que su entendimiento de la Deidad para hacer efectiva tal desolación, ¿hubiera contendido por ella como lo hizo?

Si Constantino, como un Cristiano convertido, podría haber visto la pérdida masiva de vidas que su decisión llevaría sobre las generaciones sin número de Cristianos, ¿hubiera concedido tan casualmente a las tres personas en la Deidad?

¿Qué pasa si aquellos que mutiló, torturó y ejecutó en el nombre del Señor hubieran entendido como la historia podría ver sus acciones? Si lo hubieran sabido, ¿sería que los verdugos habrían apresuradamente oscilado sus espadas de la vergüenza, o los inquisidores hubieran encendido sus llamas de tormento? ¿Sería que hombres como Heinrich Kramer se hubieran sentido tan confortables escondiendo su odio de mujeres debajo de una burla de celo religioso farisaico?

Las páginas de la historia son testigo de las devastaciones extremas que son traídas por parte del espíritu sin misericordia de confusión. ¿Es de extrañar que la Palabra de Dios nos recuerde que Él no es al autor de confusión? Cuando la Iglesia Católica se alineó a sí misma con la enseñanza anti-Bíblica de la trinidad, optó con comprometerse en contra de la Palabra de Dios. Fue en este punto en la historia, solo algunos doscientos o trescientos años después que Cristo dio nacimiento a Su iglesia, que el hombre empezó a aceptar lo que era agradable a la vista, agradable al oído, y agradable al tacto. Los que prosperaron a expensas de la inocencia, de hecho tuvieron una forma de Piedad, pero negaron la eficacia de la misma.

Dios va a tener una iglesia y esta iglesia, siendo como Dios, singular y único, va a tener el conocimiento y el entendimiento que Él está solo, y que no hay nadie como Él. Así como Dios siempre ha sido del todo monoteísta, así también Su iglesia reflejara Su monoteísmo. Jesucristo sabía que Él era Dios el Padre, hecho manifiesto en forma carnal. Es así como Jesús pudo declarar en Juan 10:30 que "Yo y el padre uno somos." Jesús quería que Sus Apóstoles en ese entonces, así como sus Apóstoles de hoy, que estén absolutamente seguros de la Divinidad contenida en Él.

"Jesús le dijo: Tanto tiempo hace que estoy con vosotros , y no me has conocido, Felipe? El que me ha visto a mí, ha visto al Padre; como, pues, dices tú: ¿Muéstranos el Padre?"

Juan 14:9

Jesús sabía que Él no era una de las tres personas en la Deidad. Jesús sabía que Él era la Deidad. Así como Cristo entendió que Él era el Padre, Él también entendió que Él y el Consolador era la misma persona. Jesucristo no tenía vacilaciones acerca de Su identidad. El Espíritu consolador que habitó en Cristo es el mismo Espíritu que se movió sobre la faz de las aguas en el libro de Génesis.

"Pero yo os digo la verdad: Os conviene que yo me vaya; porque si no me fuera, el Consolador no vendría a vosotros; mas si me fuere, os lo enviaré."

Juan 16:7

"No os dejare huérfanos; vendré a vosotros."

Juan 14:18

Si los teólogos quieren ser considerados como teólogos Cristianos, es imperativo que saquen de los Inspirado. Para que alguien entienda el misterio de la deidad, uno debe ser capaz de determinar cuando Jesús habló como un hombre y cuando habló como Dios. Él era humano, así como Divino.

"Y aquel Verbo [*Logos*] fue hecho carne, [Dios fue hecho carne] y habitó entre nosotros (y vimos su gloria, gloria como del unigénito del Padre), lleno de gracia y de verdad."

Juan 1:14

Jesús el Cristo *no* era el único unigénito del Padre de acuerdo a Su creación. Adán era un hijo unigénito del Padre como lo fue Eva unigénita del Padre, porque no había biología involucrada. Cuando Juan estaba hablando del único unigénito del Padre, el se estaba refiriendo al cuerpo del Mesías como un templo. Dios nunca ha habitado un cuerpo humano en su totalidad. "Jesucristo había de ser el único unigénito [templo] del Padre que albergaría la totalidad de Dios." El Único Dios Eterno controló el universo desde este cuerpo humano engendrado. Él habló a las olas de Su cuerpo mortal y le obedecían. Él habló a los muertos y se levantaban delante de Él.

La ignorancia de verdad ha causado que mucha calamidad caiga sobre la Iglesia Católica, ya que es tiempo de compromiso. El pasado tormentoso de una iglesia corrupta, hoy es mal visto o simplemente ignorado por muchos. Sin embargo, ha habido algunos intentos de reconocer y pedir disculpas por los males cometidos en las manos del Catolicismo. Aunque las disculpas del Vaticano en Roma en tiempos pasados por crímenes en contra de la humanidad eran muy raros, o casi inexistentes, las disculpas de los papas más recientes parecen casi compulsivas que las de antaño.

Durante un viaje a la República Checa, el Papa Juan Pablo II pidió perdón por la violencia de la Iglesia Católica en contra de Protestantes durante la Contra-Reforma del siglo XVI.

En el año 2000, el Papa Juan Pablo II pidió perdón por pecados de líderes Católicos a través de las edades, incluyendo males infligidos contra Judíos, minorías y mujeres. Esta declaración fue sin duda sincera y la confesión de la iglesia madre fue muy apreciada. Sin embargo fue visto en una luz diferente por muchos historiadores a través del mundo. Muchas personas vieron la confesión del papa como demasiado corta, demasiado tarde.

En el 2001 el Papa Juan Pablo II emitió una disculpa formal al pueblo indígena (nativo) de Australia, Nueva Zelanda, y las islas Pacificas por injusticias perpetradas por los misioneros Católicos.

El Papa Juan Pablo II durante un viaje a Grecia hizo una

disculpa por los males hechos en contra de Cristianos Ortodoxos por parte de Católicos.

Por último, pero no menos importante, el 19 de Julio del 2008 el Papa Benedicto XVI dijo que estaba profundamente apenado por sus declaraciones en un discurso que vincula el Islam con violencia que provocó indignación en el Mundo Musulmán. Ese mismo día también declaró que estaba profundamente apenado por el dolor y el sufrimiento de las víctimas de abuso sexual infantil por el sacerdocio Católico en Australia.

Los rincones oscuros de secreto en relación con abuso sexual infantil dentro de la Iglesia Católica han solo en los últimos años sido revelados de la luz iluminadora del escrutinio público. Por desgracia, lo que ha sido revelado perturba la mente de la capacidad de comprender. Lo que parecía en un principio ser un hecho aislado se ha convertido en una maratón interminable de maldad total.

El 20 de Febrero del 2009, una declaración de bancarrota por un grupo Jesuita, conocido anteriormente como la "Sociedad de Jesús", fue reportado en el estado de Oregon, E.U. La Iglesia Católica citó demandas por abuso sexual en contra del sacerdocio como la causa de sus males financieros. Sus activos fueron reportados en 4.8 millones de dólares mientras que sus pasivos se elevaban a casi 62 millones.

Habiendo nacido en New Brunswick, Canadá, el país tiene un lugar especial en mi vida. El Miércoles 29 de Abril, del 2009 a las 1:21 pm T.E., el Papa Benedicto XVI pidió perdón a los Canadienses quienes fueron física y sexualmente abusados en los internados Católicos. El papa expresó su pesar por la angustia de las víctimas y relatoó que estaba orando por su sanidad.

No estamos hablando de investigaciones de la Iglesia Católica. Estamos hablando de la documentación actual de la iglesia. Desde los 1800's a los 1970's mas de 150,000 niños fueron forzados a atender escuelas Cristianas financiadas por el estado. A pesar de que el gobierno Canadiense sentía que las escuelas Cristianas estarían en el mejor interés de los niños, ellos admitieron que el abuso sexual era rampante. El Primer Ministro Canadiense emitió una disculpa formal en el Parlamento, llamando el tratamiento de niños en esos años, un capítulo muy triste en la historia del país. La Iglesia Católica ha pagado más de 80 millones de dólares a las victimas mientras que el gobierno ha ofrecido miles de millones de dólares en compensación.

Estamos hablando de niños inocentes que no solamente no tenían lugar para esconderse pero fueron robados y están siendo robados de su habilidad en creer en Dios. Esto ha pasado en cada país en la tierra porque los pedófilos siempre le eran permitidos funcionar detrás de los collares Romanos.

Si vamos a seguir adelante en el nombre del Cristianismo, necesitamos entender como Jesús se sintió acerca de los niños y las consecuencias de aquellas personas que escogieron profanarlos. No se sorprenda si ve manchas de agua en esta página en particular. Me siento aquí escribiendo hoy con lágrimas en mis ojos siendo rasgado en alguna parte entre tristeza e ira. Mientras verdades lamentables son reveladas a diario dentro del corazón de la Iglesia Católica, me hace estremecer el pensar, como un estudiante de la historia de la iglesia, los males que los travestís les produjeron a los jóvenes chicos desprotegidos y niñas en las Edades Oscuras.

Los desafíos que enfrentan los papas de las últimas décadas de alguna manera parecen triviales, en luz de los problemas actuales que enfrenta la iglesia madre. No es definitivamente un buen tiempo para ser papa.

Los pecadores del mundo, en su confusión sobre el denominacionalismo y el pecado revelado que ha sido guardado por tanto tiempo en la iglesia Cristiana más grande de la tierra, están llorando para conocer la verdad acerca del Dios de Abraham.

El Miércoles 20 de Mayo del 2009, el Juez de la Corte Suprema Sean Ryan, sacó a la luz el reporte final de 2,600 páginas de la "Comisión para Inquirir en los Abusos de Menores" de Irlanda, la cual está basada en el testimonio de miles ex-alumnos y oficiales de más de 250 instituciones lideradas por la Iglesia Católica.

Una investigación de nueve años ferozmente debatida, en las instituciones lideradas por las Iglesias Católicas de Irlanda dice que sacerdotes y monjas aterrorizaban a miles de niños y niñas en escuelas de estilo de casa de trabajo por décadas. Con los años los inspectores del gobierno fallaron en detener las golpizas crónicas, violaciones y humillaciones hechas a estos niños.

Mas de 30,000 niños de familias disfuncionales fueron mandados a la red austera de Irlanda de escuelas industriales, reformatorios, orfanatos y albergues desde los 1930's hasta las últimas instalaciones lideradas por los Católicos que fueron cerradas en los 1990's.

El reporte encontró que el abuso sexual y violaciones eran "endémicos" en las instalaciones de los niños, principalmente a cargo de los Hermanos Católicos. Las niñas supervisadas por órdenes de monjas, principalmente las Hermanas de la Misericordia, sufrieron mucho menos abuso sexual pero frecuentemente sufrían asaltos y humillaciones designadas para hacerlas sentir sin valor.

Las víctimas del sistema durante mucho tiempo han exigido que la verdad de sus experiencias sea documentada y hechas públicas, así para que los niños en Irlanda nunca aguanten tales sufrimientos otra vez.

El reporte de cinco volúmenes del viernes se alinea casi por completo con el reporte del ex-estudiante. Llega a la conclusión que los oficiales de la iglesia siempre protegían a los pedófilos de ser arrestados simplemente moviéndolos.

La comisión dijo que abrumadoramente, el testimonio consistente de hombres y mujeres aun traumatizados, ahora en sus 50's a sus 80's, había demostrado mas allá de toda duda que todo el sistema trataba a los niños mas como presos y esclavos que personas con derechos legales y potencial humano.

El gobierno Irlandés ya ha financiado un sistema de compensación paralela que ha pagado a más de 12,000 víctimas de abuso un promedio de 90,000 dólares cada uno.

Las conclusiones de la comisión, no se utilizaran para procesos penales – en parte porque los Hermanos Cristianos demandaron con éxito a la comisión en 2004 para mantener las identidades de todos sus miembros, vivos o muertos, no identificados en el reporte.

El Vaticano bajo el Papa Benedicto XVI se negó a comentar.

En 1941 el Reverendo Marcial Maciel Degollado (1920-2008 d.C.), uno de los sacerdotes más poderosos e influenciables en la Iglesia Católica, fundó la orden de los *"Legionarios de Cristo"*.

El Rev. Degollado era un sacerdote pedófilo muy conocido que abuso personas del sexo masculino por décadas. Este abuso era conocimiento común al Cardenal Ratzinger (Papa Benedicto XVI). El abuso sexual de este sacerdote no solamente era conocido pero intencionalmente fue mantenido en silencio por el Vaticano por años. De hecho había sacerdotes de los *Legionarios de Cristo* que fueron a Roma para hacer frente al abuso; Degollado negó vehementemente las acusaciones.

Degollado, mejor conocido como el Padre Degollado, nunca fue excomulgado de la iglesia o removido del sacerdocio por sus actos criminales. En el 2006, un juicio canónico para él fue descartado en Roma por su avanzada edad y pobre salud. En cambio, el Papa Benedicto XVI invitó al hombre de 86 años de edad a vivir una vida de "oración y penitencia" ausente del ojo del escrutinio público.

Se ha estimado que miles de personas fueron traumatizadas y continúan siendo traumatizadas por parte de este sacerdote pedófilo notorio. Su mandato como director de los Legionarios de Cristo abarcó casi siete décadas.

Marcial Maciel Degollado murió el 30 de Enero del 2008 en Houston, Texas, E.U. y fue sepultado debajo de la superficie de la tierra en sus vestimentas sacerdotales.

Dos años después de la muerte de Degollado, el Vaticano reconoció su vida inmoral. Su vida fue descrita por una Iglesia Católica el Sábado 1 de Mayo del 2010 como un criminal, y que su "forma de actuar objetivamente inmoral" fue una "vida carente de escrúpulos y un sentimiento religioso autentico".

Desde el principio del tiempo mortal, el pecado se ha

escondido en las sombras amenazantes de la vida. Esta obra de maldad no solo está en toda fe en la tierra, pero dentro de cada rama y nivel de la sociedad moderna. Un encubrimiento, sin embargo, nunca ha resuelto los problemas reales. Al contrario, muchas veces directa o indirectamente las ha alentado. Simplemente le da al ofensor un nuevo comienzo.

Si un maestro abusa sexualmente a un niño en el sistema de escuela pública, el superintendente de la escuela no transfiere a ese maestro a otra escuela. La transferencia inmediatamente pondría a otros niños en peligro. El acto criminal es entonces reportado a las autoridades pertinentes y por lo tanto tratado en el sistema legal.

Predadores sexuales, si están en el sacerdocio o en tu vecindario, muchas veces silencian a sus víctimas mediante el uso de amenazas para hacer que la víctima se siente indigna de voz, culpable y avergonzada como si ellos mismos hubieran hecho algo muy mal.

La jerarquía de la iglesia no era en absoluto ignorante de la actividad dentro de la casa abusiva sexual de sacerdotes y obispos mucho antes de que esta situación sombrosa cayera bajo la luz brillante del escrutinio público. La reputación de la madre iglesia y sus líderes obviamente se le ha dado una prioridad mayor que aquella de la de niños abusados. Si abusando sexualmente a un niño es un crimen, ¿qué constituye un crimen en contra de la humanidad?

Esta conducta inapropiada accionable por parte de los oficiales de la iglesia le ha causado un contragolpe mayor a través del mundo que nunca experimentará un cierre.

Al mirar en los ojos atormentados de victimas jóvenes narra la historia completa de lo máximo dentro de la actividad hipócrita. He escuchado de la Haya. El derecho fue claramente sacrificado por lo que la iglesia vio como conveniencia.

Mientras que las confesiones y resignaciones de los culpables son apreciadas y honorables, debe ser entendido también que las personas sueltan lágrimas reales cuando se encuentran inesperadamente encarcelados por los veredictos culpables de otros. Me paro hoy en las sombras obligado por el

Espíritu de Dios a cuestionar la sinceridad del Vaticano sobre el abuso sexual de estos niños.

En Abril del 2010, el Obispo Roger Vangheluwe, el obispo de mayor tenencia en Bélgica, resignó después de admitir que abusó sexualmente de jóvenes de su propio género.

La policía Bélgica recientemente entró a las propiedades del pontífice y allanaron las oficinas de la iglesia, confiscaron computadoras, se apoderaron de documentos de la iglesia, y detuvieron a un grupo de obispos que se habían reunido para hablar de los 500 casos de abuso sexual involucrando a sacerdotes Católicos. El papa no fue advertido por el desafío inoportuno.

En la Plaza de San Pedro en el Vaticano, el Domingo 27 de Junio del 2010, el Papa Benedicto XVI criticó a las autoridades Belgas llamando a sus acciones hacia la iglesia y sus ministros deplorables.

Cuando estaba en la iglesia Católica, yo nunca cuestioné el juicio del papa. Solo fue algo que me fue enseñado nunca hacer. Ahora lo hago. Me siento obligado hoy a preguntar por el entendimiento personal de la palabra "deplorable" del pontífice.

El Miércoles 5 de Febrero de 2014, las Naciones Unidas criticaron fuertemente al Vaticano por lo que dijo que era una adopción sistemática de políticas permitiendo a los sacerdotes violar y abusar sexualmente a decenas de miles de niños.

Decía que la Santa Sede (Vaticano) había colocado sistemáticamente prevenciones de la reputación de la iglesia y los presuntos delincuentes sobre la protección de las víctimas infantiles. Abusadores sexuales de niños muy conocidos han sido transferidos de parroquia a parroquia o a otros países en un esfuerzo de cubrir esos crímenes.

Debido a un código de silencio impuesto a todos los miembros del clero por el Vaticano bajo la penalidad de excomunión, casos de abuso sexual infantil casi nunca han sido reportados a las autoridades pertinentes.

Este reporte publicado por el Comité de las Naciones Unidas en Ginebra, Suiza, en los "Derechos del Niño" dijo que el

Vaticano debe "inmediatamente remover todos los abusadores sexuales conocidos o sospechosos dentro del clero".

En respuesta, el Vaticano dijo en una declaración publicada en su página web que había puntos en el reporte que eran un "intento de inferir con las enseñanzas de la Iglesia Católica."

Ahora vera actividad en la Curia Romana como los casos de Degollado y Vangheluwe, entre otros, están cerrados. La Ley Canónica será cambiada para proteger niños Católicos de abuso sexual.

A través de los años he conocido muchos sacerdotes y obispos maravillosos en la fe Católica. Estos hombres absolutamente han dedicado y devotado toda su vida a la iglesia madre. Me pregunto, sin embargo, ¿Qué realmente sucede con los sacerdotes depredadores que son permitidos por sus obispos ministrar detrás de las puertas de hierro del Catolicismo?

¿Qué realmente sucede con estos obispos – después de ofrecer a la congregación su bendición – proceder a la sacristía con sus monaguillos? ¿Qué realmente sucede cuando la misa termina y los feligreses van a sus casas? Después que las vestimentas hermosas son colgadas cuidadosamente en el armario, ¿entonces qué?

¿Será que es tiempo que estos pedófilos religiosos satisfagan la necesidad de su apetito sexual? ¿Será que los monaguillos que sentían que eran parte de algo santo y puro ahora sean víctimas de estos predadores inescrupulosos a quienes ellos miran para guía espiritual?

Los obispos que se paran en la oscuridad siendo conscientes de tales atrocidades no pueden rechazar la rendición de cuentas. Estos obispos son tan culpables al ocultar este pecado como lo son los pedófilos que realizan las violaciones a estos niños. Una herida mental o emocional infligida a un niño por el sacerdocio es tan real y tan perjudicial como una herida física. ¿No nos ha dado Dios a todos una conciencia?

Yo estaría interesado en saber lo que confiesan estos sacerdotes en un confesionario a otros sacerdotes. ¿Confesarían que son pedófilos que semanalmente abusan a niños en su lugar de adoración? Si estos sacerdotes ordenados que tomaron el voto perpetuo de castidad confesaron de su perversión sexual, ¿sería que el sacerdote administrando el sacramento vacilaría en su absolución?

¿O dirían que fue otro pecado que necesita ser personado? ¿Habría un temor de excomunión si la situación saldría a la luz? Me pregunto, ¿Qué tipo de penitencia seria recomendado por el sacerdote oficiante por tal transgresión en contra de corazones inocentes?

La vida real detrás puertas cerradas es bastante transparente y de ninguna manera ciega el ojo de Dios que lo ve todo. El Dios monoteísta de Abraham, el cual es santo, nunca permitió que el pecado de Sodoma y Gomorra se desapareciera en las brumas del tiempo. No en los días de Abraham, y no en el 2015 d.C. Hay una gran diferencia entre el Cristianismo Apostólico puro y el Cristianismo religioso **hecho por el hombre**.

Esta actividad en particular dentro de la iglesia madre parece ser un problema constante dondequiera que esté representada en el mundo. Si esos individuos de la Iglesia Católica hicieran caso a la Palabra de Dios, hubieran sabido que sus pecados sin arrepentimiento encontrarían su camino a la luz brillante del día.

"Porque nada hay encubierto, que no haya de descubrirse; ni oculto, que no haya de saberse."

Lucas 12:2

La pregunta de si al ministerio se le debe permitir se casado ha sido hecha repetidamente a través de los años. Vivir una vida de celibato no hace a alguien un predador sexual. Es una vida vacía del poder de Dios y de la presencia de Dios que corteja las insondables profundidades de oscuridad.

Aunque Pedro (¿el primer papa?) era un hombre casado, Pablo, el apóstol a los Gentiles que escribió más de la mitad del Nuevo Testamento, escogió vivir un estilo de vida célibe.

"Y cuando Jesús entro a la casa de Pedro, el vio la madre de su esposa acostada, y con fiebre."

Mateo 8:14

El Apóstol Pablo escribiendo a la iglesia en Corinto:

"Quisiera más bien que todos los hombres fuesen como yo; pero cada uno tiene su propio don de Dios, uno a la verdad de un modo, y otro de otro.

Digo, pues, a los solteros y a las viudas, que bueno les fuera quedarse como yo;

"pero si no tienen don de continencia, cásense, pues mejor es casarse que estarse quemando."

1 Corintios 7:7-9

Aunque las disculpas y la restitución son honorables y apreciadas, tales actos impíos constituyen solo la punta de un gran iceberg histórico. Oro para que el Príncipe de Paz traiga sanidad y consuelo a aquellos que han sido violados y abusados; que las heridas de sus almas atribuladas sean reparadas por el amor constante de Dios.

Capitulo Diecinueve

Dividir y Conquistar

Cuando la Palabra de Dios es comprometida o ignorada, la corrupción del alma es inminente. La historia ha probado a aquellos que contradicen la Palabra de Dios solo se les presenta obstáculos y dificultades y eventualmente destrucción. Satanás tiene un gran deseo de ofrecer una imitación barata a aquellos individuos que están buscando el rostro de Dios. ¿Es de extrañar que Satanás, que provocó el pecado original de orgullo, ofreciera su imitación en el Concilio de Nicea hace muchos años atrás? Cuando Satanás abruptamente se enteró que Dios no compartiría su trono, el desarrolló un odio hacia Dios. Así que Satanás en su intriga aprovechó el Concilio de Nicea, e introdujo confusión al corazón de la iglesia. Ya que Satanás no pudo ser un dios, él intentó una vez mas tomar la soberanía de Dios, por una tergiversación de la autoridad única de Dios.

Las consecuencias de tal maniobra calculada en última instancia, trajo consigo numerosas imitaciones de la Iglesia Universal original de Dios. La división y separación que ha florecido a lo largo de los siglos era el objetivo previsto de Satanás, mientras tomaba un curso enfocado de acción en contra del pueblo de Dios. ¿Cómo podemos estar en los negocios de nuestro Padre celestial, si nosotros como hijos de Dios estamos consumidos con simplemente refutar cualquier otra persona de la fe? La meta de Satanás era de separar y esto se ha logrado.

"Sabiendo Jesús los pensamientos de ellos, les dijo: Todo reino dividido contra sí mismo, es asolado, y toda ciudad o casa dividida contra sí misma, no permanecerá"

Mateo 12:25

El denominacionalismo nunca estaba en la mente de Dios. En estos círculos **hechos por el hombre** (muchas veces mas social) alguno puede abrazar o desviarse de sus tradiciones, doctrinas, teologías, filosofías, o de pronto inclusive su

Cristianismo, pero hasta que uno es nacido del agua y del Espíritu, el no puede desviarse de Dios. Mientras que la sangre real del creador y sustentador de la vida en su forma pura fluye a través de las venas de los redimidos, el ADN contaminado de la iglesia madre fluye a través de las venas del denominacionalismo. Me puedo sentar confortablemente en un templo Budista o en las bancas en las iglesias de varias denominaciones y nunca sentir el aguijón de intimidación. Esto no es porque estoy de acuerdo con sus teologías. Es porque estoy simplemente persuadido por la mía.

Dios llegó a ser encarnado para establecer la Iglesia Apostólica verdadera. Esta iglesia única no era una iglesia protestante como en los días de Martín Lutero, ni tampoco en la iglesia en Roma **hecha por el hombre** en los días de ventas de indulgencias. La iglesia del Señor, la verdadera Iglesia Apostólica, la cual fue establecida en la tierra en el día de Pentecostés, es espiritual y no ofrece aplicación para membrecía. Para unirse con esta iglesia lavada con la sangre, uno debe ser nacido dentro de ella. Es decir del agua, la cual es bautismo y del Espíritu, la cual es el bautismo del Espíritu Santo.

No puedo ayudar a cualquiera en su búsqueda por la verdad si no conozco la verdad por mí mismo. Así mismo, la gente Apostólica no ama a almas que tienen sed de justicia si no están firmes en la Palabra de Dios y le dicen a la gente la verdad absoluta. Si decimos que somos Apostólicos no debe hacer nada acerca de nosotros que no es Apostólica. Gente Pura Apostólica nunca se comprometen.

"Y les decía una parábola: ¿Acaso puede un ciego guiar a otro ciego? ¿No caerán ambos en el hoyo?"

Lucas 6:39

Mientras que Cristianos casuales continúan debilitando el Evangelio, la iglesia del Dios Vivo que se aferra a la doctrina de los Apóstoles, se mueve hacia adelante. Mientras alabemos el Nombre que es sobre todo nombre, oremos diariamente que el Señor una Su pueblo de la misma fe preciosa y nos una, en santa comunión con cuerdas que no pueden ser rotas. Fuegos del Espíritu Santo quemando en los altares antiguos y fuegos del

DIVIDIR Y CONQUISTAR

Espíritu Santo que todavía quema en los altares Apostólicos de hoy. Mientras reconocemos el precio que ha sido pagado, la Iglesia Apostólica se mueve hacia adelante en verdadera hermandad fraternal.

La historia ha revelado los efectos devastadores que un espíritu de compromiso trae sobre una iglesia. En los últimos años, algunas arenas dentro de la Iglesia Apostólica han estado coqueteando con espíritus mundanos de la iglesia. Esos espíritus sin esfuerzo pueden ser comparados con la iglesia de Laodicea que San Juan el Divino escribió en el libro de Apocalipsis.

"Y escribe al ángel de la iglesia de Laodicea: He aquí el Amen, el testigo fiel y verdadero, el principio de la creación de Dios, dice esto: Yo conozco tus obras, que ni eres frio ni caliente. !Ojala fueses frio o caliente! Pero por cuanto eres tibio, y no frio ni caliente, te vomitare de mi boca. Porque tú dices: Yo soy rico, y me he enriquecido, y de ninguna cosa tengo necesidad; y no sabes que tú eres un desventurado, miserable, pobre, ciego y desnudo. Por tanto, yo te aconsejo que de mi compres oro refinado en fuego, para que seas rico, y vestiduras blancas para vestirte, y que no se descubra la vergüenza de tu desnudez; y unge tus ojos con colirio, para que veas. Yo reprendo y castigo a todos los que amo; sé, pues, celoso, y arrepiéntete."

Apocalipsis 3:14-19

Cuando Dios me llenó con el Espíritu Santo y fuego en un altar antiguo de una Iglesia Apostólica fui instruido para ser fiel y que el espíritu de compromiso era del diablo y que la desobediencia era como brujería. Yo creo esto. Yo amo la verdad de la Palabra de Dios, so fiel a la doctrina Bíblica y no, no me comprometeré con este mundo. ¿Mis compañeros? ¿Quieres retractarse de tus compromisos y convicciones anteriores o todavía nos preguntamos por las sendas antiguas, en la cual es el buen camino? "Para entretener un espíritu de iglesia mundana es para buscar un camino de regreso espiritual a Roma." He estado en Roma y no tengo intenciones de regresar.

Si elegimos juntos verbalmente o en las sombras, buscar aquellos que han sido rechazado por Dios, un día nos encontraremos como Sansón, siendo consumido en el seno de nuestro propio enemigo inmortal. Nuestra herencia Apostólica fue agriamente nacida y desde el polvo de la tierra la sangre de los mártires Unicitarios hacen señas a los que se atreven a ser custodios de una especie en peligro de extinción.

Después de que Martín Lutero saliera de la iglesia madre, muchos reformadores siguieron son sus propias filosofías y sus propias teologías. Muchas iglesias y muchas doctrinas nacieron en los días de la Reforma. Todos afirmaban ser los sucesores de la iglesia del primer siglo. Ahora que tengo el Espíritu Santo, es muy claro para mí que si una iglesia, cualquier nombre que tenga, se quiere identificar con la iglesia del primer siglo, también se debe identificar con las enseñanzas de la iglesia del primer siglo.

Como Pedro inicialmente entregó las llaves de salvación en el día de Pentecostés, debemos entender que la Palabra de Dios no cambia y que todavía es arrepentimiento de pecado, bautismo en el nombre del Señor Jesús para la remisión de pecados, y la llenura del Espíritu Santo con la evidencia de hablar en otras lenguas como lo fue en el principio.

En este punto me gustaría compartir brevemente con usted algunas informaciones sobre muchas de las varias denominaciones Cristianas que actualmente existen en todo el mundo.

Menonitas

Simons Menno (1496-1561 d.C.) fue el padre fundador de los Menonitas a principio de los 1500's y en un tiempo, un sacerdote en la Iglesia Católica. Los Menonitas pertenecen a un grupo Protestante conocido por su énfasis en su forma simple de vestirse, vivir y adoración. Su credo es el Sermón del Monte encontrado en el quinto capítulo de Mateo. Los Menonitas creen que la Biblia prohíbe ir a la guerra, hacer juramentos, o desempeñar cargos que requieren el uso de fuerza.

Los primeros Menonita pertenecían a una iglesia organizada en Zúrich, Suiza. Sentían que la Reforma no había reformado demasiado, creyendo que la separación total de la iglesia y el estado era necesaria. Los Menonitas insistían en el bautismo para aquellos que habían sido bautizados en su infancia. Llegaron a ser conocidos como Anabaptistas o "rebautizadores" y fueron perseguidos en muchos países. Los Menonitas Holandeses se movieron al Norte de Alemania y Prusia en los 1600's y a la Ucrania de Rusia en los 1700's. Se movieron a Pensilvania, E.U. En 1683 después que William Penn (un Cuáquero) les ofreció libertad religiosa.

El modo de bautismo viene con revelación así como la Deidad. Ahora que tenemos a Dios en nuestras vidas es evidente que si tomó el Espíritu Santo para inspirar a los hombres de antaño para escuchar y escribir la Palabra de Dios, va tomar el mismo Espíritu Santo para inspirar a hombres leer y entender la Palabra de Dios. Después que uno recibe el Espíritu Santo, el Buen Libro llega a ser la "Palabra Viviente". Durante el segundo siglo, la iglesia en Asia Menor, enfrentando herejía considerable, se negó a reconocer la validez del bautismo hereje. Los conversos a la Iglesia Universal fueron en consecuencia re-bautizados.

Amish

En 1693, Jacob Ammann, un anciano suizo fundó el ala más conservadora de los Menonitas, los Amish. La ruptura fue por desacuerdos en la disciplina de la iglesia. Los Amish son más estrictos en sus enseñanzas que los Menonitas y evitan a miembros excomulgados.

Los Amish enseñan separación del mundo. Los miembros son prohibidos para ir a guerras, hacer juramentos, y ocupar cargos públicos. Su doctrina requiere agricultura y sencillez personal como un estilo de vida.

Su educación está limitada al octavo grado. Personas que se separan del orden antiguo de los Amish, usualmente se unen a los Menonitas que son más liberales. Los Amish llegaron por primera vez a los Estados Unidos alrededor de 1728. Ya no hay un grupo Amish en Europa.

Iglesia Presbiteriana

La Iglesia Presbiteriana es una denominación Protestante y a veces es referida como una "Iglesia Reformada". La Iglesia Presbiteriana mira hacia atrás a John Calvin (el hombre que hizo que el ministro Unicitario, Servet, fuera quemado en Ginebra) como su padre fundador. Por lo tanto, así toma sus enseñanzas del entendimiento de las Escrituras de Calvin.

El culto trinitario del Padre, Hijo, y Espíritu Santo, el mismo en sustancia e igual en poder y gloria, es la piedra angular del Calvinismo. La doctrina de la seguridad eterna es puro Calvinismo. Él reafirmó que Cristo murió solo por los elegidos y que su salvación estaba garantizada. Sintió que sus creyentes necesitan aseguramiento y no solo aliento. Esto condujo a la creencia de "una vez un Cristiano siempre un Cristiano." Calvin también creía que Dios nunca permitiría que uno se apartara y que sean mantenidos en la fe por el poder omnipotente de Dios. Él creyó, que todos los regenerados (convertidos) están permanentemente seguros, creyendo que habían sido predestinados a la gloria eterna y se les asegura el cielo. Convertidos caen en la tentación y cometen pecado, pero no pierden salvación o sufren ninguna separación espiritual de Cristo.

En 2 Crónicas 15:2, leemos de un Dios justo. Esperar que Dios sea fiel mientras jugamos el papel de una prostituta con otros dioses es imaginable e insultante en el mejor de los casos. La salvación es condicional.

En estos últimos días el pueblo del Nombre de Jesús no debe ser engañado por el Cristianismo religioso **hecho por el hombre**. Un día, todos seremos testigos mientras que el "Cordero de Dios" es transformado al "León de la tribu de Judá". En esa hora, será si o será no. Dios es justo y espera que su pueblo sea justo. Él no cambia de siglo a siglo y no será burlado por Su creación.

"Toda la maldad de ellos fue en Gilgal; allí, pues, les tomé aversión; por la perversidad de sus obras los echaré de mi casa; no los amaré mas; todos sus príncipes son desleales."

Hosea 9:15

La Iglesia Anglicana

En 1558, la Iglesia de Inglaterra o la Anglicana se independizó totalmente de la Iglesia Católica bajo el gobierno de la Reina Elisabeth I, conocida como la "Reina Bondadosa Bess." Las enseñanzas Anglicanas están basadas en la Escritura, tradición y razón. La tercera revisión del *Libro de Oración Común* (1559) y los "Treinta y nueve artículos" (1571) son usados para guiar la iglesia en doctrina, disciplina, y adoración.

A través de los Treinta y Nueve Artículos fue afirmado que Dios está sin cuerpo, partes o pasión y así abrazando la doctrina de la "impasibilidad de Dios". Esta doctrina en particular declara que Dios no es capaz de ser actuado sobre o afectado emocionalmente por cualquier cosa en la creación. Decir que Dios es completamente diferente de nosotros es tan absurdo como decir que Él es completamente igual que nosotros, haciendo esta teología incomprensible.

Aquí encontramos una contradicción aguda en referencia a los cambios en la Deidad a lo largo de la historia. El Dios retratado en las Sagradas Escrituras, no existe sin sentimiento, ni sin la capacidad de amar y sentir el dolor del amor despreciado.

En Éxodo 3:7, Dios le dice a Moisés que Él escuchó el gemir de Su pueblo, conocía sus penas, y en el octavo verso dijo que Él iba a librarlos.

"Dijo luego Jehová: Bien he visto la aflicción de mi pueblo que está en Egipto, y he oído su clamor a causa de sus exactores; pues he conocido sus angustias, y he descendido para librarlos de mano de los egipcios"

"Porque no tenemos un sumo sacerdote que no pueda compadecerse de nuestras debilidades, sino uno que fue tentado en todo según nuestra semejanza, pero sin pecado."

Hebreos 4:15

Esta denominación traería la "Versión King James" de la Biblia, la cual es ampliamente usada entre los de habla Inglesa alrededor del mundo. El Rey James I apoyaba la Iglesia Anglicana y patrocinó esta traducción de la Biblia en 1611.

Bautista

Un clérigo de la Iglesia de Inglaterra llamado John Smyth (1570-1612 d.C.) fue el líder Bautista más antiguo. A principios de los 1600's John Smyth fue a los Países Bajos con varios exiliados ingleses que más tarde se convirtieron en los peregrinos de Nueva Inglaterra. Mientras estaba en los Países Bajos, Smyth y otros treinta y seis formaron la Iglesia Bautista.

Sin embargo, un importante crecimiento Bautista no se produjo en Inglaterra hasta la Revolución Puritana. El movimiento Bautista se desarrolló como un ala de Congregacionalismo Inglés durante los 1600's y ellos, al igual que muchos otros grupos Cristianos se opusieron al bautismo de bebes que era tradicional en la Iglesia Católica. Ellos creían que el bautismo debía ser restringido a aquellos que hacen su propia declaración de fe. La palabra *"Baptizein"* significa sumergirse. Bautistas creen que el bautismo debe ser por inmersión, en vez de verter o rociar.

Cuáqueros

Los Cuáqueros es el nombre dado a la Sociedad Religiosa de los Amigos. El Cuaquerismo se desarrolló en Inglaterra en los 1600's bajo el liderazgo de George Fox (1624-1691 d.C.) Fox empezó a predicar en 1647 y atrajo una variedad de buscadores religiosos durante ese periodo de revolución política y social en Inglaterra. Fox tuvo un cambio profundo en su vida religiosa en 1652 cuando dijo que tenía una visión en un lugar llamado Pendle Hill. Posteriormente él basó su fe en la idea que Dios habla directamente a cualquier persona. La experiencia espiritual de Fox lo llevó a presenciar lo que él llamo la "Luz Interior" de Cristo que vive en el corazón de la humanidad.

La palabra Cuáquero fue originalmente concebida como un insulto a George Fox, el cual le dijo a una juez Inglés que Cuaquee (tiemble) en la Palabra del Señor." Este juez a cambio llamó a Fox un "Cuáquero."

Aunque el Cuaquerismo fue fundado en Inglaterra, sufrió severas persecuciones. En 1682, un Cuáquero con el nombre de

William Penn fundó la colonia de Pensilvania en los Estados Unidos para un refugio para los Cuáqueros Ingleses constantemente perseguidos, los cuales deseaban inmigrar al Nuevo Mundo. Los Cuáqueros consideraban toda la vida como sacramental y no observaban sacramentos especiales.

Shakers

Aunque las enseñanzas de los Cuáqueros difieren de la de los Shakers, esta secta también comenzó en Inglaterra en 1772 por Ann Lee (1736-1784 d.C.) Los principios básicos de los Shakers incluyen pureza virginal, amor, paz y justicia. Los Shakers expresaban estos principios a través de la práctica del celibato, fraternidad universal, la no violencia, y el compartir de todas sus propiedades y bienes.

Los Shakers creían que Dios es tanto como hombre como mujer y que Ann Lee, llamada "Madre Ann" era la reencarnación de Jesucristo. Porque los Shakers no creen en matrimonio o tener hijos como los demás, dependen de conversiones y adopciones para mantener su membrecía.

Iglesia Metodista

John Wesley (1703-1791 d.C.) fue el padre fundador de la Iglesia Metodista. John era uno de diecinueve hijos nacidos de Susanna y Samuel Wesley, un ministro de la Iglesia de Inglaterra. Samuel escribió muchos libros, incluyendo la *Historia del Nuevo Testamento Intentado en Verso* (1701) y la masiva *Disertación de Trabajo* (1735).

John Wesley llegó a ser líder del Avivamiento Evangélico y fundador de la Iglesia Metodista en Gran Bretaña y Estados Unidos. Cuando John tenía cinco años de edad, la rectoría se quemó y el fue la última persona rescatada. Después de eso, el pensó de sí mismo "un tizón arrebatado del incendio" por el Señor mismo. Generalmente hablando, Wesley era un teólogo práctico. En una manera muy practica, su teología estaba orientada principalmente a sus propias necesidades y a las necesidades de aquellos dados a su causa.

El hermano de John Wesley, Carlos, empezó el "Club Santo", un pequeño grupo de estudiantes que se reunían en Oxford para un estudio Bíblico y oración. Carlos escribió muchos himnos de la iglesia Metodista antigua los cuales todavía son apreciados hoy en día.

Algunos de estos himnos eran "O por Mil Lenguas," "Jesús Amante de mi Alma," y "Amor Divino, Todos los Amores Sobresalientes." John se unió al grupo y después llegó a ser el líder. Sus esfuerzos eran para liderar una vida Cristiana a través del "método." La Iglesia Metodista Episcopal fue formada cuando John Wesley se separó de la Iglesia de Inglaterra.

Ejército de Salvación

El Holocausto de Adolf Hitler del siglo XX es un evento sin paralelo en la historia anti-Semita. La propaganda Nazi declaró que la raza humana debería ser purificada mediante la destrucción de los Judíos. Más de un millón de niños Judíos fueron enviados a las cámaras de gas en Europa. Fue durante este periodo de tiempo que el Ejército de Salvación fue formado.

William Booth fue el fundador del Ejército de Salvación. Ayudado por su esposa, Catherine, empezó la misión Cristiana como una operación de rescate en el lado Este de Londres. La misión en Inglaterra tomó el nombre de Ejército de Salvación en 1878. Emprendió la guerra contra la pobreza y el pecado. Catherine Booth llegó a ser conocida como la "Madre del Ejército de Salvación."

Uno de los objetivos del Ejército de Salvación es:

"El avance de la religión Cristiana como fue promulgado en las doctrinas religiosas... las cuales son profesadas, creídas y enseñadas por el Ejercito, y de cumplimiento allí, para el avance de la educación, el alivio de la pobreza, y otros objetos de caridad beneficiales para la sociedad o la comunidad de la humanidad en su conjunto."

El Ejército de Salvación cree que sus miembros deberían completamente abstenerse de tomar alcohol, fumar, tomar drogas ilícitas, y juegos de azar.

Esta denominación Cristiana cree que solo hay un Dios, El cual es infinitamente perfecto, el Creador, Preservador, y Gobernador de todas las cosas, y el cual es el único objeto propio de culto religioso. Sin embargo, también creen que hay tres personas en la Deidad: el Padre, el Hijo, y el Espíritu Santo, indivisibles en esencia y co-iguales en poder y gloria.

Iglesia de Cristo

Thomas Campbell (1763-1854 d.C.) fue el padre fundador de la Iglesia de Cristo. Miembros de la Iglesia de Cristo creen que la primera Iglesia de Cristo fue establecida en Pentecostés después de la resurrección y ascensión de Jesucristo. Ellos afirman que la iglesia se extendió por todo el mundo Romano pero disminuyo hasta los 1800's. Luego Thomas Campbell, su hijo Alexander, y sus asociados lo restauraron. Thomas Campbell fue un clérigo Presbiteriano de origen Irlandés que se estableció en Pennsylvania en 1807.

Conversos a la fe fueron llamados "Discípulos de Cristo" mientras otros se llamaban Campbellitas. Alexander Campbell, el hijo de Thomas Campbell, en 1840 fundó el Colegio Bethany en West Virginia, sirviendo como su presidente por veinte años.

En 1832 los "Discípulos de Cristo" unidos con "los Cristianos" para formar la Iglesia Cristiana.

La Iglesia de Cristo acepta el Nuevo Testamento como su única regla de fe y practica. La iglesia considera la totalidad de la Biblia como inspirada por Dios, pero creen que el Antiguo Testamento se encontraba en Vigor solo en épocas anteriores. La Iglesia de Cristo cree y mantiene que el Nuevo Testamento establece la fe, arrepentimiento, confesión, y bautismo como las condiciones de salvación.

Esta iglesia enseña en contra de la música en la iglesia, sin embargo, es de destacar en relación con la música en la iglesia, que San Juan el Divino fue permitido por Dios para presenciar los redimidos (los santificados, lavados por la sangre, los santos) alabarle con instrumentación mientras cantaban un cántico nuevo. En el libro de Apocalipsis uno puede leer de esta visión.

"Y cuando hubo tomado el libro, los cuatro seres vivientes y los veinticuatro ancianos se postraron delante del Cordero; *todos tenían arpas*, y copas de oro llenas de incienso, que son las oraciones de los santos; y cantaban un nuevo cántico, diciendo: Digno eres de tomar el libro y de abrir sus sellos; porque tú fuiste inmolado, y con tu sangre nos has redimido para Dios, de todo linaje y lengua y pueblo y nación;"

Apocalipsis 5:8-9

Iglesia Mormona

El Mormonismo fue establecido aproximadamente al mismo tiempo que la Iglesia de Cristo. El Mormonismo consiste en las doctrinas y prácticas de la Iglesia de Jesucristo de los Santos de los Últimos Días. Los Mormones hoy están divididos en dos grupos principales: la Iglesia de Jesucristo de los Santos del Últimos Días organizada desde Salt Lake City, Utah, E.U., y la Iglesia Reorganizada de Jesucristo de los Santos de los Últimos Días, basada en Independence, Missouri, E.U.

La Iglesia de Jesucristo de los Santos de los Últimos Días fue inicialmente organizada el 6 de Abril, de 1830 en Fayette, Nueva York, E.U. Por Joseph Smith (1805-1844 d.C.)

Smith instituyó la doctrina de la poligamia en Nauvoo en 1843. Poligamia es por supuesto la práctica de un hombre teniendo más de una mujer, como lo es practicado en el Islam. Muchos Mormones en desacuerdo con esta doctrina se separaron. La doctrina finalmente fue eliminada en 1890. Aquellos que se separaron de los Mormones en 1844 crearon un periódico que criticaba a Smith. El papel fue destruido y Joseph Smith fue culpado por ello. Joseph y su hermano Hyrum, fueron encarcelados en Carthage, Illinois en cargos de disturbios y traición. El 27 de Junio de 1844, una turba ataco la cárcel y mataron a Joseph Smith y a su hermano.

El Mormonismo tiene una doble función. La primera es la afirmación de Joseph Smith haber recibido platos de oro en la que Escrituras antiguas habían sido escritas. (Estas tabletas de oro puro serian menos de 200 años de edad. ¿Dónde están hoy?)

Smith afirma haber traducido estas placas y posteriormente las publicó en 1830, como el *Libro de los Mormones*.

La segunda función es la afirmación de Smith de haber tenido un encuentro con el Jesús vivo y posteriormente haber recibido revelaciones continuas de Dios. La substancia de estas revelaciones continuas puede ser encontrada en la publicación Mormona, "La Doctrina y los Pactos." El Mormonismo afirma ser la única iglesia verdadera porque sus líderes continúan recibiendo revelaciones de Dios.

Sobre el tema de la trinidad, John Smith hizo la siguiente declaración, "Siempre he declarado a Dios ser un personaje distinto, Jesucristo un personaje separado y distinto de Dios el Padre, y el Espíritu Santo era un personaje distinto y un Espíritu: y estos tres constituyen tres personajes distintos y tres Dioses." (*Enseñanzas de Joseph Smith*, p. 370).

Adventistas del Séptimo Día

Los Adventistas del Séptimo Día fueron establecidos en la Batalla de Creek, Michigan, E.U. en 1863 por un grupo de personas que descubrieron que las enseñanzas de William Miller (1782-1849 d.C.) un ministro Bautista, eran erróneos.

Los Adventistas originaron a principios de los 1800's, cuando muchas personas en América y Europa se absorbieron en la doctrina de la segunda venida de Cristo; en cuanto el día y la hora de Su regreso.

Las enseñanzas del Sr. William Miller cayeron cortas y a raíz de muchas decepciones, muchos incluyendo Miller abandonaron la iglesia.

Los Adventistas del Séptimo Día, quienes han sido conocidos especialmente por sus ministerios de salud, observan el Sábado, y tienen su sede en Washington, d.C., E.U.

La Iglesia de Cristo Científica

La Asociación de Cristianos Científicos fue fundada por

Mary Baker Eddy en 1876 y tres años después fletearon la Iglesia de Cristo Científica. Esta Primera Iglesia de Cristo Científica de Boston es conocida como la "madre iglesia" y cada iglesia local o rama es gobernada independientemente.

Teológicamente, la Iglesia de Cristo Científica está de acuerdo con algunos inquilinos del Cristianismo Ortodoxo. No hay clero o sacerdocio, ni prédica. Los lectores recitan selecciones de la Biblia. Para ellos, Dios es un Espíritu monista y no hubo encarnación física. Toda cuestión de carne es una ilusión, así como toda enfermedad, pecado y muerte. El cielo y el infierno son estados de pensamiento presente, y no futuras moradas de residencia. Todas las fuentes de autoridad son las escrituras de Mary Baker Eddy, las cuales son consideradas revelaciones Divinas.

Testigos de Jehová

La Iglesia moderna de los Testigos de Jehová comenzó en Pennsylvania en los 1870's por Charles Taze Russell (1852-1916 d.C.) La Biblia del Atalaya y la Sociedad de Tratados, es usada como su cuerpo corporativo. La Biblia del Atalaya y la Sociedad de Tratados fueron incorporadas en 1884 con Russell como presidente. La revista de la sociedad, "El Atalaya", fue publicado por primera vez en 1879.

Los Testigos de Jehová creen que hay un Dios llamado Jehová. Consideran a Jesús solo en segundo lugar después de Jehová, pero no lo consideran Divino. Los miembros consideran Abel, el hijo de Adán, como el primero de los testigos de Jehová y citan el capítulo de la fe de Hebreos. Junto con el capitulo once de Hebreos, citan Hebreos 12:1 como su fuente.

"Por tanto, nosotros también, teniendo en derredor nuestro tan grande nube de testigos, despojémonos de todo peso y del pecado que nos asedia, y corramos con paciencia la carrera que tenemos por delante."

Tienen una red extensa de misioneros en todo el mundo y operan en la mayoría de los países.

En la doctrina de la trinidad, los Testigos de Jehová declaran:

"Nunca ha habido una doctrina avanzada mas engañosa que la de la trinidad. Pudo ser originado en una mente, y esa es la mente de Satanás el Diablo." (Reconciliación, 1928, p. 101).

La Iglesia del Nazareno

La Iglesia del Nazareno es una denominación Protestante. Este grupo sigue las enseñanzas de principios del Metodismo. La sede internacional se encuentra en "El Paseo", en Kansas City, Missouri, E.U., y fue establecida en Pilot Point, Texas, en 1908.

La Iglesia del Nazareno fue el resultado de una fusión de tres grupos de Santidad independientes. La Casa de Publicación Nazareno Central produce muchos libros y revistas religiosas incluyendo el periódico oficial de la iglesia, "El Heraldo de Santidad."

Iglesia Carismática

El movimiento Carismático tuvo lugar dentro de iglesias históricas establecidas a finales de los 1950's y a principios de los 1960's. La palabra Carismática viene de la palabra Griega "charisma" que significa "el don de gracia."

En los Estados Unidos, un avivamiento significante carismático fue observado cuando el ministerio de Dennis Bennett, un rector Episcopal de Van Nuys, California, ganó publicidad nacional.

El movimiento Carismático llamado "Neo-Pentecostal" y a veces referido como el "Renuevo Carismático" se extendió a las Iglesias Luteranas y Presbiterianas en los 1960's, a la Iglesia Católica en 1967, y después a la Iglesia Griega Ortodoxa en 1971.

El movimiento afectó casi toda Iglesia Cristiana produciendo una amplia gama de literatura cuestionando la doctrina y dando a luz cuestiones teológicas, tanto dentro como fuera del movimiento. Muchos Carismáticos mantuvieron la creencia tradicional en la doctrina de la trinidad, después de haber salido de las iglesias tradicionales.

Debido a tales énfasis distintivos como el hablar en lenguas (glosolalia) y la validez contínua de los dones Espirituales (Charismata), los Carismáticos no encuentran lugar en las iglesias históricas. Ellos salieron por su propia voluntad o fueron expulsados, organizando sus propias iglesias. El movimiento Carismático mientras es un poco relacionado histórica y doctrinalmente al Pentecostalismo clásico, se ha extendido a comunidades de iglesias interdenominacionales.

Concilio Mundial de Iglesias

Este concilio no es una denominación en sí misma, sino más bien, una multitud de diferentes denominaciones. En el mismo año que Israel se convirtió en una nación, el 14 de Mayo de 1948, a las 4 de la tarde cuando David Ben-Gurion leyó la Declaración de Independencia de Israel que fue transmitida desde el Museo de Tel Aviv, también hubo un concilio llamado entre las iglesias denominacionales. En 1948, el Concilio Mundial de Iglesias fue fundado en Ámsterdam, Países Bajos. Las iglesias miembros eligieron a seis presidentes y 120 miembros del comité central. Este concilio tiene su sede en Ginebra, Suiza, y tiene alrededor de doscientos noventa iglesias Protestantes, Anglicanas, Católica Antigua y Ortodoxas que integran la organización.

Las iglesias que hacen parte del concilio tienen alrededor de cuatrocientos millones de miembros en más de cien países alrededor del mundo. La Iglesia Católica, aunque no es miembro del concilio, trabaja con la organización en un número de programas.

Las actividades de este concilio, solo para mencionar algunas, incluyen educación, trabajo misionero, ayuda a refugiados, los enfermos y desfavorecidos; junto con la promoción de la paz mundial en un esfuerzo de erradicar la pobreza dentro de la comunidad mundial.

Haríamos bien en tomar nota que las doctrinas de la iglesia pura Apostólica no están derivadas de los mortales que saben cómo, pero son Divinamente instituidas.

De acuerdo a la Enciclopedia Mundial Cristiana (1982) hay un estimado de 1900 denominaciones de la iglesia al principio del siglo veinte. Hoy hay un estimado de 22,000. Denominacionalismo no es Bíblico. En Juan, uno puede leer de una iglesia única y singular.

"También tengo otras ovejas que no son de este redil; aquellas también debo traer, y oirán mi voz; y habrá un rebaño, y un pastor."

Juan 10:16

La Iglesia Universal

La Iglesia Universal es la iglesia gloriosa de Dios que fue confiado a los hombres por el mismo Cristo en el día de Pentecostés. Es la misma iglesia singular hablada en el libro de Efesios que será presentada al Señor.

"... una [singular] iglesia gloriosa, que no tuviste mancha ni arruga ni cosa semejante..."

Efesios 5:27

Pentecostales Apostólicos, sin clamar el denominacionalismo, fueron desde el principio. Somos Apostólicos porque vivimos, creemos, y enseñamos la doctrina Apostólica. Somos Pentecostales porque hemos experimentado el Bautismo del Espíritu Santo, la cual fue la fuerza impulsora detrás de los Apóstoles en los días de la iglesia primitiva. Fue y es el combustible por el cual el poderoso celo Apostólico opera. Desde las primeras horas de la iglesia, personas han recibido el bautismo del Espíritu Santo y hablado en lenguas según el Espíritu les daba que hablasen.

Mientras estudiaba para el sacerdocio, había escuchado de Sacerdotes Católicos recibiendo el don del Espíritu Santo y hablando en otras lenguas. Yo sin embargo, nunca participé en una misa donde el cuerpo y la sangre de Jesucristo estaban siendo ofrecidos mientras el sacerdote hablaba en lenguas.

Al comienzo del siglo, hubo un tremendo derramamiento del Espíritu Santo. El Colegio Bíblico Bethel en Topeka, Kansas,

E.U., fundado por Charles F. Parham, tuvo un derramamiento del Espíritu Santo en 1901 y otra vez en la Misión de la Calle Azusa en Los Angeles, California, en 1906. Derramamientos similares tomaron lugar en Gran Bretaña en Europa, Asia, y América Latina durante los principios de 1900's.

La Misión de la Calle Azusa era una Iglesia Metodista abandonada en el 312 de la Calle Azusa en la sección industrial de Los Ángeles. Las reuniones sucedían diariamente por tres años marcadas por oraciones espontáneas y la predicación de la Palabra de Dios.

Bajo el liderazgo de Charles Fox Parham, un predicador ex-Metodista, la doctrina básica Pentecostal de la "evidencia inicial" fue formulada, después de que una estudiante en su Colegio Bíblico Bethel, Agnes Ozman, experimentara la llenura del Espíritu Santo y hablara en una lengua desconocida, en Enero de 1901. Esto sin embargo, no era una nueva doctrina o una nueva experiencia, pero una que había estado en la Iglesia Universal desde el principio.

Los servicios de la Calle Azusa fueron liderados por William J. Seymour, fundador de la Misión Evangélica de la Fe Apostólica en la Calle Azusa, un predicador de Santidad de Houston, Texas, y un ex-alumno de Charles Parham.

Entre los peregrinos de la Calle Azusa estaban G. B. Cashwell (Carolina del Norte), C. H. Mason (Tennessee), Glen Cook (California), A. G. Argue (Canadá), y W. H. Durham (Illinois).

El derramamiento del Espíritu Santo se extendió rápidamente a Europa y América del Sur. Además, misiones exitosas Pentecostales también se iniciaron en 1910 en China, África y muchas otras naciones en todo el mundo.

El mayor crecimiento de este derramamiento particular vino después de la Segunda Guerra Mundial. Con mayor movilidad y más prosperidad, los que profesan el Espíritu Santo empezaron a moverse a la clase media y perder el estigma de ser miembros desheredados de la clase baja.

Pentecostales Apostólicos puros no trazan su patrimonio al

Colegio Bíblico Bethel en Topeka, Kansas o a la Misión Evangélica de Fe Apostólica en la Calle Azusa en Los Ángeles, California. Aunque su Espíritu Santo era real y Dios llevó a muchos de ellos más adelante a entender el misterio de la Deidad, estos dos eventos eran trabajos trinitarios. El verdadero patrimonio Apostólico encuentra sus inicios en el día de Pentecostés cuando Dios derramó de Su Espíritu y dio a luz a Su iglesia Universal y monoteísta en Jerusalén.

Pedro, que se paró en ese día maravilloso, habló en lenguas como el Espíritu Santo les daba que hablasen. El libro de los Hechos de los Apóstoles registra los hechos ocurridos durante la edad de nacimiento de la Iglesia Universal. Como Pedro les enseñaba, así se enseña en la iglesia de Dios hoy en día. Todavía es el arrepentimiento, bautismo en el Nombre de Jesús, y la llenura del Espíritu Santo con la evidencia de hablar en otras lenguas como el Espíritu da la palabra, así como vivir una vida santa y separada para Dios.

Muchos nombres de la iglesia y muchas organizaciones han salido, pero solo hay una iglesia. Para que una iglesia se declare Apostólica, requiere que esa iglesia reconozca que el mensaje y la misión de los Apóstoles, como lo es mencionado a través de la Escritura, este en el núcleo de las creencias fundamentales de esa iglesia. Debemos entender, sin embargo, que para todo lo que Dios tiene que ofrecer, Satanás tiene una falsificación.

En los 1980's había mucho dinero falso circulando alrededor del país. Un grupo de oficiales bancarios se reunieron para estudiar la situación.

En la presentación, a cientos de oficiales bancarios se le fue dado a cada uno, un billete de veinte dólares para estudiarlo. Después de estudiar y comparar el billete por un largo periodo de tiempo, un oficial bancario preguntó: "¿Cuál es la diferencia entre el billete de veinte dólares que me diste y el de veinte que tenia?"

La respuesta fue esta: "No hay diferencia entre los billetes de veinte dólares."

Una segunda pregunta fue hecha. "¿Pensé que estábamos aquí para estudiar billetes falsos?". La filosofía del instructor fue que si uno estudia lo verdadero por mucho tiempo, automáticamente reconocerá lo falso cuando venga.

Se ha preguntado ¿por qué Satanás no puede aguantar quedarse en la presencia de aquellos que se atreven a levantar sus manos y dar una verdadera adoración al Rey de Reyes y al Señor de Señores? Es porque Satanás era un verdadero adorador del Señor de los Ejércitos.

Satanás no siempre fue el diablo. Ningún ser mortal sabe más de alabanza Divina que el mismo diablo. Él sabe que es levantar sus manos hacia Dios en ofrecer alabanza de las multitudes celestiales. Él sabe cómo era escuchar su propia voz hacer ecos a través de las cámaras del cielo, clamando, "santo, santo, santo, a Dios que es santo."

Como Dios, Satanás conoce los corazones de los hombres. Cuando usted sinceramente alaba al Señor, Satanás se pone nervioso y se recuerda del tiempo cuando él mismo alababa al Señor. Él sabe que no hay redención para él o los ángeles caídos. Él también es recordado que él nunca jamás podrá darle la alabanza al Señor. Por lo tanto, en cualquier situación, si usted quiere deshacerse del tentador eterno, solo levante sus manos en el Nombre de Jesús y darle una alabanza Apostólica verdadera a Dios. La Biblia nos dice que hay que resistirlo y él huirá.

"Someteos, pues, a Dios; resistid al diablo, y huirá de vosotros."

Santiago 4:7

Recientemente, un ministro Apostólico le dijo a su presbítero que él no podía construir una congregación enseñando o predicando estándares Bíblicos. Este ministro particular y su esposa ahora no tienen estándares y en un corto periodo de tiempo su congregación se ha doblado en tamaño. Muchas congregaciones grandes, incluso las megas iglesias, han sido construidas a expensas del Evangelio de Jesucristo.

¿No es el Espíritu Santo que da el crecimiento? Dios nunca, en ningún momento en la historia Apostólica llamó a alguien a construir una congregación. El Señor llama a personas al ministerio para "Predicar Su Palabra."

Si alguien afirma aumento en vez de ponerlo en las manos de Dios, puede ser porque alguien esta personalmente explorando un camino para un estilo de vida lucrativo solo para ser reclamado como una bendición por estar en Su voluntad. No os engañéis, los reyes de esta tierra tienen sus días malos en sus castillos de piedra. Hemos sido confiados con la "Verdad Absoluta". ¿Vamos a sacudir la posibilidad de rendición de cuentas?

¿No fue solo ayer que caminé entre los muertos en un cementerio en el monasterio de Oka pidiéndole a Dios por guía divina?

En un antiguo altar Apostólico cuando no tenia estándares, no solamente me enseñaste estándares Bíblicos pero me enseñaste a amarlos. Dígame, ¿seguimos pidiendo por las sendas antiguas?

Satanás sabe del poder protector de Dios. Además, él sabe que una vez que la persona haya sentido la verdadera presencia de Dios, esa persona nunca será la misma.

Uno no tiene que cometer aquello que es obviamente contrario a la palabra de Dios para perderle a Él. De hecho esta lo falso siendo ofrecido a personas en círculos Apostólicos pero debe ser claramente entendido que el compromiso nunca ha sido aceptable en los ojos del Señor. Si una persona entraría a un cuarto oscuro después de venir de la luminosidad de la luz, todo es bien oscuro. Sin embargo, cuanto más se quede en esa habitación, mas los ojos se ajustan a la oscuridad de ese cuarto. De repente, esa persona empieza a visualizar cosas en el cuarto, un estante en la pared o de pronto una mesa o una silla.

Cuidado, esa persona no ha visto la luz pero se ha acostumbrado a la oscuridad. Así es con personas que constantemente coquetean con el espíritu de este mundo del denominacionalismo. De un momento a otro, usted los escucha decir, "Hemos visto la luz." Aquellos que dicen, "Sal de la esclavitud" son ellos mismos esclavos. Ellos no han visto la luz de la cual testifican, pero al contrario, ellos mismos se han acostumbrado a la oscuridad del mundo religioso. Sin el Señor no hay esperanza. Sin la totalidad del Evangelio Apostólico no hay esperanza. Con Dios, la santidad todavía está de moda. Satanás le gustaría bautizar a la Iglesia Universal del Señor con una ilusión, creyendo una mentira y últimamente siendo cortados de Su presencia.

Dios no necesita de nuestro poder físico para sanar a los enfermos entre nosotros, así como no necesita de nuestro entusiasmo físico para llenar a alguien con Su Espíritu. Cuando un ministro le golpea a alguien en la cabeza y lo declaran sano, aquellos creyentes deberían tomar una mirada seria al espectáculo de este hombre para determinar si los milagros proclamados son realmente legítimos.

El emocionalismo nunca ha sanado a alguien. Toma el poder genuino del Espíritu Santo. Cuando nosotros los ministros imponemos manos en la cabeza de alguien es imperativo que tengamos compasión por lo que está en esa cabeza. Compasión es la esencia no solo por quienes son, sino por lo que somos.

A nadie le gusta un matón, especialmente esas personas que están siendo intimidadas por ellos. Los matones hacen su intimidación porque saben que pueden. Satanás desea ser el matón de la Iglesia Apostólica. Si nosotros como individuos en la iglesia vivimos nuestras vidas por debajo de los estándares y expectaciones de Dios, entonces llegamos a ser vulnerables a la intimidación de Satanás y entonces victimas de nuestras propias inconsistencias y dilaciones. Dios ha sido muy bueno con nosotros para ofrecerle algo menos que lo mejor. Si nos aferramos firmemente a lo que es claramente indicado en la Palabra de Dios y pedimos todos los días por los "caminos Antiguos", Satanás no tendrá espacio para la intimidación.

Mientras Satanás escupe sus balas mortales a las personas vulnerables, seamos asegurados que él perdió la batalla cuando Jesús caminó hacia la colina de Gólgota. Apocalipsis habla de su futuro.

"Vi un ángel que descendía del cielo, con la llave del abismo, y una gran cadena en la mano. Y prendió al dragón, la serpiente antigua, que es el diablo y Satanás, y lo ató por mil años; y lo arrojó al abismo, y lo encerró, y puso su sello sobre él, para que no engañase más a las naciones, hasta que fuese cumplidos mil años; y después de esto debe ser desatado por un poco de tiempo."

Apocalipsis 20:1-3

La Iglesia Apostólica es advertida por el Apóstol Pablo concerniente a doctrinas extrañas que comprometen la Santa Palabra de Dios.

"No os dejéis llevar de doctrinas diversas y extrañas..."

Hebreos 13:9

No hay indicación de que las denominaciones pronto desaparecerán, pero tampoco parece que alguien está dispuesto a justificarlas teológicamente.

Un mapa que no esté completo puede tener sus beneficios, pero un mapa incompleto no nos llevara a casa. Cuando empecé en este camino, puse mi pie en la roca, puse mis velas, y tengo mis ojos sobre la ciudad cuyo arquitecto y constructor es Dios. Toma el Evangelio de Cristo para hacer el cielo nuestro hogar.

Dios no es el autor de confusión ni tampoco comprometerá las doctrinas de la Iglesia Universal. La Biblia dice "salgan" de entre ellos. Cuando era Católico, no era Pentecostal. Ahora que soy Pentecostal, no soy Católico.

La doctrina que los Apóstoles predicaron que fue pasada a ellos por el Mesías es correcta. Todo lo demás que ha surgido a lo largo de los siglos, desde las teologías vanas y las filosofías de hombres mortales, es incorrecta. Si escogemos comprometernos libremente sin penalización social evidente, cuántos de nosotros tiraremos la toalla cuando nos acercamos rápidamente al final del tiempo. Es nuestro llamado.

Capitulo Veinte

Señales de los Tiempos

Los días en que vivimos son tiempos muy emocionantes para aquellos que se han preparado para recibir al Señor en el aire. En este capítulo revisaremos unos pocos eventos que han ocurrido en la historia reciente en relación a la pronta venida del Mesías. Mi oración es que estas páginas te inspiren a desarrollar una conciencia y aprecio por lo avanzado de la hora en que estamos viviendo. Es tiempo de tomar nota del mundo alrededor de nosotros. Que los que estén dispuestos y sin vergüenza del Evangelio de Jesucristo salgan, agitando la bandera gloriosa de la verdad de Dios en victoria para que todos la vean.

Mientras subimos en la gráfica, me gustaría hacer una pausa para hablar del terrible pecado del aborto y la mancha que ha puesto sobre nuestra nación. El aborto ejemplifica el versículo Bíblico encontrado en el libro de Mateo respecto a los últimos días.

"Y por haberse multiplicado la maldad, el amor de muchos se enfriará."

Mateo 24:12

No podría haber una mayor pérdida de amor o insensibilidad de corazón, que para una madre destruya la vida de su hijo por nacer, simplemente porque es conveniente.

El aborto en los Estados Unidos es un tema muy candente involucrando un significativo debate político y ético. En términos médicos, la palabra aborto se refiere a cualquier embarazo que no termina en un nacimiento vivo y por lo tanto puede referirse a un aborto involuntario o un parto prematuro que no dé lugar a un bebe vivo.

Este tipo de eventos son a menudo llamados abortos espontáneos si ocurren antes de veinte semanas de gestación. En lenguaje común, sin embargo, aborto es usado para significar "aborto inducido" de cualquier embrión o feto en cualquier punto en el embarazo.

El reporte oficial del Comité Judicial del Senado de los Estados Unidos, publicó en 1983 después de extensas audiencias sobre la Enmienda de Vida Humana, declaró lo que queda sustancialmente verdadero el día de hoy:

"Por lo tanto, el Comité Judicial señala que no existen barreras significativas legales de cualquier tipo hoy en los Estados Unidos para una mujer obtener un aborto por cualquier razón durante cualquier etapa de su embarazo."

Cuando el tribunal falló en 1973, la tecnología médica de ese entonces sugirió que la viabilidad podría ocurrir tan pronto como veinticuatro semanas. Los avances en las últimas tres décadas, han permitido que los fetos que son un par de semanas menos que veinticuatro semanas de edad, sobrevivan fuera del vientre de la madre.

A partir del año 2006, el bebe más joven en sobrevivir un nacimiento prematuro en los Estados Unidos, fue una niña nacida en el Hospital Bautista de Miami, Florida a los veintiún semanas y seis días de edad gestacional.

En comparación con otros países desarrollados, este procedimiento es más disponible en los Estados Unidos en términos de que tardío el aborto puede llevarse a cabo legalmente.

En Francia, a menos que el feto es severamente deformado o la salud de la madre está en riesgo, cualquier aborto después de las primeras doce semanas es ilegal. Mi país natal de Canadá es más permisivo, permitiendo aborto durante todo el embarazo, mientras Australia impone restricciones más pesadas en este procedimiento. En muchos países el derecho al aborto ha sido legalizado por parlamentos respectivos, mientras en los Estados Unidos el derecho al aborto ha sido considerado parte de un derecho constitucional a la privacidad por la Corte Suprema.

Porque el reporte de abortos no es obligatorio, las estadísticas son de varios grados de confiabilidad. El Centro para el Control de Enfermedades compila periódicamente estas estadísticas.

De acuerdo al Centro para el Control de Enfermedades, hubo más de 854,000 abortos legales en los Estados Unidos en el año 2003. Desde 1973 los abortos estimados en los E.U. Hasta el 2007 han superado los 50,000,000. Un estudio en 1998 reveló que las mujeres reportaron las siguientes razones por escoger el aborto:

25.5% quería posponer la maternidad

21.3% no pueden mantener un bebe

12.2% eran muy jóvenes y sus padres se opusieron al embarazo.

10.8% teniendo un hijo podría interrumpir la educación o una oportunidad de trabajo

7.9% no querían más hijos

3.3% tenían riesgo para la salud fetal

2.8% tenían riesgo para la salud materna

2.1% otras razones.

En 1973, la Corte Suprema de los Estados Unidos decidió que las leyes de los estados que hacia ilegal que una mujer tuviera un aborto dentro de los primeros tres meses de embarazo era inconstitucional.

Fue esta misma corte, en 1963, que obligó a Madalyn Murray O'Hair, una atea, y Ed Schempp el derecho a declarar que la oración pública y la lectura Bíblica en nuestro sistema de educación Estadounidense eran inconstitucionales. Por más de cuarenta años de decadencia moral en nuestros sistemas de educación pública debería ser un indicador obvio que la Corte Suprema tomó la decisión equivocada.

Una encuesta de agenda publica de Julio del 2002 encontró que 44% de hombres y 42% de mujeres pensaban que el "Aborto debería ser generalmente disponible a aquellos que lo deseen."

En Enero del 2006, una encuesta de las noticias CBS exploró

bajo qué circunstancias los Estadounidenses creen que el aborto debería ser permitido, haciendo la pregunta, "¿Cuál es tu sentimiento personal acerca del aborto? Solo el 5% de todos los Estadounidenses encuestados dijeron que nunca debería de suceder.

Varias leyes contra el aborto comenzaron a aparecer en la década de 1820's. En 1821, Connecticut pasó un estatuto dirigido a boticarios (farmacéuticos) que vendían veneno a las mujeres con el propósito de aborto, y Nueva York hizo de abortos post-acelerados un delito grave y ocho años más tarde hicieron de abortos pre-acelerados un delito menor.

El aborto era castigable independientemente de cualquier daño hacia la mujer embarazada y muchas de las primeras leyes castigaban no solo al doctor o a los aborcionistas, pero también castigaban a la mujer que los contrataba. Muchas de las primeras feministas, incluyendo a Susan B. Anthony y Elisabeth Cady Stanton, argumentaban en contra del aborto por una variedad de razones. La primera escribió:

"¿Culpable? Si, sin importar el motivo, amor a la comodidad, o un deseo de salvar del sufrimiento a los inocentes por nacer, la mujer es terriblemente culpable que cometa el hecho. Quemara en su conciencia de por vida. Agobiara su alma en muerte; pero oh! Tres veces culpable es el que, para satisfacción egoísta, sin prestar atención a sus oraciones, indiferente a su destino, la lleva a la desesperación lo que la impulsa al crimen."

El movimiento de criminalización se aceleró durante los 1860's, y para los 1900's el aborto era ampliamente ilegal en cada estado de la unión.

Algunos grupos activistas, sin embargo, desarrollaron sus propias habilidades para proveer abortos a mujeres que no podían obtener un aborto en otro lugar. Por ejemplo, en Chicago, un grupo conocido como "Jane" operaba una clínica de aborto flotante durante gran parte de los 1960's. Mujeres buscando el procedimiento llamarían un número designado y se les daban instrucciones en cómo encontrar a "Jane."

En 1973 Doe V. Bolton, expandió el derecho al aborto en los

Estados Unidos hasta el momento de nacimiento si el doctor "en su mejor juicio clínico, a la luz de la edad del paciente, y las circunstancias físicas, emocionales, psicológicas, y familiares, lo encuentra necesario para su salud física o mental." (Roe vs. Wade)

En 1960 un ex-director de Planned Parenthood dijo:

"El aborto ya no es un procedimiento peligroso. Esto aplica no solo a los abortos terapéuticos como se realizan tanto en hospitales, como a los llamados abortos ilegales realizados por médicos. En 1957 hubo solamente 260 muertes en los Estados Unidos atribuidos a los abortos de cualquier tipo. Cualquier problema que surge, por lo general surge por abortos auto-inducidos, que comprenden aproximadamente ocho por ciento."

Organizaciones e individuos opuestos al aborto típicamente presentan una de dos argumentos generales en contra de la disponibilidad general del aborto. Algunos argumentan que por la complejidad y dificultad involucrada en determinar exactamente cuando la vida comienza, la ley debe de errar en el lado de proteger el feto sobre los derechos de privacidad de la madre. Otras organizaciones e individuos opuestas al aborto argumentan que el feto es un ser vivo distinto, por lo que es una persona y tiene derecho a la protección bajo la ley estadounidense.

Mientras estudiaba cerca de Notre-Dame du Cap en la provincia de Quebec, Canadá, entre otros teníamos una voz fuerte en contra del aborto. El aborto es opuesto dentro de las esferas de la Iglesia Católica.

La posición del pueblo Apostólico, así como ha sido desde el derramamiento del Espíritu Santo en la fiesta de los primeros frutos (Pentecostés) es simple. No matamos a nuestros bebes. Los amamos.

"La justicia engrandece a la nación; mas el pecado es afrenta a las naciones."

Proverbios 14:34

Dios tuvo un plan para mi vida y tiene un plan Divino para la tuya que existió desde que fuimos concebidos en el vientre de nuestra madre. La edad de un embrión o feto nunca debería ser usada como un factor para aquellas personas buscando tomar la vida humana.

"Así dice Jehová, tu Redentor, que te formó desde el vientre: Yo Jehová, que lo hago todo, que extiendo solo los cielos, que extiendo la tierra por mí mismo."

Isaías 44:24

Me pregunto qué tan verbal la Corte Suprema de nuestra gran nación será en el juicio, cuando Jesús revierta las cortinas del tiempo y les revele las 50,000,000 pequeñas cruces blancas. Que tan verbal serán nuestros jueces cuando el Juez Justo les pida que expliquen la inscripción en la moneda estado, "¿en Dios Confiamos?"

La cuenta regresiva de la venida del Señor es inminente y muy cerca. Es imperativo que nosotros los Pentecostales Apostólicos volvamos a las sendas antiguas en el que está el buen camino y caminemos en ellas. Dios quiere bendecir y ungir cada líder, cada superintendente de distrito, cada misionero, cada presbítero, todos los miembros del ministerio quíntuple, y cada santo de Dios en su rebaño Apostólico.

"Y sus casas serán traspasadas a otros, sus heredades y también sus mujeres; porque extenderé mi mano sobre los moradores de la tierra, dice Jehová. Porque desde el más chico de ellos hasta el más grande, cada uno sigue la avaricia; y desde el profeta hasta el sacerdote, todos son engañadores. Y curan la herida de mi pueblo con liviandad, diciendo, Paz, paz; y no hay paz. ¿Se han avergonzado de haber hecho abominación? Ciertamente no se han avergonzado, ni aun saben tener vergüenza; por tanto, caerán entre los que caigan; cuando los castigue caerán, dice Jehová. Así dijo Jehová: Paraos en los caminos, y mirad, y preguntad por las sendas antiguas, cual sea el buen camino, y andad por él, y hallareis descanso para vuestra alma. Mas dijeron: No andaremos. [Esa fue la respuesta del pueblo Hebreo. No debe ser nuestra respuesta. No deberíamos estar entreteniendo personas, pero deberíamos entretener el Espíritu Santo.] Puse también sobre vosotros atalayas, que dijesen: Escuchad al sonido de la trompeta. [A los redimidos, hoy, una trompeta está siendo tocada en el Monte de Sion.] Y dijeron ellos: No escucharemos. Por tanto, oíd, naciones y entended, oh congregación, lo que sucederá. Oye, tierra: He aquí yo traigo mal sobre este pueblo, el fruto de sus pensamientos; porque no escucharon mis palabras, y aborrecieron mi ley."

Jeremías 6:12-19

Es tiempo de reconstruir los altares en nuestras iglesias que han sido destrozadas por los afanes de la vida presente, y clamar fuertemente al Señor mientras juntos sacudimos las puertas mismas del infierno. La sangre de los mártires Unicitarios en las edades oscuras del tiempo no deben ser olvidadas. **Es nuestra herencia**. Mientras caminamos hacia el Armagedón, seremos testigos de signos en todas las esquinas de la vida narrando la iglesia de Cristo que la bestia de Apocalipsis se acerca rápidamente, siempre que no esté ya aquí.

En el tiempo de la tribulación nadie será testigo de una fiesta. Jesús dijo que mientras los redimidos de la tierra están disfrutando de la presencia que el cielo ofrece, un terror mayor vendrá sobre la tierra que nunca ha sido presenciado por la humanidad.

"E inmediatamente después de la tribulación de aquellos días, el sol se oscurecerá, y la luna no dará su resplandor, y las estrellas caerán del cielo, y las potencias de los cielos serán conmovidas. Entonces aparecerá la señal del Hijo del Hombre en el cielo; y entonces lamentaran todas las tribus de la tierra, y verán al Hijo del Hombre viniendo sobre las nubes del cielo, con poder y gran gloria. Y enviará sus ángeles con gran voz de trompeta, y juntaran a sus escogidos, de los cuatro vientos, desde un extremo del cielo hasta el otro."

Mateo 24:29-31

La Iglesia Apostólica se mueve como lo ha hecho desde su nacimiento en Jerusalén. El escenario está siendo preparado para el anticristo mientras muchos se encuentran dormidos en Sion.

"Y cuando oigáis de guerras y de sediciones, no os alarméis; porque es necesario que estas cosas acontezcan primero; pero el fin no será inmediatamente. Entonces les dijo: Se levantara nación contra nación, y reino contra reino; y habrá grandes terremotos, y en diferentes lugares hambres y pestilencias; y habrá terror y grandes señales del cielo."

Lucas 21:9-11

El 26 de Diciembre del 2004, los titulares de los periódicos en todo el mundo reportaron el tsunami más mortífero en la historia. Sus olas clamaron las vidas de 230,000 personas en doce naciones del Océano Indico.

Mientras que los seres queridos se apresuraban a comprender la profundidad y devastaciones de sus pérdidas, hubo una avalancha mundial de simpatía, con gobiernos, individuos, y corporaciones prometiendo más de trece mil millones de dólares en ayuda.

El Espíritu Santo le recuerda al pueblo de Dios de la vulnerable falibilidad de la carne humana mientras se para en la puerta de Su venida. Él no tardara.

Desafortunadamente, muchas personas no están muy bien informadas acerca del peligro de la ira de Dios, que un día vendrá sobre este mundo malvado y rebelde. Debido a que las personas se niegan a hacerlo bien con Dios, tristemente ellos corren el riesgo de quedarse atrás y serán catapultados a los siete años de tribulación que vienen.

La profecía de los últimos días concerniente a la marca de la bestia establece que habrá una marca mundial del anticristo.

"Si alguno tiene oído, oiga. Si alguno lleva en cautividad, va en cautividad; si alguno mata a espada, a espada debe ser muerto. Aquí está la paciencia y la fe de los santos. Después vi otra bestia que subía de la tierra; y tenía dos cuernos semejantes a los de un cordero, pero hablaba como dragón. Y ejerce toda la autoridad de la primera bestia en presencia de ella, y hace que la tierra y los moradores de ella adoren a la primera bestia, cuya herida mortal fue sanada. También hace grandes señales, de tal manera que aun hace descender fuego del cielo a la tierra delante de los hombres. Y engaña a los moradores de la tierra con las señales que se le ha permitido hacer en presencia de la bestia, mandando a los moradores de la tierra que le hagan imagen a la bestia que tiene la herida de espada, y vivió. Y se le permitió infundir aliento a la imagen de la bestia, para que la imagen hablase e hiciese matar a todo el que no la adorase. Y hacía que a todos, pequeños y grandes, ricos y pobres, libres y esclavos, se les pusiese una marca en la mano derecha, o en la frente; y que ninguno pudiese comprar ni vender, sino el que tuviese la marca o el nombre de la bestia, o el número de su nombre. Aquí hay sabiduría. El que tiene entendimiento, cuente el número de la bestia, pues es número de hombre. Y su número es seiscientos sesenta y seis."

Apocalipsis 13:9-18

"Y el tercer ángel los siguió, diciendo a gran voz: Si alguno adora a la bestia y a su imagen, y recibe la marca en su frente o en su mano, él también beberá del vino de la ira de Dios, que ha sido vaciado puro en el cáliz de su ira; y será atormentado con fuego y azufre delante de los santos ángeles y del Cordero."

Apocalipsis 14:9-10

De acuerdo a la Escritura, viene un día cuando todas las personas que no son salvas del planeta tierra serán engañadas para recibir una marca en sus cuerpos, ya sea en la mano derecha o en la frente. Esta marca representa el anticristo mismo. Un día, todo el mundo de los no creyentes será unificado con la marca de la bestia que en realidad sellaran su destino con la destrucción eterna.

Parece que una oleada de personas, jóvenes y ancianos, hombres y mujeres por igual, están tatuándose sus cuerpos. ¿Está la humanidad subconscientemente siendo preparada por los poderes de la oscuridad, para recibir la marca de la bestia?

La primera forma en que sabemos que las personas pronto estarán recibiendo la marca de la bestia, es porque la tecnología para hacerlo ya está aquí. Por primera vez en la historia de la humanidad, la habilidad para monitorear y controlar cada persona en la tierra está disponible. Esta tecnología ahora es posible a través del posicionamiento por satélite. Los Estados Unidos han lanzado sesenta y seis satélites de baja órbita que no solamente recoge señales de ciertos tipos de microchips, pero lo ha hecho con el personal militar en Irak.

Gracias a la tecnología moderna tenemos ahora lo que es llamado "internet en las nubes". Este es un sistema de 840 satélites de baja altitud en veintiún órbitas con cuarenta satélites en cada órbita, que crea una manta electrónica virtual alrededor del planeta tierra. Uno puede comunicar y monitorear personas en cualquier lugar desde la cima de los Himalayas hasta el fondo del Mar Muerto.

Alguna de las bases de datos más grandes en la tierra está aquí en los Estados Unidos. Veinticuatro horas al día, ellos recogen y guardan información de nosotros; desde transacciones de tarjetas de crédito, suscripciones de revistas, números telefónicos, registros de bienes raíces, y registros automovilísticos solo para nombrar unos pocos.

Debido a esta tecnología, pueden proporcionar un perfil completo de cada uno de nosotros, hasta si somos dueños de un perro o gato, si acampamos o disfrutamos de una cena gourmet, cual es nuestra ocupación, que carro manejamos, y hasta nuestros lugares favoritos de vacaciones.

En Bélgica, satélites, bases de datos y dispositivos de identificación personal, son usados para monitorear estudiantes. Cada estudiante es obligado a llevar una tarjeta con chip. Todo lo que sus profesores necesitan saber si un estudiante llega tarde o está ausente es entrar al sistema e inmediatamente pueden saber donde esta el niño desaparecido.

Mucho de esto se ha producido desde los ataques terroristas en los Estados Unidos en la ciudad de Nueva York. Me pregunto si el pueblo de la Iglesia Apostólica ha pasado por alto algo acerca del 11/9.

Ahora, usted puede conseguir su propio implante biométrico. Un implante biométrico es un chip pequeño que es implantado justo por debajo de la piel. Su beneficio es que no puede perderse o ser robado.

Esto no es un tipo de fantasía de ciencia ficción que podría tomar lugar siglos desde ahora. Ya está aquí. ¿Cuándo esto se supone que sucederá?

"Y muchos de los que duermen en el polvo de la tierra serán

despertados, unos para vida eterna, y otros para vergüenza y confusión perpetua. Los entendidos resplandecerán como el resplandor del firmamento; y los que enseñan la justicia a la multitud, como las estrellas a perpetua eternidad. Pero tú, Daniel, cierra las palabras y sella el libro hasta el tiempo del fin. Muchos correrán de aquí para allá, y la ciencia se aumentará."

Daniel 12:2-4

Hablando de ciencia, un nuevo dispositivo de implante llamado el Ángel Digital tiene la habilidad de no solo identificar la ubicación de una persona, pero incluso puede monitorear los signos vitales como la frecuencia cardíaca o la presión arterial. Este dispositivo fue aprobado por la FDA (Administración de Drogas y Alimentos) en 2002.

Me parece que alguien es muy serio acerca de implementar dispositivos.

La segunda manera en que sabemos que personas pronto recibirán la "marca de la bestia" es porque la justificación ya está aquí. Si Satanás va a convencer a las personas que necesitan recibir el sello de la bestia, él debe convencer a las personas que será algo bueno.

La primera forma en que la gente está siendo preparada para una invasión de control de microchip es que prometen hacer nuestras vidas consentidas. ¿No es esto lo que el mundo está tratando de alcanzar, una vida consentida?

Usted puede tener la ropa de bebe o zapatos tenis implantados con dispositivos de rastreo. Usted puede tener chaquetas implantadas para usar que le permitan encender su CD favorito, recibir los mensajes telefónicos, o inclusivo decirle al horno que empiece a cocinar su comida. Esto parece imposible. ¿Lo es? Cincuenta años atrás para pensar que alguien caminaría con un teléfono inalámbrico en su oído se hubiera considerado absurdo.

La segunda forma en que la gente está siendo preparada para una invasión de control de microchip es que promete hacer nuestras vidas más productivas.

Usted puede tener pequeños implantes en todos los artículos fabricados para crear una cadena inteligente de suministro autoadministrada que rastrea los productos desde la fábrica, a la casa, y si, todo el camino hasta el centro de reciclaje.

La tercera forma en que la gente está siendo preparada para una invasión de control de microchip es que se nos promete que nuestras vidas serán mejor protegidas.

Usted puede tener un implante para monitorear prisioneros en libertad condicional y ahorrar dinero para los gastos de prisión. Uno puede tener un implante para ponerse dispositivos nucleares, máquinas, o presas para dar aviso amplio de peligro inminente. O puede tener implantes para localizar ganado desaparecido. Quien no quisiera que su propiedad o ser amado fuera protegido en todo tiempo en una sociedad tan ocupada. ¿No sería de sentido común de tener un implante de microchip?

Otra forma en que sabemos que el mundo está listo para recibir "la marca de la bestia" es porque su voluntad ya está aquí. Si Satanás va a engañar personas para recibir la marca, el tiene que tener personas listas para probarla.

La cuarta forma en que la gente está siendo preparada para recibir el microchip es que ya lo insertaron a sus mascotas. Insertando microchips en sus mascotas no solamente es común, pero ahora se está volviendo obligatorio.

Israel recientemente ha llegado a ser la primera nación que requiere que todas sus mascotas le sean dadas un implante.

La quinta forma en que la gente está siendo preparada para recibir el implante de microchip es que ya lo están implantando en personas. Estos incluyen dignatarios especiales (para su protección) y el seguimiento de los soldados en el ejército.

El Senador Joseph Biden le dijo al juez John Roberts durante su audición justo antes de convertirse en Presidente del Tribunal Supremo de los Estados Unidos:

"Y nos enfrentaremos con decisiones igualmente consecuentes en el siglo XXI. ¿Se puede implantar una etiqueta microscópica en el cuerpo de una persona para rastrear cada uno de sus movimientos? De hecho, hay discusión al respecto. Usted juzgara sobre eso, recuerde mis palabras, antes de que su mandato termine."

El Sr. Joseph Biden es ahora el Vicepresidente de los Estados Unidos.

El rapto de la iglesia es inminente. Las profecías concernientes a los últimos días se han cumplido a la medida que el rapto pudiera ocurrir en cualquier momento. La iglesia será llamada por el mismo Mesías antes de la gran tribulación. Aquellos que se conviertan al Cristianismo después del rapto serán los mártires del periodo de la tribulación.

La Iglesia Apostólica que existió antes del periodo de siete años no tiene ningún papel vital durante la tribulación, y por lo tanto será removida. San Juan el Divino habla sobre el Señor solicitando que la iglesia lavada con la sangre para subir más alto.

"Después de esto miré, y he aquí una puerta abierta en el cielo; y la primera voz que oí, como de trompeta, hablando conmigo, dijo: Sube acá, y yo te mostraré las cosas que sucederán después de estas. Y al instante yo estaba en el Espíritu; y he aquí, un trono establecido en el cielo, y en el trono, uno sentado."

Apocalipsis 4:1-2

El escenario está listo para la gran tribulación, la cual no involucrará la Iglesia Apostólica del Nombre de Jesús. En este tiempo crucial, dejemos que la iglesia sea tanto advertida como dirigida por el Espíritu Santo de Dios.

"Entonces verán [la iglesia] al Hijo del Hombre, que vendrá en una nube con poder y gloria. Cuando estas cosas comiencen a suceder, erguíos y levantad vuestra cabeza, porque vuestra redención esta cerca."

Lucas 21:27-28

Teólogos y pensadores religiosos han tratado por años predecir el día de la venida del Señor. Gente religiosa predice; gente Apostólica leen sus Biblias.

"Velad, pues, porque no sabéis el día ni la hora en que el Hijo del Hombre ha de venir."

Mateo 25:13

Ya hemos hablado de William Miller quien predijo que Jesucristo vendría por su iglesia entre el 21 de Marzo de 1843 y el 21 de Marzo de 1844. Cuando esto no sucedió, él entonces reviso su predicción al 22 de Octubre de 1844 diciendo que había calculado erróneamente la Escritura, pero otra vez Cristo no apareció. Muchos han tratado de precisar la segunda venida de Cristo. Estas predicciones sobre los años han fracasado igualmente en materializarse.

1. 1975- William Branham profetizó que el rapto tomaría lugar en Noviembre de 1975.

2. 1981- Chuck Smith dogmáticamente predijo que Jesús muy probablemente regresaría para 1981.

3. 1988- la Publicación de *88 Razones por las cuales el Rapto tomará lugar en 1988*, por Edgar C. Whisenant.

4. 1989- la Publicación del *Grito Final: reporte del Rapto* 1989, por Edgar C. Whisenant. Más predicciones por este autor aparecieron en 1992 y 1995.

5. 1992- Grupo Horeano "Misión por los Días Venideros" predijo que el 28 de Octubre de 1992 como el día del rapto.

6. 1993- Muchos sentían que la venida del Señor tomaría lugar en el nacimiento del nuevo milenio. El rapto tendría que ser en 1993 para dar espacio a los siete años de la tribulación antes del regreso de Cristo en el 2000.

7. 1994- Pastor John Hinkle de la Iglesia de Cristo Los Ángeles predijo el 9 de Junio de 1994. El evangelista radial Harold Camping predijo el 27 de Septiembre de 1994.

8. 1997- Stan Johnson del Club de Profecía predijo el 12 de Septiembre de 1997.

9. 1998- Marilyn Agee, en el *Fin de la Edad*, predijo el 31 de Mayo de 1998.

10. 2011- La predicción revisada de Harold Camping predijo que el 21 de Mayo del 2011 como la fecha del rapto.

La Iglesia Pentecostal enseña y predica que la venida del Señor por Su iglesia no es tan importante como estar listo para encontrarlo a Él. Si una persona conociera el día exacto, ¿qué bueno le seria para él si su alma estaría yendo a la dirección apuesta? Cuando alguien dice: "Me estoy alistando para encontrarme con el Señor," simplemente significa que esa persona no está lista para encontrase con el Señor. Debemos de estar listos, parados en la puerta.

"Y oí como la voz de una gran multitud, como el estruendo de muchas aguas, y como la voz de grandes truenos, que decía: !!Aleluya, porque el Señor nuestro Dios Todopoderoso reina! Gocémonos y alegrémonos y démosle gloria; porque han llegado las bodas del Cordero, y su esposa se ha preparado."

Apocalipsis 19:6-7

La dilación Apostólica es un pecado en este sentido. Nosotros, los que le conocemos en el poder del Espíritu Santo, permitimos poner cosas delante de Él. El Señor quiere enseñar a su pueblo que las cosas más importantes en la vida no son cosas. No debemos nunca olvidar la advertencia grabada para la posteridad por Martín Niemoeller, el ministro Luterano que vivió en la Alemania de Hitler. Sus palabras hacen eco hacia nosotros a través de sucesivas generaciones.

"En Alemania vinieron primero por los Comunistas, y yo no dije nada porque no era un Comunista. Después vinieron por los Judíos, y no dije nada porque no era Judío. Después vinieron por los sindicalistas, y no dije nada porque no era sindicalista. Después vinieron por los Católicos, y no dije nada porque era un Protestante. Después vinieron por mí, y para ese entonces no quedaba nadie para hablar."

El pueblo Apostólico debe permanecer unido en la comunión de justicia. Ya sea que nosotros los Apostólicos seamos conscientes de lo que está pasando en el mundo en el que vivimos o no, hay una cosa que podemos estar seguros, la hora de medianoche esta sobre la iglesia.

"No temas, porque yo estoy contigo; del oriente traeré tu generación, y del occidente te recogeré. Diré al norte: Da acá; y al sur: No detengas; trae de lejos mis hijos, y mis hijas de los confines de la tierra."

Isaías 43:5-6

Desde la destrucción del templo Judío en Jerusalén en 70 d.C., el pueblo Judío ha sido esparcido por todo el mundo. Sin embargo, solamente en el último siglo, millones de Judíos han regresado a Israel, cumpliendo esta profecía.

Los Judíos llegaron por primera vez del Este a principios de los 1900's y se asentaron en Israel. Desde el Oeste a mediados de los 1900's, cientos de miles de Judíos de los Estados Unidos comenzaron a moverse a Israel. Desde el Norte durante los 1980's Rusia permitió que cientos de miles de Judíos regresaran a Israel. Desde la Etiopía comunista del Sur no podían mantenerlos.

En el año 1991, 14,500 Judíos Etíopes fueron transportados por aire a Israel. Más y más Judíos regresan a su patria, desde todo el mundo.

Esto sucedió al igual como la Biblia lo dice. ¿Cuándo? En los últimos días.

La segunda profecía concerniente al pueblo Judío es que Israel se convertiría en una nación de nuevo.

"Acontecerá en aquel tiempo que la raíz de Isaí, la cual estará puesta por pendón a los pueblos, será buscada por las gentes; y su habitación será gloriosa. Asimismo acontecerá en aquel tiempo, que Jehová alzara otra vez su mano para recobrar el remanente de su pueblo que aun quede en Asiria, Egipto, Patros, Etiopía, Elam, Sinar y Hamat, y en las costas del mar. Y levantara pendón a las naciones, y juntara los desterrados de Israel, y reunirá los esparcidos de Judá de los cuatro confines de la tierra."

Isaías 11:10-12

Desde 721 d.C. aproximadamente 14 diferentes pueblos han poseído la tierra de Israel. Sin embargo, como dice la Biblia, la nación de Israel renacería. Un día gobernaran su propia independencia.

Después de esperar durante siglos, las personas que estaban dispersas por todo el mundo, no solamente regresaron a su tierra, pero también se convirtieron en una nación. El 14 de Mayo de 1948 de la nada y en contra de todas las probabilidades, Israel renació. En 1967 el pueblo Judío recapturó la ciudad de Jerusalén.

Justo como la Biblia dijo. ¿Cuándo? En los últimos días.

Una tercera profecía de los tiempos finales concerniente al pueblo Judío, es que Israel habría de nacer en un día.

"¿Quien oyó cosa semejante? ¿Quien vio tal cosa? ¿Concebirá la tierra en un día? ¿Nacerá una nación de una vez? Pues cuanto Sion estuvo de parto, dio a luz sus hijos."

Isaías 66:8

Al rededor de 926 a.C., el pueblo Judío llegó a ser una nación dividida. Las diez tribus del Norte fueron llamadas Israel, y las dos tribus del Sur fueron llamadas Judá. Pero cuando los Judíos recuperaron la independencia en 1948, por primera vez en 2900 años, Israel se unió otra vez en una sola nación.

Otra vez justo como la Biblia dijo. ¿Cuándo? En los últimos días.

La cuarta profecía de los tiempos finales concerniente al pueblo Judío, es que la moneda de Israel sería un siclo.

"Y el siclo será de veinte geras. Veinte siclos, veinticinco siclos, quince siclos, os serán una mina."

Ezequiel 45:12

La Biblia predijo que en los sacrificios futuros del templo, el pueblo de Israel estaría pagando sus impuestos en siclos. El problema es que la moneda actual de Israel no era el siclo. Sin embargo, en Junio de 1980, el siclo fue traído de vuelta a la existencia como la moneda oficial de Israel y está siendo usado en Israel mientras escribo.

El nuevo siclo de Israel es la moneda de Israel. El 26 de Mayo de 2008 en Banco Internacional anunció que resolverá de instrucciones en el nuevo siclo de moneda de Israel, así haciendo esta moneda plenamente convertible.

También, justo como la Biblia dijo. ¿Cuándo? En los últimos días.

La quinta profecía concerniente al pueblo Judío es que Israel florecería como una rosa en el desierto.

"Se alegraran el desierto y la soledad; el yermo se gozara y florecerá como la rosa. Florecerá profusamente, y también se alegrara y cantara con júbilo; la gloria del Líbano le será dada, la hermosura del Carmelo y de Sarón. Ellos verán la gloria de Jehová, la hermosura del Dios nuestro."

Isaías 35:1-2

Cuando Mark Twain visitó Israel en los 1860's, él reportó que Israel era un lugar estéril sin árboles. Casi 2000 años de conquistadores extranjeros habían abusado de la tierra, dejándola como desierto baldío.

Cuando los Judíos comenzaron a regresar, construyeron una red de sistema de riego y desviaron el agua del Mar de Galilea y canalizada a través de las secciones del desierto. Israel, el desierto previo, es ahora el granero del Oriente Medio y exporta frutas y plantas ornamentales por todo el mundo.

Justo como la Biblia dijo. ¿Cuándo? En los últimos días.

La sexta profecía del fin de los tiempos concerniente al pueblo Judío es que Israel tendría un ejército poderoso.

"En aquel día pondré a los capitanes de Judá como brasero de fuego entre leña, y como antorcha ardiendo entre gavillas; y consumirán a diestra y a siniestra a todos los pueblos alrededor; y Jerusalén será otra vez habitada en su lugar, en Jerusalén."

Zacarías 12:6

Superados en número y en contra de todos los pronósticos, las fuerzas Israelíes han asombrado al mundo por sus victorias en seis guerras.

Pocas horas después de la declaración de independencia de Israel en 1948, Egipto, Siria, Jordania, Iraq y el Líbano invadieron Israel. La población combinada de esos países sobrepasaba mucho más la de Israel. Cuando la guerra terminó, el pueblo Judío no solamente ganó la guerra, pero expandió su territorio en un cincuenta por ciento. Hoy Israel es una de las fuerzas militares más poderosas del mundo, con capacidad nuclear completa.

Si, justo como la Biblia dijo. ¿Cuándo? En los últimos días.

La séptima profecía del fin del tiempo concerniente al pueblo Judío es que Israel seria un centro de conflicto a todo el mundo.

"He aquí yo pongo a Jerusalén por copa que hará temblar a todos los pueblos de alrededor contra Judá, en el sitio contra Jerusalén. Y en aquel día yo pondré a Jerusalén por piedra pesada a todos los pueblos; todos los que se la cargaren serán despedazados, bien que todas las naciones de la tierra se juntaran contra ella."

Zacarías 12:2-3

Desde 1948, la pelea por el control de Israel no ha cesado en el Medio Oriente. La ubicación de Israel en el corazón de las reservas mundiales de petróleo hace que sea una gran importancia estratégica para todos los países del mundo. Además, tres de las sedes religiosas más grandes del mundo están en Jerusalén. Israel ha llegado a ser un problema internacional.

Justo como la Biblia lo dijo. ¿Cuándo? En los últimos días.

Otra profecía del fin de los tiempos concerniente al pueblo Judío es que Israel reconstruiría el templo en Jerusalén.

"Entonces me fue dada una caña semejante a una vara de medir, y se me dijo: Levántate, y mide el templo de Dios, y el altar, y a los que adoran en él. Pero el patio que esta fuera del templo déjalo aparte, y no lo midas, porque ha sido entregado a los gentiles; y ellos hollaran la ciudad santa cuarenta y dos meses."

Apocalipsis 11:1-2

El Libro de Apocalipsis claramente revela que el templo Judío estará en existencia durante el tiempo de la tribulación. Hay lucha hoy entre los Judíos y los Musulmanes concerniente a la Cúpula de la Roca donde muchos creen que estaba el antiguo templo y donde será construido el nuevo templo. Lucha o no, el poder del hombre no parará a Dios. La Biblia es clara: en el tiempo del fin, el templo será construido.

"Y por otra semana confirmara el pacto con muchos; a la mitad de la semana hará cesar el sacrificio y la ofrenda. Después con la muchedumbre, hasta que venga la consumación, y lo que está determinado se derrame sobre el desolador."

Daniel 9:27

El pueblo Judío no está buscando cien años para reconstruir el templo. Los dibujos arquitectónicos ya están listos hoy. Un grupo en Israel llamado Temple Mount Faithful ya están entrenando a sacerdotes para servir en el nuevo templo. La mayor parte de la vestimenta sacerdotal ha sido reconstruida con las vasijas requeridas para la adoración.

El proyecto esta tan cercano en Jerusalén que el Menorah de Oro ha sido reconstruido con el precio de dos millones de dólares y ha sido reubicado otra vez en el área del templo. Incluso más recientemente, la corona de oro del sumo sacerdote Judío ha sido completada y está esperando para ser colocado en la cabeza correcta en el tiempo correcto para empezar los servicios en el templo. Casi todo está listo para el nuevo templo con la excepción de una vaca alazana (roja). Las cenizas de una vaca alazana pura se necesitan para la limpieza.

"Jehová hablo a Moisés y a Aarón, diciendo: Esta es la ordenanza de la ley que Jehová ha prescrito, diciendo: Di a los hijos de Israel que te traigan una vaca alazana, perfecta, en la cual no haya falta, sobre la cual no se haya puesto yugo; y la daréis a Eleazar el sacerdote, y él la sacará fuera del campamento, y la hará degollar en su presencia. Y Eleazar el sacerdote tomará de la sangre con su dedo, y rociará hacia la parte delantera del tabernáculo de reunión con la sangre de ella siete veces."

Números 19:1-4

La vaca alazana pura se requiere para llevar a cabo la purificación necesaria o limpieza ritual que son parte del servicio del templo. Dado que los Romanos destruyeron el templo en Jerusalén en 70 d.C. las vacas rojas se han extinguido.

¿Qué tiene que ver una vaca roja con todo esto? En los círculos Hebreos aprendemos que el destino del mundo entero depende del sacrificio de la vaca roja. Las cenizas de la vaca roja rectifica el defecto más básico de la humanidad: desesperanza.

La purificación con la vaca roja nos recuerda que el hombre tiene el potencial de sobresalir encima de existencia física transitoria.

"Y para el inmundo tomaran de la ceniza de la vaca quemada de la expiación, y echaran sobre ella agua corriente en un recipiente."

Números 19:17

Fui criado en una granja en el este de Canadá. Las vacas hoy en día traen a veces cuatrocientos o quinientos dólares. El 31 de Julio del 2008 una vaca roja fue vendida en Litchfield, Connecticut por $1,000,000.00. Cuando la vaca de cuatro años desfiló al frente de 800 espectadores al final de la pista en la Granja Arethusa, las ofertas empezaron a los $200,000.00.

La razón por el alto precio son sus genes, su potencial de cría y su raro color rojo. Su pedigrí, su estructura física, y el hecho que es roja la hicieron muy comercial. Me pregunto si un miembro de la fe Hebrea lo compró.

La ingeniería genética y clonación son ahora aplicaciones prácticas de la ciencia. ¿Podría ser que la estructura genética de esta vaca roja ya han sido mapeadas?

Capitulo Veintiuno

Regreso de Entre los Muertos

El Sanedrín debe estar en su lugar antes de la construcción del templo en Jerusalén. Casi mil seiscientos años (1,600) de inexistencia, el Sanedrín ha renacido.

Las siguientes son citas recientes de periódicos Judíos.

1. "El evento más importante en la era Mesiánica será la reconstrucción del Santo templo. Es el hecho de construir el Templo que establecerá la identidad del Mesías sin ninguna sombra de duda. El Mesías será un rey sobre Israel, y un rey solo puede ser coronado por el Sanedrín. La razón que vendrá a Jerusalén primero es para ser reconocido por el Sanedrín."

2. EL Gran Rabino Berel Lazar cree que la tierra pronto vera la venida del Mesías para juzgar a toda la humanidad. "Sabemos que está muy cercano. El Mesías puede que ya haya nacido. El mundo hoy está en un estado descrito por nuestros sabios como "hevley mashiah", eso es, el trabajo que precede la venida de un Mesías. Estamos viviendo al borde de la historia. Puede sentirse en todas partes."

3. El Rabbi Yitzchak Kaduri llamó a los Judíos en todo el mundo a regresar a Israel debido a los desastres naturales, los cuales amenazan a atacar el mundo. "En el futuro, el Santo, Bendito sea Él, traerá grandes desastres en los países del mundo para endulzar los juicios de la tierra de Israel. Estoy ordenando la publicación de esta declaración como una advertencia, para que así los Judíos en los países del mundo se den cuenta del peligro inminente y vengan a la tierra de Israel para la construcción del Templo y la revelación de nuestro justo Mashiach [Mesías]. El Mashiach ya está en Israel."

Dentro del Judaísmo, el Sanedrín es visto como la última institución la cual lideraba autoridad universal entre el pueblo Judío en la cadena larga de tradiciones desde Moisés hasta el presente día. No ha habido una autoridad reconocida universal dentro de la ley Judía desde la disolución en 358 d.C. Esta disolución del Sanedrín monoteísta fue una respuesta directa del Emperador Romano a la decisión del Emperador Constantino en relación a la trinidad del concilio de Nicea en 325 d.C., solo treinta y tres años atrás.

Durante la presidencia de Gamaliel IV (270-290 d.C.), en nombre de Sanedrín fue eliminado. Entonces como una reacción a la postura anti-Judía del Emperador Julián (331-363 d.C.), Theodosius I (346-395 d.C.) prohibió el Sanedrín de reunir y declarar una ordenación ilegal. La ley Romana prescribió la pena capital por cualquier rabino que recibía ordenación y una destrucción completa de la ciudad donde la ordenación sucedió.

El Emperador Julián era sobrino del Emperador Constantino y nació en Constantinopla. El Emperador Constantino el Grande supervisó el Primer Concilio de Nicea que hizo la doctrina de la trinidad dogma en la iglesia. El Emperador Julián, sin embargo, rechazó el Cristianismo en su totalidad y llegó a ser conocido como "El Apostata" (el infiel), ya que trató de detener la adoración a Jesucristo en el Imperio Romano.

Gamaliel VI (400-425 d.C.) fue el presidente del último Sanedrín. Con la muerte de este patriarca Judío el cual fue ejecutado por Teodosio II por erigir nuevas sinagogas contrarias al decreto imperial, el titulo Nasi, (los últimos restos del Sanedrín antiguo) llegó a ser ilegal para ser usado después de 425 d.C.

Maimónides y otros comentaristas medievales sugirieron que, aunque la línea de semicha (ordenación Bíblica) de Moisés se había roto en el 425 d.C., si los sabios de la tierra de Israel están de acuerdo sobre un candidato único de ser digno de semicha, ese individuo tendría semicha. Él entonces podría concederlo a otros, y así permitiendo el restablecimiento del Sanedrín.

Maimónides fue uno de los más grandes eruditos de las Edades Medias y es sin duda uno de los eruditos mas aceptados entre el pueblo Judío desde el cierre del Talmud en 500 d.C. Para que el tercer y último templo sea construido, el Sanedrín debe estar activo.

En Octubre del 2004 (Tishrei 5765) un grupo de rabbis representando varias comunidades en Israel, llevaron a cabo una ceremonia en Tiberias, donde el Sanedrín original fue disuelto. Ellos reclaman que este acto restablece el cuerpo de acuerdo a la propuesta de Maimónides y las resoluciones legales Judías del Rabbi Yosef Karo. El Sanedrín ha sido restablecido en la nación de Israel. Gente Apostólica del todo el mundo necesitan saber que tan cierto que el Sanedrín ha sido restablecido en Israel, el ministerio quíntuple estará activo en su totalidad antes de la Lluvia Tardía y el rapto de la iglesia.

Maimónides registra que es un requisito absoluto y vinculante del pueblo Judío el establecer un Sanedrín y los tribunales de justicia. Ante la desaparición de la semicha clásica (ordenación Bíblica), él propuso tentativamente una solución racionalista para lograr el objetivo de restablecer la corte mayor en la tradición Judía y reinvirtiéndola con la misma autoridad que tuvo en años anteriores.

Desde el restablecimiento del nuevo Sanedrín Judío varias cosas han ocurrido en Israel:

1. El nuevo Sanedrín formó un comité para recoger opiniones en cuanto a la ubicación del templo en el Monte del Templo.

2. Una visita al Monte del Templo, que fue agregada por Herodes, culminó en una declaración que el "pueblo Judío deberían de comenzar a recoger suministros para la reconstrucción del templo."

3. Vínculos con varios eruditos académicos e instituciones han sido anunciados.

4. Se opusieron al desfile "Gay Pride" en Jerusalén en Septiembre del 2006, declarando participación en las operaciones de seguridad para el desfile un acto criminal. (El desfile fue cancelado)

5. Ellos tocaron el shofar en Rosh Hashanah en Septiembre del 2006, el cual cayó en un Shabat. Esto fue esencialmente un reclamo a los derechos y autoridad de un verdadero Sanedrín.

6. En Octubre del 2007, varios miembros del nuevo Sanedrín ascendieron al Monte del Templo haciendo oraciones sobre el

monte, con el aparente apoyo del gobierno Israelí.

Desde el nacimiento de la iglesia Cristiana, los Cristianos parecían encontrar consuelo en el hecho de que Israel era su aliado. Ese sentimiento de seguridad recientemente ha sido sacudido. Los Estados Unidos le ha dado su espalda a Dios. Nuestros altares han sido derrumbados por los afanes de esta vida. Nosotros como una nación, hemos levantado otros altares a dioses que no pueden ni oír ni responder una oración. Sobre estos altares nosotros como Estadounidenses hemos ofrecido moralidad y los cuerpos de los no nacidos.

Dios está detrás del Sanedrín. Ni el gobierno de Israel ni los hijos de Ismael tienen el poder de detener el avance del Espíritu de Dios. George W. Bush, el cual fue presidente de los Estados Unidos en ese entonces, hizo una declaración que el pueblo Judío estaban ocupando territorio Palestino. Es respuesta, el recién elegido Sanedrín le dio al presidente Bush, el gobernador del Oeste un ultimátum en su visita a Jerusalén en Enero del 2008.

Este ultimátum fue presentado al Presidente Bush por alguno de los rabinos más respetados en Israel. La "Voluta Bush" declara inequívocamente la firme postura de la nación Judía. Dice así:

En el Nombre del Señor, Dios Eterno

Al Honorable Sr. George W. Bush

Presidente de los Estados Unidos,

El cual viene buscando la presencia del Dios Altísimo, a la ciudad de Jerusalén, ciudad de Dios, Divinamente escogida para ser el sitio del Santo Templo, eterna capital de nuestra tierra, "el gozo de toda la tierra (Salmos 43:3)," que sea reconstruida y establecida rápidamente y en nuestros días, Amen!

Estimado Sr. George W. Bush, el príncipe soberano de Mechech y Tubal (Ezequiel 38:1). líder del Oeste!

A su llegada a Jerusalén usted tiene la habilidad de hacer una declaración, así como Ciro, Rey de Persia – cuya memoria es honrada – el cual en el año 538 A.E.C. Regresó las naciones exiliadas a sus tierras y reconoció el pleno derecho del pueblo Judío a restablecer su Santo Templo, la "casa de oración para todas las naciones" (Isaías 56:7), y llamados regresar a su tierra, y en la forma del Señor James Balfour de Inglaterra, el cual en 1917, llamó a los Judíos a restablecer una patria nacional en la tierra de Israel.

Y así si usted verdaderamente desea paz y benevolencia, y usted será contado en la compañía de los verdaderos justos, nosotros llamamos ante ti para declarar a todo el mundo:

La Tierra de Israel fue legada a la nación de Israel por el Creador del mundo. Tampoco podría yo, como un hijo de mi fe, ni los Musulmanes de acuerdo a su fe, podríamos quitar incluso el menor grano del don Eterno, la cual Él dio a Su pueblo Israel, el pueblo eterno. Por lo tanto hago un llamamiento a todas las naciones a salvarse a sí mismas de la destrucción certera, a volver y reconocer que esta tierra es la exclusiva herencia legitima del pueblo de Israel, como está escrito en el Tora de Israel, el cual constituye el fundamento de nuestra fe, así como la del Islam; y es la base para las decisiones de la comunidad de las naciones. Aquel que niega esta verdad pone en peligro a toda la vida en la tierra.

Dedicaré toda mi fuerza y recursos hacia el asentamiento del pueblo Judío a lo largo de toda su tierra. Alentaré y empoderaré grandemente a los Judíos de todo el mundo a subir a la Tierra de Israel y que lo colonicen, para establecer el santuario de Dios en Jerusalén, para distanciar ajenos a ella y por lo tanto, creo que voy a estar haciendo una contribución importante hacia la paz mundial.

No puedo apoyar simultáneamente el establecimiento de un estado extranjero para una nación alienígena en la Tierra de Israel, y no prestaré mi mano para este mal.

O – Dios no lo quiera – usted puede elegir la segunda opción – a ayudar voluntariamente en la destrucción, con el pretexto de la paz:

Usted seguramente sabe que es lo que el Dios de Israel hizo a Egipto y Asiria y a todos los enemigos de Israel desde el tiempo inmemorial: ¿Te imaginas si vas a ser capaz de salvarte a ti mismo si usted viene a implementar un plan que tiene la intención de robar la tierra del "pueblo que sobrevivió la espada" (Jeremías 31:1), y cortar aquellos que sobrevivieron el Holocausto, para robar la tierra que se le fue dado a ellos por el Creador?

Todos los tratados de paz e iniciativas las cuales se han basado sobre las decisiones del gobierno de Israel, de hecho todo el proceso de Oslo, y la Separación, 'y el establecimiento de un estado terrorista dentro de la Tierra de Israel conocido como Palestina' – por desgracia, todos estos tratados son el resultado de la falta de fe suficiente en las promesas Divinas que el Señor le hizo a nuestros patriarcas de nuestra nación, y todo lo que está escrito en el Tora de Israel. Entienda esto bien: las naciones del mundo no pueden excusar sus acciones y sus decisiones a causa de la debilidad de Israel y su gobierno. Dios ordenó que el papel de las naciones del mundo es para fortalecer la nación de Israel. Esto beneficiara a toda la humanidad y traerá la paz mundial, como los profetas han predicho.

¿Se imagina si puede escapar de las luchas en Irán, Pakistán, Arabia Saudita, Siria, Egipto y Líbano, al ofrecer sacrificios de los Judíos que son masacrados diariamente por sus enemigos que hablan de paz pero viven por la espada?

A su llegada a nuestra tierra nos anticiparíamos que traerías a Jonathan Pollard a casa contigo. Tráelo a casa a Israel. Él es un emisario del Estado de Israel, y el actuó en nombre de nuestro pueblo. Autorice su liberación inmediata mientras todavía estés en Jerusalén, antes que regreses a los Estados Unidos. Esto será un paso positivo que construirá confianza.

Recuerde a nuestro padre Abraham, el cual persiguió a cuatro de los reyes más grandes del mundo con el fin de redimir a su sobrino del cautiverio. No podemos olvidar las obras de nuestros patriarcas, cuyo ejemplo nos guía a través de todas las generaciones.

Nosotros somos los representantes fieles del pueblo de Israel, el Nuevo Congreso Judío, y su tribunal de justicia, el Sanedrín, así como el Templo y los movimientos del Monte del Templo, pero simplemente reiteramos aquí lo que es conocimiento público.

Ningún gobierno en Israel y ningún representante del pueblo Judío tiene el poder o derecho de alterar, por el grado más mínimo, nuestro pacto con Dios y las palabras de nuestro santo Tora, las cuales son eternas, según lo expresado por los profetas de Israel e incluso por el profeta malvado Balaán: 'Y viendo a Amale, tomo su parábola y dijo: Amale, cabeza de naciones; Mas al fin perecerá para siempre.' (Números 24:20). Así, cualquier deseo, plan o acuerdo que desafíe la eterna soberanía y la posesión activa de la nación de Israel sobre toda su tierra es completamente inútil, y no tiene su base en la realidad.

Por lo tanto, le corresponde declarar: "Yo, George Bush, Comandante en Jefe de los Ejércitos de los Estados Unidos, daré instrucciones a todas mis tropas para proteger los derechos Divinos de la nación de Israel, u eliminar de ella cualquier amenaza."

Ante usted hay una elección: Usted puede merecer la vida eterna, o ser inscrito por desgracia eterna. Su destino y el de todos aquellos con usted cuelgan en la balanza del destino de nuestra tierra.

"escoge, pues, la vida" (Deut. 30:19).

En Súplica Sincera – En nombre del pueblo Judío.

Rabbi A Even Yisrael Steinzaltz

El Sanedrín

Dr. Gadi Eshel

El Nuevo Congreso Judío

Rabino Chaim Richman

El Santo Templo y los Movimientos del Santo Templo

Si Dios le da Su espalda a los Estados Unidos, esta gran nación no tendría el mañana que tanto disfrutamos hoy.

Rabino Steinzaltz el líder del Sanedrín Hebreo, ha sido llamado "un erudito único del milenio." El Dr. Eshel lidera el Nuevo Congreso Judío, y el Rabino Richman representa el Instituto del Templo y los movimientos del Monte del Templo.

El Rollo estaba dirigido al estimado Sr. George W. Bush, el

Jefe Principal de Mesec y Tubal, (Ezequiel 38:1).

"Vino a mí palabra de Jehová, diciendo: Hijo de hombre, pon tu rostro contra Gog en tierra de Magog, príncipe soberano de Mesec y Tubal, y profetiza contra él, y di: Así ha dicho Jehová el Señor: He aquí, yo estoy contra ti, oh Gog, príncipe soberano de Mesec y Tubal."

Ezequiel 38:1-3

Con la inclusión de una referencia a Ezequiel en el saludo, los autores estaban identificando el Presidente Bush como el llamado Gog en ese verso. Parece que el Sanedrín pretendía que fuera visto como una carta de Dios a Su adversario.

Si fue así, le ofreció al Presidente Bush una opción clara. Al llamarlo a él como el príncipe soberano de Mesec y Tubal, ellos decían que el Sr. Bush estaba cumpliendo su función. Él tenía dos opciones:

1. Rechazar el papel de Dios y tomar una posición en contra de los enemigos de Israel. Ser contado entre los verdaderos justos, a la par con Ciro de Persia, el cual autorizó el primer re-encuentro de Israel, y Lord Balfour de Inglaterra, cuya declaración Balfour pavimentó el camino para el segundo, al defender los derechos de Israel a la tierra que Dios les dio.

2. O continuar aceptando el papel de Gog y voluntariamente ayudar en la destrucción de Israel. Bajo el pretexto de la paz, te convertirás en el enemigo de Dios.

El Presidente George W. Bush, el cuadragésimo tercer presidente de nuestra nación, salió de la oficina oval sin haber firmado la "Voluta Bush" presentada por el Sanedrín.

Nunca ha habido un tiempo cuando los eruditos Hebreos de tal distinción han hecho esto tan pública y obviamente.

El Sanedrín es descrito como una "Casa de Eruditos". Este cuerpo representa los "derechos y obligaciones" de la constitución del Tora.

Muchos hombres y mujeres apostólicos erróneamente niegan la posibilidad de que Dios pueda hablar a través de cualquier persona fuera de la iglesia. Ellos olvidan que la existencia misma de la nación de Israel es el cumplimiento de la profecía y que por la ausencia de la intervención clara y directa de Dios en los asuntos del estado moderno, no existiría. La nación de Israel está siguiendo un camino que claramente está establecido por los profetas de la antigüedad. Nosotros en la iglesia haríamos bien en escuchar lo que estos rabinos están diciendo acerca de que nuestra nación está en ese camino.

"Dijo Jesús a sus discípulos: Imposible es que no vengan tropiezos; mas!! Hay de aquel por quien vienen!"

Lucas 17:1

Mientras nosotros los Pentecostales reconstruimos los altares en nuestras iglesias y en nuestras casas, tenemos que empezar a poner las piezas juntas.

El pueblo Hebreo tiene sus ojos en el Monte del Templo. El Sanedrín ha nacido y el pueblo Judío creen que su Mesías esta cerca. Vestiduras sacerdotales y la corona para el sumo sacerdote han terminado y una vaca roja acaba de venderse en los Estados Unidos por $1,000,000.00

¿Cuándo todo esto se supone que sucede? La Biblia dice en los últimos días.

Gente llena con el Espíritu Santo no están buscando por un Mesías pero están anticipando celosamente la segunda venida del Mesías resucitado.

"Sabiendo primero esto, que en los postreros días vendrán burladores, andando según sus propias concupiscencias, y diciendo: ¿Dónde está la promesa de su advenimiento? Porque desde el día en que los padres durmieron, todas las cosas permanecen aso como desde el principio de la creación."

II Pedro 3:3-4

Apostólicos deben ser advertidos que algunos de los burladores que son mencionados por Pedro ocuparan púlpitos Apostólicos, no en palabra pero en espíritu. La humanidad de Dios quedó suspendido entre el hombre mortal y la divinidad. Toda la humanidad vio como el pecado aplastó lo Divino. El Cordero de Dios se convertirá un día en el León de la tribu de

Judá, encendiendo un fuego en el seno de Su novia que nunca se apagara, mientras nos acercamos a la lluvia tardía.

El Apóstol Pablo enseñó a la iglesia del Nuevo Testamento a no permitir que el cisma viniera al cuerpo de creyentes Apostólicos. Él hablo de tener un espíritu de unidad en vez de división. Todo el pueblo Apostólico debe sentirse confortable bajo un mismo techo alabando al Señor de los Ejércitos, así como estarán confortables alrededor del trono, viendo las manos cicatrizadas por los clavos del creador y sustentador de la vida.

¿Qué efecto quedarían en nuestros servicios si hombres se encuentran así mismos postrados ante el Señor en un espíritu de quebrantamiento humilde? ¿Será que el mundo alrededor de nosotros se agite y una vez más lo vuelvan al revés si la verdadera Iglesia Apostólica quite sus ojos de las doctrinas de hombres y demonios y empiecen a gemir grandemente a Dios por la unidad Apostólica? Si el pueblo de Dios está dispuesto a humillarse y orar fervientemente, y buscar Su rostro desesperadamente; no hay fuerza en la tierra, que pueda cortar los lazos Divinos que nos una en la unidad Apostólica santa.

CAPITULO VEINTIDOS

Parece Lluvia

En su gráfica hemos alcanzado el periodo de la Lluvia Tardía. La Lluvia Tardía es el gran derramamiento de Dios en el tiempo del fin de Su Espíritu. Comprende la restitución de la **Iglesia Apostólica** al lugar que le corresponde. El gran avivamiento de los últimos días se para en la puerta haciendo señas para una cosecha de almas antes de ese gran y terrible día del Señor. Es el derramamiento del Espíritu Santo sobre toda carne prometido a nosotros en los últimos días y la restauración de los dones proféticos. Nuestro llamamiento no significa nada si no es actuado en amor. Verdaderos Cristianos se aman el uno al otro. Los verdaderos Hijos de Dios son aquellos guiados por el Espíritu Santo. Las señales y prodigios siguen. Nosotros fomentamos los dones del Espíritu y nos esforzamos en dar fruto.

"No os acordéis de las cosas pasadas, ni traigáis a memoria las cosas antiguas. He aquí que yo hago cosa nueva; pronto saldrá a luz; no la conoceréis? Otra vez abriré camino en el desierto, y ríos en la soledad. Las fieras del campo me honraran, los chacales y los pollos del avestruz; porque daré aguas en el desierto, ríos en la soledad, para que beba mi pueblo, mi escogido."

Isaías 43:18-20

Al igual que en la Edad Oscura, los cazadores de herejes son ferozmente anti-Pentecostales. Nosotros tenemos poder que ellos no pueden ni siquiera desear a menos que venga de la verdadera fuente y es aceptado por fe en amor. Los cazadores de herejes necesitan tomar un poco de sabiduría de Gamaliel el Fariseo:

"Respondiendo Pedro y los apóstoles, dijeron: Es necesario obedecer a Dios antes que a los hombres. [sin cederle el paso al Cristianismo religioso **hecho por el hombre**, pero dándole paso a la Salvación Apostólica pura] El Dios de nuestros padres levantó a Jesús, a quien vosotros matasteis colgándole en un madero. A éste, Dios ha exaltado con su diestra por Príncipe y Salvador, para dar a Israel arrepentimiento y perdón de pecados. Y nosotros somos testigos suyos de estas cosas, y también el Espíritu Santo, el cual ha dado Dios a los que le obedecen. Ellos, oyendo esto, se enfurecían y querían matarlos. Entonces levantándose en el concilio un fariseo llamado Gamaliel, doctor de la ley, venerado de todo el pueblo, mandó que sacasen fuera por un momento a los apóstoles, y luego dijo: Varones israelitas, mirad por vosotros lo que vais a hacer respecto a estos hombres. Porque antes de estos días se levantó Teudas, diciendo que era alguien. A éste se unió un número como de cuatrocientos hombres; pero él fue muerto, y todos los que le obedecían fueron dispersados y reducidos a nada. Después de éste, se levantó Judas el galileo, en los días del censo, y llevó en pos de sí a mucho pueblo. Pereció también él, y todos los que le obedecían fueron dispersados. Y ahora os digo: Apartaos de estos hombres, y dejadlos; porque si este consejo o esta obra es de los hombres, se desvanecerá; mas si es de Dios, no la podréis destruir; no seáis tal vez hallados luchando contra Dios."

Hechos 5:29-39

Apostólicos, estamos entre el remanente de Dios que pueden poner todo bajo nuestro control. Nuestra fidelidad a la verdadera fe Apostólica en todo aspecto no solo es nuestro propósito en el reino de Dios. Es la expectativa del Señor.

Antes del derramamiento de la Lluvia Tardía veo un avivamiento Apostólico mundial que comenzará con la humillación del ministerio quíntuple dedicado de Dios. Hay millones de personas sinceras alrededor del mundo que están poniendo sus rostros al suelo en la veneración a dioses que no pueden oír ni responder oración. Me recuerdo diariamente como mi viaje en esta vida presente se despliega delante de mí que yo estaba absolutamente y sin duda salvo por la gracia de Dios. Cuando el Señor me llenó con su Espíritu Santo en ese altar antiguo habían muchos hombres orando por mí con sus rostros en el suelo. ¿Cómo se vería afectado el cielo, si nuestros ministros una vez más ponen sus rostros al suelo en veneración al Único, Verdadero y Dios Vivo? No en culto ritualista, sino a través de la sumisión al Dios todopoderoso en ofrenda espontánea a Él.

"Por la fe Moisés, hecho ya grande, rehusó llamarse hijo de la hija de Faraón, escogiendo antes ser maltratado con el pueblo de Dios, que gozar de los deleites temporales del pecado."

Hebreos 11:24-25

El derramamiento de la Lluvia Tardía será dado al remanente que ha sido llamado fuera de Babilonia hacia la unidad de la Unicidad de Dios.

No hay mucho que puede hacer pero orar por personas que piensan que usted es un hereje. A veces esa atracción de amor echara fuera demonios mejor que enfrentarlos. Las religiones y el denominacionalismo ambas necesitan ser conscientes. Es un asunto serio para oponerse activamente al mover genuino del Espíritu Santo.

"Y cuando hubo tomado el libro, los cuatro seres vivientes y los veinticuatro ancianos se postraron delante del Cordero; todos tenían arpas, y copas de oro llenas de incienso, que son las oraciones de los santos; y cantaban un nuevo cántico, diciendo: Digno eres de tomar el libro y de abrir sus sellos; porque tú fuiste inmolado, y con tu sangre nos has redimido para Dios, de todo linaje y lengua y pueblo y nación; y nos has hecho para nuestro Dios reyes y sacerdotes, y reinaremos sobre la tierra."

Apocalipsis 5:8-10

Las oraciones de los santos junto con el poder de la intercesión se unirán a aquellos escogidos para dar a luz al ejército del Señor de los Ejércitos. La Religión Cristiana **hecha por el hombre** retrocederá a su lugar original permitiendo la iglesia pura Apostólica venir fuera. En el fin, Dios revelará a Satanás ya que nunca ha sido visto a través del tiempo mortal. El enemigo tiene un reino espiritual y él es el gobernante de ese reino. En los ojos del Cristianismo, del Judaísmo y el Islam, Satanás será visto como una deidad muy real y muy venerada en la tierra.

Hay una guerra espiritual que está ocurriendo en la Iglesia Apostólica hoy y es entre la gente carnal y los hijos de Dios. La gente carnal nos recuerda de la forma que los Fariseos atacaron a Jesús en Su primera aparición; parecemos unos tontos a ellos, fuera de lugar y no de acuerdo a su forma tradicional de hacer las cosas. Necesitan ser advertidos que sus posiciones exaltadas serán amenazadas en la Lluvia Tardía.

No debemos estar involucrados en la murmuración, y el odio de Cristianos casuales. La guerra civil que sucede ahora involucra a aquellos que pelean con sangre y carne pero tenemos el poder de derribar fortalezas espirituales con el mismo poder que ellos niegan.

Dentro de congregaciones Apostólicas los santos casuales que debilitan la iglesia, son aquellos que han corrompido las cosas santas de Dios. Cuando alguien tira la toalla simplemente significa que dejaron de tratar; por lo tanto, son excluidos de la carrera, rechazando la victoria eterna. Es una cosa terrible para un individuo entrar a un lugar santo y después corromper las cosas puras de Dios después de haber recibido el bautismo maravilloso del Espíritu Santo.

"Y os introduje en tierra de abundancia, para que comieseis su fruto y su bien; pero entrasteis y contaminasteis mi tierra, e hicisteis abominable mi heredad. Los sacerdotes no dijeron: ¿Dónde está Jehová? y los que tenían la ley no me conocieron; y los pastores se rebelaron contra mí, y los profetas profetizaron en nombre de Baal, y anduvieron tras lo que no aprovecha. Por tanto, contenderé aún con vosotros, dijo Jehová, y con los hijos de vuestros hijos pleitearé. Porque pasad a las costas de Quitim y mirad; y enviad a Cedar, y considerad cuidadosamente, y ved si se ha hecho cosa semejante a esta. ¿Acaso alguna nación ha cambiado sus dioses, aunque ellos no son dioses? Sin embargo, mi pueblo ha trocado su gloria por lo que no aprovecha. Espantaos, cielos, sobre esto, y horrorizaos; desolaos en gran manera, dijo Jehová."

Jeremías 2:7-12

Debemos de orar en el Espíritu Santo que la ignorancia sea substituida por la verdad y que los ojos ciegos sean abiertos y oídos hechos para escuchar, como un testigo del poder de Dios al mundo entero.

Por todo el Antiguo Testamento, Dios ha asociado las bendiciones de la Lluvia Temprana y Tardía con la obediencia o desobediencia del pueblo Hebreo. El Señor ha hablado por medio del profeta Moisés concerniente a la Lluvia Tardía.

"Si obedeciereis cuidadosamente a mis mandamientos que yo os prescribo hoy, amando a Jehová vuestro Dios, y sirviéndole con todo vuestro corazón, y con toda vuestra alma, yo daré la lluvia de vuestra tierra a su tiempo, la temprana y la tardía; y recogerás tu grano, tu vino y tu aceite. Daré también hierba en tu campo para tus ganados; y comerás, y te saciarás. Guardaos, pues, que vuestro corazón no se infatúe, y os apartéis y sirváis a dioses ajenos, y os inclinéis a ellos; y se encienda el furor de Jehová sobre vosotros, y cierre los cielos, y no haya lluvia, ni la tierra dé su fruto, y perezcáis pronto de la buena tierra que os da Jehová."

Deuteronomio 11:13-17

Para mostrar la Lluvia Tardía, Jeremías usa una alegoría de un hombre que pone su mujer a un lado y luego la corteja de nuevo,

"Dicen: Si alguno dejare a su mujer, y yéndose ésta de él se juntare a otro hombre, ¿volverá a ella más? ¿No será tal tierra del todo amancillada? Tú, pues, has fornicado con muchos amigos; mas !!vuélvete a mí! dice Jehová. Alza tus ojos a las alturas, y ve en qué lugar no te hayas prostituido. Junto a los caminos te sentabas para ellos como árabe en el desierto, y con tus fornicaciones y con tu maldad has contaminado la tierra. Por esta causa las aguas han sido detenidas, y faltó la lluvia tardía; y has tenido frente de ramera, y no quisiste tener vergüenza."

Jeremías 3:1-3

La conciencia de la Lluvia Tardía se nos ha dado y hemos sido testigo de avivamientos esporádicos como el de la Calle Azusa pero nada, ni siquiera el de la Lluvia Temprana de Pentecostés debe compararse con la Lluvia Tardía que Dios tiene guardado para aquellos que han sido lavados con Su sangre.

La Iglesia Apostólica todavía coquetea con la apostasía y la Babilonia tonta continúa oponiéndose al poder del Espíritu

Santo. Mientras la iglesia de Cristo se acerca al periodo de la Lluvia Tardía, la vieja Babilonia caerá y los hijos de Dios serán manifestados con gran poder. Los vientos de la Lluvia Tardía están golpeando en las puertas de nuestras iglesias y cuando nos arrepentimos de nuestros pecados y reconocemos muy bien a Babilonia para salir de ella, entonces vendrá la Lluvia Tardía. La Lluvia Tardía en turno traerá al Desposado.

El profeta Joel apunta a los últimos días para el derramamiento de la Lluvia Tardía y los días de la tribulación que siguen después del rapto de la iglesia.

"Vosotros también, hijos de Sion, alegraos y gozaos en Jehová vuestro Dios; porque os ha dado la primera lluvia a su tiempo, y hará descender sobre vosotros lluvia temprana y tardía como al principio."

"Y conoceréis que en medio de Israel estoy yo, y que yo soy Jehová vuestro Dios, y no hay otro; y mi pueblo nunca jamás será avergonzado. Y después de esto derramaré mi Espíritu sobre toda carne, y profetizarán vuestros hijos y vuestras hijas; vuestros ancianos soñarán sueños, y vuestros jóvenes verán visiones. Y también sobre los siervos y sobre las siervas derramaré mi Espíritu en aquellos días. Y daré prodigios en el cielo y en la tierra, sangre, y fuego, y columnas de humo. El sol se convertirá en tinieblas, y la luna en sangre, antes que venga el día grande y espantoso de Jehová."

Joel 2:23, 27-31

Al final de la Lluvia Tardía una trompeta sonará y la puerta del Desposado será abierta y la novia lo verá como Él realmente es. El Judaísmo cree que cuando el templo en Jerusalén sea construido un Mesías vendrá.

"He aquí, os digo un misterio: No todos dormiremos; pero todos seremos transformados, en un momento, en un abrir y cerrar de ojos, a la final trompeta; porque se tocará la trompeta, y los muertos serán resucitados incorruptibles, y nosotros seremos transformados. Porque es necesario que esto corruptible se vista de incorrupción, y esto mortal se vista de inmortalidad. Y cuando esto corruptible se haya vestido de incorrupción, y esto mortal se haya vestido de inmortalidad, entonces se cumplirá la palabra que está escrita: Sorbida es la muerte en victoria. ¿Dónde está, oh muerte, tu aguijón? ¿Dónde, oh sepulcro, tu victoria?"

1 Corintios 15:51-55

"Porque el Señor mismo con voz de mando, con voz de arcángel, y con trompeta de Dios, descenderá del cielo; y los muertos en Cristo resucitarán primero. Luego nosotros los que vivimos, los que hayamos quedado, seremos arrebatados juntamente con ellos en las nubes para recibir al Señor en el aire, y así estaremos siempre con el Señor."

I Tesalonicenses 4:16-17

Desde el principio de la fe Apostólica, la gente han alabado en el Nombre de Jesús. Estos hombres, mujeres y niños levantaron sus manos hacia el cielo al Dios monoteísta de Abraham.

Ovant es un tipo de gesto durante el culto en la que los brazos se levantan con las palmas de las manos hacia afuera. Esta práctica era común en la iglesia del primer siglo. Gestos de ovant son representados en las catacumbas Romanas como frescos de la bóveda que datan al siglo cuarto y antes.

Póngase su traje de boda de justicia, beba del nuevo vino de Su Espíritu, olvidando a Babilonia, levante manos santas en el Nombre de Jesús y prepárese para la Lluvia Tardía. Aunque el nuevo templo en Jerusalén pasará por la gran tribulación, no hay suficientes ángeles caídos en el infierno para detener el rapto del pueblo que son llamados por Su Nombre.

El Señor quiere que Su pueblo Unicitario sepa que no es tiempo de ocupar nuestras conversaciones sobre los reyes y los presidentes de este mundo, y sus partidos carnales. El Señor quiere que el pueblo de Su nombre sepa que es tiempo de gritar.

"Levántate, oh Jehová, al lugar de tu reposo, Tú y el arca de tu poder. Tus sacerdotes se vistan de justicia, y se regocijen tus santos."

Salmos 132:8-9

Después del rapto de la iglesia los líderes de la tierra una vez por todas, se reunirán en Israel para prepararse para la madre de todas las guerras. Algunas de estas naciones pelearan en el lado del pueblo Hebreo mientras otras se opondrán. El lugar de la batalla es llamado Armagedón la cual geográficamente está ubicada en el norte de Israel. Esta sección muy grande de terreno en las colinas del centro de Palestina es capaz de acomodar a miles de soldados. La batalla de Armagedón tendrá un efecto excepcionalmente destructivo sobre la raza humana. Esta guerra causará una perturbación mayor sobre toda la civilización humana.

En aproximadamente 610 a.C., Armagedón fue el lugar de una antigua batalla que cobró la vida de Josías, rey de Judá. Esta particular batalla sucedió en los días del profeta Jeremías.

"Mas Josías no se retiró, sino que se disfrazó para darle batalla, y no atendió a las palabras de Necao, que eran de boca de Dios; y vino a darle batalla en el campo de Meguido."

2 Crónicas 35:22

Armagedón viene del lenguaje Hebreo Harmegiddo el cual significa colina o montaña de Meguido. Esta será la vista de la batalla final en la tierra entre las fuerzas del bien y del mal. El diablo operará en aquellos días a través de la persona conocida como la "bestia" o el "anticristo".

"Y los reunió en el lugar que en hebreo se llama Armagedón."

Apocalipsis 16:16

"Oí una gran voz que decía desde el templo a los siete ángeles: Id y derramad sobre la tierra las siete copas de la ira de Dios. Fue el primero, y derramó su copa sobre la tierra, y vino una úlcera maligna y pestilente sobre los hombres que tenían la marca de la bestia, y que adoraban su imagen."

Apocalipsis 16:1-2

Mientras que la batalla de Armagedón rápidamente se acerca, muchos se preguntan quién estará orquestando los poderes que mandan en esos días de desolación. Ha habido mucho debate académico en cuanto a la identidad del anticristo y desde hace tiempo se ha pensado que el papa de la Iglesia Católica podría desempeñar ese papel.

¿Es el papa el anticristo el cual está escrito en el libro de Apocalipsis? Esta es una pregunta que se ha hecho en repetidas ocasiones a lo largo de la historia de la Cristiandad. Yo personalmente tengo una opinión al igual que otros sobre el tema, pero ¿será que alguien realmente sabe? De acuerdo a los escritos de Miguel Servet, el mártir Unicitario del siglo dieciséis, él definitivamente creía que el papa en Roma sería el siguiente anticristo.

Desde que he estado en la fe Apostólica, se me ha preguntado muchas veces a través de los años acerca de un papa del sexo femenino.

La Papisa Juana, también conocida como *"La Papessa"* supuestamente reinó dentro de la iglesia Católica entre los Papados del Papa Leo IV y el Papa Benedicto III en el siglo noveno.

Los escritos concernientes a la Papisa Juana varían a través de la historia. Una historia de la Papisa que fue escrito por Jean de Mailly en *"Chronica Universalis Mettensis."* Él escribió esto después de que ella dio a luz, fue apedreada hasta la muerte en la calle "Vía Sacra" en Roma por el pueblo de acuerdo a la justicia Romana. En ese tiempo, un ayuno de cuatro días llamado "ayuno de la Papisa femenina" fue establecido. En ese lugar también está escrito *"Petre, Pater Patrunm, Papisse Prodito Partum"* (O Pedro, Padre de Padres, Traiciona la maternidad de la mujer Papa.)

Otro relato es de los escritos del cronista del decimotercer siglo Martín de Opava. En el *"Chronicon Pontificum et Imperatorum,"* está escrito:

"Se afirma que Juana, en realidad una mujer, el cual como una niña había sido llevada a Atenas, vestida con ropa de un hombre por un cierto amante de ella. Una alta opinión de su vida y aprendizaje surgió en la ciudad, y ella fue elegida para ser el Papa.

La leyenda dice que mientras ella era la Pontífice Romana quedó embarazada por su acompañante, Frumencio. A través de la ignorancia de la hora exacta en la cual iba a dar a luz, ella dio a luz a un niño mientras estaba en procesión desde San Pedro al Palacio Laterano, mientras su amante se quedó mirando en las sombras."

Algunos historiadores y teólogos están de acuerdo de que hay evidencia histórica que prueba su existencia como una papisa real de la Iglesia Católica. Otros niegan cualquier posibilidad de su existencia como un ser humano real. Cuando yo estaba en la fe Católica, yo descarté la posibilidad de ella ser un papa por los registros de los papas que se enumeran en orden cronológico a lo largo de la historia. Yo cuestioné la naturaleza insostenible de la leyenda aunque no hay una lista oficial de la sucesión papal.

No se personalmente concerniente a su existencia en la historia como una persona real, pero ahora que tengo el Espíritu Santo y he sido bautizado en el Nombre de Jesús, creo que si ella no era la Pontífice entre 855-858 d.C., alguien de entre la Iglesia Apostólica estaba definitivamente mandando un mensaje.

En la contraportada de este libro, la Papisa Juana está en la imagen entre el Papa Pío I y el Papa Honorio III, sosteniendo la taza de las abominaciones. Esta imagen del siglo IX "Papessa" fue mucho antes de la reforma con el monje Católico Martín Lutero o antes de la inquisición Papal con el Papa Gregorio IX. Ya sea que la Papisa Juana era real o no, esta representación aparentemente mostraba un grito desesperado de adentro. A través de esta imagen, alguien estaba tratando de advertir al pueblo monoteísta de Dios de la mujer y lo que ella realmente representaba en el libro de Apocalipsis de Juan.

Dios está hablando a Su iglesia mientras que las nubes de la Lluvia Tardía se forman alrededor de nosotros. Hoy Él está hablando a través de ministros del Nombre de Jesús del ministerio quíntuple y no a través de instituciones religiosas hechas por el hombre. En esta hora de medianoche, hay que estar atentos de cada movimiento político del monarca más influyente en la tierra.

La Arquidiócesis de Reims es una arquidiócesis del Rito Latino de la Iglesia Católica en el país de Francia.

En un esfuerzo de traer a la luz los males que rodean el trono papal, el Arzobispo Católico Arnuel de Rheims acusó al Papa Juan XV (985-996 d.C.) de ser el Anticristo. En los escritos del Arzobispo, él hizo la siguiente declaración:

"¿Hay alguien lo suficientemente audaz de sostener que los sacerdotes del Señor por todo el mundo deben tomar su ley de – Monstruos de Culpabilidad – como estos hombres marcados con ignominia [deshonor], hombres analfabetas e ignorantes por igual de cosas humanas y divinas? Si, padres santos, estamos obligados a sopesar en la balanza de vidas, los morales y los logros del candidato más humilde para el oficio sacerdotal, cuanto más deberíamos mirar a la aptitud de aquel que aspira para ser el Señor y Maestro de todos los sacerdotes! Todavía, como se irá con nosotros, si sucediera que el hombre el más deficiente [inadecuado] en todas estas virtudes indignos del lugar más bajo en el sacerdocio, ¿debe ser elegido para ocupar el lugar más alto de todos? ¿Qué diría de aquel, cuando usted lo ve sentado en el trono resplandeciente de purpura y oro? ¿No debería ser el Anticristo sentado en el templo de Dios y mostrándose a sí mismo como Dios?"

El muy estimado arzobispo Arnulfo de Rheims fue encarcelado el 29 de Marzo de 990 d.C. Este ministro de la fe Católica, el cual en un momento fue tan altamente favorecido, fue depuesto en un Sínodo de Rheims en la Basílica de San Basilea en Junio de 991 d.C.

La siguiente es una escritura que fue escrita por Pablo al pueblo de la antigua ciudad Macedónica de Tesalónica concerniente al anticristo o el hombre de perdición.

"Nadie os engañe en ninguna manera; porque no vendrá sin que antes venga la apostasía, y se manifieste el hombre de pecado, el hijo de perdición, el cual se opone y se levanta contra todo lo que se llama Dios o es objeto de culto; tanto que se sienta en el templo de Dios como Dios, haciéndose pasar por Dios."

2 Tesalonicenses 2:3-4

Aunque no estoy seguro del anticristo, sé que hay millones de gente Católica y no Católica por igual que absolutamente no entienden la influencia política silenciosa del Vaticano. Este poder casi invisible fluye diariamente del trono papal a través de la tierra. También estoy consciente que por siglos, gente dentro de la Cristiandad han equiparado la Iglesia Católica con los escritos proféticos de Juan concerniente al tiempo del fin.

"Vino entonces uno de los siete ángeles que tenían las siete copas, y habló conmigo diciéndome : Ven acá, y te mostraré la sentencia contra la gran ramera, la que está sentada sobre muchas aguas; con la cual han fornicado los reyes de la tierra, y los moradores de la tierra se han embriagado con el vino de su fornicación. Y me llevó en el Espíritu al desierto; y vi a una mujer sentada sobre una bestia escarlata llena de nombres de blasfemia, que tenía siete cabezas y diez cuernos. Y la mujer estaba vestida de purpura y escarlata, y adornada de oro, de piedras preciosas y de perlas, y tenía en la mano un cáliz de oro lleno de abominaciones y de la inmundicia de su fornicación; y en su frente un nombre escrito, un misterio: BABILONIA LA GRANDE, LA MADRE DE LAS RAMERAS Y DE LAS ABOMINACIONES DE LA TIERRA. Vi a la mujer ebria de la sangre de los santos, y de la sangre de los mártires de Jesús..."

Apocalipsis 17:1-6

Sea o no que el papado y su iglesia representada cumpla estas funciones especuladas aun no se ha determinado, pero en los últimos días antes del retorno inminente de Cristo por Su iglesia monoteísta; el pontífice Romano absolutamente jugará un papel de liderazgo en el escenario político mundial. Una simple declaración del papa ha demostrado tener la capacidad de encender controversia a través de todo el Islam y el mundo. El papa algún día se presentará como juez entre los seguidores de los dos hijos de Abraham, Isaac e Ismael. Él no se interpondrá en el nombre de la Unicidad del Judaísmo, ni tampoco se interpondrá en el nombre de la Unicidad del Islam, sino más bien, se interpondrá en el nombre del Cristianismo religioso **hecho por el hombre** basado en la falsedad trinitaria y actuará como mediador ante los reyes y presidentes del mundo. Armagedón comenzara en Israel entre los Judíos y los Musulmanes, mientras los líderes mundiales se encuentran siendo rápidamente catapultados a la "**madre de todas las**

guerras".

La Operación "Conmoción y Pavor", como fue presenciado en el país de Iraq (antigua Babilonia) liderado por el ejercito de los Estados Unidos, se palidecen en comparación con la realidad de Armagedón. Esta guerra final será catastrófica en el mejor de los casos. El pueblo del Nombre de Jesús con sus convicciones monoteístas, como en el Judaísmo y el Islam, no debe ser arrullado en el sueño mientras el escenario es fijado para la última guerra entre el bien y el mal.

¿Podría la historia un día repetirse a sí misma como en los días del Pontífice Romano Urbano II en 1095 d.C., cuando ordenó el baño de sangre contra los Musulmanes en la ciudad de Jerusalén donde el Papa Benedicto XVI recientemente se puso delante de la nación Judía de Israel? ¿Será la población mundial segada en el nombre de la paz, pensando que el papa, el monarca más influyente en la tierra, nunca podría liderar por mal camino?

Nunca ha habido un rey o presidente en la tierra en cualquier tiempo en la historia, que ha estado delante de tales audiencias como han estado los papas de Roma y Aviñón. ¿Podría la inhabitación de una fuerza satánica hacer una diferencia en la dirección de un hombre, aunque fuera un monarca "religioso" que habría venido en el nombre del Cristianismo?

En las Filipinas el 15 de Enero de 1995 el Papa Juan Pablo II tuvo un estimado de seis millones de personas de pie y en silencio delante de él en Luneta Park, Manila. Este mar de humanidad vino con la esperanza de simplemente conseguir un vistazo de este monarca real de Roma mientras él profesaba beber la sangre de Jesucristo delante de ellos.

La Biblia nos dice que después de que Satanás clamara el alma del anticristo, el hombre de perdición tendrá la habilidad de mandar fuego del cielo. El Apóstol Pablo escribió que estaba absolutamente persuadido de su fe. "Si nosotros que hemos sido encargados con la misma verdad Apostólica pura, no nos mantenemos arraigados en nuestra creencia, muchos a lo largo de nuestras filas estarán sin duda encontrados por accidente en esa hora devastadora esforzando sus cuellos con esperanzas de conseguir un vistazo de él."

En tiempos modernos parece que los pontífices Romanos han llegado a ser más agresivos verbalmente y mas políticamente involucrados en cuestiones del mundo que no pertenece directamente a la iglesia madre.

El Papa Benedicto XVI al parecer decepcionó a mucha gente de la fe Judía durante su visita a la ciudad de Jerusalén. Afirmaron que en su discurso no pidió disculpas por el papel o la falta de ella por la Iglesia Católica en relación con el Holocausto Judío. Para muchos fue una oportunidad perdida viendo que el papa era un Alemán el mismo bajo el liderazgo del dictador Adolfo Hitler. Aunque sus palabras parecían calmantes para muchos, para otros especialmente los sobrevivientes del Holocausto, los gritos de los más de seis millones de hombres, mujeres, y niños monoteístas se podrían escuchar en el corazón del Judaísmo.

El 13 de Mayo del 2009 el Papa Benedicto XVI hizo la siguiente declaración política mientras estaba al lado del líder Musulmán Mahmoud Abbas:

"Sr. Presidente, la Santa Sede [el Vaticano] apoya el derecho de su pueblo a una patria Palestina soberana en la tierra de sus antepasados, seguras y en paz con sus vecinos, dentro de fronteras internacionales reconocidas."

En Julio del 2009, el Papa Benedicto XVI llamó a una "verdadera autoridad política del mundo" durante la reunión de la cumbre del G8 en el país de Italia."

El Lunes 24 de Octubre del 2011, La Ciudad del Vaticano pidió una revisión a los sistemas financieros del mundo y propuso de nuevo el establecimiento de una autoridad supranacional (una autoridad independiente ajena a la autoridad de cualquier gobierno nacional) para supervisar la economía global. ¿Una autoridad política de todo el mundo en nuestro mañana? El pueblo del Nombre de Jesús en esta hora de medianoche en serio deben preguntarse una pregunta muy preocupante: ¿Quién controlará las riendas de este gobierno mundial inminente?

A medida que la oscuridad de la última hora reclama el tiempo mortal, el Dios de Abraham que un día camino las costas terrenales no solamente quiere identificarnos y advertirnos del Cristianismo religioso **hecho por el hombre**, pero que tomemos seriamente lo avanzado de la hora. ¿Podría el hermoso ángel que un día anunciara el fin del tiempo mortal estar actualmente presente de pie en nuestras costas?

"Y el ángel que vi en pie sobre el mar y sobre la tierra, levantó su mano al cielo, y juro por el que vive por los siglos de los siglos, que creó el cielo y las cosas que están en él, y la tierra y las cosas que están en ella, y el mar y las cosas que están en él, que el tiempo no sería más"

Apocalipsis 10:5-6

Mientras que el papel del papa continua desarrollándose políticamente, así también el pueblo Apostólico continua desarrollándose espiritualmente. Si alguna vez hubo un momento en la historia del Cristianismo para que el pueblo de Dios se aferre a la verdad de su Palabra, es ahora. Mientras la historia de Apocalipsis se despliega ante nuestros propios ojos, oro para que la gracia de Dios nos de la fuerza de soportar hasta el final. Sostengámonos firmemente de nuestra fe, abandonando todo espíritu de compromiso y toda doctrina de calamidad que será presentada mientras el tiempo mortal deja de existir.

No fue hace mucho tiempo que subí los escalones de concreto de rodillas con mi rosario mientras oraba a la virgen María. Pareciera que fue ayer cuando me arrodille en un confesionario ante un sacerdote terrenal buscando el perdón de mis pecados. Yo sé de donde Dios me saco. Estoy, sin embargo, profundamente interesado por aquellos en Pentecostés que han manejado su salvación tan descuidadamente. Por el amor al mundo temo que hay aquellos sentados en bancas Apostólicas y paradas en púlpitos Apostólicos que en última instancia tomaran la marca de la bestia. Esto será debido al "espíritu de salida fácil" que se ha manifestado a si mismo dentro de nuestra cultura acompañada con el dormir de los santos que se han tomado a su facilidad de Sion.

Llevé a mi familia a la zona cero en Nueva York en el 2001 para ser testigo de la devastación de los enemigos de Israel. ¿Crees que el 11/9 fue simplemente algo que sucedió en la historia? Con tecnología moderna los hijos radicales de Ismael recibieron la atención de todo el mundo. El mundo está preparado. El escenario ya está establecido.

Después de que el polvo se asiente en el Armagedón, Israel, El Señor de los Ejércitos regresará en las nubes de gloria con Su novia eterna. Después de la destrucción de la bestia el reino prometido será establecido en el que Jesús y Sus santos gobernaran por mil años.

Entonces vendrá el juicio del "Gran Trono Blanco" que incluirá a todas las edades, si inclusive la Edad Media. Todos serán juzgados y los impíos serán lanzados al lago de fuego. Este evento es también conocido en las Escrituras como la "segunda muerte".

Después de más de 40 años de observación en la Iglesia Apostólica, he sido testigo de la labor de la carne, similar a aquello que había presenciado anteriormente como miembro de la Iglesia Católica, pero también el mover poderoso y glorioso del Espíritu de Dios, que nunca había sido testigo en la Iglesia Católica. La carne continúa en guerra en contra de la iglesia lavada con la sangre mientras la iglesia lavada con la sangre continúa clamando victoria sobre la carne en el Nombre de Jesús. A dónde puedo ir y a quien puedo correr? Después de haber recibido la revelación de quien realmente es Jesucristo y habiendo abrazado la absoluta verdad Apostólica, no hay absolutamente lugar a donde pueda ir.

Por lo tanto juntos como hermanos y hermanas en el Señor, hay que pelear la buena batalla de la fe, poniendo nuestra carne bajo la sangre del Calvario mientras laboriosamente desarrollamos una identidad común como miembros de la iglesia de Cristo. Como la institución de Dios en la tierra fue una en el día de Pentecostés con sus verdaderos valores monoteístas, así la iglesia de Dios será una con sus verdaderos valores monoteístas cuando Él regrese para reclamarla. Que es lo que hace gente Apostólica única, y que te hace tan especial, es precisamente el hecho que estamos dispuestos a mantener nuestros valores e ideales en medio de la adversidad.

Jesús en Su estado monoteísta está de pie a las puertas de

nuestra iglesia golpeando con una llama eterna que nunca será extinguida. Si nuestros pastores reconstruirían los altares que se han caído a través de los años debido a nuestras preocupaciones de esta vida presente, el Señor pondrá el fuego interior. Pidamos humildemente al Dios de Israel una vez más, por las sendas antiguas en las cuales es el buen camino y caminemos en ella hasta que Él venga. No es tiempo para dormir. Es hora de despertar! Que el espíritu de curiosidad de paso a la fe, y que la gloria vana de paso a la salvación. Hay algo mucho más grande que la Calle Azusa que se nos viene encima. Cuando Satanás le dice al mundo que espere lo mejor, el Señor le dice a Su pueblo que son llamados por Su nombre a mirar hacia arriba y esperar lo mejor.

He encontrado la mejor manera para que familias Apostólicas escapen el radar de Satanás, es permanecer en rodillas o mejor en sus rostros ante el Señor. El santuario en nuestra iglesia es un lugar Santo, aun a veces en el pasado hemos permitido que se convierta en un lugar de meras reuniones sociales. O, Dios quiera que nuestros pastores, como en los días pasados, sellaran el santuario. Que sea un lugar de llanto y gemidos antes del servicio. Que los santos de Dios caminen de arriba abajo mientras preparan la mesa para la buena Palabra del Señor. O, que sea un lugar para que los redimidos se aferren de los cuernos del altar, mientras piden la Sangre del Calvario sobre sus vecinos y seres amados. Que sea un lugar para que el pueblo de Dios llame al Nombre que es sobre todo nombre. Las leyes de la vida son simples. Si enfocamos nuestra atención en la sala de chat nos encontraremos en la sala de chat. Si enfocamos nuestra atención en la sala de oración nos encontraremos en la sala de oración.

"Ciertamente las cosas inanimadas que producen sonidos, como la flauta o la cítara, si no dieren distinción de voces, ¿Cómo se sabrá lo que se toca con la flauta o la cítara? Y si la trompeta diere sonido incierto, ¿Quien se preparará para la batalla?

I Corintios 14:7-8

De Roma a Jerusalén

Papa Benedicto IX
(1032-1044 d.C.)

Como el pueblo de Su nombre está de pie a la puerta de la Lluvia Tardía somos advertidos del Espíritu Santo que Dios no hace acepción de personas. No hay espacio para apostasía Apostólica o burocracia Pentecostal. Un conflicto de intereses entre los redimidos siempre surgirá cuando las lealtades de uno sean divididas. En esta última hora no debemos dejarnos llevar por la complacencia.

En 1032 Alberico III, Conde de Túsculo, un hombre extremadamente influyente en el Imperio Romano quería que la Santa Sede Romana se quedara en su familia. Él aseguro el trono papal para su hijo el cual llegó a ser Papa Benedicto IX (1032-1044 d.C.) Este papa tenía once años cuando llego a ser la cabeza de la Iglesia Católica. Al parecer llevaba una vida muy disoluta, y también supuestamente tenía pocas calificaciones para el papado aparte de sus conexiones con una familia socialmente poderosa.

El Cardenal Pedro Damián (1007-1072 d.C.) describió este pontífice en el *"Liber Gomarrhianus"* como "haciendo festín con la inmoralidad" y "un demonio del infierno disfrazado de sacerdote". En nuestra Enciclopedia Católica lo llamamos "una desgracia a la silla de Pedro".

Aunque Benedicto IX estaba en Roma por casi dieciséis años él nunca murió como líder del pueblo Católico. En Mayo de 1045, él resigno a su posición como cabeza de la iglesia y vendió su trono por una gran suma de oro. Esta compra fue hecha por su padrino rico Juan Gratian, quien se convirtió en su sucesor y tomó el nombre del Papa Gregorio VI.

La verdadera iglesia Apostólica no debe impedir la "Voluntad de Dios." Aunque el Señor ha llenado con frecuencia vacancias pastorales con miembros familiares, debe ser entendido enfáticamente que el ministerio es a través del llamado divino y no por dinastías familiares. Así mismo como Dios no nos ha llamado a establecer dinastías familiares dentro del ministerio, tampoco nos ha llamado a ser predicadores profesionales. Cuando estaba en la fe Católica no ví mi ministerio como una profesión, pero como un servicio a la iglesia madre. Ahora que tengo el Espíritu Santo y he sido bautizado en el Nombre de Jesús no veo mi ministerio como una profesión, pero como un llamamiento Divino. Atención y resolución debe equilibrarse por dentro, mientras Satanás busca descarriar nuestra visión eterna. La Iglesia Apostólica pura saldrá de sus problemas en estos últimos días, y por la gracia de Dios será más fuerte que lo que fue en el día de Pentecostés.

Por contradictorio que parezca, aquellos representando la fe Apostólica deben de parar "de querer hacer algo por el Señor". Simplemente querer hacer algo por el Señor podría ser usado convenientemente como un chivo expiatorio para aquellos que no quieren aceptar su responsabilidad en Su reino. Querer hacer algo para el Señor no nos hace como voluntarios para hacer cualquier cosa. Nos cuesta poco y nos obliga a nada. Requisitos Bíblicos para la salvación no se debe confundir con el trabajo para Él. ¿Cuán vibrante serian nuestros servicios si todos los que claman Su nombre pondrían una mano incondicional en el arado? Esta es una responsabilidad que solo puede auto-motivada, auto-adoptada, y auto-implementada para Su gloria.

Hemos de ser advertidos que el espíritu de Laodicea está a nuestro alcance. Cueste lo que cueste, no debemos permitir de caer en su abrazo como lo hizo Sansón. Cuando Dios me llenó con el Espíritu Santo un ministro Apostólico anciano me dijo que los Pentecostales una vez fueron considerados por muchos como los que viven al otro lado de las vías. Con nuestro espíritu moderno, rico y complaciente me pregunto si nos hemos comenzado a cruzar las vías del compromiso. ¿Estamos viviendo ahora en los ojos de Dios en el lado equivocado de las vías? ¿Sigue siendo la santidad o el infierno? Crucemos esa gran división y una vez más como un cuerpo colectivo recordemos y abracemos nuestras raíces humildes, como lo hicieron los antepasados sin esperar nada a cambio aquí abajo.

El Mundo en el que vivimos está dividido y sin Cristo. En el mejor de los casos está irremediablemente destrozado. La división entre el pueblo Apostólico no traerá unidad Divina. Como pacificadores, Dios está llamando al pueblo del Nombre de Jesús en todas partes a vivir una vida consagrada. Estas vidas a su vez, traerán el perdón, reconciliación, unidad, comunión fraternal y relaciones armoniosas.

"Vestíos de toda la armadura de Dios, para que podáis estar firmes contra las asechanzas del diablo. Porque no tenemos lucha contra sangre y carne, sino contra principados, contra potestades, contra los gobernadores de las tinieblas de este siglo, contra huestes espirituales de maldad en las regiones celestes. Por tanto, tomad toda la armadura de Dios, para que podáis resistir en el día malo, y habiendo acabado todo, estar firmes. Estad, pues, firmes, ceñidos vuestros lomos con la verdad, y vestidos con la coraza de justicia, y calzados los pies con el apresto del evangelio de la paz. Sobre todo, tomad el escudo de la fe, con que podáis apagar todos los dardos de fuego del maligno. Y tomad el yelmo de la salvación, y la espada del Espíritu, que es la palabra de Dios;"

Efesios 6:11-17

Recientemente Dios me dio un sueño, y en ese sueño Él me mostró tres iglesias. La primera iglesia tenía un signo de "vendido" colgando sobre la puerta. Esta iglesia representaba el pueblo Apostólico que tiró la toalla muchos años atrás. La segunda iglesia tenía un signo sobre su puerta que decía "se vende". Esta es la iglesia Apostólica que está en apostasía. La tercera iglesia tenía un signo sobre su puerta que decía "no está en venta". Esta iglesia representaba el pueblo Apostólico puro que tienen su pie sobre la roca, su velas configuradas, sus mentes hechas a la idea y sus ojos sobre una ciudad cuyo constructor y arquitecto es Dios.

Que peligro inminente y frio son las amenazas constantes de Satanás que constantemente llegan al pueblo del Nombre de Jesús que eligen no solamente dejar las sendas antiguas de su herencia Apostólica pero escogen liderar a otros mientras ciegamente exploran nuevos caminos. Estos nuevos caminos en última instancia llevaran otra vez a los lavados por sus sangre a las cárceles inmortales y grilletes que solamente el ayer los hizo y a sus seres queridos tan infelices. No seamos engañados en esta última hora. Uno debe mirar hacia atrás como lo hizo la esposa de Lot antes de dar la vuelta. Oh, por el bien de un solo grito! El grito de hoy del hombre de Galilea.

Satanás es consciente que el pueblo del Nombre de Jesús representa la fuerza más poderosa en la tierra. Cuando el Señor regrese por Su novia, cada Cristiano viviente y cada Cristiano muerto serán arrebatados para encontrarse con Él en el aire. Satanás, entonces, espera pacientemente en las sombras listo para extender su mano a aquellos entre nosotros que están dispuestos a abrir sus puños inquietos. Si no protegemos nuestras almas de los males de esta presente era de la iglesia, en última instancia nos encontraremos deslizándonos por el sueño en Sion volviendo a la esclavitud. Dios no quiera que Él le diga a Su iglesia en estos últimos días como Él lo hizo en el huerto de Getsemaní: "Duerme".

El ciclo puede resultar costoso:

1. *De la esclavitud a la fe espiritual.*

2. *De la fe espiritual a un gran coraje.*

3. *De un gran coraje a la libertad.*

4. *De la libertad a la abundancia.*

5. *De la abundancia a la complacencia.*

6. *De la complacencia a la falta de interés.*

7. *De la falta de interés a la dependencia.*

8. *De la dependencia de nuevo a la esclavitud.*

En los días del Rey Acab, su esposa la Reina Jezabel era confrontada por el profeta santo Elías. Aunque el altar estaba construido y listo, el Señor no se sentía obligado para mandar Su fuego hasta que el sacrificio fuese colocado sobre ella. El Señor no cambia. Si el pueblo del Nombre de Jesús alrededor del mundo se uniera a una sola mente y en acuerdo y meticulosamente pusieran su mejor sacrificio de alabanza sobre sus altares de la iglesia, el Señor de hecho una vez más, como en los días de Elías, mandará Su fuego consumidor lleno del Espíritu.

El 10 de Abril de 1912 el RMS Titanic salió de Southampton, Inglaterra en su viaje inaugural con destino a la ciudad de Nueva York, Nueva York. El Titanic fue el barco de vapor de pasajeros más grande en la tierra. Los ingenieros en Belfast, Irlanda del Norte que diseñaron y supervisaron su construcción fueron absolutamente persuadidos que era insumergible. Había definitivamente un sentido de seguridad mientras los pasajeros abordaron el buque de alta-mar en Southampton. Sin embargo, en el medio de la noche, los veinte botes salvavidas que solo podían acomodar a 1,178 de las 2,223 personas resultaron ser claramente insuficiente.

Poco antes de la medianoche en 14 de Abril de 1912, una alarma fue sonada. La advertencia desesperada fue ignorada por la gran mayoría de las personas mientras el buque de fiesta rugía adelante. El buque era tan grande y la fiesta tan abrumadora que cuando el iceberg penetró en el costado de la nave, pocas personas se dieron cuenta. Las luces se apagaron. Para las 3:00 A.M. en la mañana del 15 de Abril de 1912, el barco insumergible descansó dos millas y media bajo la superficie en el suelo del Océano Atlántico, enviando a 1,517 hombres, mujeres y niños a sus tumbas acuáticas. Solo 706 personas sobrevivieron el desastre. A las víctimas no se les fue dicha la verdad. El Titanic era de hecho sumergible.

Actualmente estamos viviendo como en los días de Noé. Justo antes de la medianoche una advertencia tiene que salir. No seas engañado por las reclamaciones seguras de la nave jactanciosa del compromiso mientras navega por las amplias aguas del tiempo mortal. Algunos se reirán y se divertirán con el aviso como lo hicieron en los días del Profeta Noé, pero en tiempo sus barcos probaran ser sumergibles.

A mis hermanos y hermanas de la Iglesia Apostólica y a todos mis hermanos y hermanas que aprecian este mensaje Apostólico, una alarma ha sido sonada en Sion. Mientras la Iglesia Apostólica está sintiendo una urgencia a redimir su tiempo asignado, pecadores en cada país en el mundo están experimentando un espíritu inquieto. *La línea final está a la vista!*. ¿Podría ser este el último llamado al altar de Dios antes de su regreso inminente? Nosotros que lo conocemos en el poder de Su resurrección necesitamos ser recordados que Jesús no viene por una esposa que Él ha alistado. Jesús viene por una esposa que se ha alistado ella misma.

Este es nuestro tiempo! La hora de la Lluvia Tardía esta sobre la iglesia Apostólica pura. Mientras las nubes llenas con lluvia se forman alrededor de nosotros, la esposa de Cristo saldrá con gritos espontáneos de alabanza. Después de sufrir por siglos de ritualismo y culto formal creado por doctrinas, tradiciones, dogmas y teologías **hechas por el hombre**, los hambrientos entre el Cristianismo religioso **hecho por el hombre** saldrán de Babilonia y de sus hijas. Los hambrientos abandonaran la justicia de los hombres y abrazaran entusiastamente la justicia de Dios.

"Gocémonos y alegrémonos y démosle gloria; porque han llegado las bodas del Cordero, y su esposa se ha preparado. Y a ella se le ha concedido que se vista de lino fino, limpio y resplandeciente; porque el lino fino es las acciones justa de los santos."

Apocalipsis 19:7-8

Santos agárrense fuertemente de su fe Apostólica. Antes de la Lluvia Tardía habrá una gran apostasía. La madre de Babilonia viniendo en el nombre del Cristianismo y sus hijas caerán en la devastación, mientras la Iglesia Apostólica de Jesucristo viene adelante como oro puro. Ahora no es el tiempo de comprometer nuestra doctrina monoteísta. Tampoco es tiempo de albergar segregación entre los redimidos del Señor, o tiempo de comprometer con los espíritus del mundo Cristiano religioso alrededor de nosotros. Si eres el suficientemente afortunado de ser un verdadero Cristiano, eres lo suficientemente afortunado.

Tengo un amigo que era un Arzobispo Católico independiente. Él no estaba afiliado con el Vaticano en Roma como yo lo estaba, pero el Espíritu de Dios también lo lideró a un altar Apostólico de arrepentimiento. A sus 71 años de vida, Dios llevó su corazón hambriento a un altar antiguo de la Iglesia Apostólica donde se arrepintió, fue bautizado en el Nombre de Jesús, y lleno con el Espíritu Santo. Desde entonces ha dejado la tradición Católica y está hoy sirviendo al Señor en la hermosura de la Santidad. ¿Puede ocurrir una cosa así? Ya ha ocurrido!

Mientras estudiaba en la Iglesia Católica, me había convertido lentamente en una criatura de la institución Cristiana religiosa hecha por el hombre. Personas por todo el mundo están absolutamente cansadas de las fabricaciones Cristianas hipócritas del hombre.

El actual pontífice en Roma parece tener un espíritu humilde y sincero. Dios responde a la sinceridad! Si él dejaría la tradición de la iglesia y cediera al mensaje de Hechos 2:38 de Pedro, el Señor lo llenaría con el Espíritu Santo. Si Dios lo hizo por el ex-Arzobispo y lo hizo por mí, Él lo puede hacer por el pontífice. El papa podría entonces y solo entonces estar delante de la gente y sinceramente declarar que él es uno de los verdaderos sucesores del Apóstol Pedro.

Mi viaje me ha llevado desde las sombras expansivas de la cautividad religiosa al amanecer radiante de esperanza en Jesucristo. Mis ojos ya no están fijos en el Vaticano en Roma, sino en la ciudad de Dios. Con mis hermanos y hermanas en el Señor llenos con el Espíritu Santo, ahora estoy deseando ir a mi destino final – la Nueva Jerusalén. Santos, es hora de ir a casa.

"Fidelis usque ad mortem"
Fiel hasta la muerte
El Fin

Glosario de Terminología Católicos

Me siento impresionado para ofrecer una lista de terminología Católica la cual será de beneficio al pueblo del Nombre de Jesús deseando ser familiarizados con miembros de la fe Católica, en sus propios términos. Para su comodidad haré una lista de estos términos en orden alfabético.

1. *Absolución* – el acto de liberar a alguien de su pecado por Dios, a través de la mediación de un sacerdote.

2. *Adoración Eucarística* – esta es la práctica donde el "sacramento bendito" la Eucaristía se muestra en una custodia (un receptáculo para la visualización de la Hostia consagrada, el cuerpo de Cristo).

3. *Agua Bendita* – agua que ha sido bendecida por un miembro del ministerio. Es usado para traer una bendición a una persona cuando es aplicada.

4. *Ángel Guardián* – un ángel personal dado a cada persona con el fin de proteger y guiar a esa persona hasta que lleguen al cielo. Este ángel es asignado por Dios.

5. *Anunciación* – cuando el ángel Gabriel le dijo a María que ella seria la madre biológica del Mesías.

6. *Asunción* – el recibimiento del cuerpo y alma de María, por Dios, a la gloria. La doctrina Católica enseña que la madre de Jesús fue elevada al cielo en cuerpo y alma. Esta creencia fue hecha dogma por el Papa Pío XII en 1950 mientras realizaba la ex-cátedra.

7. *Bautismo* – uno de los siete sacramentos que quita el pecado original y actual. El bautismo es administrado a los bebes pero no es limitado a ellos.

8. *Castigo Temporal* – sufrimiento que sucede ya sea en esta vida o en el purgatorio que remueve el castigo de pecado ya perdonado.

9. _Confesión_ – diciendo el pecado de alguien a un sacerdote a través del cual Dios perdona.

10. _Confesionario_ – un pequeño compartimiento o cabina donde el sacerdote escucha en privado el pecado del pecador.

11. _Confirmación_ – una ceremonia realizada por un obispo (príncipe de la iglesia) para fortalecer a una persona y permitirle resistir el pecado. Esta ceremonia se lleva a cabo por lo general cuando un niño alcanza la edad de doce años. Este obispo sumerge su pulgar derecho en aceite santo y unge esta persona en la frente al hacer la señal de la cruz. Al hacer este signo de la cruz, él dice, "Se sellado con el don del Espíritu Santo."

12. _Consagración_ – un momento durante la misa donde se cree que Dios, a través del sacerdote, cambia el pan y vino al cuerpo y sangre de Jesús.

13. _Contrición_ – tristeza extrema por haber pecado con un espíritu profundo de arrepentimiento por ese pecado.

14. _Convento_ – un grupo de monjas religiosas reunidas generalmente en un edificio donde viven y realizan deberes ascéticos (auto negarse) en el servicio de la fe Católica.

15. _Cuaresma_ – un periodo de cuarenta día entre el Miércoles de Ceniza (las cenizas se aplican a las frentes de los miembros de la iglesia para representar el hecho que somos hechos de la tierra) y el domingo de Pascua. El ayuno es parte de la cuaresma como lo son las oraciones.

16. _Custodia_ – es un soporte de plata o de oro que contiene una ventana circular rodeada de un resplandor solar de rayos. Dentro de la ventana circular se coloca una oblea que es la Eucaristía o el cuerpo de Cristo. La Custodia es usada para venerar la Eucaristía.

17. _Diócesis_ – esta es una área de muchas parroquias que es prescrita por un obispo.

18. _Dulia_ – el honor dado a los santos (los fallecidos) y los ángeles.

19. _Encíclica_ – es una carta escrita por el papa dirigido a sus obispos.

20. _Escapulario_ – dos pequeños cuadros de tela unidos por un hilo. Las indulgencias están unidas a ellos.

21. _Estaciones de la Cruz_ – son las representaciones de catorce eventos durante la pasión y muerte de Jesús que

generalmente aparece en las paredes de las Iglesias Católicas.

22. *Eucaristía* – los elementos de la cena de comunión donde es creído que el pan y el vino son el cuerpo y la sangre de Jesucristo. El acto de transubstanciación (cambio de los elementos) es el punto culminante de la misa. Este acto se hizo dogma en 1215 por el Papa Inocencio III.

23. *Excomulgar* – el castigo de cortar a una persona de recibir los sacramentos y la exclusión de la iglesia.

24. *Extremaunción* – un sacramento dado a una persona que está en peligro de muerte. Este es uno de los siete sacramentos en la iglesia y está destinado a fortalecer el alma de una persona y ayudar a su amor ser puro para que puedan entrar al cielo. Este sacramento es administrado a través de la oración y la unción del aceite. Este sacramento es también conocido como el Sacramento de los Enfermos o la Unción de los Enfermos.

25. *Gracia Actual* – la intervención de Dios, ya sea a partir de la conversión o en el curso del trabajo de la santificación.

26. *Gracia Habitual* – la disposición permanente a vivir y actuar de acuerdo con el llamado de Dios.

27. *Gracia Santificadora* – una disposición estable y sobrenatural que perfecciona el alma para que pueda vivir con Dios y actuar por Su amor.

28. *Herejía* – negación de las verdades que son enseñadas en la iglesia.

29. *Hiperdulía* – honor y alabanza dada solo a la Santísima Virgen María.

30. *Hostia* – es el pan que ha sido cambiado al cuerpo de Cristo.

31. *Imprimatur* – es permiso necesario para imprimir ciertos tipos de libros.

32. *Indulgencia Parcial* – una indulgencia que remite parte del castigo temporal debida por un pecador.

33. *Indulgencias* – las indulgencias reflejan los medios en los que la Iglesia Católica le quita parte o la totalidad de la pena debida al Cristiano en esta vida o en el purgatorio por su pecado, aunque esos pecados fueron perdonados por el ministerio.

34. *Indulgencias Plenarias* – una indulgencia que remite todos los castigos temporales debida por un pecador.

35. *Inmaculada Concepción* – la enseñanza que la Virgen María fue concebida sin pecado original.

36. *Inquisición* – la corte establecida por la Iglesia Católica durante el papado del Papa Gregorio IX en el siglo decimotercero. El tribunal fue establecido para eliminar herejes.

37. *Laicos* – miembros de la fe Católica que no están en el clero.

38. *Latría* – la alabanza y el honor debido a Dios solo.

39. *Legado* – es un oficial representando al papa. Un legado puede ser un embajador ante el Papa, pero esa persona es normalmente referida como un nuncio. Un nuncio papal es oficialmente conocido como un "Nuncio Apostólico."

40. *Limbo* – es el lugar de existencia de aquellos que merecen ni el cielo ni el infierno. Limbo no es un dogma de la iglesia.

41. *Madona* – otro título dado a la Virgen María.

42. *Magisterio* – es la autoridad divinamente señalada en la fe Católica que consiste en el papa y obispos cuyo propósito es enseñar y establecer la verdadera fe Apostólica sin error. El magisterio solo, según el Catolicismo tiene el derecho de interpretar la Palabra de Dios.

43. *Misa* – es simplemente una representación del sacrificio de Cristo en el Calvario en una ceremonia realizada por el clero. Este servicio implica la consagración.

44. *Monja* – una Católica femenina que voluntariamente toma los votos de pobreza, castidad, y obediencia y usualmente vive en un convento.

45. *Monje* – es una persona que practica un estilo de vida religioso muy estricto y ascético. Este estilo de vida es practicada generalmente en un monasterio con otros monjes.

46. *Obispo* – es la cabeza de una diócesis y considerado como un sucesor de los Apóstoles.

47. *Ordenación* – recibiendo el sacramento de la santa orden.

48. *Ordenes Sagradas* – uno de los siete sacramentos a través de los cuales los ministros se les da el poder y autoridad por un obispo para ofrecer sacrificio y perdonar pecados.

49. *Papa* – de acuerdo a la fe Católica él es el sucesor visible de Pedro.

50. *Parroquia* – un área en la diócesis con el sacerdote como la cabeza.

51. *Pasión* – los sufrimientos de Cristo desde el tiempo de la última cena hasta su crucifixión.

52. *Pecado Actual* – cualquier pecado que una persona comete, ya sea venial o mortal.

53. *Pecado Mortal* – es una transgresión seria y voluntaria de las leyes de Dios. Implica pleno conocimiento e intención de la voluntad para cometer el pecado. Si este pecado permanece sin arrepentimiento, puede condenar al alma de uno al infierno eterno.

54. *Pecado Original* – es la naturaleza del pecado heredada de Adán en el Jardín del Edén.

55. *Pecado Venial* – un pecado que no es tan malo como el pecado mortal que pone el alma en peligro del infierno. El pecado venial disminuye la gracia de Dios dentro del alma de la persona.

56. *Pecados Capitales* – las siete causas de todo pecado: orgullo, avaricia, lujuria, ira, glotonería, envidia y pereza.

57. *Pedro* – es referido como el primer papa de la iglesia por el pueblo Católico.

58. *Penitencia* – un medio por el cual todos los pecados cometidos después del bautismo son removidos. Los medios son asignados por un sacerdote y generalmente consisten en oraciones o actos especiales.

59. *Plenaria* – significa todo o completo.

60. *Pontífice Soberano* – el papa que también es el monarca de la Ciudad del Vaticano.

61. *Presunción* – la enseñanza que una persona se puede salvar así mismo aparte de la obra de Dios y/o que las obras de una persona no son necesarias para salvación.

62. *Purgatorio* – un lugar temporal de castigo donde el Cristiano es limpiado de pecado antes de que pueda entrar al cielo. Esta enseñanza fue hecha dogma de la iglesia por el Papa Eugenio IV en el siglo XV.

63. *Reliquia* – una parte del cuerpo de un santo incluyendo ropa, joyas, o fragmentos humanos. Estas reliquias son consideradas santas y son veneradas.

64. *Remisión de Pecados* – perdón de los pecados a través de los sacramentos del bautismo y penitencia.
65. *Reparación* – reparar el daño causado a otra persona o a su propiedad.
66. *Rito* – las palabras o acciones hechas durante una ceremonia religiosa. Un ejemplo podría ser durante la misa.
67. *Rosario* – un collar de granos que contiene cinco sets con diez pequeñas cabezas en cada una. Cada set de diez granos es separada por otro grano más grande. Tiene un crucifijo y es usado para orar a la Virgen María.
68. *Sacerdote* – el que media entre la humanidad y la Divinidad y administra los sacramentos y gracias del Señor. Él ha recibido los sacramentos de la Santa Orden.
69. *Sacramentales* – oraciones, actos u objetos especiales usados para ganar beneficios espirituales de Dios.
70. *Sacramento* – una señal exterior instituida por Cristo para dar gracia de acuerdo a la enseñanza Católica.
71. *Sacramento Bendito* – los elementos de la comunión, la cena, pan y vino, los cuales los Católicos creen se convierten en el cuerpo literal y la sangre de Jesucristo.
72. *Santa Sede* – la sede de la autoridad final para la totalidad de la fe Católica. Se encuentra en el Vaticano en Roma bajo el liderazgo del papa.
73. *Santo* – alguien que es considerado una persona muy santa. Un santo es usualmente alguien que ha estado muerto por muchos años y ha sido canonizado por la iglesia. Un santo nunca sufre los dolores del purgatorio.
74. *Santo Cismo* – el aceite especial usado en los sacramentos de bautismo, confirmación, y las ordenes sagradas.
75. *Signo de la Cruz* – un sacramental. Es el movimiento de la mano derecha de la frente hasta el pecho y después de izquierda a derecha sobre los hombros.
76. *Tradición* – la entrega a través de los siglos de boca a boca de las enseñanzas de Jesús. Comenzó con los Apóstoles y continúa sin interrupción hasta el presente Obispado de la fe Católica.
77. *Transustanciación* – la enseñanza que el pan y el vino en la cena de comunión literalmente llega a ser el cuerpo y la sangre del Señor Jesús en la consagración durante la misa.

78. _Venerar_ – honrar, admirar, y en relación con el respeto.

79. _Viático_ – es la comunión dada a aquellos que están a punto de morir.

80. _Vicariato de Cristo_ – el papa.

Libros de Referencia

1. *La Enciclopedia Wikipedia.*
2. *Diccionario Conciso Evangélico de Teología* – Walter A. Elwell
3. *Las Dos Tesis de Servet sobre la Trinidad. Un Estudio Teológico de Harvard.* Oxford University Press 1932.
4. *El Derecho a la Herejía* – Stefan Zweig
5. *La Biblia King James*
6. *La Enciclopedia Católica*
7. *La Nueva Enciclopedia Católica*
8. *La Cronografía de 354*
9. *Discursos del Credo de los Apóstoles* – Rev. Clement H. Crock
10. *El Diccionario de la Biblia* – John L. McKenzie, S.J.

Armagedon Har-Megiddo

Madre de Todas las Guerras

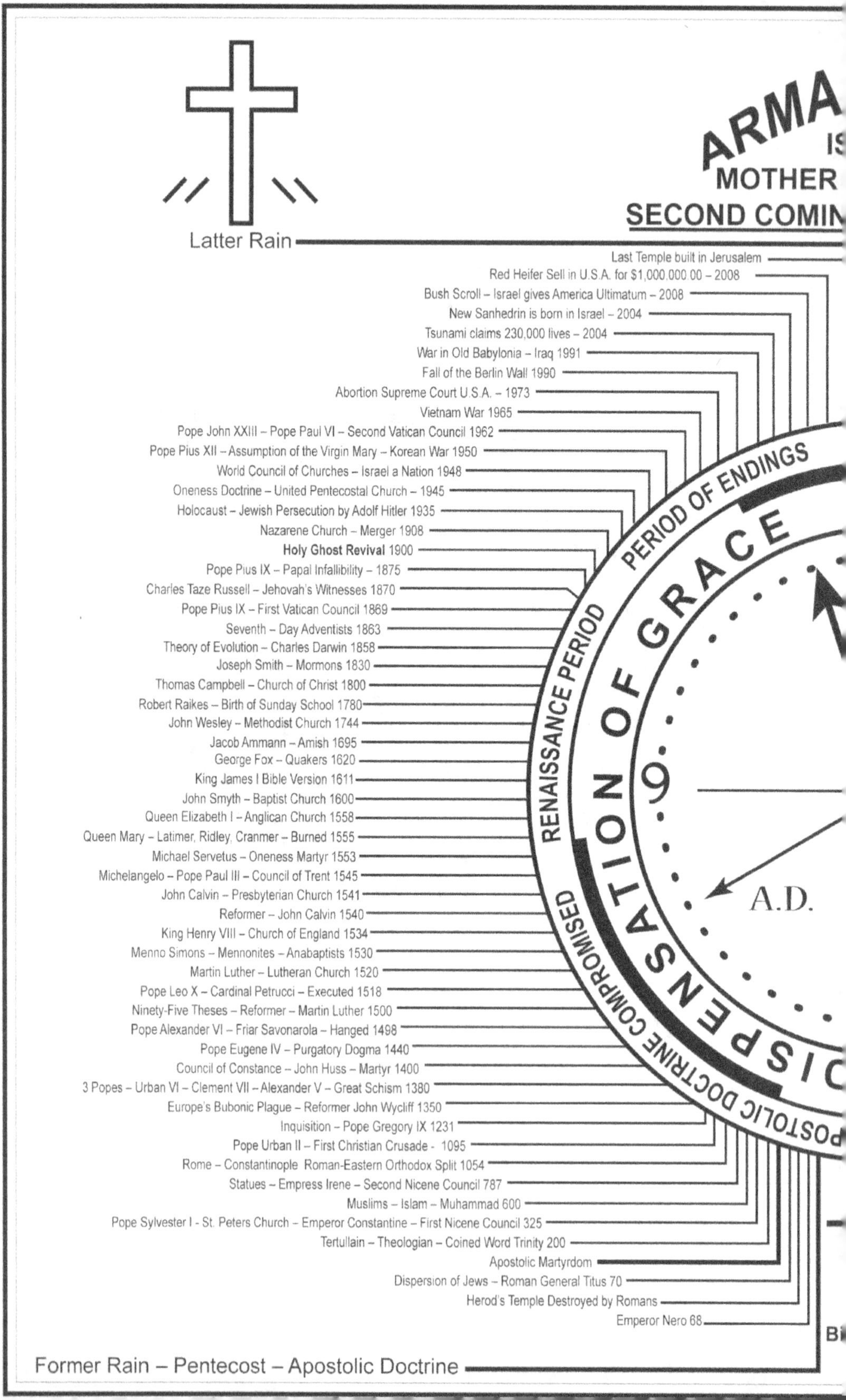

Latter Rain

ARMA...
IS
MOTHER
SECOND COMIN...

- Last Temple built in Jerusalem
- Red Heifer Sell in U.S.A. for $1,000,000.00 – 2008
- Bush Scroll – Israel gives America Ultimatum – 2008
- New Sanhedrin is born in Israel – 2004
- Tsunami claims 230,000 lives – 2004
- War in Old Babylonia – Iraq 1991
- Fall of the Berlin Wall 1990
- Abortion Supreme Court U.S.A. – 1973
- Vietnam War 1965
- Pope John XXIII – Pope Paul VI – Second Vatican Council 1962
- Pope Pius XII – Assumption of the Virgin Mary – Korean War 1950
- World Council of Churches – Israel a Nation 1948
- Oneness Doctrine – United Pentecostal Church – 1945
- Holocaust – Jewish Persecution by Adolf Hitler 1935
- Nazarene Church – Merger 1908
- **Holy Ghost Revival 1900**
- Pope Pius IX – Papal Infallibility – 1875
- Charles Taze Russell – Jehovah's Witnesses 1870
- Pope Pius IX – First Vatican Council 1869
- Seventh – Day Adventists 1863
- Theory of Evolution – Charles Darwin 1858
- Joseph Smith – Mormons 1830
- Thomas Campbell – Church of Christ 1800
- Robert Raikes – Birth of Sunday School 1780
- John Wesley – Methodist Church 1744
- Jacob Ammann – Amish 1695
- George Fox – Quakers 1620
- King James I Bible Version 1611
- John Smyth – Baptist Church 1600
- Queen Elizabeth I – Anglican Church 1558
- Queen Mary – Latimer, Ridley, Cranmer – Burned 1555
- Michael Servetus – Oneness Martyr 1553
- Michelangelo – Pope Paul III – Council of Trent 1545
- John Calvin – Presbyterian Church 1541
- Reformer – John Calvin 1540
- King Henry VIII – Church of England 1534
- Menno Simons – Mennonites – Anabaptists 1530
- Martin Luther – Lutheran Church 1520
- Pope Leo X – Cardinal Petrucci – Executed 1518
- Ninety-Five Theses – Reformer – Martin Luther 1500
- Pope Alexander VI – Friar Savonarola – Hanged 1498
- Pope Eugene IV – Purgatory Dogma 1440
- Council of Constance – John Huss – Martyr 1400
- 3 Popes – Urban VI – Clement VII – Alexander V – Great Schism 1380
- Europe's Bubonic Plague – Reformer John Wycliff 1350
- Inquisition – Pope Gregory IX 1231
- Pope Urban II – First Christian Crusade - 1095
- Rome – Constantinople Roman-Eastern Orthodox Split 1054
- Statues – Empress Irene – Second Nicene Council 787
- Muslims – Islam – Muhammad 600
- Pope Sylvester I - St. Peters Church – Emperor Constantine – First Nicene Council 325
- Tertullain – Theologian – Coined Word Trinity 200
- Apostolic Martyrdom
- Dispersion of Jews – Roman General Titus 70
- Herod's Temple Destroyed by Romans
- Emperor Nero 68

PERIOD OF ENDINGS
RENAISSANCE PERIOD
DISPENSATION OF GRACE
POSTOLIC DOCTRINE COMPROMISED

A.D.

Former Rain – Pentecost – Apostolic Doctrine

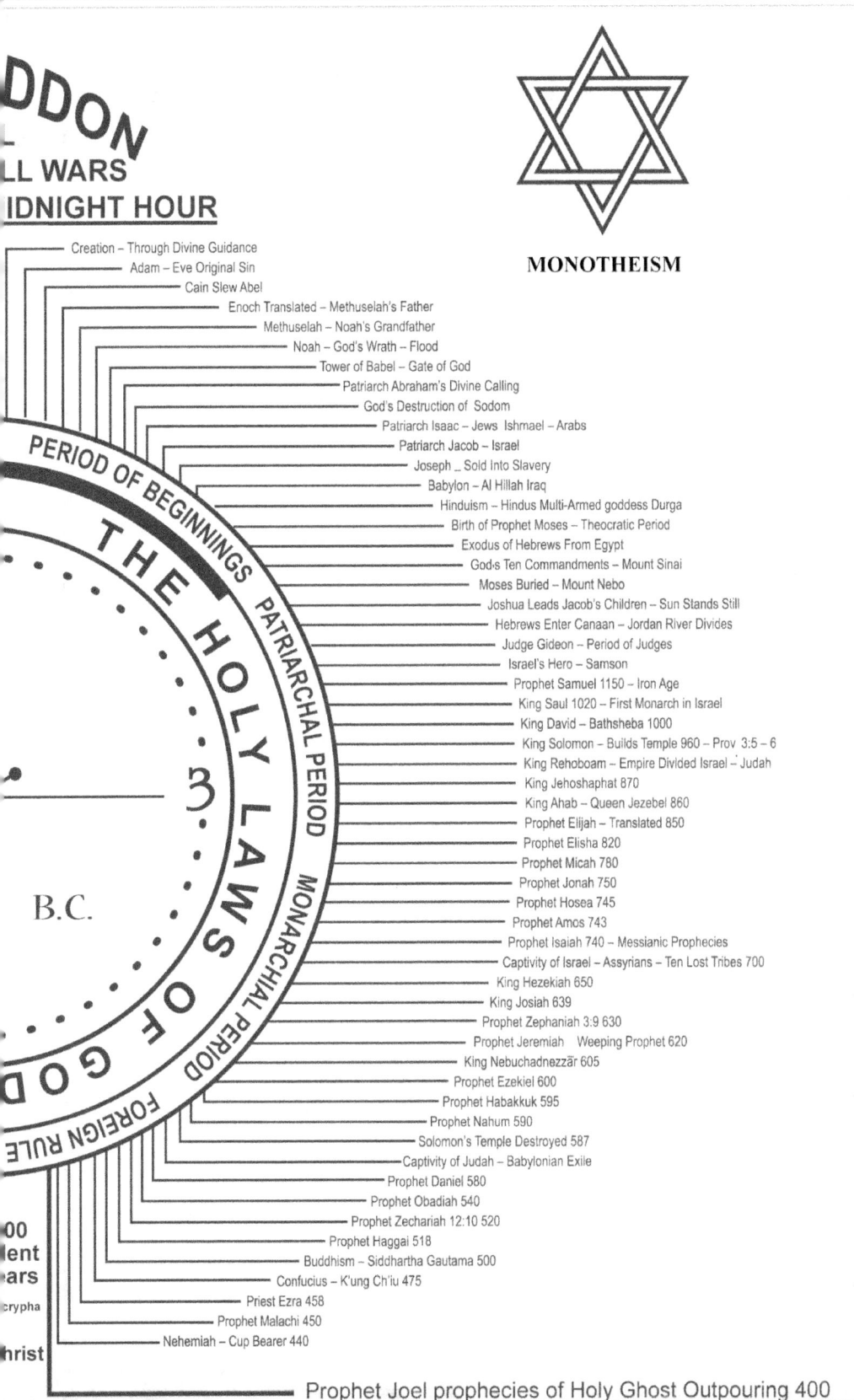

NOTAS

NOTAS

NOTAS

NOTAS

www.ingramcontent.com/pod-product-compliance
Lightning Source LLC
Chambersburg PA
CBHW052007070526
44584CB00016B/1650